Endre Antal

Der Agraraußenhandel der Bundesrepublik Deutschland mit ausgewählten Ländern Mittel- und Osteuropas 1994

1997

In Kommission bei

DUNCKER & HUMBLOT · BERLIN

Herausgegeben von
der Kommission für Erforschung der Agrar- und Wirtschaftsverhältnisse
des europäischen Ostens e.V. mit Förderung des Bundesministeriums
für Ernährung, Landwirtschaft und Forsten

Die Deutsche Bibliothek - CIP-Einheitsaufnahme

Antal, Endre:
Der Agraraußenhandel der Bundesrepublik Deutschland mit
ausgewählten Ländern Mittel- und Osteuropas 1994 / Endre Antal.
- Berlin : Duncker und Humblot, 1997
(Osteuropastudien der Hochschulen des Landes Hessen : Reihe 1,
Giessener Abhandlungen zur Agrar- und Wirtschaftsforschung des
europäischen Ostens ; Bd. 209)
ISBN 3-428-08446-2
NE: Osteuropastudien der Hochschulen des Landes Hessen / 01

Printed in Germany

Gesamtherstellung: Offset Köhler KG · 35396 Gießen

ISSN 0078-6888

ISBN 3-428-08446-2

INHALT

Seite

Seite

Seite

ABBILDUNG

Abbildung

TABELLEN

TABELLEN IM ANHANG

ABBILDUNGEN IM ANHANG

VORWORT

Die vorliegende Schrift wurde aufgrund eines Forschungsauftrages des Bundesministeriums für Ernährung, Landwirtschaft und Forsten an die Kommission für Erforschung der Agrar- und Wirtschaftsverhältnisse des europäischen Ostens e.V. erarbeitet. Zielsetzung war die Analyse der Umsatzentwicklung im Agrarwarenverkehr der Bundesrepublik Deutschland mit den Reformländern Ost-, Mittel- und Südosteuropas im Kalenderjahr 1994.

An dieser Stelle möchte ich vor allem Herrn Prof. Dr. Eberhard Schinke, dem Vorsitzenden der Kommission und geschäftsführenden Direktor des Zentrums für kontinentale Agrar- und Wirtschaftsforschung der Justus-Liebig-Universität Gießen, für die Betreuung dieser Arbeit aufrichtig danken. Die konstruktive Kritik, Hinweise und Anregungen, die er mir zuteil werden ließ, haben meine Untersuchungen sehr gefördert.

Mein besonderer Dank gilt außerdem Frau Gisela Pfeffer, Frau Silvia Schäfer, Herrn Dr. Lothar Dralle und Herrn Bernhard Hübl für aufmerksame und sorgfältige Durchsicht des Manuskripts, Redaktions- und Schreibarbeiten sowie Zeichnung der Abbildungen. Eventuell noch verbliebene Unzulänglichkeiten und Fehler habe ich allein zu verantworten.

Gießen, im Herbst 1996 Der Verfasser

1 HOHE BILANZÜBERSCHÜSSE IM AGRARAUSSENHANDEL MIT EUROPÄISCHEN POSTKOMMUNISTISCHEN LÄNDERN

In den Jahren von 1989 bis einschließlich 1994 haben in den früher kommunistisch regierten Ländern in Ost-, Mittel- und Südosteuropa umfassende Veränderungen stattgefunden. Alle diese Länder befanden sich in einem langwierigen Transformationsprozeß, der 1994 noch lange nicht abgeschlossen war. Die bürgerlichen Parteien haben in den letzten fünf Jahren in mehreren Ländern dieser Großregion an Einfluß verloren und wurden bei Neuwahlen verdrängt. In Bulgarien, Polen, Ungarn, Rumänien und in einigen anderen Ländern regieren die postkommunistischen Sozialisten. Aus den Präsidentschaftswahlen in Weißrußland ist der rußlandorientierte Kandidat A. Lukaschenko als Sieger hervorgegangen, der die Annäherung an Rußland einleitete.[1]

1.1 Wirtschaftliche Erholungstendenzen in Ost-, Mittel- und Südosteuropa durch binnen- und außenwirtschaftliche Ungleichgewichte beeinträchtigt

Im Kalenderjahr 1994 befanden sich mehrere Reformländer bereits in der langerwarteten wirtschaftlichen Erholungsphase. Die war jedoch durch verstärkte Differenzierung nach Wirtschaftslage und Reformintensität gekennzeichnet. Das konjunkturelle Klima hat sich vor allem in Estland, Slowenien und Tschechien verbessert, Länder, die aufgrund ihrer makroökonomischen Stabilisierungserfolge, ihres ungebrochenen Reformwillen und der Belebung der Investitionen insgesamt eine Spitzengruppe bildeten. Die Währung und das politische System waren in diesen Ländern stabil und die Privatisierung fortgeschritten. Unter den drei führenden Ländern stand Tschechien zweifellos an der Spitze. Der Wirtschaftsboom und der Zufluß von spekulativem Kapital haben jedoch den Inflationsdruck erhöht, und durch die lebhafte Steigerung der Importe entstanden große Handels- und Zahlungsbilanzdefizite.

Zum oberen Mittelfeld der Reformländer gehörten Polen, Ungarn und die Slowakei. Die polnische Wirtschaft wuchs 1994, gestützt durch die Ini-

---

1 Ostwirtschaftsreport, 15/1994, S. 282.

tiative des Privatsektors und steigende Exporte, dynamisch, die ungarische hat an ihrer Attraktivität als bevorzugtes Investitionsziel aus dem Westen, trotz zunehmender Auslandsschulden, Handels-, Zahlungsbilanz- und Staatshaushaltsdefizite, kaum eingebüßt und die slowakische überraschte mit ihrer Wirtschaftsleistung bzw. wirtschaftlichen Stabilisierung. Das untere Mittelfeld umfaßte Kroatien, Lettland, Litauen und mit einem gewissen Abstand Bulgarien und Rumänien. Die Wirtschaft der beiden letztgenannten Länder befand sich zwar 1994 auf Wachstumskurs, aber der Reformprozeß stockte, und die Privatisierung wurde verzögert.

Unter den Ländern, die im Hinblick auf Wirtschaftsreformen langsamere Fortschritte machten bzw. in denen die Talsohle der Wirtschaftskrise noch nicht durchschritten wurde, sind zunächst Albanien, die Moldau-Republik der ehemaligen Sowjetunion, Mazedonien und Restjugoslawien zu nennen. Auch die GUS[*]-Staaten, einschließlich Rußland, steckten 1994 noch in der Rezession. Was Rußland betrifft, so sind als ein positives Signal zu werten, daß die Inflation im Vergleich zum Vorjahr verringert und der Verfall des Wechselkurses des Rubels gebremst werden konnten.[2] In der GUS gab es gewisse Initiativen, eine Zollunion zu errichten und einen Reintegrationsprozeß einzuleiten. In den Nachfolgestaaten der ehemaligen Sowjetunion dominierten 1994 jedoch unverändert die auseinandertreibenden Kräfte, so daß ein Wiederentstehen eines einheitlichen Wirtschaftsraumes in weite Ferne gerückt ist.

Das Bruttosozialprodukt ist 1994, im Vergleich zu 1993, in Estland um 6 %, in Polen um 5 %, der Slowakei um 4,8 %, Slowenien um 4,5 %, Rumänien um 3,5 %, Tschechien um 2,7 %, Ungarn um 2 % und Bulgarien um 1,4 % gestiegen. In der Rußländischen Föderation, der Ukraine und Kroatien war es im Gegensatz dazu in der angeführten Reihenfolge um 15 bzw. 20 bzw. 1,5 % rückläufig. Der Beitrag des Privatsektors zum BSP wuchs 1994 in allen ehemaligen RGW-Ländern einschließlich Rußland sowie in mehreren GUS-Ländern und betrug laut Angaben der nationalen statistischen Ämter in Polen 66, Ungarn 60, der Slowakei 58,2, Tschechien 56, Slowenien 45, Estland 40, Kroatien und Rumänien jeweils

---

2 Ostwirtschaftsreport, 1/1995, S. 1-2 und 14/1995, S. 261-262.

* Gemeinschaft Unabhängiger Staaten: die Nachfolgestaaten der Sowjetunion, außer Estland, Lettland, Litauen.

35, Bulgarien 27,5, Rußland 25 und der Ukraine 20 bis 25 Prozent.[3] Das an der Kaufkraftparität gemessene BSP pro Kopf war unter den "MOEL-10"* 1994 in Slowenien mit 9 800 US-$ am höchsten und in Rumänien mit 2 600 US-$ am niedrigsten. Dazwischen lagen u.a. Tschechien mit 8 000, Ungarn mit 5 600, Estland und Polen mit jeweils 5 400, die Slowakei mit 5 300, Lettland mit 5 200 und Litauen mit 4 800 US-$. In Kroatien und Rußland wurde ein Pro-Kopf-BSP von 3 500 bzw. 4 600 US-$ erzielt.[4]

Die Steigerung der Industrieproduktion und die mehr oder weniger deutliche Wiederbelebung der Investitionsaktivitäten haben 1994 zum eingeleiteten bzw. fortgesetzten Wirtschaftswachstum der "MOEL-10" erheblich beigetragen. So wurde z.B. in Polen ein Zuwachs der Bruttoproduktion der Industrie binnen einem Jahr um 12 %, Ungarn um 9,2 %, Slowenien um 6,9 %, der Slowakei um 6,4 %, Estland um 5 %, Bulgarien um 4,5 %, Rumänien um 3,3 % und Tschechien um 2,3 % verzeichnet. In Rußland, der Ukraine und Kroatien ist sie dagegen um 26,4 bzw. 25 bzw. 3,1 % zurückgegangen.[5]

Die Zunahme der Inlandsinvestitionen ist deshalb als eine der wichtigsten Entwicklungen der letzten Jahre zu betrachten, weil es sich dabei in den meisten Fällen um das erste Investitionswachstum seit dem Systemwechsel handelt. Kräftig steigende Importe von Maschinen und technischen Einrichtungen signalisieren, daß der Modernisierungs- und Umstrukturierungsprozeß bzw. die Transformation insbesondere in den "Visegrád-Ländern"** sowie Estland und Slowenien auf Betriebsebene begonnen haben bzw. sich konsequent fortsetzen. Die beiden letztgenannten und die vier Visegrád-Länder sind somit bereits in die zweite Phase der Transformation eingetreten. Das reale Investitionswachstum wurde 1994 z.B. in Polen mit 6,0 %, Tschechien mit 3,4 %, Ungarn mit 11 bis 12 %, Bulgarien mit 1,4 % und Rumänien sogar mit 15,3 % (allerdings aufgrund

---

3 Statistische Veröffentlichungen der betreffenden Länder, März-April 1995; Presseschau Ostwirtschaft, Januar 1995, S. 11.

* Mittel- und osteuropäische Länder: Bulgarien, Estland, Lettland, Litauen, Polen, Rumänien, Slowakei, Slowenien, Tschechien und Ungarn.

4 Ostwirtschaftsreport, 4/1995, S. 78.

5 Statistische Veröffentlichungen der betreffenden Länder, März-April 1995; Presseschau Ostwirtschaft, Januar 1995, S. 10.

** Polen, die Slowakische Republik, die Tschechische Republik und Ungarn.

eines sehr niedrigen Ausgangsniveaus) beziffert. In den transkaukasischen ehemaligen Sowjetrepubliken Armenien und Georgien wurden die Investitionsaktivitäten 1994 quasi eingestellt, in Kasachstan, Tadschikistan und Kyrgystan (Kirgisien) um 70 bis 85 % und Rußland um 27 % reduziert. In Slowenien, Tschechien, Ungarn und Polen beliefen sich die Inlandsinvestitionen in bezug auf das BSP in den letzten drei Jahren auf 18 bis 23 %. Experten sind der Ansicht, daß dieser Anteil bis auf 27-28 % erhöht werden müßte, um die einheimischen Industrien in absehbarer Zeit annähernd auf westeuropäisches Niveau zu bringen.

Die Inlandsinvestitionen wurden 1994 vor allem durch den Privatsektor belebt. Privatunternehmen haben z.B. in Polen ihre Investitionen 1994 um 80 % gesteigert. Hierbei ist zu vermerken, daß die meisten Großinvestitionen in Polen durch die multinationalen ausländischen Mutterfirmen durchgeführt und die kleineren von den lokalen bzw. regionalen Unternehmen größtenteils aus eigenen Mitteln und nicht durch Kredite bzw. mit Hilfe von Fremdkapital verwirklicht wurden. Der polnische Privatsektor finanzierte seine Investitionen, wegen der im Lande vorherrschenden restriktiven Kreditpolitik und untragbar hohen Kreditzinsen, nur zu 12 bis 13 % über Kreditaufnahmen.[6]

Die Investitionsbereitschaft westlicher Anleger gilt als Barometer für das Vertrauen der internationalen Geschäftswelt in die neuerschlossenen Märkte der Reformländer. Der Gesamtbestand der Investitionen aus dem Ausland ist in der in dieser Studie behandelten Ländergruppe seit der Systemwende deutlich gestiegen und erreichte Ende 1994 in Bulgarien 467 Mio., in Polen 4,4 Mrd., Rumänien 1,23 Mrd., Rußland 4 Mrd., der Slowakei 552 Mio., Tschechien 2,8 Mrd. und Ungarn 8,5 Mrd. US-$. Bis zu diesem Zeitpunkt wurden in die "MOEL-10" aus dem Ausland insgesamt rund 22 Mrd. US-$ investiert, die erheblich zum wirtschaftlichen Aufschwung beigetragen haben. Der Anteil der "MOEL-10" an den weltweiten Direktinvestitionen war 1994 mit 1 bis höchstens 1,5 % relativ gering, diese Großregion ist dennoch ein nicht zu unterschätzender Standort für Direktinvestitionen. Potentielle Investoren werden da vor allem durch die Wahrnehmung von neuen Marktchancen, die Nutzung relativ niedriger Arbeitskosten und die geographische Nähe motiviert. Der begehrteste Investitionsstandort war in den letzten Jahren Ungarn, gefolgt von Polen,

---

6 Ostwirtschaftsreport, 11/1995, S. 201-202.

Rußland und Tschechien. Die Liste der westlichen Investorländer wird durch die USA angeführt; Deutschland nimmt den 2. Platz ein. Im Kalenderjahr 1994 flossen rund 10 % der deutschen Auslandsinvestitionen in die postkommunistischen Reformstaaten, vor allem nach Ungarn, Tschechien, Polen und Rußland, aber auch in andere Länder.[7]

Über die Weltbank, die Europäische Bank für Wiederaufbau und Entwicklung in London, die Kreditanstalt für Wiederaufbau in Frankfurt, die deutsche Investitions- und Entwicklungsgesellschaft in Köln sowie andere Institutionen und nicht zuletzt im Rahmen der PHARE- und TACIS-Programme der EU wurden in den letzten Jahren Finanzierungsmöglichkeiten für eine ganze Reihe unternehmensbezogene Wirtschafts- bzw. Agrarprojekte in Ost-, Mittel- und Südosteuropa erschlossen. Die komplizierten und schwerfälligen Vergabemodalitäten der Finanzierungsmittel im Rahmen der TACIS- und PHARE-Programme wurden in Osteuropa 1992-1994 zunehmend scharf kritisiert. Die Kritiker bemängelten u.a. die zu geringe Einbeziehung der Empfängerländer in den Entscheidungsprozeß, die große Zahl der Gutachter, die mitunter unterschiedlicher Meinung und für die Verhältnisse der postkommunistischen Länder nicht ausreichend qualifiziert seien, und die regelmäßig beträchtliche Dauer der Genehmigungsverfahren. Die EU hat im zweiten Halbjahr 1994 mehrere einschlägige Verbesserungen vorgenommen.[8]

Der nach der politischen Wende eingeleitete Transformationsprozeß war in der Land- und Ernährungswirtschaft der Oststaaten 1989-1993 und in mehreren MOE- und GUS-Ländern auch noch 1994, von einem starken Produktionsrückgang begleitet. Das große agrarische Potential, die günstigen natürlichen Grundlagen und die vorhandenen komparativen Vorteile wurden kaum ökonomisch rational genutzt. Die Bruttoproduktion der Landwirtschaft betrug 1994, im Vergleich zu 1989, in Polen 78,6 %, Ungarn 65,6 %, Tschechien 72,2 %, der Slowakei 74,6 %, Bulgarien 70,2 %, Litauen 47,7 % und Estland 56,4 %. Sie ist in Rußland auf das Niveau des Jahres 1976, die Tierproduktion sogar auf das der späten 1950-er Jahre zurückgefallen. Das war auf abnehmende Kaufkraft der Bevölkerung, sinkende Nachfrage insbesondere nach qualitativ hochwertigen Nahrungs-

---

7 Statistische Veröffentlichungen der betreffenden Länder, März-April 1995; Ostwirtschaftsreport, 15/1995, S. 300, 6/1995, S. 120 und 23/1994, S. 460.

8 Ostwirtschaftsreport, 25/26/1994, S. 520.

mitteln, drastischen Abbau der Subventionen, enorme Steigerung der landwirtschaftlichen Inputpreise, die den Anstieg der Erzeugerpreise weit übertraf, starke Reduzierung bzw. auch Zusammenbruch der Verwendung von Mineraldünger, Pflanzenschutzmitteln und moderner Produktionstechnologien, Veralterung des Maschinenparks, ungeklärte Eigentumsverhältnisse im Restitutionsprozeß, Verzögerung der Transformation der Großbetriebe, insbesondere der Staatsgüter, Kreditmangel und andere Finanzierungs- bzw. Existenzprobleme der Agrarbetriebe, Liberalisierung der Agrareinfuhren sowie auf die allgemeine Wirtschaftskrise und andere Faktoren zurückzuführen.

Die Tierproduktion war durch die Agrarkrise und Transformationsprozesse besonders hart betroffen. Sie war in der kommunistischen Ära stark durch die staatlichen bzw. genossenschaftlichen Großbetriebe getragen, die nunmehr umgestaltet bzw. liquidiert wurden. Die Tierbestände waren in den Oststaaten auch noch im Jahr 1994 überall rückläufig. Der Tiefpunkt der Talsohle der Agrarkrise war in den GUS- und einigen MOE-Ländern 1994 noch nicht erreicht bzw. nicht durchschritten. Die Bruttoproduktion der rußländischen Landwirtschaft ist binnen einem Jahr um 9,2 % zurückgegangen. Aus Rumänien wurde für 1994 ein minimaler Zuwachs von 0,2 % gemeldet, der eigentlich Stagnation signalisiert. Die polnische Agrarproduktion erlitt 1994, vor allem als Folge einer langanhaltenden Dürre im Sommer, Gesamteinbußen von 10 % (dabei in der Pflanzenproduktion um 19 %). Die tschechische befand sich in einem durch die Agraradministration gesteuerten Gesundschrumpfungsprozeß und sank in bezug auf 1993 um 5,6 %. Die bulgarische, slowenische und ungarische Landwirtschaft erzielte dagegen Produktionszuwachsraten um 11,6 bzw. 4,0 bzw. 2,4 %. Die Landwirtschaft trug zum BSP unter den "MOEL-10" 1994 in Tschechien mit 3,3 % am wenigsten und in Rumänien mit 20,2 % am meisten bei. Ihr Anteil betrug in den baltischen Republiken 10,4 bis 11 %, Bulgarien 10 %, Ungarn 6,4 %, Polen 6,3 % und in der Slowakei 5,8 % (zum Vergleich: in der EU-15 durchschnittlich 2,5 %).

Verglichen mit der Europäischen Union war die Zahl der Beschäftigten in der Landwirtschaft in den letzten Jahren enorm hoch. Sie belief sich in bezug auf die Gesamtzahl der Beschäftigten in der EU 1994 durchschnittlich auf 5,7 % und in den "MOEL-10" gleichfalls durchschnittlich auf 26,7 %, davon in den beiden bevölkerungsreichsten Ländern Polen und Rumänien 25,6 bzw. 35,2 %, in Litauen 22,4 %, Bulgarien 21,2 %, Lettland 18,4 %, Slowenien 10,7 %, Ungarn 10,1 %, in der Slowakei 8,4 %, Estland 8,2 % und in Tschechien 5,6 %. In den "MOEL-10" haben im Durchschnitt rund 27 % aller Beschäftigten nur knapp 8 % des BSP erwirtschaftet.[9]

Der Privatisierungsprozeß der Land- und Ernährungswirtschaft wurde 1994 in den einzelnen Reformländern Ost-, Mittel- und Südosteuropas mit unterschiedlicher Intensität weiter vorangetrieben. Dabei waren die Restitution des in der kommunistischen Ära enteigneten bzw. kollektivierten landwirtschaftlichen Vermögens weit fortgeschritten, die Umwandlung der LPG bzw. der Kolchosen in Agrarkooperativen westlichen Typs nahezu (in Rußland zumindest formal) vollendet und die Privatisierung der Staatsgüter noch voll im Gang bzw. erst begonnen. (Zur Entwicklung, Leistung, Privatisierung und zu anderen Problemen der Land- und Ernährungswirtschaft siehe außerdem den Agrarteil der Kapitel 2 bis 8.)

Die im Kalenderjahr in mehreren MOE-Ländern registrierte Erholung bzw. Belebung der Wirtschaft wurde durch binnen- und außenwirtschaftliche Ungleichgewichte beeinträchtigt. Der Staatshaushalt war, abgesehen von Tschechien, wo in bezug auf das BSP ein Haushaltsüberschuß von 1 % und Estland, wo ein Nullsaldo erzielt wurden, in allen anderen MOE- bzw. GUS-Ländern defizitär. Das auf das BSP bezogene Defizit erreichte u.a. in der Ukraine 20 %, Rußland knapp 10 %, Ungarn 7,8 %, Bulgarien 6,5 %, der Slowakei 5,7 %, Rumänien 3,0 % und Slowenien 1,0 %. Die Außenhandelsbilanz schloß in der Rußländischen Föderation 1994, vor allem dank des Reichtums dieses Landes an Rohstoffen und Energieträgern, mit einem Überschuß von 15,484 Mrd. US-$, in Bulgarien mit einem solchen von 300 Mio. und der Slowakei von 125 Mio. US-$, während die Polens einen Importüberschuß von 4,341 Mrd., Ungarns knapp 4 Mrd., Rumäniens 958 Mio. und Tschechiens 900 Mio. US-$ verzeichnete. Der Saldo der Leistungsbilanz wies zur gleichen Zeit in der Rußländischen Föderation, Bulgarien und Slowenien Aktiva von 5,794 Mrd., bzw. 146 Mio. bzw. 55 Mio. US-$ aus; Polen und Ungarn verzeichneten Passiva

---

9 Statistische Veröffentlichungen der betreffenden Länder, März-April 1995; Zd. Lukas: Die Landwirtschaft der Oststaaten im Jahr 1994, in: Osteuropa-Wirtschaft, 2/1995, S. 91; Agricultural Situation in the Central and Eastern European Countries, Summary Report, European Commission Directorate General for Agriculture, Working Document, Brussels 1995, S. 5-9.

von 944 Mio. bzw. von knapp 3,9 Mrd. US-$.[10]

Den Regierungen der meisten MOE- und einiger GUS-Länder ist es zwar gelungen, die Inflationsrate 1994, im Vergleich zu 1993, mehr oder weniger zu verringern, aber die durchschnittliche Preissteigerung war in den einzelnen hier behandelten Ländern von Tschechien und der Slowakei abgesehen, trotzdem sehr bis enorm hoch. Die rußländische Regierung hat die durchschnittliche Steigerung der Inflation um 320 % als Stabilisierungserfolg verbucht. In der Ukraine tobte eine Hyperinflation von ungefähr 550 %. Die durchschnittliche Inflationsrate betrug 1994 in Bulgarien 63,4 %, Rumänien 61,7 %, Estland 42 %, Ungarn 18,8 %, Slowenien 18,3 %, der Slowakei 13,4 und Tschechien 10 %.

Der Reformprozeß war in der Rußländischen Föderation und in anderen GUS-Ländern, in Estland, Kroatien, Polen, Rumänien und der Slowakei von steigenden Arbeitslosenzahlen begleitet, während die Arbeitslosigkeit in einigen andern Ländern wie Bulgarien, Slowenien, Tschechien und Ungarn 1994, im Vergleich zu 1993, leicht verringert wurde. Die auf das ganze Kalenderjahr 1994 bezogene durchschnittliche Arbeitslosenquote war in Kroatien mit 17,7 % am höchsten und mit 1,5 % in Estland am niedrigsten. Sie wurde in Polen mit 16 %, der Slowakei mit 14,8 %, der Rußländischen Föderation mit 13,5 %, Bulgarien mit 12,8 %, Rumänien mit 10,9 % und Ungarn mit 10,8 % beziffert.[11]

Die Bruttoauslandsverschuldung der MOE- und GUS-Länder ist 1994 weiter gestiegen und erreichte Ende des Jahres ungefähr 230 Mrd. US-$. Von diesem Schuldenberg entfielen auf die Rußländische Föderation, die die Altschulden der Sowjetunion übernahm, rund 90 Mrd., auf Polen 41,348 Mrd., Ungarn 28,5 Mrd., Bulgarien 12,472 Mrd., Tschechien 9 Mrd., Rumänien 6,5 Mrd., die Ukraine 6,0 Mrd., die Slowakei 4,1 Mrd., Kroatien 3,2 Mrd., Slowenien 2,1 Mrd. und Estland 100 Mio. US-$. Hierbei ist allerdings zu vermerken, daß die langwierigen Umschuldungsverhandlungen der Polnischen Nationalbank mit den Gläubigern des Londoner und Pariser Clubs sowie der Bulgarischen mit denen des Londoner Clubs 1994 erfolgreich abgeschlossen wurden, und daß die wichtigsten

---

10 Statistische Veröffentlichungen der betreffenden Länder, März-April 1995; Presseschau Ostwirtschaft, Januar 1995, S. 10-11.

11 Ebenda.

Gläubiger, allen voran Deutschland, der Rußländischen Föderation mehrere Teilumschuldungen gewährten. Deutschland leistete bereits 1993 einen wichtigen Beitrag zur Bewältigung der rußländischen Zahlungsprobleme und damit einhergehend zur Förderung der Reformprozesse, indem es der Föderation Forderungen in Höhe von 8,2 Mrd. DM stundete. Deutschland und Rußland haben sich im September 1994 auf ein weiteres Umschuldungsabkommen geeinigt, gemäß dem für 1994 fällige Verpflichtungen von rund 4,2 Mrd. DM über 15 Jahre gestundet werden sollen.[12] Die Auslandsschulden Ungarns sind 1994 sehr stark gestiegen. Die Zahl der Bevölkerung zugrundegelegt, war Ungarn pro Kopf erheblich höher verschuldet als z.B. die Rußländische Föderation, Polen oder Bulgarien und der größte Schuldner unter den postkommunistischen Ländern. Die Ungarische Nationalbank war 1994 trotzdem imstande, ihren Verpflichtungen termingerecht nachzukommen. Sie hat eine durchaus mögliche bzw. allmählich auch zunehmend notwendige Umschuldung strikt abgelehnt.

Laut Angaben des "Institutional Investors" haben die MOE-Länder 1994 in der Beurteilung ihrer Kreditwürdigkeit (Bonität) insgesamt besser als ein Jahr zuvor abgeschnitten. Unter ihnen nahm Tschechien nach wie vor den ersten Platz ein, gefolgt der Reihe nach von Ungarn, Slowenien, Polen, der Slowakei, Rumänien, Lettland und anderen Ländern. Den größten Sprung nach vorne machte Slowenien, das binnen einem Jahr innerhalb der hier untersuchten Ländergruppe vom Platz 11 auf 3 vorrückte. Die Banker honorierten bei dieser guten Bewertung die steigenden Export- und Tourismuserlöse sowie den Fortschritt der Umstrukturierung und Privatisierung der Wirtschaft. In Tschechien schlugen vor allem die stabilen politischen Verhältnisse, die starke Währung, das Wirtschaftswachstum und die marktwirtschaftliche Orientierung zu Buch. Ungarn profitierte in erster Linie noch immer von seiner Beliebtheit als Investitionsstandort. Auf der internationalen Bonitätsliste des "Institutional Investors", die insgesamt 135 Länder erfaßt und zweimal im Jahr veröffentlicht wird, standen Tschechien im März 1995 auf dem 33., Ungarn auf dem 45., Slowenien auf dem 52., Polen auf dem 57., die Slowakei auf dem 61., Rumänien auf dem 73., Estland auf dem 79., Bulgarien auf dem 93., die Rußländische Föderation auf dem 97., die Ukraine auf dem 109. und

---

12 Statistische Veröffentlichungen der betreffenden Länder, März-April 1995; Presseschau Ostwirtschaft, Januar 1995, S. 10; Bericht der DPA vom 19.9.1994.

Restjugoslawien auf dem 131. Rang.[13] Im Kalenderjahr 1994 war keine einzige nationale Währung der postkommunistischen Länder voll konvertibel. Freie Devisen konnten jedoch im Rahmen einer mehr oder weniger großzügig ausgelegten Teilkonvertibilität auf sogenannten Interbankenmärkten bzw. bei bevollmächtigten Handelsbanken eingekauft werden. Der Stand der Auslandsverschuldung hat als ehemals wichtiger Bestimmungsfaktor der Einfuhren, dabei auch der Agrareinfuhren, an Bedeutung deutlich verloren.

1.2 Steigende Importüberschüsse in der Agraraußenhandelsbilanz Ost-, Mittel- und Südosteuropas*

Von Bulgarien, Estland und Ungarn abgesehen waren alle MOE-Länder in den letzten Jahren Nettoagrarimporteure. Während der Exportüberschuß in den erstgenannten drei Ländern 1993 und 1994 in der angeführten Reihenfolge 281 und 376 Mio., 7 und 13 Mio. bzw. 1,008 und 1,086 Mrd. ECU betrug, verbuchten u.a. Polen Importüberschüsse von 520 bzw. 256 Mio., Rumänien 545 bzw. 222 Mio., die Slowakei 183 bzw. 179 Mio., Tschechien 3 bzw. 225 Mio. Litauen 6 bzw. 48 Mio. und Slowenien 217 bzw. 283 Mio. ECU. Die Negativbilanz des Agraraußenhandels der Rußländischen Föderation belief sich 1994 auf 9,222 Mrd. US-$. Polen und Rumänien gelang es, die Importüberschüsse ihres Agraraußenhandels innerhalb eines Jahres zu halbieren bzw. um knapp 60 % zu senken. Die von Tschechien wurden zur gleichen Zeit vermehrfacht. Die Agrareinfuhren der in dieser Studie untersuchten postkommunistischen Länder sind 1994 - Rumänien ausgenommen, das seine Einfuhren deutlich reduzierte - in den einzelnen Ländern unterschiedlich kräftig gestiegen. Alle in dieser Studie behandelten Länder waren bemüht, ihre Agrarexporterlöse zu steigern, einige unter ihnen wie z.B. Litauen und Lettland mußten im Vergleich zu 1993 dennoch Einbußen um 9 bzw. um 29 % in Kauf nehmen.[14] Die "MOEL-10" wären 1994, dank der großen Exportüberschüsse Ungarns und Bulgariens, Nettoagrarexporteure.

---

13 Ostwirtschaftsreport, 22/1994, S. 424-425 und 11/1995, S. 218.

14 Agricultural Situation ..., a.a.O., S. 10.

* d.h. der postkommunistischen Länder dieser Großregion.

Die meisten Reformländer Ost-, Mittel- und Südosteuropas haben ihre Einfuhren, dabei auch die Agrareinfuhren, 1989/90-1993 mehr oder weniger stark liberalisiert. Das traf vor allem auf die "Visegrád"-Länder sowie, mit einem gewissen Abstand, auf Bulgarien, Rumänien und auf die baltischen Republiken zu. Sie haben jedoch ab Mitte 1993 ihre Liberalisierungspolitik unter dem Druck verschiedener Interessenverbände, ihrer Handelsbilanzdefizite und wachsender internationaler Schulden überprüft und die in ihren internationalen Verträgen vereinbarte Marktöffnung zunehmend dem Schutzbedarf der eigenen Agrarproduktion vor einer mächtigen ausländischen Konkurrenz, der Binnenmarktlage, der Aufrechterhaltung des Schuldendienstes und anderen Erfordernissen angepaßt. Sie haben dabei protektionistische Maßnahmen ergriffen. So hat z.B. Polen Mitte 1994 Importausgleichsabgaben als Differenzbetrag zwischen den betreffenden Weltmarkts- und Inlandspreisen für eine ganze Reihe der Erzeugnisse der Land- und Ernährungswirtschaft eingeführt, Ungarn die Anpassung der Agrarimportzolltarife an die Vereinbarungen mit der WTO auf Ende November 1994 vorverlegt und Tschechien Anti-Dumping-Maßnahmen beschlossen. Die Binnenmarktschutzmaßnahmen nahmen 1994 außerdem auch in Bulgarien, Rumänien, der Rußländischen Föderation und der Slowakei zu. (Die "Visegrád-Länder" haben 1995 trotzdem beschlossen, die Agrarzölle im gegenseitigen Agraraußenhandel zum 1. Januar 1996 um 50 % zu reduzieren und zum 1. Januar 1998 völlig aufzuheben.[15])

Der Agraraußenhandel der postkommunistischen Reformländer war in den letzten Jahren, in den einzelnen betreffenden Ländern mit unterschiedlichem Gewicht, insgesamt stark auf die EU, darunter mit ungefähr 55 % auf Deutschland orientiert. Die EU hat zunächst mit Polen und Ungarn und bis Ende 1994 mit Tschechien, der Slowakei, Bulgarien und Rumänien Assoziierungs- und Interimsabkommen geschlossen. Erstere traten mit Polen und Ungarn 1994 und mit den restlichen angeführten Ländern zum 1. Februar 1995 in Kraft. Die EU stand 1994 mit Estland, Lettland und Litauen in Assoziierungsverhandlungen, die 1995 mit Erfolg abgeschlossen wurden.[16] Polen und Ungarn haben am 1. bzw. 8. April 1994

---

15 Zd. Lukas: Die Landwirtschaft der Oststaaten ..., a.a.O., S. 91; Ostwirtschaftsreport, 15/1994, S. 281.

16 Ostwirtschaftsreport, 6/1995, S. 101.

offiziell ihre Anträge auf Beitritt zur Europäischen Union gestellt.[17] Einschlägige Anträge anderer MOE-Länder folgten im Verlauf des Jahres bzw. 1995.

Die Europa-Abkommen sind die wichtigsten Grundlagen der Wirtschaftsbeziehungen der betreffenden Länder zur EU. Die Vertragspartner haben sich u.a. auch im Agrarbereich gegenseitig erhebliche Handelspräferenzen zugestanden. Diese werden als asymmetrisch bezeichnet, weil die EU den Zugang zu ihren Märkten für eine bestimmte Zeit in einem deutlich größeren Umfang erleichterte als die angeführten MOE-Länder den zu ihren eigenen. Die EU hat diesen Ländern u.a. selektive Einfuhrvergünstigungen für Yoghurt, Buttermilch, Back- und Teigwaren, Speiseeis, Süßwaren, Schokolade etc., mengenmäßig unbeschränkte Zoll- und Abschöpfungssenkungen für Blumen, lebende Pflanzen, Wildbret, Wildpilze und andere Erzeugnisse, denen in der Produktion bzw. im Verbrauch der EU-Länder keine besondere Bedeutung zukommt, kontingentsbezogene Zollsenkungen um bis zu 60 % für zahlreiche Positionen der Sammelproduktgruppen Frischobst und Frischgemüse bzw. verarbeitetes Obst und Gemüse und kontingentsbezogene Abschöpfungssenkungen von 50 bis 75 % z.B. für Schweine-, Enten-, Gänse-, Schaf- und Ziegenfleisch, Hühner- und Truthahnfleisch, Wurstwaren, Kartoffelstärke, Weichweizen, Weizenmehl, Gerste, Malz, Butter, Käse, Milchpulver, Schlachtrinder, Schlachtschafe und Schlachtziegen gewährt. Die Einfuhrzölle der EU für bestimmte Agrarprodukte aus Bulgarien, Polen, Rumänien, Tschechien, der Slowakei und Ungarn wurden im Rahmen der WTO-Vereinbarungen von 40 auf 20 % gesenkt.[18]

Die Position der postkommunistischen Länder hat sich im Agraraußenhandel mit der EU 1993-1994, trotz der Einfuhrkonzessionen in den Europa-Abkommen, verschlechtert. Die "MOEL-10" haben im Agrarhandel mit der EU 1992 noch einen Exportüberschuß von 109 Mio. ECU erzielt. Im Gegensatz dazu haben sie ein Jahr später einen Importüberschuß von 830 Mio. und 1994 von 1,023 Mrd. ECU verbucht. Gegenüber der EU wurden nicht nur die GUS-, sondern auch die MOE-Länder als Gruppe 1993-1994 zunehmend zu Nettoagrarimporteuren. Die "MOEL-10" haben ihre Agrareinfuhren aus der EU 1994, im Vergleich zu 1993, um 10,56 %

---

17 Ernährungsdienst, 12.4.1994, S. 1.

18 Frankfurter Allgemeine Zeitung (FAZ), 4.8.1995, S. 12.

und ihre Agrarausfuhren in die EU um 6,54 % erhöht. Unter ihnen ist es nur Rumänien gelungen, die einschlägigen Importe zu reduzieren. Die Agrarausfuhren Lettlands, Litauens und Sloweniens in die EU waren 1994 rückläufig. Im EU-Agrarhandel hat ausschließlich Ungarn 1993 und 1994 Exportüberschüsse erzielt. Es verdient vermerkt zu werden, daß die Importüberschüsse Polens 1994, in bezug auf 1993, um 17,3 % und die Rumäniens sogar um rund zwei Drittel verringert wurden.[19] Die negative Agrarhandelsbilanz mit der EU belastet vor allem die stärker landwirtschaftlich geprägten Länder der hier behandelten Großregion. Die Positionseinbußen der postkommunistischen Länder im Agrarhandel mit der EU sind auf die langanhaltende Krise ihrer Land- und Ernährungswirtschaft, die Verzögerung der Privatisierungs- und Transformationsprozesse, den deutlichen Rückgang ihrer Tierbestände, Rentabilitäts- und Zahlungsprobleme der meisten Agrarbetriebe, Sortiments-, Preis- und Qualitätsprobleme auf den Märkten der EU-Länder und nicht zuletzt auf die ungenügende Nutzung der durch die EU einberäumten Erleichterungen beim Marktzutritt zurückzuführen.

Bei der Ausschöpfung der durch die EU bereitgestellten Einfuhrpräferenzen gab es 1994 keinen durchschlagenden Erfolg. Obwohl der Ausschöpfungsgrad der vertraglich vereinbarten Einfuhrquoten des polnischen, tschechischen und ungarischen Liefersortiments 1993 und insbesondere 1994 bei Weizen, Gerste, Milchpulver, Butter, Käse, Hühnerbeinen, entbeintem Hühnerfleisch, einigen Wurstwaren, Beerenobst und einigen anderen Produkten nennenswert gestiegen ist bzw. mitunter auch schon 100 % erreichte, waren die Exporteure dieser Länder weit davon entfernt, die meisten Quoten voll zu nutzen. Anbieter aus anderen ost-, mittel- und südosteuropäischen Ländern haben ihre Präferenzkontingente zwar nach einzelnen Ländern und Erzeugnissen sehr unterschiedlich, jedoch generell nur in geringem Umfang bzw. nur ansatzweise oder überhaupt nicht in Anspruch genommen. (Siehe hierzu die Länderkapitel 2 bis 8.) So hat die EU z.B. dem bulgarischen Agrarexport Präferenz-Einfuhrquoten für insgesamt 112 Nahrungsmittel bzw. Nahrungsmittelgruppen für die Zeit vom 1. Juli 1994 bis einschließlich 30. Juni 1995 eingeräumt. Davon wurden nur 5 voll, 70 bis zu 10 % ausgeschöpft und 18 gar nicht frequentiert. Repräsentativumfragen unter Agrarproduzenten und Außenhandelstreibenden in Bulgarien von 1994-1995 ergaben, daß viele von ihnen die Vergabemo-

---

19 East Europe Agriculture, July 1995, S. 3.

dalitäten der Einfuhrlizenzen der EU nicht einmal annähernd kennen, dem hohen Qualitätsanspruch der westeuropäischen Konsumenten, darunter der Deutschen, kaum entsprechen können, auf anderen Märkten, vor allem in der GUS, bei erheblich niedrigerem Qualitätsanspruch in der Regel höhere Absatzpreise erzielen und je nach Leistung der Agrar- bzw. Nahrungsmittelproduktion im eigenen Lande mit einem kleineren oder auch größeren Mangel an verfügbaren Warenressourcen für den Export konfrontiert sind.[20]

Die insgesamt unbefriedigende Kontingentsauslastung ist aus der Sicht der postkommunistischen Reformländer auf interne und externe Gründe zurückzuführen. Zu den erstgenannten zählen: Der drastische Rückgang der Nahrungsmittelproduktion im Zuge des Transformationsprozesses und in der allgemeinen Wirtschaftskrise, die Unterlassung dringend notwendiger Investitionen, die Umstrukturierung der Agrarbetriebe, die bevorzugte Belieferung des Binnenmarktes bzw. anderer Märkte aus Preis-Kostengründen, Sortimentsprobleme (Warenmangel bei Produkten, die präferiert in die EU geliefert werden könnten), Qualitätsnachteile gegenüber der EU-Konkurrenz, Mangel an modernen Transport- und Lagerkapazitäten und nicht zuletzt ungelöste Probleme der Verarbeitung der Rohstoffe. Mangels entsprechender technischer Ausstattung können mehrere MOE- und GUS-Länder überhaupt nicht oder nur sehr eingeschränkt bestimmte Stückfleischsorten produzieren und exportieren. So existierte z.B. in Tschechien bis Ende 1994 kein für Geflügelteile zugelassener Schlachtbetrieb. Von den externen Gründen sind zu nennen: Die Preispolitik und die Preisentwicklung in der EU (u.a., die Minimum-Importpreise/Schwellenpreise im Obst-, Gemüse- und Schlachtschaf- bzw. Schaffleischsektor), saisonale Importrestriktionen, tier- und pflanzengesundheitliche Vorschriften bzw. veterinärrechtliche Probleme, der Informationsmangel und der Vergabemodus der Einfuhrquoten- und Lizenzen.

Die EU-Kommission hat 1995 beschlossen, zwecks besseren Verständnisses des Quotensystems Informationsseminare zu veranstalten, das Management des Quoten- und Lizenzsystems mit den Handelspartnern aus Ost-, Mittel- und Südosteuropa durchzudiskutieren und zu vereinfachen, die tier- und pflanzengesundheitlichen bzw. veterinärrechtlichen Vor-

---

20 Review of Agricultural Policy and Trade Developments in Bulgaria in 1995, OECD Paris, September 1995, S. 32-33.

schriften mit den Ländern dieser Großregion gemeinsam zu überprüfen, technische Hilfe zur Behebung der Schwachpunkte der einschlägigen Kontrollmechanismen in den betreffenden Ländern zu gewähren, die Reformländer in das Quotenmanagement der Produkte bzw. Produktgruppen, die dem Bereich der Selbstbeschränkungsabkommen zugehören, einzubeziehen und schließlich mehr Flexibilität bei der Zuordnung und Abgrenzung der einzelnen, durch Quoten begrenzten Produkte, zu praktizieren.[21]

Die Außenhandelsdiplomatie der MOE-Länder war bei der EU 1993-1994 zunehmend bemüht, die administrativen Vorschriften der Vergabe der Einfuhrquoten und Lizenzen zu eigenen Gunsten verändern zu lassen und hat diesbezüglich bereits gewisse Teilerfolge erzielt, wie z.B. die Aggregation einzelner Positionen zu übergeordneten Warengruppen bzw. -bereichen. Das ungarische Handelsministerium hat mit der EU ausgehandelt, Hähnchenstückfleisch, ohne Überschreitung der vorgegebenen gesamten Quotenmengen, zu Lasten der in der Regel nicht voll ausgeschöpften Quote der Hähnchenganztierkörper liefern zu dürfen. Die Forderungen aus Ost-, Mittel- und Südosteuropa, die Vergabe der Einfuhrquoten und -lizenzen von den Importeuren zu den Exporteuren zu verlagern und die gewöhnlich für ein viertel Jahr geltenden Quoten zumindest auf das nächste Quartal übertragen zu dürfen, hat die EU bisher strikt abgelehnt. Ungarn, Polen und Tschechien haben die EU bereits 1994 aufgefordert, Importquoten und -lizenzen nur den Importeuren zuzuteilen, die durch einen Exporteur bzw. den zuständigen Exporteurverband bestätigte Lieferangebote vorlegen bzw. die Lizenzvergabe an die Hinterlegung eines ausreichend hohen Pfandbetrages zu binden und den Zwischenhandel mit den Einfuhrquoten und -lizenzen zu untersagen. Sie baten die Agrarkommission der EU, ihnen in bezug auf die Einfuhrquoten in den Bereichen, wo ihre Angebotsschwerpunkte liegen, mehr entgegenzukommen. Einer der Renommierbetriebe der ungarischen Land- und Ernährungswirtschaft, die Bábolna-AG, hat in ihrem Bericht vom Mai 1995 darauf aufmerksam gemacht, daß die Zwischenhändler im gültigen System der Lizenzvergabe der EU mindestens 30 bis 50 % der Zoll- und Abschöpfungsermäßigungen bzw. anderen Einfuhrerleichterungen, die im Sinne der Europa-Verträge eigentlich dem Exporteur zustünden, einstreichen, und daß ihre traditionellen direkten Handelspartner in der EU bei einigen Angebotspositionen wie z.B. Hühnerbrustfilet nur 3,5 % bzw.

---

21 East Europa Agriculture, July 1995, S. 5-6; FAZ, 4.8.1995, S. 12.

einen Bruchteil der beantragten Importquote zugesprochen erhalten.[22] Die Befürchtung vom Anfang der neunziger Jahre, daß die Land- und Ernährungswirtschaft der Mitgliedsländer der EU durch die wirtschaftliche Öffnung gegenüber Osteuropa wegen komparativer Vorteile und des hohen Potentials der postkommunistischen Länder in der Nahrungsmittelproduktion wichtige Marktanteile verlieren und unter zunehmenden Anpassungsdruck geraten könnte, haben sich 1991-1994 nicht bewahrheitet. Im Gegenteil, die in den Europa-Verträgen bzw. in deren Zusatzprotokollen vereinbarte gegenseitige zunehmende Öffnung der Agrarmärkte kam bisher vor allem den Exporteuren der EU, unter ihnen nicht zuletzt den deutschen, zugute. Das nachfragegerechte Angebotssortiment, die hohe Qualität, das positive Image, das professionelle Marketing sowie die mehr oder weniger günstigen Lieferpreise einerseits und die Leistungsschwäche der Land- und Ernährungswirtschaft in Ost-, Mittel- und Südosteuropa, die Liberalisierung der Nahrungsmitteleinfuhren und die eingeschränkte bzw. mangelnde Konkurrenzfähigkeit der einheimischen Anbieter andererseits halfen Exporteuren aus Westeuropa, vor allem aus Deutschland, nicht nur zunehmende Marktanteile zu erobern, sondern auch zahlreiche Mitbewerber aus dieser Großregion zu verdrängen.[23]

1.3 Deutliche Steigerung des Gesamtumsatzes im deutschen Agraraußenhandel mit den Reformländern Ost-, Mittel- und Südosteuropas

Mit einem Import- und Exportumsatz von über 63 bzw. knapp 37 Mrd. DM hat Deutschland seine führende Position als größter Agrarimporteur und viertgrößter Agrarexporteur der Welt 1994 - wie im Vorjahr - erneut bestätigt. Der deutsche Agraraußenhandel trat auf dem Weltmarkt insgesamt, insbesondere gegenüber westlichen Industrie- und Entwicklungsländern, generell als Nettoagrarimporteur auf. Der einhergehend mit der Systemwende eingesetzte Agrarexportboom aus Deutschland in die früheren RGW-Länder hielt im Kalenderjahr 1994 unverändert an. Deutsche Agrarexporteure setzten in diese Großregion Agrarprodukte und andere Nahrungsmittel 1993 für 4,543 und 1994 für 4,948 Mrd. DM

---

22 Auskunft vom Institut für Agrarökonomie Budapest, im Juni 1995.

23 M. Schneider: West-Ost-Agrarhandel in Diskussion, in: WIFO-Österreichisches Institut für Wirtschaftsforschung, Monatsberichte, 10/1994, S. 571.

ab. Deutschland wurde zur gleichen Zeit mit Nahrungsmitteln aus den in unserer Studie erfaßten 20 ost-, mittel- und südosteuropäischen Reformländern bzw. Ländergruppen für 2,311 bzw. 2,617 Mrd. DM beliefert. Die Ausfuhren stiegen somit binnen einem Jahr um 8,9 % und die Einfuhren sogar um 13,2 %. Auf das Systemwendejahr 1989 bezogen, betrug die Steigerungsrate der Exporte bis einschließlich 1994 128,5 %, der Importe 26,7 % und der gesamten Umsätze 78,8 %.[24]

Tabelle 1: Der Agraraußenhandel der Bundesrepublik Deutschland mit Reformländern Ost-, Mittel- und Südosteuropas* (in Mio. DM)

	1985	1988	1989	1990	1991	1992	1993	1994
Einfuhren	2 005,7	1 730,3	2 066,2	2 172,0	2 495,6	2 496,0	2 310,8	2 617,1
Ausfuhren	1 042,5	1 189,3	2 165,4	2 270,2	3 263,4	4 106,0	4 543,5	4 948,0
Gesamtumsatz	3 048,2	2 919,6	4 231,6	4 442,2	5 759,0	6 602,0	6 854,3	7 565,1
Saldo	-963,2	-541,0	+99,2	+98,2	+767,8	+1 610,0	+2 232,7	+2 330,9

Quellen: Errechnet nach Angaben des Statistischen Bundesamtes und des BML 216 vom 6.7.1995.

* Zu diesen gehören: Albanien, Bosnien-Herzegowina, Bulgarien, Kroatien, Mazedonien, Polen, Rumänien, die Slowakei, Slowenien, Tschechien, Ungarn sowie die früheren Mitgliedsstaaten der Sowjetunion: Estland, Lettland, Litauen, Kasachstan, die Rußländische Föderation, die Ukraine, Weißrußland im einzelnen und die anderen früheren Sowjetrepubliken insgesamt.

Der Saldo des Außenhandelsverkehrs mit den postkommunistischen Ländern im Bereich der Erzeugnisse der Land- und Ernährungswirtschaft war aus deutscher Sicht seit 1989 ununterbrochen positiv. Der Exportüberschuß belief sich 1989 auf 99,2 Mio., 1993 auf 2,233 und 1994 auf knapp

24 Errechnet nach Angaben des Statistischen Bundesamtes und des BML 216 vom 6.7.1995.

2,331 Mrd. DM. Der Aktivsaldo wurde binnen einem Jahr um rund 4,4 % gesteigert.

Die Zeiten der siebziger und achtziger Jahre, als der deutsche Agrarexport nach Osteuropa noch als relativ unbedeutend eingestuft werden konnte, sind Mitte der neunziger Jahre vorbei. Der Anteil der in dieser Studie erfaßten 20 ost-, mittel- und südosteuropäischen Länder bzw. Ländergruppen am gesamten deutschen Agrarexport ist 1989-1994 von 6,6 auf 13,3 % (1993 13,1 %) verdoppelt worden. Der größte Abnehmer der Lieferungen der deutschen Land- und Ernährungswirtschaft in die Großregion der postkommunistischen Länder war die Rußländische Föderation, die diese Position 1992 von der ehemaligen Sowjetunion übernahm. Ihr Anteil an den gesamten deutschen Agrarausfuhren erreichte 1994 5,3 % (1993 5,5 %). Wenn dieser Anteil in Anbetracht der Größe des rußländischen Absatzmarktes durchaus plausibel erscheint bzw. sogar steigerungsfähig ist, ist er jedoch, wegen der in diesem Land vorherrschenden chaotischen Wirtschaftsverhältnissen bedenklich, insbesondere weil er große Umsatzschwankungen im deutschen Ostagrarhandel in einzelnen Kalenderjahren verursachen kann. Der zweit- und der drittwichtigste Partner im deutschen Ostagrarexport, Polen und Tschechien, nahmen 1994 2,1 bzw. 1,2 % des gesamten deutschen Agrarexportumsatzes auf. Zur gleichen Zeit entfielen von den gesamten Agrareinfuhren der Bundesrepublik auf Polen und Ungarn 1,3 bzw. 1,2 %, Tschechien 0,6 %, Slowenien 0,1 % und auf die Rußländische Föderation 0,2 %. Alle anderen Ostländer waren an der Belieferung Deutschlands mit Agrarerzeugnissen und anderen Nahrungsmitteln nur mit höchstens 0,1 % beteiligt. Die Reformländer Ost-, Mittel- und Südosteuropas haben an den deutschen Agrareinfuhren 1993 und 1994 einen Gesamtanteil von 3,8 bzw. 4,2 % erreicht und somit ihr "Gewicht" 1989-1994 - nach einem Zwischentief im Jahr 1992 von 3,3 % - nur um 0,6 Prozentpunkte erhöht.[25]

Dem Agraraußenhandel kam im deutschen Osthandel nach einzelnen Partnerländern unterschiedliche Bedeutung zu. Während Agrarprodukte und andere Nahrungsmittel an der Ausfuhr nach Tschechien 1993 und 1994 nur mit jeweils 4,4 %, in die Slowakische Republik mit 6,5 bzw. 4,7 %, nach Ungarn mit 5,1 bzw. 5,0 %, Rumänien mit 3,9 bzw. 4,1 %,

---

25 Errechnet nach Angaben des Statistischen Bundesamtes und des BML 216 vom 6.7.1995.

Slowenien mit 3,6 bzw. 4,3 % und Mazedonien mit 4,2 bzw. 3,6 % beteiligt waren, machten sie für Lettland und Litauen in beiden angeführten Kalenderjahren je ein Fünftel bzw. ein Viertel, für Bosnien-Herzegowina 29,7 bzw. 22,6 % und für Serbien-Montenegro 26,0 bzw. 20,6 % der Ausfuhr aus. Ihr Anteil war außerdem noch an den Lieferungen in die Rußländische Föderation mit 16,8 bzw. 17,9 %, nach Weißrußland mit 14,2 bzw. 13,1 % und Albanien mit 24,6 bzw. 11,1 % recht hoch. Im Allgemeinen hat das relative Gewicht der Erzeugnisse der Land- und Ernährungswirtschaft im Agrarexport nach den Ostländern 1994, im Vergleich zu 1993, abgenommen. Jedoch ist es z.B. bei Kasachstan von 4,2 auf 14,9 % und Kroatien von 5,7 auf 8,0 % gestiegen.

Abbildung 1: Entwicklung des Agraraußenhandels der Bundesrepublik Deutschland mit ausgewählten Ländern Ost-, Mittel- und Südosteuropas

(1988 = 100)

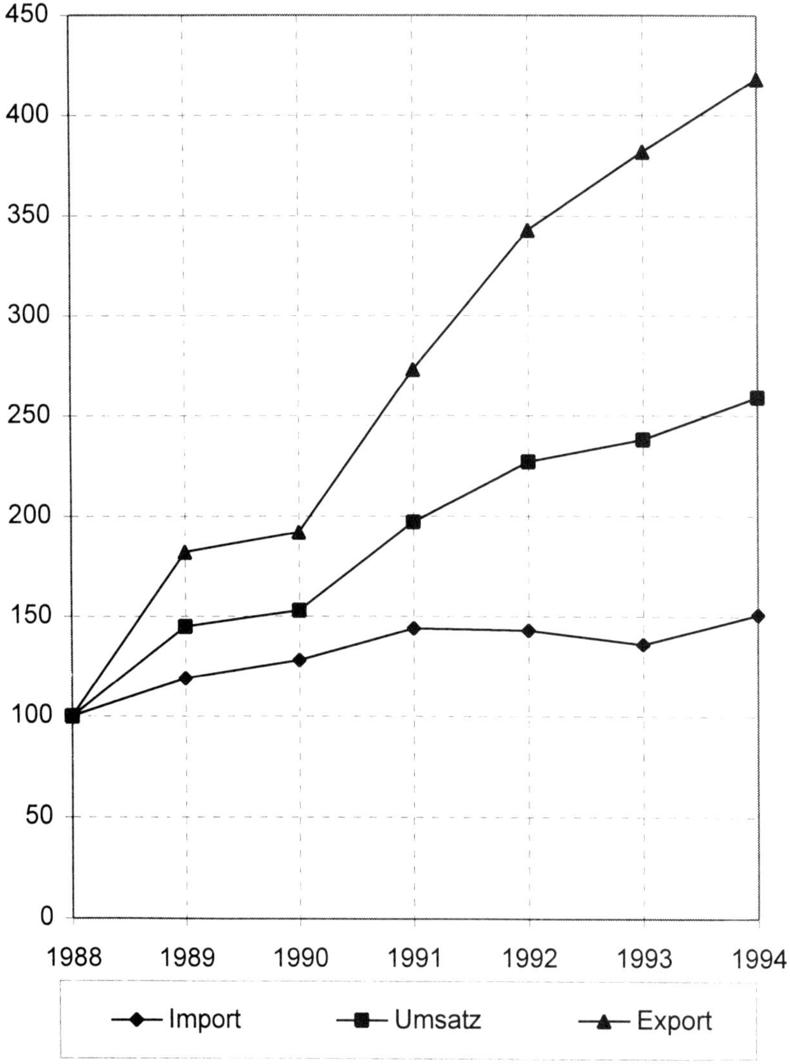

Tabelle 2: Anteile der Reformländer Ost-, Mittel- und Südosteuropas an den Agrareinfuhren und -ausfuhren der Bundesrepublik Deutschland 1988-1994 (in %)

	1988		1989		1990		1991		1992		1993		1994	
	Import	Export	Import	Export	Import	Export	Import	Export	Import	Export	Import	Export	Import	Export
Albanien	0,0	0,0	0,0	0,0	0,0	0,0	0,0	0,1	0,0	0,0	0,0	0,0	0,0	0,0
Bulgarien	0,1	0,4	0,1	0,2	0,1	0,2	0,2	0,2	0,1	0,1	0,1	0,2	0,1	0,2
Jugoslawien	0,5	0,4	0,5	0,5	0,5	0,9	.	.	.	.	-	-	-	-
Bosnien-Herzegowina	.	.	.	.	.	.	.	.	.	.	0,0	0,0	0,0	0,1
Kroatien	.	.	.	.	.	.	.	.	0,0	0,2	0,1	0,3	0,1	0,5
Mazedonien	.	.	.	.	.	.	.	.	.	.	0,1	0,1	0,2	0,0
Serbien und Montenegro	.	.	.	.	.	.	.	.	.	.	0,0	0,0	0,0	0,0
Slowenien	.	.	.	.	.	.	.	.	0,1	0,1	0,1	0,3	0,1	0,3
Polen	1,1	1,0	1,3	2,8	1,5	2,0	1,4	2,5	1,3	2,2	1,3	2,8	1,3	2,1
Rumänien	0,2	0,1	0,1	0,1	0,1	0,8	0,1	0,3	0,1	0,3	0,1	0,2	0,1	0,2
Sowjetunion	0,2	1,5	0,2	2,2	0,2	2,8	0,3	5,1	-	-	-	-		
Estland	.	.	.	.	.	.	.	.	0,0	0,1	0,0	0,1	0,0	0,1
Lettland	.	.	.	.	.	.	.	.	0,0	0,1	0,0	0,2	0,0	0,3
Litauen	.	.	.	.	.	.	.	.	0,0	0,3	0,1	0,4	0,1	0,5
Rußland	.	.	.	.	.	.	.	.	0,1	2,6	0,2	5,5	0,2	5,3

Tabelle 2: Fortsetzung

	1988		1989		1990		1991		1992		1993		1994	
	Import	Export	Import	Export	Import	Export	Import	Export	Import	Export	Import	Export	Import	Export
Ukraine	.	.	.	.	.	.	.	.	0,0	0,3	0,1	0,3	0,1	0,3
Weißrußland	.	.	.	.	.	.	.	.	0,0	0,1	0,0	0,3	0,0	0,3
Kasachstan	.	.	.	.	.	.	.	.	0,0	0,0	0,0	0,1	0,0	0,3
Die restlichen ehemaligen Sowjetrepubliken insgesamt	.	.	.	.	.	.	.	.	0,0	0,2	0,0	0,2	0,0	0,5
Tschecho-slowakei	0,4	0,2	0,4	0,5	0,4	0,3	0,5	0,6	0,5	0,9	-	-		
Slowakische Republik	.	.	.	.	.	.	.	.	.	.	0,0	0,3	0,1	0,3
Tschechische Republik	.	.	.	.	.	.	.	.	.	.	0,5	1,0	0,6	1,2
Ungarn	0,8	0,3	1,0	0,3	1,0	0,3	1,2	0,3	1,1	0,5	1,2	0,8	1,2	0,9
Insgesamt	3,3	3,9	3,6	6,6	3,8	7,3	3,7	9,1	3,3	8,4	3,8	13,1	4,2	13,3

Quellen: Errechnet nach Angaben des Statistischen Bundesamtes und des BML 216 vom 27.5.1992, 1.-6.7.1993, 9.2.1995 und 6.7.1995.

Tabelle 3: Anteile des Agraraußenhandels am Gesamtumsatz des Außenhandels der Bundesrepublik Deutschland mit den Reformländern Ost-, Mittel- und Südosteuropas (in %)

	1988		1989		1990		1991		1992		1993		1994	
	Import	Export	Import	Export	Import	Export	Import	Export	Import	Export	Import	Export	Import	Export
Albanien	9,7	10,1	6,6	11,5	10,5	6,8	8,1	34,8	12,6	15,8	15,5	24,6	14,7	11,1
Bulgarien	18,9	7,3	21,7	5,0	20,5	6,2	21,7	8,6	17,2	5,9	13,9	8,7	11,5	7,0
Jugoslawien	5,2	1,8	4,3	2,4	3,8	3,5	.	.	.	.	-	-	-	-
Bosnien-Herzegowina	.	.	.	.	.	.	.	.	14,8	11,5	8,9	29,7	7,5	22,6
Kroatien	.	.	.	.	.	.	.	.	3,2	7,7	3,6	5,7	2,8	8,0
Mazedonien	.	.	.	.	.	.	.	.	.	.	18,1	4,2	24,9	3,6
Serbien und Montenegro	.	.	.	.	.	.	.	.	.	.	2,2	26,0	0,2	20,6
Slowenien	.	.	.	.	.	.	.	.	2,1	2,8	1,3	3,6	1,4	4,3
Polen	20,0	9,7	20,7	20,1	16,9	13,2	13,2	10,5	10,8	9,7	8,8	9,9	7,9	7,5
Rumänien	6,2	6,2	5,5	10,1	3,1	21,5	6,3	9,9	6,4	7,2	4,7	3,9	3,7	4,1
Sowjetunion	1,3	4,7	1,2	6,1	1,2	8,5	1,2	10,3	-	-	-	-	-	-
Estland	.	.	.	.	.	.	.	.	2,4	41,6	3,2	24,6	4,6	14,4
Lettland	.	.	.	.	.	.	.	.	0,8	27,7	3,9	20,8	1,6	19,1
Litauen	.	.	.	.	.	.	.	.	6,1	40,8	14,6	24,3	7,8	24,8
Rußland	.	.	.	.	.	.	.	.	1,0	15,2	1,2	16,8	1,2	17,9

Tabelle 3: Fortsetzung

	1988		1989		1990		1991		1992		1993		1994	
	Import	Export	Import	Export	Import	Export	Import	Export	Import	Export	Import	Export	Import	Export
Ukraine	.	.	.	.	.	.	.	.	6,3	10,8	7,4	6,0	7,5	5,7
Weißrußland	.	.	.	.	.	.	.	.	2,1	9,1	3,0	14,2	4,4	13,1
Kasachstan	.	.	.	.	.	.	.	.	4,3	1,4	3,3	4,2	7,5	14,9
Tschecho-slowakei	8,6	4,8	9,8	5,4	8,6	3,4	6,4	4,3	5,2	4,3	-	-	-	-
Slowakische Republik	.	.	.	.	.	.	.	.	.	.	1,7	6,5	1,9	4,7
Tschechische Republik	.	.	.	.	.	.	.	.	.	.	4,7	4,4	4,1	4,4
Ungarn	19,4	3,1	20,3	3,0	17,5	2,6	19,7	2,9	17,2	4,2	14,4	5,1	14,0	5,0

Quellen: Errechnet nach Angaben des Statistischen Bundesamtes und des BML 216 vom 27.5.1992, 1.-6.7.1993, 9.2.1995 und 6.7.1995.

Der Agrarimport spielte im deutschen Gesamtimport aus den meisten Reformländern Ost-, Mittel- und Südosteuropas 1993 und 1994 mit Anteilen von jeweils unter 10 % eine weniger wichtige Rolle. Diese Grenze wurde nur bei den Einfuhren aus Mazedonien mit 18,1 bzw. 24,9 %, Albanien mit 15,5 bzw. 14,7 %, Ungarn mit 14,4 bzw. 14,0 % und Bulgarien mit 13,9 bzw. 11,5 % überschritten. An den deutschen Einfuhren aus der Rußländischen Föderation waren Agrarprodukte 1993 und 1994 unverändert nur mit 1,2 % beteiligt. Von den Einfuhren aus Kroatien entfielen zur gleichen Zeit 3,6 bzw. 2,8 %, aus Slowenien 1,3 bzw. 1,4 %, aus Polen 8,8 bzw. 7,9 %, aus Rumänien 4,7 bzw. 3,7 %, Estland 3,2 bzw. 4,6 %, aus der Slowakei 1,7 und 1,9 % und Tschechien 4,7 bzw. 4,1 % auf Erzeugnisse der Land- und Ernährungswirtschaft. Obwohl viele MOE- und GUS-Länder auf die im Agrarexport verdienten Devisen dringend angewiesen sind, hat der Agrarbereich in der Einfuhr Deutschlands 1993-1994 aus Albanien, Bulgarien, Kroatien, Polen, Rumänien, Lettland, Litauen und Tschechien an Bedeutung verloren.[26]

1.4 Anhaltender Agrarexportboom nach Osteuropa

Bei einer Steigerung der Agrarexportumsätze um knapp 9 % in die MOE- und GUS-Länder stiegen die Lieferungen Deutschlands 1994, im Vergleich zu 1993, im einzelnen nach Kasachstan um 295 %, Kroatien um 70,2 %, Litauen um 56,9 %, Serbien und Montenegro um knapp 59 %, Slowenien um 37,6 %, Tschechien um 26 %, Ungarn um 22,7 %, in die Ukraine um 7,8 % und in die Ländergruppe der restlichen früheren Sowjetunion um 120 %, darunter nach Usbekistan sogar um 147 %. Andererseits sind die Agrarexportumsätze binnen einem Jahr mit Albanien um 60,7 %, mit Polen um 19,2 %, mit Weißrußland um 13,5 % und mit Bulgarien um 4,9 % zurückgegangen.[27]

Die Bundesrepublik belieferte die postkommunistischen Länder 1994 in mehr oder weniger steigenden Mengen und Werten u.a. mit lebenden Tieren, Käse, Därmen, Blasen, Mägen, Fisch und Fischzubereitungen, Fischmehl, sonstigen pflanzlichen Nahrungsmitteln, Kakaoerzeugnissen, pflanzlichen Ölen und Fetten zur Ernährung, Ölkuchen, Obst (außer Südfrüch-

---

[26] Errechnet nach Angaben des Statistischen Bundesamtes und des BML vom 6.7.1995.

[27] Ebenda.

ten), Südfrüchten, Gemüse und sonstigen Küchengewächsen, Gemüse- und Obstkonserven, Fruchtsäften und dergleichen, Tabakwaren, Bier, Branntwein und Wein. Der Absatz von Fleisch und Fleischerzeugnissen, Butter, Getreide, Müllereierzeugnissen, Zucker, Margarine und ähnlichen Speisefetten und Kaffee war dagegen rückläufig. Bei Milchlieferungen waren trotz steigender Absatzmengen sinkende Erlöse zu verzeichnen.

In der Warenstruktur des deutschen Agrarexports nach Osteuropa waren in den letzten Jahren mehr oder weniger bedeutende Veränderungen zu beobachten, die weniger auf das verfügbare deutsche Angebotssortiment, sondern vielmehr auf den konkreten Importbedarf der Abnehmer der Erzeugnisse der deutschen Land- und Ernährungswirtschaft in den MOE- bzw. GUS-Ländern zurückzuführen waren und u.a. Fleisch, Fleischerzeugnisse und Getreide betrafen. Der Anteil dieser Produkte ist 1992-1994 in der angeführten Reihenfolge von 12,9 auf 8,7 % bzw. von 23,2 auf knapp 5,1 % zurückgegangen. Im Gegensatz dazu stieg der Anteil der großen Sammelproduktgruppe der sonstigen pflanzlichen Nahrungsmittel seit 1989 (5,8 %) ununterbrochen an und erreichte 1994 16,5 %. Zu den "Fahnenträgern" des deutschen Ostagrarexports gehörten 1994 außerdem noch Kakaoerzeugnisse mit einem Anteil von 11,2 % (1993 6,15 %), Branntwein mit 9,4 % (1993 7,0 %), Tabakwaren mit 7,1 % (1993 6,2 %), Käse mit 3,8 % (1993 2,8 %), Gemüse-, Obstkonserven, Fruchtsäfte und dergleichen mit 3,9 % (1993 2,7 %), Bier mit 3,3 % (1993 1,6 %), Fischmehl mit 3,1 % (1993 1,6 %), Zucker mit knapp 3,2 % (1993 8,3 %) und Wein mit 2,9 % (1993 1,4 %).[28]

---

28 Errechnet nach Angaben des Statistischen Bundesamtes und des BML 216 vom 6.7.1995.

Tabelle 4: Agrarausfuhren der Bundesrepublik Deutschland in die Reformländer Ost-, Mittel- und Südosteuropas (Mio. DM)

	1988	1989	1990	1991	1992	1993	1994
Albanien	3,8	9,1	3,9	28,5	8,0	17,1	6,7
Bulgarien	113,9	73,7	49,1	68,1	51,0	78,7	74,9
Jugoslawien	11,0	170,9	282,8	.	.	-	-
Bosnien-Herzegowina	.	.	.	.	.	17,0	20,9
Kroatien	.	.	.	.	74,0	101,7	173,1
Mazedonien	.	.	.	.	.	17,4	17,7
Serbien und Montenegro	.	.	.	.	.	11,2	17,8
Slowenien	.	.	.	.	39,0	88,6	121,8
Polen	279,9	897,6	617,5	893,1	799,0	958,0	774,3
Rumänien	35,8	59,0	239,3	120,6	95,0	70,3	82,5
Sowjetunion	443,7	698,9	884,2	1818,0	-	-	-
Estland	.	.	.	.	53,0	42,2	38,4
Lettland	.	.	.	.	55,0	72,6	97,1
Litauen	.	.	.	.	105,0	122,1	194,6
Rußland	.	.	.	.	963,0+	1910,4	1924,1
Ukraine	.	.	.	.	103,0+	93,2	100,5
Weißrußland	.	.	.	.	30,0+	112,1	97,0
Kasachstan	.	.	.	.	2,0+	30,8	121,7

Tabelle 4: Fortsetzung

	1988	1989	1990	1991	1992	1993	1994
Die anderen früheren Sowjetrepubliken, insgesamt	.	.	.	-	81,0+	110,4	242,9
Tschechoslowakei	116,0	147,1	104,5	213,0	351,0	-	-
Slowakische Republik	.	.	.	.	.	90,9	95,9
Tschechische Republik	.	.	.	.	.	338,2	426,3
Ungarn	85,2	109,1	88,9	122,1	196,0	260,6	319,8
Insgesamt	1189,3	2165,4	2270,2	3263,4	3005,0++	4543,5	4948,0

\+ Mai - Dezember 1992

++ Den Exportumsatz mit Rußland, Weißrußland, Kasachstan, der Ukraine und den anderen früheren Sowjetrepubliken, der 1992 insgesamt 2279,7 Mio. DM betrug, auf das ganze Kalenderjahr 1992 bezogen: 4106 Mio. DM.

Quellen: Errechnet nach Angaben des Statistischen Bundesamtes und des BML 216 vom 27.5.1992, 1.-6.7.1993, 9.2.1995.

Tabelle 5: Ausfuhr wichtiger Nahrungsmittel nach Ost-, Mittel- und Südosteuropa

	Menge 1 000 t				Wert Mio. DM			
	1991	1992	1993	1994	1991	1992	1993	1994
Lebende Tiere	.	.	-	.	67,685	32,239	16,123	32,322
Fleisch und Fleischerzeugnisse	384,043	206,432	220,240	192,005	986,339	486,118	552,192	431,707
Milch	42,669	31,615	32,355	41,693	161,364	109,261	105,946	44,779
Butter	102,395	15,474	16,993	5,295	273,066	78,456	68,617	14,096
Käse	13,403	24,488	28,438	44,569	54,360	102,837	129,553	187,751
Därme, Blasen, Mägen	4,895	7,750	8,947	9,360	20,640	44,824	49,572	55,697
Fisch und Fischzubereitungen	34,011	31,276	30,864	37,275	85,996	70,580	61,625	84,531
Fischmehl	74,407	107,375	121,230	251,620	55,131	76,404	73,413	153,527
Getreide	401,844	4 628,216	2 930,097	1 256,353	78,698	873,847	593,584	251,607
Müllereierzeugnisse	202,779	337,543	146,133	85,919	60,162	156,350	53,246	28,425
Sonst. pflanzl. Nahrungsmittel	178,580	139,395	238,162	321,431	436,034	518,694	638,355	816,023
Zucker	117,415	237,631	790,072	273,333	55,740	149,098	373,684	157,215
Kakaoerzeugnisse	13,212	36,108	56,049	111,382	71,237	171,763	277,927	553,221
Pflanzl. Fette u. Öle zur Ernährung	23,253	59,364	66,909	107,036	30,036	66,426	73,174	132,838
Margarine u. ähnliche Speisefette	25,131	69,336	68,904	51,338	37,951	105,160	95,949	70,841

Tabelle 5: Fortsetzung

	Menge 1 000 t				Wert Mio. DM			
	1991	1992	1993	1994	1991	1992	1993	1994
Ölkuchen	90,691	273,566	286,545	322,215	34,540	98,283	114,788	121,166
Obst, außer Süd-früchten	7,574	20,142	11,108	26,528	16,181	10,632	18,870	42,249
Südfrüchte	37,429	22,170	19,942	32,599	39,361	22,344	25,508	43,791
Gemüse und sonst. Küchengewächse	19,989	13,975	15,411	27,541	36,367	15,775	18,390	34,895
Gemüse-, Obst-konserven, Frucht-säfte u. dgl.	49,133	21,313	50,258	123,309	89,229	48,540	120,901	193,446
Kaffee	9,191	11,611	19,620	14,630	38,277	64,340	106,827	111,024
Tabakwaren	11,724	14,527	14,965	19,700	163,817	236,656	281,966	350,157
Bier (1 000 hl)	212,445	521,850	600,602	1 398,210	50,602	77,069	72,049	162,796
Branntwein (1 000 hl, 100 % Alkohol)	24,427	303,112	866,383	1 024,004	16,926	110,117	317,789	467,656
Wein (1 000 hl)	28,638	40,993	358,410	855,339	7,064	10,068	64,507	144,761

Quellen: Errechnet nach Angaben des Statistischen Bundesamtes Wiesbaden und des BML 216 vom 27.5.1992, 1.-6.Juli 1993, 9.2.1995 und 6.7.1995.

Tabelle 6: Anteile einzelner Produkte bzw. Produktgruppen am deutschen Agrarexport nach Ost-, Mittel- und Südosteuropa (%)

	1989	1990	1991	1992	1993	1994
Lebende Tiere	1,13	1,96	2,07	0,85	0,35	0,65
Fleisch und Fleischerzeugnisse	18,63	32,95	30,22	12,91	12,22	8,72
Milch	3,44	1,30	4,94	2,90	2,34	0,90
Butter	8,42	3,92	8,36	2,1	1,51	0,28
Käse	1,19	1,15	1,66	2,73	2,84	3,79
Därme	0,41	0,90	0,63	1,19	1,09	1,12
Fisch und Fischzubereitungen	0,58	1,10	2,63	1,87	1,36	1,70
Fischmehl	5,06	2,69	1,68	2,02	1,62	3,10
Getreide	33,62	19,45	2,41	23,20	13,03	5,08
Müllereierzeugnisse	0,15	0,17	1,84	4,15	1,17	0,57
Sonst. pflanzl. Nahrungsmittel	5,82	9,67	13,36	13,77	14,13	16,49
Zucker	5,19	1,91	1,70	3,96	8,27	3,17
Kakaoerzeugnisse	1,85	3,99	2,18	4,56	6,15	11,18
Pflanzl. Fette u. Öle zur Ernährung	1,72	1,29	0,92	1,76	1,62	2,68
Margarine u. ähnliche Speisefette	.	0,93	1,16	2,79	2,12	1,43
Ölkuchen	1,43	1,77	1,05	2,61	2,54	2,44
Obst, außer Südfrüchten	.	1,02	0,49	0,28	0,41	0,85
Südfrüchte	0,34	1,90	1,20	0,59	0,56	0,88
Gemüse und sonst. Küchengewächse	.	0,22	1,11	0,41	0,40	0,70
Gemüse-, Obstkonserven, Fruchtsäfte u. dgl.	.	1,22	2,73	1,28	2,67	3,90
Kaffee	1,43	1,40	1,17	1,70	2,36	2,24
Tabakwaren	2,11	3,29	5,01	6,28	6,24	7,07
Bier	0,65	1,19	1,55	2,04	1,59	3,29
Branntwein	1,39	0,90	0,51	2,92	7,03	9,45
Wein	1,19	0,53	0,21	0,26	1,42	2,92
Insgesamt:	95,75	96,82	90,79	99,13	95,04	94,60

Quellen: Errechnet nach Angaben des Statistischen Bundesamtes Wiesbaden und des BML 216 vom 27.5.1992, 1.-6. Juli 1993, 9.2.1995 und 6.7.1995.

Die Veränderungen des Ostagrarexports waren in den letzten Jahren durch die Absatzpreisentwicklung in den MOE- und GUS-Ländern, die bei den einzelnen Produkten und Produktgruppen des deutschen Lieferangebots in und unter den Zielländern nur selten in die gleiche Richtung (Steigerung bzw. Rückgang) verlief, erheblich mitgeprägt. So erzielte der deutsche Agrarexport beim Absatz von Fleisch und Fleischerzeugnissen 1994, in bezug auf 1993, durchschnittliche Preissteigerungen in Bulgarien um 24,7 %, in Polen um 19,8 %, in Rumänien um 45,5 % und in Ungarn um 1,22 %. In der Rußländischen Föderation mußten dagegen durchschnittliche Preiseinbußen um 14,9 %, in der Slowakei um 9,2 % und in Tschechien um 7,2 % hingenommen werden. Beim Exportschlager der deutschen Agrarlieferungen nach Osteuropa im Jahr 1994 , den Kakaoerzeugnissen, betrug der durchschnittliche Absatzpreisanstieg in der Rußländischen Föderation 2,3 %, in Tschechien 22,9 % und in der Slowakei rund 5 %. Die Preisverluste beliefen sich in Polen auf rund 24 %, in Ungarn auf 20,9 % und in Rumänien auf 3,1 %, während die durchschnittlichen Absatzpreise in Bulgarien nahezu unverändert blieben. Die Absatzpreisentwicklung war 1994 auch bei Ölkuchen nach einzelnen Zielländern gegenläufig. Während in der Slowakei und Tschechien ein durchschnittlicher Anstieg der Preise um 2,7 bzw. 1,7 % verzeichnet wurde, sanken diese in Polen um 9,3 %, in der Rußländischen Föderation um 7,0 % und in Ungarn um 2,4 %. Der Wert der Sammelproduktgruppe der sonstigen pflanzlichen Nahrungsmittel war 1994 durch die Preisentwicklung überwiegend positiv beeinflußt. So belief sich die durchschnittliche Preissteigerungsrate des deutschen Angebots z.B. in Bulgarien auf 11,3 %, in Polen auf 13,9 %, in Rumänien auf 16,8 %, in der Slowakei auf 13,7 %, in Tschechien auf 7,1 % und in Ungarn auf knapp 1 %. Nur aus der Rußländischen Föderation wurde ein Preisrückgang um 18,1 % gemeldet. Ähnliches gilt auch für Branntwein, bei dem, abgesehen von Rumänien, wo Preiseinbußen um 49 % verkraftet werden mußten, in allen anderen angeführten Ländern noch erheblich höhere Preissteigerungen (in Polen um 144,4 %, in der Rußländischen Föderation um 39,9 %, in Tschechien um 88,4 und in Ungarn um 281,4 %) verbucht wurden als bei den sonstigen pflanzlichen Nahrungsmitteln. Im Gegensatz dazu sanken die Absatzpreise des deutschen Agrarexports nach Osteuropa bei Tabakwaren nahezu überall: in Bulgarien um 0,5 %, in Polen um 15,4 %, in Rumänien um

54,0 %, in der Rußländischen Föderation um 3,42 %, in der Slowakei um 36,6 %, in Tschechien um 6,3 % und in Ungarn um 1,3 %.[29]

Was die Länderstruktur der deutschen Agrarausfuhren in die Oststaaten betrifft, so gab es im Kalenderjahr 1994, in bezug auf das Vorjahr, mehr oder weniger deutliche Anteilsverschiebungen zugunsten von Ungarn, Tschechien, Kroatien, Slowenien, Lettland, Litauen, Kasachstan und nicht zuletzt der Ländergruppe der anderen früheren Sowjetrepubliken. Polen und die Rußländische Föderation haben zwar einige Anteilspunkte eingebüßt, blieben aber 1994 nach wie vor die beiden wichtigsten Abnehmer der Erzeugnisse der Land- und Ernährungswirtschaft unter den Reformländern Ost-, Mittel- und Südosteuropas. Die Entwicklung des gesamten Agrarexportumsatzes in diese Großregion wurde 1994 - wie auch schon in den vorhergehenden Jahren - entscheidend durch die Höhe der Lieferungen nach Rußland und Polen beeinflußt. Von den Ostagrarlieferungen Deutschlands entfielen 1993 63,5 % und 1994 54,6 % auf diese beiden Länder, davon 42,3 % und 38,9 % auf die Rußländische Föderation bzw. 21,2 % und 15,7 % auf Polen. Die Rußländische Föderation wurde aus Deutschland 1993 und 1994 mit mehr Nahrungsmitteln beliefert als die Sowjetunion 1991. Sie war mit ihrem Anteil der größte Absatzmarkt des deutschen Agrarexports in Osteuropa. Die anderen früheren Mitgliedsstaaten der Sowjetunion - wie z.B. die Ukraine, Weißrußland, Kasachstan und die baltischen Republiken - fielen beim deutschen Agrarexport mit ihren Anteilen 1993 und 1994 in der angeführten Reihenfolge mit 2,0 % und 2,1 %, jeweils 2,0 %, 0,7 % und 2,5 % bzw. 5,2 und 6,2 % erheblich weniger ins Gewicht. Die Tschechische Republik fungierte 1994 bereits im zweiten Jahr als drittgrößter Absatzmarkt für die Erzeugnisse der deutschen Land- und Ernährungswirtschaft in den MOE- und GUS-Ländern. Ungarn bestätigte 1994 seine langjährige Position als viertgrößter Abnehmer des deutschen Agrarexports in der hier untersuchten Großregion.[30]

Die Absatzmärkte in den MOE- und GUS-Ländern sind 1993-1994 stark in Bewegung geraten. Dabei erscheinen die Märkte vor allem in der Ukraine, Weißrußland, Kasachstan, in den baltischen Staaten, Slowenien,

---

29 Errechnet nach Angaben des Statistischen Bundesamtes und des BML 216 vom 6.7.1995.

30 Ebenda.

Kroatien, in Restjugoslawien und schließlich auch in Bosnien-Herzegowina mit ihren bisherigen Anteilen unterrepräsentiert und durchaus ausbaufähig. Das signalisiert für die nächsten Jahre, unter Beibehaltung der führenden Rolle der Rußländischen Föderation und Polens, erhebliche Veränderungen in der Länderstruktur des deutschen Agrarexports nach Osteuropa.

Die Umsatzsteigerung des deutschen Ostagrarexports im Kalenderjahr 1994 ist um so höher zu bewerten, als die meisten postkommunistischen Handelspartnerländer eine zunehmend restriktive Agrarimportpolitik betrieben und die Einfuhren durch protektionistische Maßnahmen einzudämmen suchten. Der deutsche Agrarexport, der 1989-1992 durch Hilfslieferungen geprägt wurde, ist bereits 1993 und erst recht 1994 überwiegend selbsttragend geworden. Dank intensiver und gezielter Marketingmaßnahmen im Rahmen mittel- bis langfristig angesetzter Absatzstrategien sind insbesondere Markenartikel des deutschen Nahrungsmittelangebots vom polnischen, tschechischen, ungarischen und slowenischen Binnenmarkt nicht mehr wegzudenken. Sie haben sich bereits ansehnliche und weiter ausbaufähige Marktsegmente in diesen Ländern erobert. Andererseits können Maßnahmen einer langfristigen Absatzmarktstrategie in anderen ost-, mittel- und südosteuropäischen Ländern wie z.B. in der Rußländischen Föderation, der Ukraine, Weißrußland, Albanien, Bulgarien, Rumänien und anderen bisher nur ansatzweise nachgewiesen werden. Diese Länder werden noch vornehmlich "Ad-hoc", aufgrund kurzfristiger Geschäftsinteressen, beliefert. Die Land- und Ernährungswirtschaft vieler MOE- und GUS-Länder befand sich 1994 noch in einer tiefen Krise und ihre Agrarproduktion war entsprechend rückläufig. Sie wurde durch ungeklärte Eigentumsverhältnisse, Transformations-, Umstrukturierungs-, Finanzierungs- und andere Probleme stark beeinträchtigt. Der Importbedarf der hier behandelten Großregion war 1994 - wie auch schon in den Vorjahren - groß. Das war die wichtigste Grundlage der Steigerung des deutschen Agrarexports.

Tabelle 7: Anteile der Reformländer Ost-, Mittel- und Südosteuropas an der Agrarausfuhr der Bundesrepublik Deutschland in diese Länder (in %)

	1988	1989	1990	1991	1992	1993	1994
Albanien	0,3	0,4	0,2	0,9	0,3	0,4	0,2
Bulgarien	9,6	3,4	2,2	2,1	1,7	1,7	1,5
Jugoslawien	9,3	7,9	12,4	-	-	-	-
Bosnien-Herzegowina	.	.	.	.	.	.	0,4
Kroatien	-	-	-	-	2,4	2,3	3,5
Mazedonien	-	-	-	-	-	0,4	0,4
Serbien und Montenegro	.	.	.	.	.	.	0,4
Slowenien	-	-	-	-	1,3	2,0	2,5
Polen	23,5	41,5	27,2	27,4	26,6	21,2	15,7
Rumänien	3,0	2,7	10,6	3,7	3,2	1,6	1,7
Sowjetunion	37,3	32,3	38,9	55,7	-	-	-
Estland	-	-	-	-	1,8	0,9	0,8
Lettland	-	-	-	-	1,8	1,6	2,0
Litauen	-	-	-	-	3,5	2,7	3,4
Rußland	-	-	-	-	32,0	42,3	38,9
Ukraine	-	-	-	-	3,4	2,0	2,1
Weißrußland	-	-	-	-	1,0	2,0	2,0
Kasachstan	-	-	-	-	0,1	0,7	2,5

Tabelle 7: Fortsetzung

	1988	1989	1990	1991	1992	1993	1994
Die anderen früheren Sowjetrepubliken, insgesamt	-	-	-	-	2,7	2,4	4,9
Tschechoslowakei	9,8	6,8	4,6	6,5	11,7	-	-
Slowakische Republik	-	-	-	-	-	2,0	1,9
Tschechische Republik	-	-	-	-	-	7,5	8,7
Ungarn	7,2	5,0	3,9	3,7	6,5	5,8	6,5
Insgesamt	100,0	100,0	100,0	100,0	100,0	100,0	100,0

Quellen: Errechnet nach Angaben des Statistischen Bundesamtes und des BML 216 vom 27.5.1992, 1.-6.7.1993, 9.2.1995 und 6.7.1995.

Agrarexporteure aus Deutschland haben 1993-1994 in den CEFTA-Ländern, in Slowenien, Estland und sporadisch auch in einigen anderen MOE- bzw. GUS-Ländern intensives und gezieltes Marketing für mehrere Erzeugnisse der Land- und Ernährungswirtschaft, vor allem für deren Markenartikel, betrieben. Ihre Aktivitäten werden durch den Anstieg des Exportumsatzes u.a. bei der Sammelproduktgruppe der sonstigen pflanzlichen Nahrungsmittel wie z.B. Zuckerwaren ohne Kakaogehalt, Malzextrakten, Lebensmittelzubereitungen, Teigwaren, Back- und ähnlichen Waren, Limonaden, Mineralwasser, Hefen etc., Gemüse-, Obstkonserven, Fruchtsäften und dergleichen, Kakaoerzeugnissen und anderen Süßwaren, Branntwein sowie Wein und Bier bestätigt.

Auf dem Nahrungsmittelmarkt Ost-, Mittel- und Südosteuropas herrschte 1994 harte Konkurrenz. Während es Anfang der neunziger Jahre noch ausreichte, ein Markennahrungsmittel im Fernsehen oder in den Printmedien zu präsentieren, mußten die Exporteure 1994 weitere Marketingmittel einsetzen, um neue Kunden zu interessieren bzw. an sich zu binden. Es erschien geradezu geboten, die TV-, Rundfunk- und Printmedien-Werbung, das heißt die klassischen Marketingmethoden, um diverse verkaufsfördernde Maßnahmen wie Geschenkkupons, Freikarten, Warenmuster, Gratisproben, Aktionstage, Mitnahme-Prospekte etc. zu ergänzen, Sport- bzw. künstlerische und andere Veranstaltungen zu sponsern, gegebenenfalls eigene Warenpräsentation sowie Ausstellungen zu organisieren und nicht zuletzt "Direct Mailing" bzw. eventuell auch Direktverkauf an Großabnehmer zu betreiben. Da die Postgebühren z.B. in Tschechien niedrig sind, ist das "Direct Mailing" in diesem Lande unter den Werbemitteln bereits auf den zweiten Platz, direkt hinter der Fernsehwerbung, vorgerückt.

Mitte der neunziger Jahre erscheint es für die postkommunistischen Länder äußerst wichtig, neue innovative Konzepte zu entwickeln und die Marketingmaßnahmen zeitlich richtig aufeinander abzustimmen (Timing). Der Markenartikelexporteur ist gut beraten, mit den Kunden einen Dialog aufzubauen und ihn möglichst individuell anzusprechen. Die Firma Tschibo-Deutschland hat in Tschechien 1994 ein Preisausschreiben veranstaltet und als Hauptpreis ein Wochenende in Paris angeboten. An diesem Preisausschreiben beteiligten sich rund eine Million Personen. Eine Pizzabäckerfirma aus den USA bot bei einer Kostprobenveranstaltung gleichfalls in Tschechien einen Gratis-Pizzagutschein an und verbuchte eine Rücklaufquote von 38 %, die im Vergleich zu ähnlichen Veranstaltungen in den USA, mit einer durchschnittlichen Rücklaufquote von 5 %, als Riesenerfolg zu betrachten ist. Auch das Versandgeschäft kommt vor allem in den größeren Ostländern, wo ein großer Teil der Bevölkerung (in Polen z.B. 40 %) auf dem Lande lebt und vom Einzelhandel nicht ausreichend versorgt wird, in Gang. Die Ära des "Tele-Shoppings" wurde bereits in Polen, Tschechien und Ungarn eingeläutet. In Polen hat sich die südafrikanisch-schweizerische Gesellschaft "Film Net" mit den lokalen Kabelnetzbetreibern "Porion" (Warschau) und "Polska Telewizja Kablowa" für ein Pay-TV zusammengeschlossen.[31]

Exporteure von Markennahrung waren in den Oststaaten 1993-1994 mit dem Mangel an umfassenden Adressendateien und einer schwach entwickelten Infrastruktur konfrontiert. Die Versendung von Werbebriefen und Werbezetteln in großer Zahl wird in vielen Ländern Ost-, Mittel- und Südosteuropas durch die beschränkte Versandkapazität bzw. -bereitschaft der Post beeinträchtigt. Als 1994 eine Firma in Polen die Post mit der Versendung von 30 000 Stück Werbebriefen pro Tag beauftragte, erhielt sie die Antwort, mehr als 800 Briefe pro Tag seien aus Kapazitätsgründen nicht möglich. Es kommt hinzu, daß dem Marketing bzw. der Werbung, durch nach einzelnen Ländern differenzierte bracheninterne Gebote, medienbezogene Regelungen und gesetzliche Verbote bestimmte Grenzen gesetzt wurden. Die Kodices der nationalen Werbeverbände enthalten u.a. die Regelungen, daß z.B. vergleichende Werbung, irreführende Aussagen und die Aufstellung von Plakatwänden in der Nähe von Schulen und Kindergärten, insbesondere, wenn für Spielzeug und andere Produkte für Kinder geworben wird, zu unterlassen sind. Werbespots werden im polnischen Staatsfernsehen durch ein Fachkomitee auf sprachliche Sauberkeit bzw. Korrektheit kontrolliert. Dabei werden Fremdwörter ungern gesehen und "Flotte Sprüche" gestrichen. Dieses Fachkomitee wird in Polen von den Marketingfirmen wegen der Einschränkung der freien künstlerischen Gestaltung der Spots und der willkürlichen Anwendung der Zensur scharf kritisiert. Für Tabak, Tabakwaren und alkoholische Getränke herrscht in den meisten MOE- und GUS-Ländern generelles bzw. auf das Fernsehen und den Rundfunk beschränktes Werbeverbot. Werbung für Tabakerzeugnisse ist z.B. in Bulgarien, laut Tabakgesetz von 1993, nur am Verkaufsort (Tabakladen) erlaubt. In Rumänien ist dagegen Alkohol- und

---

31 Ostwirtschaftsreport, 5/1995, S. 81-82.

Tabakwerbung auf Plakaten und in den Printmedien gestattet. Rumänien verbietet u.a. die Werbung für Hunde- und Katzenfutter.

Bei den gesetzlichen, den verbands- und branchenüblichen Beschränkungen des Marketing bzw. der Werbung in den Oststaaten ist zu berücksichtigen, daß Gebote und Verbote in der Alltagspraxis lax gehandhabt, ihre Einhaltung selten kontrolliert und ihre Überschreitung in der Regel nur mit geringen Geldstrafen geahndet werden. Da die Überschreitung des Werbeverbots für Tabakwaren und Alkoholika in Ungarn 1994 mit einer Geldbuße von 10 000 Forint (damals 99 US-$) bestraft wurde, haben die Zigarettenhersteller für beide Warengruppen ohne zu zögern auf Plakaten und in den Printmedien geworben. Exporteure und Marketingfirmen sind bemüht, Gesetzeslücken zu ihren Gunsten ausfindig zu machen. In Tschechien wird für die verbotenen Produkte weitergeworben, weil die Verbote nur für Werbeverträge gelten, die nach dem Inkrafttreten des einschlägigen Gesetzes (dem 1. Januar 1994) abgeschlossen wurden. Es liegt auf der Hand, daß 1994 entsprechend viele Verträge zurückdatiert wurden. Bei der 1994 erfolgten und für die darauffolgenden Jahre beabsichtigten Intensivierung der Marketingaktivitäten des deutschen Agrarexports ist stets zu berücksichtigen, daß das Kaufverhalten der Konsumenten mit einem angemessenen Werbeaufwand zwar beeinflußt werden kann, dennoch in erster Linie durch andere Faktoren wie z.B. das verfügbare persönliche bzw. Familienbudget, traditionelle Kaufgewohnheiten, das Angebot der Mitbewerber, den Qualitätsanspruch und anderes bestimmt wird.[32]

Die restriktiven Importmaßnahmen, der auflebende Protektionismus und der intensivierte Schutz des Binnenmarktes in den postkommunistischen Ländern Ost-, Mittel- und Südosteuropas vermochte den seit der Systemwende anhaltenden Agrarexportboom der Bundesrepublik in diese Großregion nicht zu unterbrechen. Das Kalenderjahr 1994 stand im Zeichen der Adaptation der Bestimmungen der GATT/WTO-Vereinbarungen in die Europa-Verträge der EU mit den Oststaaten. Im Sinne des Landwirtschaftsteils dieser Vereinbarungen sollen die Agrarsubventionen von 1995 bis zur Jahrtausendwende sukzessive verringert, der Marktzugang erleichtert und die mit dem internationalen Handel verbundenen tier- und pflanzengesundheitlichen Vorschriften vereinheitlicht werden. Die Agrarsub-

---

32 Ostwirtschaftsreport, 8/1994, S. 141-143.

ventionen, die den Binnenmarkt betreffen, sollen laut GATT/WTO in bezug auf ihr durchschnittliches Niveau von 1986-1988 binnen sechs Jahren, nach der Methode des Aggregate Measurement of Support (AMS) berechnet, um 20 % verringert werden. Inlandssubventionen, die auf den internationalen Handel geringe Auswirkungen haben, müssen jedoch dabei nicht eingeschränkt werden. Die Vereinbarungen schreiben vor, die Exportsubventionen von 1995 bis zum Jahr 2000 vom durchschnittlichen Niveau der Jahre 1986-1990 um 36 % und die subventionierten Exportmengen um 21 % zu reduzieren. Es ist dabei hervorzuheben, daß nicht subventionierte Exporte frei sind, d.h. nicht abgebaut werden müssen. Um die Importreglementierung der einzelnen WTO-Mitgliedsländer transparenter zu machen und den Marktzugang zu erleichtern, wurde vereinbart, sämtliche Quoten, Lizenzgebühren, Abgaben, Abschöpfungen etc. auf der Basis ihres durchschnittlichen Niveaus von 1986-1988 in Zolltarifen auszudrücken bzw. den geltenden Zollsätzen hinzuzurechnen, und das auf diese Weise berechnete Zollniveau in den Jahren von 1995 bis 2000 um 36 % (in Entwicklungsländern um 24 %) zu senken und das Importlizenzsystem durch ein Zollkontingentsystem abzulösen. Die Vertragspartner haben sich außerdem verpflichtet, einen auf den jeweiligen Inlandsverbrauch bezogenen Mindestmarktzugang von 3 % (1986-1988) bzw. 5 % (1989-2000) für bestimmte vertragliche Produkte bzw. Produktgruppen zu Präferenzzöllen zu garantieren und das Gleichberechtigungsgebot (Meistbegünstigung) aller WTO-Mitglieder als Grundprinzip - abgesehen von aufgelisteten Ausnahmen wie z.B. Zollunion, Freihandelszonen, bilateral oder multilateral vereinbarten Vergünstigungen - zu akzeptieren.[33] Die WTO-Verträge sind in einigen Ländern bereits zum 1. Januar 1995, in anderen zum 1. Juli 1995 in Kraft getreten. Sie dürften dem deutschen Agrarexport nach Osteuropa für die zweite Hälfte der neunziger Jahre bzw. bis mehrere MOE-Länder Vollmitglieder der EU werden, neuen Auftrieb geben.

---

33 Ohne Autorenangabe: Die Agrarvereinbarungen der Uruguay-Runde im GATT, in: Ernährungsdienst, 15.1.1993, Beilage, S. 1; Magyar mezögazdaság, 22/1994, S. 3; Handelsblatt, 16.12.1993, S. 10.

1.5 Beachtliche Erhöhung der Agrareinfuhren

Die im Kalenderjahr 1994, in bezug auf das Vorjahr, erzielte Steigerung des Agrarimportumsatzes der Bundesrepublik aus Ost-, Mittel- und Südosteuropa um durchschnittlich über 13 % resultierte aus der Erhöhung der Belieferung mit Erzeugnissen der Land- und Ernährungswirtschaft u.a. aus Polen um 5,2 %, aus Ungarn um 16,3 %, aus Tschechien um 16,9 %, aus Mazedonien um 46,8 %, aus Slowenien um 60,3 %, aus Estland um 63,9 %, aus der Rußländischen Föderation um 22,8 %, aus der Ukraine um 24,7 %, aus der Slowakei um 65,3 %, aus Weißrußland um 115,2 %, aus Kasachstan um 89,5 % und aus den restlichen früheren Sowjetrepubliken insgesamt um 60,8 %. Das spricht davon, daß viele MOE- und GUS-Länder, trotz der ungelösten Probleme und Schwierigkeiten der Agrarproduktion, sich 1994 zunehmend bemühten, ihre Marktpositionen als Agrarlieferanten in der Bundesrepublik auszubauen. Lettland, Litauen, Bosnien-Herzegowina, Kroatien und Serbien-Mentenegro verbuchten dagegen Umsatzeinbußen um 40,8, 30,2, 52,6, 19,2 und 36,4 Prozent.[34]

Die Bundesrepublik wurde 1994 aus den Reformländern Ost-, Mittel- und Südosteuropas in zunehmenden Mengen und steigendem Wert mit lebenden Rindern, Milch, Käse, Fleisch und Fleischwaren, Fisch und Fischzubereitungen, Getreide, Malz, Hülsenfrüchten zur Viehfütterung, Gemüse und sonstigen Küchengewächsen, Gemüse-, Obstkonserven, Fruchtsäften und dergleichen, Ölfrüchten zur Ernährung, pflanzlichen Ölen und Fetten zur Ernährung, Ölkuchen, sonstigen pflanzlichen Nahrungsmitteln, Erzeugnissen der Ziergärtnerei, Hopfen, Rohtabak und Bier beliefert. Ihre Einfuhren von Honig, nichtölhaltigen Sämereien, Hülsenfrüchten zur Ernährung, Gewürzen, Zucker, Branntwein und Wein sind im Gegensatz dazu, mit den Liefermengen und -werten von 1993 verglichen, mehr oder weniger stark zurückgegangen. Bei den Produktgruppen Obst (außer Südfrüchten) und sonstigen Abfallerzeugnissen zur Viehfütterung gab es 1994 mengen- und wertmäßig gegenläufige Entwicklungen zu beobachten.

---

34 Errechnet nach Angaben des Statistischen Bundesamtes und des BML 216 vom 6.7.1995.

Tabelle 8: Agrareinfuhren der Bundesrepublik Deutschland aus Reformländern Ost-, Mittel- und Südosteuropas (Mio. DM)

	1988	1989	1990	1991	1992	1993	1994
Albanien	5,2	4,5	4,1	2,9	3,0	2,9	3,3
Bulgarien	60,9	70,8	81,2	116,8	104,0	79,8	85,4
Jugoslawien	276,8	275,6	274,4	.	.	-	-
Bosnien-Herzegowina	.	.	.	.	.	2,3	1,1
Kroatien	.	.	.	.	26,0	49,0	39,6
Mazedonien	.	.	.	.	.	88,6	130,1
Serbien und Montenegro	.	.	.	.	.	0,0	0,0
Slowenien	.	.	.	.	39,0	39,1	48,2
Polen	583,6	742,1	871,0	955,6	895,0	760,8	800,3
Rumänien	85,8	83,9	34,9	76,6	80,0	64,1	67,1
Sowjetunion	90,5	101,8	105,8	171,1	-	-	-
Estland	.	.	.	.	2,0	5,4	8,8
Lettland	.	.	.	.	2,0	11,5	6,8
Litauen	.	.	.	.	20,0	47,0	32,8
Rußland	.	.	.	.	75,0+	124,7	153,1
Ukraine	.	.	.	.	20,0+	30,5	38,0
Weißrußland	.	.	.	.	4,0+	9,8	21,1
Kasachstan	.	.	.	.	3,0+	5,3	10,1

Tabelle 8: Fortsetzung

	1988	1989	1990	1991	1992	1993	1994
Die anderen früheren Sowjetrepubliken, insgesamt	.	.	.	.	2,0+	12,0	19,3
Tschechoslowakei	188,5	243,2	231,7	328,0	380,0	-	-
Slowakische Republik	.	.	.	.	.	25,3	41,8
Tschechische Republik	.	.	.	.	.	301,4	352,5
Ungarn	439,0	544,3	568,9	844,6	796,0	651,3	757,7
Insgesamt	1730,3	2066,2	2172,0	2495,6	2451,0++	2310,8	2617,1

\+ Mai - Dezember 1992.

++ Den Importumsatz mit Rußland, Weißrußland, Kasachstan, der Ukraine und den anderen früheren Sowjetrepubliken, der 1992 insgesamt 168,6 Mio. DM betrug, auf das ganze Kalenderjahr 1992 bezogen: 2496,0 Mio. DM.

Quellen: Errechnet nach Angaben des Statistischen Bundesamtes und des BML 216 vom 27.5.1992, 1.-6.7.1993, 9.2.1995 und 6.7.1995.

Die Grobstruktur der Nahrungsmitteleinfuhren Deutschlands aus den Ostländern hat sich 1994, im Vergleich zu 1993, nur relativ wenig verändert. Lebende Tiere waren daran 1993 und 1994 mit 4,1 bzw. 3,8 %, Nahrungsmittel tierischen Ursprungs mit 34,1 bzw. 34,2 %, Nahrungsmittel pflanzlichen Ursprungs mit 49,8 bzw. 51,2 % und Genußmittel mit 12 bzw. 10,8 % beteiligt. Beim Anteil der einzelnen Bezugsposten wurden jedoch, je nach verfügbaren Warenmengen und Absatzmarktlage, kleinere oder auch größere positive und negative Veränderungen verzeichnet. (Siehe hierzu die Angaben der Tabelle 10.) Zu den tragenden Säulen des deutschen Nahrungsmittelimports aus Ost-, Mittel- und Südosteuropa gehörten 1993-1994 Fleisch und Fleischwaren, Obst (außer Südfrüchten), Gemüse-, Obstkonserven, Fruchtsäfte und dergleichen, Gemüse und sonstige Küchengewächse, Fisch und Fischzubereitungen, Ölfrüchte zur Ernährung, lebende Tiere, sonstige pflanzlichen Nahrungsmittel und Wein.[35] Im Kalenderjahr 1994 verbuchten lebende Rinder, Milch, Käse, Fisch und Fischzubereitungen, Getreide, Hülsenfrüchte zur Viehfütterung, Ölfrüchte zur Ernährung, die Sammelgruppe der sonstigen pflanzlichen Nahrungsmittel, Hopfen und Bier nennenswerte Anteilspunkte, während die Anteile von lebenden Pflanzen und Erzeugnissen der Ziergärtnerei sowie von Malz nahezu unverändert blieben.

---

[35] Errechnet nach Angaben des Statistischen Bundesamtes und des BML 216 vom 4.7.1995.

Tabelle 9: Einfuhr wichtiger Nahrungsmittel aus Ost-, Mittel- und Südosteuropa (Menge 1 000 t, Wert Mio. DM)

	1993		1994	
	Menge	Wert	Menge	Wert
Lebende Rinder	21,670	63,595	24,524	74,446
Milch	2,865	4,979	11,383	22,324
Käse	2,120	8,140	2,565	10,779
Fleisch- und Fleischwaren	90,167	497,612	91,372	531,338
Fisch- und Fischzubereitungen	74,387	228,540	91,652	282,040
Honig	11,494	18,532	8,786	18,452
Getreide	35,442	31,974	138,036	51,555
Malz	14,956	6,157	19,828	7,103
Nichtölhaltige Sämereien	10,724	19,107	6,066	14,843
Hülsenfrüchte zur Ernährung	5,075	3,733	2,362	1,985
Hülsenfrüchte zur Viehfütterung	162,599	47,354	275,424	73,053
Gemüse und sonstige Küchengewächse	123,761	185,232	159,937	197,247
Obst, außer Südfrüchten	271,639	277,488	245,104	341,657
Gemüse-, Obstkonserven, Fruchtsäfte und dgl.	211,591	277,591	242,598	284,387
Gewürze	9,845	25,930	9,049	23,846
Zucker	0,257	0,229	1,822	1,064
Ölfrüchte zur Ernährung	200,683	96,621	298,076	143,796
Pflanzliche Öle und Fette zur Ernährung	0,431	2,028	2,102	3,372
Ölkuchen	191,091	43,450	200,508	45,681
Sonstige Abfallerzeugnisse zur Viehfütterung	109,704	23,821	123,121	23,583
Sonstige pflanzliche Nahrungsmittel	44,603	71,396	46,772	94,365
Lebende Pflanzen und Erzeugnisse der Ziergärtnerei	7,196	13,114	8,446	15,234
Hopfen	5,989	54,946	8,711	65,480
Rohtabak	3,852	31,120	4,397	31,126
Bier (1 000 hl)	393,631	34,410	469,727	40,756
Branntwein (1 000 hl, 100 % Alkohol)	231,916	39,441	147,203	33,292
Wein (1 000 hl)	891,520	126,268	813,743	106,286

Quellen: Errechnet nach Angaben des Statistischen Bundesamtes und des BML 216 vom 6.7.1995.

Tabelle 10: Anteile einzelner Produkte bzw. Produktgruppen am deutschen Agrarimport aus Ost-, Mittel- und Südosteuropa (in %)

	1993	1994
Lebende Rinder	2,75	2,84
Milch	0,21	0,85
Käse	0,35	0,41
Fleisch und Fleischwaren	21,53	20,30
Fisch und Fischzubereitungen	9,89	10,77
Honig	0,80	0,70
Getreide	1,38	1,96
Malz	0,26	0,27
Nichtölhaltige Sämereien	0,82	0,56
Hülsenfrüchte zur Ernährung	0,16	0,07
Hülsenfrüchte zur Viehfütterung	2,04	2,79
Gemüse und sonstige Küchengewächse	8,01	7,53
Obst, außer Südfrüchten	12,0	13,05
Gemüse-, Obstkonserven, Fruchtsäfte und dgl.	12,01	10,86
Gewürze	1,12	0,91
Zucker	0,00	0,04
Ölfrüchte zur Ernährung	4,18	5,49
Pflanzliche Öle und Fette zur Ernährung	0,08	0,12
Ölkuchen	1,88	1,74
Sonstige Abfallerzeugnisse zur Viehfütterung	1,03	0,90
Sonstige pflanzlichen Nahrungsmittel	3,08	3,60
Lebende Pflanzen und Erzeugnisse der Ziergärtnerei	0,56	0,58
Hopfen	2,37	2,50
Rohtabak	1,34	1,18
Bier	1,48	1,55
Branntwein	1,70	1,27
Wein	5,46	4,06
Insgesamt	96,49	96,90

Quellen: Errechnet nach Angaben des Statistischen Bundesamtes und des BML 216 vom 6.7.1995.

Die Exporteure der MOE- und GUS-Länder waren auf dem deutschen Nahrungsmittelmarkt von der Preisentwicklung, je nach ihrem Angebotssortiment, unterschiedlich betroffen. Sie haben bei einzelnen Produkten bzw. Produktgruppen je nach konkreter Nachfrage, Sortiment und Qualität der angebotenen Waren, Konkurrenzlage sowie nach Verhandlungsgeschick und Durchsetzungsvermögen mitunter auch gegenläufige Preisentwicklungen erreicht oder hinnehmen müssen. Die Preisentwicklung hat jedoch den Nahrungsmittelabsatz der Lieferanten aus den postkommunistischen Reformländern in der Bundesrepublik 1994 generell eher gefördert als behindert. So verbuchten Agrarexporteure aus Bulgarien 1994, im Vergleich zu 1993, durchschnittliche Preissteigerungen bei Fleisch und Fleischerzeugnissen um 17,0 %, aus Polen um 6,9 %, Rumänien um 3,2 %, der Slowakei um 13,1 %, Tschechien um 3,5 % und aus Ungarn um 2,4 %. Bei Branntwein betrug der durchschnittliche Preisanstieg binnen einem Jahr für Lieferungen aus Polen 49,1 %, Rußland 59,4 %, Tschechien 24,8 % und aus Ungarn 23,6 %. Die Absatzpreise der Hülsenfrüchte zur Viehfütterung gaben dagegen auf der ganzen Linie nach, Polen war mit durchschnittlich 3,4 % betroffen, die Slowakei mit 1,7 %, Tschechien mit 8,4 % und Ungarn mit 2,9 %. Auch bei Hopfen gab es 1994 einhellig negative Preisbewegungen zu verzeichnen: Die Preise für Lieferungen aus Polen sanken um 17,1 %, aus der Slowakei um 25 %, aus Tschechien um 16 % und aus Ungarn um 25,4 %. Bei Fisch und Fischzubereitungen wurden nach einzelnen Ländern gegenläufige Preisbewegungen erzielt. Sie betrugen für Lieferungen aus Polen -1,3 %, Rußland -8,3 %; für Lieferungen aus Tschechien dagegen +10,4 und aus Ungarn +20,2 %. Ähnliches gilt auch für die Belieferung Deutschlands mit Gemüse und sonstigen Küchengewächsen. Dabei konnten die Anbieter aus Bulgarien einen durchschnittlichen Preiszuwachs um 13,5 %, aus Rumänien um 22,2 %, Rußland um 88,7 %, der Slowakei um 7,1 % und aus Tschechien um 48,6 % verbuchen, während die aus Polen sowie aus Ungarn einen Rückgang der Absatzpreise von 21,3 bzw. 8,7 % erlitten. Gleiches galt auch für andere Produkte bzw. Produktgruppen wie lebende Rinder, Honig, Obst (außer Südfrüchten), Gemüse-, Obstkonserven, Fruchtsäfte und dergleichen, Gewürze, Ölfrüchte zur Ernährung, Ölkuchen und Wein, um nur einige Beispiele zu nennen.[36]

---

36 Errechnet nach Angaben des Statistischen Bundesamtes und des BML 216 vom 6.7.1995.

Polen und Ungarn haben ihre Position als wichtigster und zweitwichtigster Lieferant der Bundesrepublik im Bereich der Erzeugnisse der Land- und Ernährungswirtschaft 1994 behauptet. Auf diese beiden MOE- und zugleich CEFTA-Länder entfielen insgesamt 59,5 % (davon auf Polen 30,6 und Ungarn 28,9 %) der einschlägigen deutschen Einfuhren. Tschechien hat seine von der aufgelösten Tschechoslowakei übernommene Funktion des drittwichtigsten Agrarlieferanten Deutschlands unter den postkommunistischen Ländern 1994 weiter ausgebaut, indem es seinen Anteil von 12,9 % (1993) auf 13,5 % erhöhte. Zum Kreis der weiteren wichtigen Belieferer der Bundesrepublik mit Nahrungsmitteln aus der hier untersuchten Großregion gehörten in demselben Jahr: die Rußländische Föderation mit einem Anteil von 5,9 %, Mazedonien mit 5,0 %, Bulgarien mit 3,3 %, Rumänien mit 2,6 % und Slowenien mit 1,8 %. Unter den in der Tabelle 11 aufgelisteten 20 Ländern bzw. Ländergruppen ist die Bedeutung Sloweniens, Mazedoniens, der Rußländischen Föderation, der Ukraine, Weißrußlands, Kasachstans und der anderen früheren Sowjetrepubliken an den deutschen Nahrungsmitteleinfuhren aus den Ostländern 1994, im Vergleich zu 1993, nennenswert gestiegen.[37]

Es ist für die seit der politischen Wende in Ost-, Mittel- und Südosteuropa vergangenen Jahre generell bezeichnend, daß die Entwicklung - im Kalenderjahr 1994 Steigerung - der Nahrungsmitteleinfuhren Deutschlands aus dieser Großregion aus dem Zusammenwirken mehrerer, mitunter auch gegenläufiger Bestimmungsfaktoren resultierte. Hierbei haben sich als **Hemmfaktoren** erwiesen:

a) Die in mehreren postkommunistischen, insbesondere den GUS-Ländern noch nicht überwundene allgemeine Wirtschafts- und Agrarkrise,
b) Lieferengpässe infolge mehr oder weniger großer Einbußen in der Agrarproduktion, vor allem in der Tierhaltung bzw. Nahrungsmittelerzeugung,
c) ungeklärte Eigentumsverhältnisse im Rahmen der Restitutionsmaßnahmen und die Verzögerung der Transformations- und Privatisierungsprozesse in der Land- und Ernährungswirtschaft,

---

37 Errechnet nach Angaben des Statistischen Bundesamtes und des BML 216 vom 6.7.1995.

Tabelle 11: Anteile der Reformländer Ost-, Mittel- und Südosteuropas an der Agrareinfuhr der Bundesrepublik Deutschland (in %)

	1988	1989	1990	1991	1992	1993	1994
Albanien	0,3	0,2	0,2	0,1	0,1	0,1	0,1
Bulgarien	3,5	3,4	3,7	4,7	4,2	3,4	3,3
Jugoslawien	16,0	13,3	12,6	-	-	-	-
Bosnien-Herzegowina	.	.	.	.	.	.	0,0
Kroatien	-	-	-	-	1,1	2,2	1,5
Mazedonien	-	-	-	-	-	3,8	5,0
Serbien und Montenegro	.	.	.	.	.	.	0,0
Slowenien	-	-	-	-	1,6	1,7	1,8
Polen	33,7	35,9	40,1	38,3	36,5	32,8	30,6
Rumänien	5,0	4,1	1,6	3,1	3,3	2,7	2,6
Sowjetunion	5,2	4,9	4,9	6,9	-	-	-
Estland	-	-	-	-	0,1	0,2	0,3
Lettland	-	-	-	-	0,1	0,5	0,3
Litauen	-	-	-	-	0,8	2,0	1,2
Rußland	-	-	-	-	3,0	5,4	5,9
Ukraine	-	-	-	-	0,8	1,3	1,5
Weißrußland	-	-	-	-	0,2	0,4	0,8
Kasachstan	-	-	-	-	0,1	0,2	0,4
Die anderen früheren Sowjetrepubliken, insgesamt	-	-	-	-	0,1	0,5	0,7
Tschechoslowakei	10,9	11,8	10,7	13,1	15,5	-	-
Slowakische Republik	-	-	-	-	-	1,1	1,6
Tschechische Republik	-	-	-	-	-	12,9	13,5
Ungarn	25,4	26,4	26,2	33,8	32,5	28,8	28,9
Insgesamt	100,0	100,0	100,0	100,0	100,0	100,0	100,0

Quellen: Errechnet nach Angaben des Statistischen Bundesamtes und des BML 216 vom 27.5.1992, 1.-6.7.1993, 9.2.1995 und 6.7.1995.

d) das Weiterbestehen der Monopole bzw. Oligopole in den der Landwirtschaft vor- und nachgelagerten Bereichen, vor allem bei der Belieferung mit Rohstoffen, Mineraldünger, Pflanzenschutzmitteln und dem technischen Bedarf einerseits und beim Vertrieb andererseits,
e) die bereits 1993 registrierte und im Jahr 1994 zunehmende Reorientierung des Agrarexports aus Ost-, Mittel- und Südosteuropa auf die benachbarten früheren RGW-Länder, insbesondere auf die Rußländische Föderation und andere GUS-Länder, die in den einzelnen MOE-Staaten mit unterschiedlicher Intensität vor sich ging,
f) die scharfe Konkurrenz auf dem überfüllten deutschen Nahrungsmittelmarkt,
g) nicht ausreichende Präferenz-Einfuhrquoten der EU für einige Angebotsschwerpunkte der Oststaaten,
h) der Vergabemodus der Einfuhrquoten und -lizenzen der EU.

Andererseits übten **positiven Einfluß** aus:
a) Die insgesamt lebhafte Nachfrage nach bestimmten Agrarrohstoffen und vor allem nach qualitativ hochwertigen Nahrungsmitteln in Deutschland, einhergehend mit einer für das Angebotssortiment der wichtigsten Lieferanten aus den postkommunistischen Ländern überwiegend günstigen Preisentwicklung,
b) die weitere Erleichterung des Marktzutritts im Rahmen der Assoziierungsverträge bzw. bilateraler zwischenstaatlicher Handelsabkommen,
c) die sich in den wichtigsten Lieferländern zwar allmählich wiederbelebende, aber noch immer gedämpfte Nachfrage auf dem Binnenmarkt, vor allem nach verarbeiteten Nahrungsmitteln höherer Qualität aus der einheimischen Produktion, infolge der niedrigen Realeinkommen der Bevölkerung,
d) das im Zuge des Privatisierungsprozesses allmählich zunehmende export- d.h. wettbewerbsfähige Angebotssortiment und die wiederbelebte Qualitätsorientierung der Nahrungsmittelproduktion im Rahmen der Überwindung der Agrarkrise in den wichtigsten Agrarexportländern dieser Großregion.

In postkommunistischen Ländern, wo der Transformationsprozeß der Wirtschaft, darunter der Land- und Ernährungswirtschaft, weit fortgeschritten ist, wurde die Produktqualität als verkaufsförderndes Argument seit 1993, insbesondere 1994, wiederentdeckt. Das Interesse mehrerer MOE-Länder an der Übernahme internationaler Qualitätsstandards und der Zertifizierung nach den Normen der "Internationalen Organisation für Standardisation" (ISO) sowie an Fragen der Qualitätssicherung hat deutlich zugenommen. Sie verfolgen das Ziel, das Image und damit einhergehend die Konkurrenzfähigkeit ihrer Nahrungsmittel auf dem Weltmarkt zu verbessern. In den westlichen, marktwirtschaftlich orientierten Ländern herrschte in der ersten Hälfte der neunziger Jahre ein im Grunde genommen berechtigtes Mißtrauen gegenüber der Qualität, dabei nicht zuletzt der Qualitätskonstanz, von Produkten aus Ost-, Mittel- und Südosteuropa vor. Aus diesem Grunde ist das zielorientierte Qualitätsmanagement und der Erhalt eines ISO-Zertifikats eine unabdingbare Voraussetzung für die Steigerung der Ausfuhren.

Die ISO-Zertifizierung ist nicht nur als Marketing-Instrument zu betrachten. Sie ist vielmehr ein international anerkannter Beweis für die Zuverlässigkeit eines Unternehmens, "Teil der Unternehmensphilosophie" und zugleich Antrieb der firmeninternen Innovation, der Modernisierung der Produktion sowie der Steigerung der Produktivität. Das zielorientierte Qualitätsmanagement bedeutet einen ununterbrochenen Verbesserungsprozeß, um Fehler im Produktionsablauf, in der Lagerung, im Transport und Vertrieb bzw. im Produkt selbst auszumerzen und Kosten zu verringern. Da in Ungarn bereits seit langen Jahren ein verbindliches Normensystem bestand, ist dieses Land unter den postkommunistischen Reformländern im Hinblick auf das Qualitätsmanagement führend. Die Zahl der Unternehmen, die sich einer ISO-Zertifizierung unterzogen haben, hat sich 1994, im Vergleich zu 1993, verdoppelt. Sie ist auch in Slowenien und Tschechien stark gestiegen. In Polen war die Gesamtzahl der zertifizierten Unternehmen 1994 noch relativ gering. Die Industrienormen wurden jedoch bereits Anfang des Jahres vereinheitlicht und die Nationalversammlung (Sejm) hat ein neues Gesetz über die Produkthaftung verabschiedet. In der Rußländischen Föderation und anderen krisengeschüttelten GUS-Ländern steckte das Qualitätsmanagement noch in den Anfängen.

In den Ostländern haben sich in den letzten Jahren mehrere Zertifizierungsgesellschaften wie z.B. die "Societe Generalè de Surveillance", "Bureau Veritas Quality International", "Lloyd's Register" sowie Tochtergesellschaften deutscher technischer Überwachungsvereine (TÜV-Bayern,

TÜV-Rheinland, TÜV-Hannover) und andere niedergelassen. Sie sind bereits auch in mehreren GUS-Ländern vertreten. Die Zertifizierung eines Unternehmens aufgrund der ISO-Normen ist ein zeitaufwendiger und kostspieliger Prozeß, wobei die TÜV-Filialen ihre Dienste bisher erheblich kostengünstiger anboten als die angeführten Weltfirmen.[38]

Die MOE- und GUS-Länder haben es in der zweiten Hälfte der neunziger Jahre, aufgrund der weitgehenden Zugeständnisse der EU in bezug auf die Erleichterung des Marktzutritts, zum großen Teil in eigener Hand, auf dem Wege der Steigerung der Produktion gefragter und international wettbewerbsfähiger Agrarerzeugnisse, der Qualitätssicherung und der Umstrukturierung ihres Angebotssortiments ihre Erlöse aus dem Agrarexport in die EU-Länder, darunter auch nach Deutschland, nennenswert zu erhöhen. EU-Agrarkommissar Dr. F. Fischler hat die Reformländer aus Mittel-, Ost- und Südosteuropa im Frühjahr 1995 vor einer zunehmenden Abschottung ihrer Land- und Ernährungswirtschaft dringend gewarnt. Die durch die WTO-Verträge gebotene Möglichkeit, den Außenschutz zu erhöhen, solle nach seiner Meinung angemessen und maßvoll genutzt werden, um die Verzögerung der Modernisierungsprozesse und Verzerrungen innerhalb der einzelnen Volkswirtschaften zu vermeiden. Fischler forderte die Regierungen der "MOEL-10" und der GUS-Länder auf, die Privatisierung der Agrarbetriebe und der Unternehmen der Nahrungsmittelindustrie konsequent fortzusetzen bzw. baldmöglichst zu beenden und in den der Landwirtschaft vor- und nachgelagerten Bereichen einen funktionierenden Wettbewerb zu garantieren. Er verwies darauf, daß ein lebhafter Wettbewerb auf diesem Gebiet schließlich durch höhere Erzeugerpreise und niedrigere Betriebsmittelpreise der Landwirtschaft zugute komme. Die alten Monopolgesellschaften dürften aus diesem Grunde "nicht unter dem Deckmantel privatrechtlich organisierter Betriebe bestehenbleiben".[39]

In der Entwicklung des Ostagrarhandels der Bundesrepublik Deutschland ist mit dem Ausklang des Kalenderjahres 1994 eine fünfjährige Periode seit der politischen Wende zu Ende gegangen. Mehrere EFTA-Länder - Finnland, Österreich und Schweden - haben zum 1. Januar 1995 die Voll-

---

38 Ohne Autorenangabe: Ostmitteleuropa entdeckt die Qualität als Wettbewerbsfaktor, in: Ostwirtschaftsreport, 24/1994, S. 461-462.

39 Zitiert nach Ernährungsdienst, 30/1995, S. 2.

mitgliedschaft in der EU erworben, und die GATT-WTO-Verträge sind in einigen Ländern bereits gleichfalls zum 1. Januar und in anderen im Verlauf des Jahres 1995 in Kraft getreten. Durch diese Fakten werden nicht nur für den Ost-West-Handel bzw. den Ost-West-Agrarhandel insgesamt, sondern auch für den Warenaustausch Deutschlands mit Osteuropa im Bereich der Erzeugnisse der Land- und Ernährungswirtschaft neue Rahmenbedingungen geschaffen, deren Konsequenzen sich ansatzweise bereits 1995 - und in den darauffolgenden Jahren zunehmend - bemerkbar machen werden.

2 AGRARAUSSENHANDEL MIT BULGARIEN

2.1 Leichte Erholungstendenzen in der bulgarischen Wirtschaft

Der Zweikampf zwischen der Bürgerlichen Demokratischen Union (SDS) und den bulgarischen Sozialisten (Postkommunisten - BSP), der sich bereits 1992-1993 bemerkbar gemacht hatte, hat sich 1994 verschärft fortgesetzt. Die politische Instabilität nahm im Verlauf des Jahres zu. Das "parteilose Expertenkabinett" unter Ministerpräsident Ljuben Berov trat im September zurück. Aus den im Dezember veranstalteten Parlamentswahlen ist die Bulgarische Sozialistische Partei (BSP) mit einem Anteil von 52,1 % der Stimmen, der ihr 125 von insgesamt 240 Sitzen in der Nationalversammlung erbrachte, als eindeutiger Sieger hervorgegangen. Der überwältigende Wahlsieg der Sozialisten verheißt nach dem langjährigen Chaos, nach Querschlägen und Flügelkämpfen ein willkommenes Maß an politischer Kontinuität und Stabilität. Ministerpräsident Žan Widenow steht an der Spitze eines Kabinetts, das keine wirtschaftspolitischen Experimente unternehmen, sondern vielmehr den geregelten und kontrollierten Übergang zur Marktwirtschaft sicherstellen, den Transformationsprozeß der Wirtschaft beschleunigen, die weitere Dekapitalisierung der Staatsbetriebe verhindern und erfolgversprechende Staatsbetriebe befristet fördern will.[40]

Die seit der politischen Wende anhaltende Talfahrt der bulgarischen Wirtschaft wurde 1994 nicht nur verlangsamt, sondern insbesondere in der zweiten Jahreshälfte häuften sich bereits die Zeichen einer anlaufenden wirtschaftlichen Stabilisierung, jedoch ohne die Aufschwungphase bis Ende des Jahres erreicht zu haben. Das Bruttosozialprodukt wuchs 1994, im Vergleich zum Vorjahr, um 1,4 % (zum ersten Mal seit 1988), was vor allem auf den Anstieg der Industrieproduktion um 4,5 % zurückzuführen ist. Das ist das erste Indiz für eine beginnende wirtschaftliche Stabilisierung des Landes, wenn sie auch zur Jahreswende 1994/95 noch auf "wackeligen Beinen" stand. Die chemische, die petrochemische sowie die Eisen- und Stahlindustrie fungierten als Vorreiter des Zuwachses der Industrieproduktion, während der Produktionsausstoß der Nahrungsmittelindustrie um 12,5 % zurückging. Die Investitionen nahmen binnen einem Jahr real um 1,4 % zu. Der Anteil des Privatsektors am BSP stieg von

---

40 Bulgarian Economic Outlook, 10/1995, S. 3; Ostwirtschaftsreport, 21/1994, S. 417.

25 % (1993) auf 27,5 % (in der Landwirtschaft auf 81 %, im Dienstleistungsbereich auf 27 %, in der Industrie aber nur auf 7 %). Ebenfalls das erste Mal seit der Wende wurde 1994 ein Leistungsbilanzaktivum in Höhe von knapp 146 Mio. US-$ bzw. 1,5 % des BSP erwirtschaftet. (Der Passivsaldo der Leistungsbilanz betrug 1993 noch rund 1,1 Mrd. US-$ entsprechend 10,2 % des BSP).

Die Jahresinflationsrate stieg von 63,4 (1993) auf 121,9 %. Dabei wurden insbesondere Nahrungsmittel überdurchschnittlich (139,5 %) teurer. Das statistische Amt registrierte vor allem bei Fleisch, Fleischprodukten, Milch und Milcherzeugnissen überaus hohe Preissprünge. Die Steigerung der Inflation war auf die Verlangsamung der Strukturreformen, selektiven Gütermangel, spekulative Preistreiberei, Einführung der Mehrwertsteuer (18 %) und starke Abwertung der nationalen Währung (Leva) gegenüber dem US-$ bzw. anderen führenden Westwährungen (von 35,76 Leva im Januar auf knapp 65 Leva = 1 US-$ Ende 1994), zurückzuführen.

Das Defizit des Staatshaushaltes erreichte 1994 ungefähr 6,5 % des BSP. Staatsbetriebe erzielten 1994 Verluste von rund 15 % des BSP und suchten diese durch zunehmende Schulden gegenüber dem Fiskus zu finanzieren. Die sogenannten notleidenden Kredite der bulgarischen Geschäftsbanken erreichten 19 Mrd. Leva.

Die Realeinkommen der bulgarischen Bevölkerung waren 1994 wie auch schon in den Vorjahren, rückläufig. Sie schrumpften binnen einem Jahr sogar um mehr als 25 %. Der durchschnittliche Monatslohn im Staatssektor, in dem nach wie vor zwei Drittel der erwerbstätigen Bevölkerung beschäftigt sind, ist unter 90 US-$ pro Kopf gefallen. Beschäftigt waren 1994 insgesamt 3,2 Mio. Personen. Die Gesamtzahl der Arbeitslosen belief sich auf 740 000. Die durchschnittliche Arbeitslosenquote ist 1993-1994 von 16,4 auf 12,8 % zurückgegangen.[41]

Die Bulgarische Nationalbank hat schon im November 1993 mit den im Londoner Klub zusammengefaßten rund 300 Gläubigerbanken eine Grundsatzvereinbarung über die Reduktion und Umschuldung der Ver-

---

41 Bulgarian Economic Outlook, 17/1995, S. 6 und 19/1995, S. 1-4; Ostwirtschaftsreport, 6/1995, S. 188; Review of Agricultural Policy and Trade Developments in Bulgaria in 1995, OECD Paris, September 1995, S. 5 und 25.

bindlichkeiten des Landes getroffen. Das entsprechende Abkommen wurde jedoch erst Ende Juni 1994 unterschrieben. Laut diesem Abkommen sollen 60 % der Kapitalforderungen der ausländischen Gläubigerbanken in sogenannte Discount Bonds (besicherte Anleihen mit einem 50-prozentigen Abschlag) und 27 % in besicherte Anleihen zum Nennwert (Front Loaded Interest Reduktion Bonds) umgewandelt werden. Die noch verbleibenden Schulden von 13 % wird Bulgarien zu einem Preis von 25,19 Cents pro US-$ zurückkaufen. Die bulgarischen Schulden gegenüber den Kreditgebern des Londoner Klubs in Gesamthöhe von 8,2 Mrd. US-$ werden durch dieses Maßnahmepaket um 47 % reduziert. Schuldenerlaß und Umschuldung sollen Bulgarien nicht nur eine Atempause verschaffen, sondern zugleich den Weg ebnen, nach einer mehrjährigen Unterbrechung wieder Kredite zu kommerziellen Bedingungen zu bekommen. Im Finanzministerium wurde errechnet, daß das Land Anlaufzahlungen in Höhe von knapp über 700 Mio. US-$ wird leisten müssen, damit das Abkommen realisiert werden kann.[42]

Die gesamten Auslandsschulden Bulgariens betrugen Ende 1993 12,472 Mrd. US-$ und 1994, trotz einer Schuldenreduktion von 3,8 Mrd. US-$, 10,363 Mrd. US-$. Die Auslandsschulden beliefen sich 1994 im Vergleich zum BSP auf 103,4 % (1993 144,6 %) und zu den Exporterlösen des Landes auf 188,2 % (1993, 249,9 %) und waren somit recht hoch. Vom Schuldenberg des Jahres 1994 entfielen 1,825 Mrd. US-$ auf Verbindlichkeiten gegenüber internationalen Finanzinstitutionen (Weltbank, IWF, EU, EBRD, Europäische Invenstitionsbank), 1,408 Mrd. US-$ auf Gläubiger des Pariser Klubs und andere neue staatliche Gläubiger, 5,137 Mrd. US-$ auf Geschäftsbanken, 1,591 Mrd. US-$ auf Gläubiger aus den ehemaligen RGW-Ländern und 402 Mio. US-$ auf sonstige kommerzielle Gläubiger. Die Inlandsschulden des Staates erreichten Ende Januar 1995 561,3 Mrd. Leva. Die Zentralbank verfügte Ende 1994 über Devisenreserven von 1,042 Mrd. US-$.[43]

Das ausländische Kapital zeigte für die bulgarische Wirtschaft 1990-1993, in Anbetracht der desolaten Wirtschaftslage, der politischen Instabilität, der äußerst schwach entwickelten Infrastruktur, des langsamen Fortschritts des Transformationsprozesses, mangelnder Anreize und Sicher-

---

42 Bulgarian Economic Outlook, 37/1994, S. 9; Ostwirtschaftsreport, 16/1994, S. 317.

43 Bulgarian Economic Outlook, 17/1995, S. 6 und 8/1995, S. 4-5.

heiten und anderer Gründe wenig Interesse. Im Kalenderjahr 1994, vor allem in der zweiten Jahreshälfte, wurden die Investitionsaktivitäten aus dem Ausland ein wenig belebt, so daß die Auslandsinvestitionen Ende des Jahres insgesamt 467,24 Mio. US-$ erreichten. In den Jahren von 1990 bis einschließlich 1994 war Deutschland mit einem Anteil von knapp 41 % des Gesamtbetrages der größte Investor aus dem Ausland, gefolgt von den Niederlanden mit einem Anteil von 10,2 %, der Schweiz von 9,2 %, Belgien von 7,1 %, den USA von 6,5 %, Großbritannien von 4,5 % und schließlich von Österreich von 4,2 %. Ausländische Investoren haben ihre Gelder in der Industrie (35 %), der Bauwirtschaft (knapp 20 %), dem Transport und Verkehr (23 %) und dem Handel (21 %) angelegt. Nur 0,1 %, d.h. ein Bruchteil der Kapitalanlagen, flossen der Landwirtschaft zu. Von den bis Ende 1994 registrierten insgesamt 3 087 Auslandsinvestitionen wurden 573 von griechischen, 152 von deutschen, 191 von russischen, 100 von österreichischen und 85 von USA-Firmen vorgenommen. Nur 1,6 % der Auslandsinvestitionen überschritten je 1 Mio. US-$. Diese umfaßten jedoch knapp über 90 % des Gesamtbetrags.[44]

Die bulgarische Fachpresse berichtete im Frühjahr 1995 über die Beschleunigung des Privatisierungsprozesses im Jahre 1994. Seit der Verabschiedung des Gesetzes über die Transformation und Privatisierung der Staats- und Gemeindeunternehmen von 1992 wurden rund drei Viertel aller Privatisierungsmaßnahmen 1994 durchgeführt und die Privatisierungserlöse des Staates in Höhe von 10,82 Mrd. Leva entsprachen rund 90 % der Gesamterlöse, die seit Anfang des Prozesses erzielt wurden. Ungefähr ein Drittel der Privatisierungen betraf den Handel, 29 % die Landwirtschaft und nur 18 % die Industrie, gefolgt von der Bauwirtschaft (8,8 %), Verkehr (5,2 %) und Fremdenverkehr (5,3 %). Die Regierung förderte und forcierte zwar die "Belegschafts- bzw. Management-Buy-Outs", der Anteil dieser Privatisierungsformen blieb 1994 dennoch relativ gering. Sie erbrachten nur 6 % der Erlöse. Mit insgesamt 158 Transaktionen waren Ausschreibungen und Direktverkäufe die von den Anlegern bevorzugten Privatisierungsmethoden.

Laut den Plänen der Regierung sollten 1994 320 Staatsbetriebe, d.h. ungefähr 10 % der sich im Staatsbesitz befindlichen Unternehmen, privatisiert werden. Verkauft wurden hingegen nur 171 Betriebe. Berichte über die

---

44 Bulgarian Economic Outlook, 34/1994, S. 1 und 17/1995, S. 14.

Beschleunigung der Privatisierung im Jahr 1994, die von vornherein nur im bescheidenen Umfang vorgesehen war, werden durch diese Zahl erheblich relativiert. Die Weltbank machte die bulgarische Regierung im Januar 1995 darauf aufmerksam, daß die Privatisierungstransaktionen deutlich langsamer als in den meisten anderen MOE-Ländern verwirklicht werden würden. Der Transfer vollzieht sich in der Regel wenig transparent, in einem weitgehend eingeschränkten Wettbewerb bzw. auch unter Ausschluß des Wettbewerbs, was den betroffenen Staatsbetrieben ermöglicht, ihre Schulden dem Staat und ihre Profite dem Privatsektor zu übertragen.[45]

Der Außenhandelsumsatz Bulgariens betrug 1994 441,4 Mrd. Leva, davon im Import 215,9 und im Export 225,5 Mrd. Leva. Die Ausfuhren sind in bezug auf 1993 um knapp 12 % gestiegen, während die Einfuhren um 15 % zurückgingen. Die Jahreshandelsbilanz wies das erste Mal seit 1989 einen Exportüberschuß[*] auf. Ungefähr 45,5 % der gesamten Exporte und 46,7 % der Importe wurden mit den OECD-Ländern getätigt. Auf die EU-Länder entfielen mehr als ein Drittel des bulgarischen Außenhandelsumsatzes: 32,3 % vom Export (1993 25,5 %) und 39,4 % vom Import (1993 26,5 %). Der größte Handelspartner Bulgariens ist nach wie vor Rußland. Weitere bedeutende Handelspartner sind Mazedonien, Italien, Griechenland und Deutschland. Die Bundesrepublik war 1994 an den bulgarischen Einfuhren mit rund 12 % und an den Ausfuhren mit 7,6 % beteiligt. Der Anteil der Erzeugnisse der Land- und Ernährungswirtschaft an den Exporten bzw. Importen dieses Landes betrug 1993 und 1994 19,2 bzw. rund 20 % und 8,4 bzw. 9,7 %.[46] Der Minussaldo der Außenhandelsbilanz mit den EU-Ländern ist 1993-1994 von 396 auf knapp 360 Mio. US-$ zurückgegangen. Der bulgarische Agrarexport war 1994 bei weitem nicht in der Lage, die durch die EU vertragsgemäß bereitgestellten Einfuhrquoten voll zu nutzen. Von insgesamt 112 Präferenzeinfuhrquoten wurden 1994 nur 5 voll ausgeschöpft. Bei 70 Produktgruppen betrug die

---

45 Bulgarian Economic Outlook, 14/1995, S. 12 und 1/1995, S. 3.

* 151,6 Mio. US-$ bzw. laut anderen Quellen sogar 443,5 Mio. US-$, wobei jedoch zu berücksichtigen ist, daß wiederum andere bulgarische Quellen für das Jahr 1994 einen Minussaldo von 160 Mio. US-$ (1993, 1,337 Mrd. US-$) anführen.

46 Bulgarien-Informationsbulletin, 2/1995, S. 21; Bulgarian Economic Outlook, 19/1995, S. 1; East Europe Agriculture, April 1995, S. 30; Agricultural Situation and Prospects in the Central and Eastern European Countries, Bulgaria, European Commission, Directorate-General for Agriculture, Working Document, Brussels 1995, S. 60 und 64.

Ausschöpfungsquote nur rund 10 %, während bei 18 Produkten bzw. Produktgruppen die Einfuhrquoten überhaupt nicht in Anspruch genommen wurden.

2.2 Steigende Exportüberschüsse im bulgarischen Agraraußenhandel

Der bulgarische Agraraußenhandel hat 1993 und 1994 jeweils einen gesamten Export- bzw. Importumsatz in Höhe von 764,0 bzw. 915,0 Mio. US-$ und von 414,4 bzw. 462,2 Mio. US-$ erzielt. Das bedeutet eine Umsatzsteigerung von 20 bzw. 11 % binnen einem Jahr. Die Agraraußenhandelsbilanz war 1994, wie auch schon seit 1989, ununterbrochen positiv. Der Exportüberschuß betrug 452,8 Mio. US-$ (1993 349,6 Mio. US-$). Bei der nach der Systemwende in den ehemaligen RGW-Ländern überall registrierten Umorientierung der Agrarwarenströme auf Absatzmärkte im Westen blieb Bulgarien am stärksten auf Rußland orientiert und es hat sich bereits 1993, insbesondere jedoch 1994, zunehmend der GUS, in erster Linie Rußland, zugewandt. Der Anteil der GUS-Länder, vor allem Rußlands, am bulgarischen Agrarexport ist 1993-1994 von 27,8 auf 37,3 % und am Agrarimport von 3,9 auf 9,3 % gestiegen. Auf die OECD-Länder entfielen von den bulgarischen Agrarexporten und -importen 1993 und 1994 43 bzw. 28,0 % und 49,6 bzw. 55,2 %. Die EU-Länder waren an den Agrarausfuhren Bulgariens entsprechend mit 21,7 bzw. 20,2 % und an den Einfuhren nahezu unverändert mit 43,6 bzw. 43,3 % beteiligt. In die EFTA-Länder setzte Bulgarien 1994 nur 3 % und in die früheren europäischen RGW-Länder (die GUS ausgenommen und die baltischen Republiken hinzugerechnet) 5,1 % seiner Agrarausfuhren ab. Die letztgenannte Ländergruppe spielte bei den Agrareinfuhren des Landes mit einem Anteil von 9,9 % (1993 6,7 %) eine zunehmend bedeutende Rolle. Die Agrarhandelsbilanz Bulgariens mit der EU war 1993 und 1994 negativ; es fielen Importüberschüsse in Höhe von 14,9 bzw. 14,8 Mio. US-$ an.[47]

Im Kalenderjahr 1994 gab es keine gravierenden Veränderungen in der Warenstruktur des bulgarischen Agrarexports und Agrarimports. Ausgeführt wurden u.a. 40 000 t Zigaretten für 177 Mio. US-$, 21 000 t Tabak für 48 Mio. US-$, 147 000 t Wein für 94 Mio. US-$, 15 000 t Käse für 34 Mio. US-$, 49 000 t Gemüsekonserven für 31 Mio. US-$ und große

---

47 Review of Agricultural Policy ..., a.a.O., S. 30-31.

Mengen von Schlachtschafen für 29 Mio. US-$. Zu den wichtigsten Agrarimportwaren zählten 1994 Zucker, Rohtabak, Tabakwaren, Frischobst, insbesondere Südfrüchte und verschiedene Getränke. Bulgarien führte 1994 u.a. 350 000 t Zucker für 93 Mio. US-$, 1 700 t Zigaretten für 25 Mio. US-$, 75 000 t Bananen für 22 Mio. US-$ und 19 000 t Rindfleisch für 18 Mio. US-$ ein.

Rohtabak und Tabakwaren waren an den Agrarausfuhren des Landes 1994 mit 26,6 %, Erfrischungs- und alkoholische Getränke, insbesondere Wein, mit 17,1 %, Schlachttiere mit 5,6 %, Obst- und Gemüseerzeugnisse mit 6,3 %, Frischobst mit 8,1 %, Frischgemüse mit 4,6 %, Fleisch und Fleischerzeugnisse mit 4,5 %, Milch, Eier und Honig mit 5,4 %, Ölsaaten mit 3,7 % und Getreide bzw. Getreideprodukte mit 1,1 % beteiligt. Zur gleichen Zeit entfielen von den Einfuhren auf Zucker und Süßwaren 23,7 %, Rohtabak und Tabakwaren 11,3 %, Frischobst 10,8 %, Erfrischungs- und alkoholische Getränke 6,9 %, Kakaoerzeugnisse 3,5 %, Kaffee, Tee 3,7 %, Fette und Öle 4,7 %, Getreide und Getreideerzeugnisse 1,1 % und den sonstigen Bedarf der Nahrungsmittelindustrie 4,2 %.[48]

Beim starken Anstieg der Agrarausfuhren bzw. auch der Agrareinfuhren im Jahr 1994 ist zu vermerken, daß die einschlägigen Umsätze nicht einmal die Hälfte des Niveaus aus dem letzten Jahr vor der Wende (1989), als sie noch 2,3635 bzw. 1,0031 Mrd. US-$ betrugen, erreichten. In den Ergebnissen des Agraraußenhandels wird die Leistungsschwäche, die 1994 noch nicht überwundene Krise der bulgarischen Land- und Ernährungswirtschaft deutlich sichtbar. Die EU hat Bulgarien für die Periode vom 1.7.1994 bis zum 30.6.1995 u.a. eine Einfuhrquote für Rindfleisch von 187,2 t, Schweinefleisch von 185 t, Broilerfleisch (Ganztierkörper) von 1 573,6 t, Hirse von 1 395 t, Pflaumen von 2 346,6 t, Erdbeeren von 839,3 t und Apfelsaft von 1 552,7 t zugebilligt. Der Ausschöpfungsgrad betrug bei allen diesen Produkten 0,0 Prozent. Er belief sich bei Weizen auf 85,9 %, Getreide (insgesamt) auf 52,7 %, Käse auf 20,60 %, Entenfleisch auf 68,42 %, Gänsefleisch auf 56,04 %, Hühnereiern auf 5,43 %, Kartoffeln auf 1,72 %, Tomatenerzeugnisse auf 28,94 %, Gurken auf 92,10 %, Schlachtschafen und -ziegen auf 97,20 % und Schaf- bzw. Ziegenfleisch

48 Review of Agricultural Policy ..., a.a.O., S. 32-33.

auf 84,74 %. Bis Mitte 1995 gab es keine eindeutigen Signale für eine Verbesserung der Ausschöpfung bei den Präferenzquoten der EU.[49]

Der bulgarische Außenhandel blieb 1994 durch handelspolitische und administrative Maßnahmen des Außenwirtschafts- und Landwirtschaftsministeriums stark reglementiert. Sowohl beim Export als auch beim Import bestimmter Produkte bzw. Produktgruppen wurden zwei Arten von Lizenzen (von automatischen und einzelnen), verbindliche Minimalpreise, Zölle- und andere Grenzgebühren, Kontingente und beim Export außerdem einige befristete bzw. auch unbefristete Verbote angewandt. Exportgebühren wurden für einige Schlachttiere, Getreidesaatgut, Weizenmehl, Sonnenblumenöl, Sojamehl und -kuchen, Rohhäute und Wolle, erhoben. Das generelle Ausfuhrverbot von Getreide, Getreideerzeugnissen, Getreideabfällen, Soja und Mischfutter wurde im September 1993 um ein weiteres Jahr verlängert. Das Außenwirtschaftsministerium verbot außerdem die Ausfuhr von Nahrungsgetreide, Mehl, Hafer, Weizengrütze, Gries, Kleie, Ölkuchen, pflanzlichen Abfällen und Mischfutter auf Getreidebasis bis zum 30. September 1994. Es beschloß jedoch im Frühjahr 1994 für einige der hier angeführten Produkte Ausnahme-Exportgenehmigungen zu erteilen. Dementsprechendes eröffnete u.a. eine Exportquote für 90 000 t Weizenmehl sowie 50 000 t Mischfutter und verordnete zugleich eine Exportgebühr von 30 US-$/t bzw. 25 US-$/t. Es genehmigte außerdem die Ausfuhr von bestimmten Mengen Weizen, Roggen, Gerste, Mais und Sonnenblumenschrot bei der Entrichtung einer Ausfuhrgebühr von 25 US-$/t für Weizen bzw. 20 US-$ für alle anderen angeführten Erzeugnisse. Die Einfuhr von Tabakwaren, Milchpulver, Pflanzenschutzmitteln und Mineraldünger wurde nicht global bzw. automatisch genehmigt, sondern mußte von Posten zu Posten einzeln beantragt werden. Für Eiscreme galten Einfuhrquoten. Brotweizen und Futtergerste durften in Höchstmengen von 200 000 bzw. 100 000 t bis zum 30. Juni 1994 zollfrei importiert werden.[50] Die Regierung hat 1995-2000 vor, die Exportförderung zu intensivieren, den Schutz des bulgarischen Nahrungsmittelmarktes vor der bisher übermächtigen Konkurrenz aus dem Ausland mehr zu schützen und generell eine mäßig restriktive Agrarimportpolitik zu betreiben.[51]

---

49 Agricultural Situation and Prospects ..., a.a.O., Vol. II Annex II, S. 5.

50 Duma 15.12.1983, S. 4; East Europe Agriculture, April 1994, S. 25; Agricultural Situation and Prospects ..., a.a.O, S. 54-55.

51 Review of Agricultural Policy ..., a.a.O., S. 23.

2.3 Auf und ab im deutsch-bulgarischen Agrarwarenverkehr - rückläufige Ausfuhren 1994

Der gesamte Umsatz des deutsch-bulgarischen Warenaustausches für Erzeugnisse der Land- und Ernährungswirtschaft, der 1993 in bezug auf das Vorjahr insgesamt um 1,9 % zunahm, ist 1994 um 1,1 % weiter gestiegen. Das war das Resultat gegenläufiger Entwicklungen im Export und Import, die sich binnen einem Jahr um 4,8 % verringerten bzw. um 7,0 % erhöhten.

Tabelle 12: Entwicklung des Agraraußenhandels mit Bulgarien (Mio. DM)

	1985	1988	1989	1990	1991	1992	1993	1994
Import	100,2	60,9	70,8	81,2	116,8	104,2	79,8	85,4
Export	38,0	113,9	73,7	49,1	68,1	51,3	78,7	74,9
Umsatz	138,2	174,8	144,5	130,3	184,9	155,5	158,5	160,3
Saldo	-62,2	+53,0	+2,9	-32,1	-48,7	-52,9	-1,1	-10,5

Quellen: Errechnet nach Angaben des Statistischen Bundesamtes und des BML 216 vom 6.9.1994 und 6.7.1995.

Der Saldo der Agrarhandelsbilanz mit Bulgarien ist seit 1990 ununterbrochen negativ. Der Exportumsatz hat sich 1994 ungefähr auf dem Niveau des letzten Jahres vor der politischen Wende (1989) eingependelt und war somit vom bisherigen Rekordjahr (1988) mit einem Umsatzvolumen von knapp 114 Mio. DM weit entfernt. Die Umsatzentwicklung steht nach wie vor im Zeichen mehr oder weniger ausgeprägter jährlicher Schwankungen, je nach Bedarf bzw. aktueller Versorgungslage des bulgarischen Nahrungsmittelmarktes.

Agrarexporteure aus Deutschland setzten nach Bulgarien 1993 und 1994 u.a. folgende Mengen ab:

Tabelle 13: Deutsche Agrarlieferungen nach Bulgarien, 1993 und 1994

	1993		1994	
	t	Mio. DM	t	Mio. DM
Milch	630,8	2,141	830,5	2,160
Käse	805,1	4,959	159,1	0,885
Fleisch und Fleischerzeugnisse	5 836,1	9,934	2 302,5	4,888
Gemüse- Obstkonserven, Fruchtsäfte und dgl.	468,1	0,768	445,1	0,945
Kakaoerzeugnisse	3 676,3	16,992	5 727,1	26,468
Zucker	12 534,9	6,624	7 090,2	4,761
Margarine und ähnliche Speisefette	1 219,0	1,565	2 464,4	3,575
sonst. pflanzl. Nahrungsmittel	2 544,0	10,171	2 039,2	9,076
Kaffee	186,2	2,417	144,8	1,670
Tabakerzeugnisse	710,7	14,849	616,3	12,938
Bier	7 807,8*	1,030	6 816,8*	0,793
Branntwein	665,0*	0,753	1 809,6*	2,397

* hl

Quellen: Angaben des Statistischen Landesamtes und des BML 216 vom 6.7.1995.

Sie erlitten empfindliche Absatzeinbußen u.a. bei Käse, Fleisch und Fleischerzeugnissen, Zucker, sonstigen pflanzlichen Nahrungsmitteln, davon vor allem bei Back- und ähnlichen Waren sowie Malzextrakten, Kaffee, Tabakerzeugnissen und Bier. Im Gegensatz dazu ist es ihnen gelungen, den Absatz von Kakaoerzeugnissen, Margarine und ähnlichen Speisefetten sowie Branntwein erheblich bis aufsehenerregend zu steigern.

Die Warenstruktur der deutschen Lieferungen nach Bulgarien hat sich 1994 wie auch schon in Vorjahren, wieder einmal deutlich, diesmal zugunsten der Nahrungsmittel pflanzlichen Ursprungs, die binnen einem Jahr einen Anteilszuwachs von 12,7 Prozentpunkten erzielten, verändert. Die Nahrungsmittel tierischen Ursprungs verbuchten zur gleichen Zeit Anteilseinbußen von 13,1 Prozentpunkten, während sich die Genußmittel im großen und ganzen auf dem 1993 erreichten relativ hohen Niveau behaupteten. Lebende Tiere spielten 1992-1994 im deutschen Agrarexport nach Bulgarien mit Anteilen von 0,5 bzw. 0,0 bzw. 0,2 % nur eine äußerst geringe Rolle.

Die deutsche Lieferpalette ist sehr stark auf einige wenige Produkte bzw. Produktgruppen konzentriert. Rund 85 % der Lieferungen werden durch sieben Nahrungsmittel bzw. Nahrungsmittelgruppen gedeckt, wobei Kakao- und Tabakerzeugnisse, Fleisch, Fleischwaren und Zucker besonders starke Positionen innehaben. Der Anteil der Kakaoerzeugnisse ist 1992-1994 von knapp 18 % über 21,6 % auf 35,3 % gestiegen, während Tabakerzeugnisse an der Belieferung Bulgariens aus Deutschland 1994 mit 17,3 %, Fleisch und Fleischwaren mit 6,5 %, Zucker mit 6,3 %, Margarine mit 4,8 % und Branntwein mit 3,2 % beteiligt waren.[52]

Während beim Absatz von Kakaoerzeugnissen nach Bulgarien 1994, im Vergleich zu 1993, keine bzw. bei Tabakerzeugnissen kaum Preisbewegungen registriert wurden, hat der deutsche Agrarexport auf dem bulgarischen Markt u.a. bei Milch durchschnittliche Preisverluste um 23,3 %, Käse um 9,7 %, Därmen, Blasen, Mägen um 13,3 %, Kaffee um 11,1 %, Bier um 10,5 % und Wein um 25,4 % erlitten. Exporteure aus Deutschland haben dagegen bei der Belieferung Bulgariens u.a. mit Fleisch und Fleischerzeugnissen durchschnittliche Preiszuwächse um 24,7 %, Gemüse-, Obstkonserven, Fruchtsäften und dergleichen um 29,4 %, Zucker um 26,7 %, Margarine und ähnlichen Speisefetten um 13,3 %, sonstigen pflanzlichen Nahrungsmitteln um 11,3 % und Branntwein um 17,2 % erzielt. Die 1994, im Vergleich zu 1993, registrierten Preisbewegungen haben sich in der Höhe der Umsätze und in der Veränderung der Warenstruktur der Agrarexporte niedergeschlagen.[53]

---

52 Errechnet nach Angaben des Statistischen Bundesamtes und des BML 216 vom 6.7.1995.

53 Ebenda.

Tabelle 14: Wandlungen der deutschen Agrarexportstruktur nach Bulgarien (in %)

	1992	1993	1994
Lebende Tiere	0,5	0,0	0,2
Milch	3,1	2,7	2,9
Butter	3,9	1,6	0,2
Käse	0,6	6,3	1,2
Fleisch und Fleischwaren	0,9	12,6	6,5
Därme, Blasen, Mägen	1,6	1,7	1,2
Nahrungsmittel tierischen Urspungs, insg.	12,5	26,0	12,9
Gemüse-, Obstkonserven, Fruchtsäfte und dgl.	1,4	1,0	1,3
Kakaoerzeugnisse	17,8	21,6	35,3
Margarine und ähnliche Speisefette	5,2	2,0	4,8
Zucker	32,7	8,4	6,3
Sonstige pflanzliche Nahrungsmittel	10,5	12,9	12,1
Nahrungsmittel pflanzlichen Ursprungs, insg.	70,0	47,8	61,5
Kaffee	1,2	3,1	2,2
Tabakerzeugnisse	12,0	18,9	17,3
Bier	2,0	1,3	1,0
Branntwein	1,6	0,9	3,2
Genußmittel, insg.	17,0	26,2	25,4

Quellen: Errechnet nach Angaben des Statistischen Bundesamtes und des BML 216 vom 6.9.1994 und 6.7.1995.

Die Realeinkommen befanden sich in Bulgarien 1989-1994 auf Talfahrt. Sie verringerten sich um insgesamt etwa 25 %, und 1994 lebten bereits über 40 % der Bevölkerung unter dem Existenzminimum. In den Jahren seit der Wende waren rund 90 % der bulgarischen Bevölkerung gezwungen, ihren Konsum einzuschränken und sich auf billigere bzw. in ernährungsphysiologischer Hinsicht geringwertigere Nahrungsmittel zu orientieren. Der Anteil der Ausgaben für Nahrung am Familienbuget ist 1989-1994 von 38,1 auf 45,0 % (1993 42,9 %) gestiegen. Bei einigen besonders einkommenschwachen Schichten der Bevölkerung, wie z.B. Altrentnern, wurden sogar zwei Drittel bzw. noch mehr der Einkommen für Nahrung ausgegeben. Der Pro-Kopf-Jahresverbrauch des Durchschnittsbulgaren ist 1990-1994 bei Fleisch von 36,5 auf 25,8 kg (1993 30,2 kg), davon bei Schweinefleisch von 15,9 auf 6,4 kg, Fleischerzeugnissen von 18,0 auf 15,0 kg, Milch von 55,7 auf 30,7 l, Butter von 2,1 auf 1,1 kg, Käse von 11,0 auf 10,0 kg, Pflanzenölen von 14,0 auf 12,2 kg, Zucker von 9,3 auf 8,2 kg, Brot und Teigwaren von 170,2 auf 156,1 kg, Obst von 32,2 auf 22,3 kg und Kartoffeln von 28,8 auf 25,6 kg zurückgegangen. Der Pro-Kopf-Jahreskonsum war in Bulgarien 1994, in bezug auf 1993 abgesehen, bei allen wichtigen Posten des Nahrungsmittelangebots mehr oder weniger deutlich rückläufig. Der Butter- und Käseverbrauch verharrte ungefähr auf dem Niveau des Vorjahres.[54] Nur 8 bis höchstens 10 % der Bevölkerung waren imstande, Importnahrungs- und Genußmittel aus dem Westen bzw. Deutschland zu kaufen. Der deutsche Agrarexport erhielt 1994 kaum entscheidende Impulse von der privaten Nachfrage in Bulgarien.

Von den Ausfuhren nach Bulgarien entfielen 1994 7,0 % (1993 8,7 %) auf Erzeugnisse der Land- und Ernährungswirtschaft. Dieser Absatzmarkt war für den deutschen Agrarexport nach wie vor von nachrangiger Bedeutung. Nur 0,2 % der einschlägigen deutschen Ausfuhren wurden nach Bulgarien geliefert. Dieses Land rangierte selbst unter den MOE-Ländern auf den hinteren Rängen, indem es unter den in dieser Studie erfaßten 20 ost-, mittel- und südosteuropäischen Reformländern aus deutscher Sicht nur den 15. Platz einnahm. Exporteure aus Deutschland haben 1994 z.B. nach Litauen oder Slowenien, d.h. in kleinere Länder, erheblich mehr Agrarprodukte und andere Nahrungsmittel als nach Bulgarien geliefert.

Für eine Steigerung der Agrarexporte in dieses südosteuropäische Land war das Geschäftsumfeld nach wie vor undurchschaubar und unsicher. Der Bankservice war unzureichend und es gab entsprechend viel zu oft ärgerliche Zahlungsverzögerungen. Viele Agrarexporteure aus Deutschland haben noch keinen festen Kunden-(Abnehmer-)kreis in Bulgarien aufgebaut. Ihre Marktposition ist entsprechend nicht gesichert. Mittel- und langfristige Marketingstrategien machten sich auf diesem Markt 1994 noch nicht bemerkbar. Bulgarien wird ebenso, wie z.B. Rumänien oder

---

54 Review of Agricultural Policy ..., a.a O. S. 25 und 34.

Albanien eher "ad hoc", aus kurzfristigem Geschäftskalkül, beliefert. Die Beendigung des Kriegszustands im ehemaligen Jugoslawien und damit einhergehend die baldige Wiedereröffnung der Transitwege auf dem Balkan dürften zur Belebung des bilateralen deutsch-bulgarischen Warenaustausches im Bereich der Erzeugnisse der Land- und Ernährungswirtschaft, insbesondere zur Steigerung der einschlägigen Ausfuhren bis zur bzw. auch über die 100 Mio. DM-Marke hinaus, beitragen. Das ist jedoch vor allem vom Zuwachs der kaufkräftigen Nachfrage nach qualitativ hochwertigen Nahrungs- und Genußmitteln in Bulgarien abhängig.

2.4 Leichte Erhöhung der Einfuhren

Der bulgarische Agrarexport hatte bereits 1991 und 1992 Deutschland mit Agrarerzeugnissen und anderen Nahrungsmitteln im Wert von über 100 Mio. DM beliefert. Mit den 1994 erlösten 85,4 Mio. DM blieb zwar sein Umsatz erheblich unter dieser bisherigen Rekordmarke, aber er ist mit 1993 verglichen, immerhin um 7,0 % gestiegen. Deutschland gehört zwar mit einem Anteil von 6,2 % zu den wichtigen Absatzmärkten des bulgarischen Agraraußenhandels, letzterer ist aber viel intensiver anderweitig orientiert als z.B. der tschechische, polnische oder auch ungarische. Bulgarien beliefert Deutschland von einigen wenigen Markenartikeln abgesehen, die allerdings an einer Hand abzählbar sind, in der Regel mit jährlich unterschiedlich anfallenden Überschußmengen seiner eigenen Agrar- bzw. Nahrungsmittelproduktion, dabei vor allem mit Rotwein, Rohtabak und Gemüse-, Obstkonserven, Fruchtsäften und dgl. Die bulgarische Nahrungsmittelwirtschaft war 1994 weit davon entfernt, in Deutschland ein spezifisches absatzförderndes Image als wichtiger und zuverlässiger Lieferant von markanten, landesspezifischen Agrarprodukten und anderen Nahrungsmitteln aufbauen zu können.

2.4.1 Die Agrarkrise trotz Produktionssteigerung noch nicht überwunden

Die Bruttoproduktion der bulgarischen Landwirtschaft ist 1994, im Vergleich zu 1993 - nach dem schweren Rückgang bzw. Einbruch in den Vorjahren um 15,4 bzw. 31,3 % -, um 11,6 % gestiegen. Das ist das Ergebnis einer Steigerung des Bruttoproduktionsausstoßes des Pflanzenbaus um

23 % und einer Verringerung der Tierproduktion um 15 % binnen einem Jahr. Die Landwirtschaft produzierte 1994 trotzdem um 30 % - nach dem im Frühjahr 1995 veröffentlichten Weißbuch der Regierung über die Lage der Land- und Ernährungswirtschaft, sogar um 55 % - weniger als im letzten Jahr vor der Systemwende (1989) und befand sich in einer prekären, desolaten Lage.[55] Das ist zusammenfassend auf die beim langsam fortschreitenden Restitutions- bzw. Privatisierungsprozeß begangenen Fehler, den drastischen Rückgang der kaufkräftigen Nachfrage nach Nahrungsmitteln, die Reduktion der staatlichen Subventionen und die überdurchschnittliche Steigerung der Inputpreise im Vergleich zu den Outputpreisen der Landwirtschaft zurückzuführen. Während die Produzentenpreise der Landwirtschaft 1990-1994 (1990 = 100) auf 868 % stiegen, betrug die Steigerungsrate der Inputpreise 2 342 % und die der Einzelhandelspreise 2 208 %.

Die meisten Agrarbetriebe und die der staatlichen Nahrungsmittelindustrie waren 1994 hoch verschuldet. Ihre Gesamtschulden betrugen Ende des Jahres 11,5 Mrd. Leva (ungefähr 200 Mio. US-$). Die Schulden bestanden gegenüber Banken (nicht bezahlte Zinsen und Tilgungsraten), dem Staatshaushalt (nicht abgeführte Steuern und Abgaben) und Zulieferern. Die Nahrungsmittelindustrie hatte Ende 1994 Außenstände in Höhe von knapp 8 Mrd. Leva; zumeist Forderungen gegenüber Abnehmern ihrer Erzeugnisse.[56] Die insgesamt 2 385 Liquidationsräte, die für die Restitution des kollektivierten Grund- und Bodens verantwortlich zeichneten und erst 1995 aufgelöst wurden, haben der bulgarischen Landwirtschaft, laut Weißbuch der Regierung von 1995, einen kurz- bis mittelfristig irreparablen Schaden zugefügt. Sie haben die Vergeudung, Ausplünderung und physische Vernichtung vom wertvollen gemeinschaftlichen bzw. staatlichen Eigentum in der Landwirtschaft nicht nur geduldet, sondern mitunter auch tatkräftig gefördert. Die Restitutionsmaßnahmen kosteten bis Ende 1994 knapp 1,2 Mrd. Leva. Hinzu kommen noch die Schulden der Liquidationsräte, die sich zum gleichen Zeitpunkt auf rund 4,2 Mrd. Leva (ungefähr 70 Mio. US-$) beliefen.[57] Da in den letzten fünf Jahren

---

55 Agricultural Situation and Prospects ..., a.a.O., S. XII; East Europe Agriculture, April 1995, S. 29.

56 Agricultural Situation and Prospects ..., a.a.O., S. XIII; Review of Agricultural Policy ..., a.a.O., S. 6.

57 East Europe Agriculture, April 1995, S. 29 und May 1995, S. 28.

nicht einmal 5 % des tatsächlichen Erneuerungsbedarfes in die Landwirtschaft investiert wurden, ist deren technische Ausstattung veraltet und zum großen Teil bis zur Unbrauchbarkeit abgeschrieben. Das Durchschnittsalter der verfügbaren Landmaschinen beträgt über 10 Jahre mit entsprechend hohen Ausfallquoten und Reparaturbedarf. Die durchschnittliche Verwendung von Mineraldünger und Pflanzenschutzmitteln, die 1985 und 1990 noch 186 bzw. 161 kg und 8 bzw. 4 kg pro ha LN (= landwirtschaftliche Nutzfläche) betrug, ist bis 1994 auf unter 60 kg bzw. 1 kg/ha zurückgefallen.[58]

In der Landwirtschaft und Nahrungsmittelindustrie fanden 1994 21,7 % bzw. 3,0 % aller Erwerbstätigen des Landes Arbeit. Mit diesem hohen Anteil an Beschäftigten trug die Landwirtschaft nur 11,0 % zum BSP des Landes bei. Das bedeutet eine erheblich niedrigere Arbeitsproduktivität als in anderen Wirtschaftsbereichen.[59] Mit der Gesamtzahl der Beschäftigten von 684 200 herrschte in der Landwirtschaft 1994 zwar Überbeschäftigung; sie entlastete aber den nationalen Arbeitsmarkt. Der durchschnittliche Monatslohn betrug in diesem Sektor 3 429 Leva, das entsprach 71 % des Landesdurchschnitts.[60]

Das Territorium Bulgariens umfaßt 11,1 Mio. ha. Davon entfallen 6,2 Mio. ha auf landwirtschaftliche Nutzflächen und rund 4 Mio. ha auf Ackerflächen. Von diesen wurden 1994 auf 2,342 Mio. ha Getreide (auf 1,320 Mio. ha Weizen, auf 494 000 ha Mais, auf 390 000 ha Gerste), auf 496 000 ha Ölpflanzen, auf 47 000 ha Kartoffeln und auf 8 000 ha Zuckerrüben angebaut. Die Getreideernte belief sich 1993 und 1994 auf 5,717 bzw. 6,478 Mio. t, davon Weizen 3,618 bzw. 3,788 Mio. t, Mais 983 000 bzw. 1,362 Mio. t, Gerste 933 000 bzw. 1,146 Mio. t. Die Ernte in beiden Jahren belief sich bei Ölpflanzen auf 432 000 bzw. 596 000 t, Kartoffeln auf 357 000 bzw. 476 000 t und Zuckerrüben auf 95 000 bzw. 112 000 t. In den Jahren 1993 und 1994 wurden außerdem u.a. 394 000 bzw. 377 000 t Weintrauben und 45 000 bzw. 33 000 t Rohtabak geerntet. Die Hektarerträge waren im internationalen Vergleich niedrig. Sie erreichten 1994 z.B.

58 Agricultural Situation and Prospects ..., a.a.O., S. 46-47.

59 Review of Agricultural Policy ..., a.a.O., S. 25; Zd. Lukas: Die Landwirtschaft der Oststaaten im Jahr 1994, in: Osteuropa-Wirtschaft, 2/1995, S. 96-97.

60 Review of Agricultural Policy ..., a.a.O., S. 5.

bei Weizen 28,7 dt, bei Mais 27,6 dt, bei Gerste 29,4 dt, bei Kartoffeln 101,3 dt und bei Zuckerrüben 140 dt.[61]

Die Tierproduktion befand sich auf einer seit 1989 anhaltenden Talfahrt. Die Tierbestände, die bereits 1989-1993 arg dezimiert wurden, sind 1994 wieder erheblich zurückgegangen. Nur die Geflügelbestände nahmen um rund 5 % zu.

Die Tierbestände sind bis Ende 1994 derart zusammengeschrumpft, daß die Produktion von Fleisch rein rechnerisch nur noch 70 % und von Milch und Eiern nur 76 bzw. 81 % des durchschnittlichen Pro-Kopf-Verbrauchs der Bevölkerung decken konnte. Träger der Talfahrt der Tierproduktion waren die großen staatlichen und die noch nicht aufgelösten bzw. umgewandelten genossenschaftlichen Tierhaltungsbetriebe, die unter den Agrarbetrieben des Landes am höchsten verschuldet waren und sich im Transformationsprozeß befanden. Als Lichtblick gilt, daß die Tierbestände der privaten Tierhalter 1994 bereits nennenswert zunahmen.[62]

Tabelle 15: Tierbestände in Bulgarien (1 000 Tiere jeweils zum 1. Januar eines Jahres)

	1989	1990	1993	1994	1995
Rinder	1 613,1	1 575,1	973,7	750,0	638,0
davon Kühe	648,1	617,3	489,3	419,0	351,0
Schweine	4 118,8	4 331,6	2 679,7	2 071,0	1 986,0
Schafe	8 609,0	8 130,3	4 814,3	3 763,0	3 398,0
Geflügel	41 805,0	36 339,0	19 872,0	18 211,0	19 126,0

Quellen: Review of Agricultural Policy and Trade Developments in Bulgaria in 1995, OECD Paris, September 1995, S. 29; Agricultural Situation and Prospects in the Central and Eastern European Countries, Bulgaria, European Commission, Directorate General for Agriculture, Working document, Brussels 1995, S. 41.

61 Angaben nach bzw. errechnet nach: Review of Agricultural Policy ..., a.a.O., S. 27-28.

62 East Europe Agriculture, March 1995, S. 31.

Die Tierproduktion war 1989-1994 entsprechend den Tierbeständen rückläufig. Der Jahresproduktionsausstoß der Tierhaltung ist 1989-1994 bei Fleisch von 820 000 auf 447 000 t (Schlachtgewicht), davon bei Rindfleisch von 130 000 auf 99 000 t, bei Schweinefleisch von 413 000 auf 214 000 t, bei Schaffleisch von 87 000 auf 55 000 t und bei Geflügelfleisch von 188 000 auf 74 000 t, bei Milch von 2,438 auf 1,322 Mrd. Liter und bei Butter von 22 000 auf 2 000 t zurückgegangen. Die durchschnittliche Milchleistung pro Kuh und Jahr sank im gleichen Zeitraum von 3 524 auf 2 714 kg herab.[63]

Die Regierung bzw. die Agraradministration hat die Förderung der Land- und Ernährungswirtschaft 1989-1994, nach der Freigabe der Nahrungsmittelpreise auf ein im Vergleich zu anderen früheren RGW-Ländern beispiellos niedriges Minimum eingeschränkt. So wurden z.B. im Staatshaushalt 1994 nur 2 Mrd. Leva von insgesamt 204 Mrd. Leva, das heißt nicht einmal 1 Prozent, für die Landwirtschaft bestimmt. Das Landwirtschaftsministerium gewährte Präferenzkredite, Zinsstützungen und billigte mehr oder weniger günstige, zentral vorgegebene Aufkaufspreise für einige Grundnahrungsmittel wie Weizen, Mais, Kartoffeln, Zuckerrüben, Milch sowie Rind-, Schweine- und Schaffleisch mit einer Abschlagzahlung von 50 % beim Vertragsabschluß zu. Das Landwirtschafts-, Außenwirtschafts-, Entwicklungs- und Finanzministerium sowie die Nationalbank haben im Juni 1993 den Staatlichen Landwirtschaftsfonds gegründet, der fortan in bescheidenem Umfang Export- und Investitionsförderung betrieb bzw. Hilfen bei Naturkatastrophen gewährte und gewisse Subventionen für die Agrarproduktion in den Bergregionen des Landes bereitstellte. Bei der Hervorhebung der Reduktion der Subventionierung der Landwirtschaft im Vergleich zur kommunistischen Ära soll gerechtigkeitshalber darauf hingewiesen werden, daß die Regierung die Agrarbetriebe in den letzten Jahren zugleich von den meisten Steuern befreite und bei der Liquidation der LPG und Staatsgüter die Schulden dieser Betriebe zumindest zum Teil erließ. Neugegründete private Agrarbetriebe bzw. Agrargesellschaften brauchen in den ersten fünf Jahren nach ihrer Gründung keine Gewinn- bzw. Einkommensteuern zu entrichten und bei der Produktion von

---

[63] Review of Agricultural Policy ..., a.a.O., S. 29; Agricultural Situation and Prospects ..., a.a.O., Vol. II, Annex, S. 26.

einigen Grundnahrungsmitteln wie Brot, Milch, Reis und Bohnen wird die im April 1994 eingeführte Mehrwertsteuer von 18 % nicht erhoben.[64]

Mit der Übernahme der Regierungsgeschäfte durch die Sozialisten hat eine neue Ära der Agrarpolitik in Bulgarien eingesetzt. Der Assoziierungsvertrag mit der EU ist in Kraft, die spätere Vollmitgliedschaft wird angestrebt und der Beitritt zur WTO wurde beantragt. Das neugeordnete Ministerium für Landwirtschaft und Nahrungsmittelindustrie unter der Leitung des Ministers Vasil Chichibaba hat beschlossen, die Subventionierung der Land- und Ernährungswirtschaft zu intensivieren, den Restitutionsprozeß möglichst bis Mitte 1996 zu vollenden und die Privatisierung der Staatsbetriebe in der Landwirtschaft sowie in der Nahrungsmittelindustrie sukzessive voranzutreiben. Anlageinvestitionen in die Landwirtschaft werden nunmehr mit einem Zinszuschuß von 50 % gefördert und die Agraradministration hält Subventionsmittel für die Landreform, Tabakanbau, Weinproduktion, Agrarforschung, Tiergesundheitswesen, Entwässerungsvorhaben sowie die Verwendung von Mineraldünger und Pflanzenschutzmitteln bereit.[65]

Die Bodenrestitution war in Bulgarien 1994 noch voll im Gange. Die rechtmäßigen Eigentümer haben bis Ende des Jahres Rechtstitel auf insgesamt rund 2,8 Mio. ha LN zuerkannt bekommen, das waren knapp 52 % der Gesamtfläche, die rückerstattet werden soll. Ende 1994 bewirtschafteten 1,9 Mio. private Bauern eine Gesamtfläche von rund 3,9 Mio. ha. Das bedeutet, daß der Restitutionsprozeß auch in diesem Lande mit der Zerschlagung der in der kommunistischen Ära grundsätzlich großbetrieblichen Struktur der Landwirtschaft einherging. Im ersten Halbjahr 1995 bewirtschafteten 94 % der privaten Bauern eine Nutzfläche bis höchstens 2 ha, 5 % besaßen Betriebe von 2 bis 5 ha, 0,8 % von 5 bis 10 ha und nur 0,2 % hatten mehr als 10 ha. Mit der Ausfertigung der Eigentumsurkunden waren die zuständigen Ämter arg im Verzug. Besitzdokumente wurden bis Ende des Jahres nur für 775 000 ha LN - entsprechend 14,8 % der gesamten Restitutionsfläche - ausgestellt. Die Restitution kam bisher am schnellsten in der Dobric-Region (Nordost-Bulgarien) und am gemäch-

---

64 Duma, 26.11.1993, S. 4; Review of Agricultural Policy ..., a.a.O., S. 18-19; Agricultural Situation and Prospects ..., a.a.O., S. 57.

65 East Europe Agriculture, April 1995, S. 27; Agricultural Situation und Prospects ..., a.a.O., S. 56-57.

lichsten in der Gegend von Varna (am Schwarzen Meer) und in den Gebieten um Sofia sowie Blagoevgrad (Südwestbulgarien) voran. Der Transformationsprozeß wird vor allem durch den Schuldenberg der betreffenden Betriebe, Streitigkeiten in bezug auf das aufzuteilende Betriebsvermögen und rechtlich ungeklärte Eigentumsverhältnisse verzögert. Aus diesen Gründen mußten 36 % der gesamten Restitutionsfläche vorübergehend verpachtet werden. Den Gemeinden wurden bisher 260 000 ha LN übereignet. Das Landwirtschaftsministerium hat beschlossen, rund 220 000 h LN auf Dauer im Staatsbesitz zu behalten.[66]

Private Bauernbetriebe trugen 1994 zur gesamten Produktion von Getreide 43 %, Hülsenfrüchten 72 %, Rohtabak 88 %, Tomaten 89 %, Luzerne 61 % und Treibhausprodukten (Obst und Gemüse) 21 % bei. In ihren Stallungen standen 80 % der in der bulgarischen Landwirtschaft am 1. Januar 1995 gezählten Rinder, 83 % der Kühe, 54 % der Schweine, über 90 % der Schafe und 70 % der Geflügel.[67]

Ein Grund- und Bodengesetz wurde bis Ende 1994 nicht erlassen. Der Bodenmarkt existierte rechtlich nicht. Laut Regierungsverordnungen war nur der Erwerb von je 1 000 Quadratmetern landwirtschaftlich nutzbaren Bodens pro Person zulässig. Landwirtschaftliche Nutzflächen durften bis höchstens 300 ha gepachtet werden. Ende März 1995 wurden in Bulgarien 2 029 neue Agrarkooperative gezählt, die durchschnittlich 300 bis 400 Mitglieder hatten und eine LN von 700 bis 800 ha bewirtschafteten. Es gab außerdem noch 1 950 in der Landwirtschaft tätige Betriebe alter Prägung (Staatsgüter, staatliche Verarbeitungs- und Dienstleistungsbetriebe, LPG und LPG unter staatlicher Kontrolle), die sich im Transformationsprozeß befanden. Viele Bauern begannen sogenannte nichtformelle Bauerngemeinschaften zu bilden, die in der Regel Flächen von 200 bis 400 ha bewirtschafteten. Der Genossenschaftsgedanke ist bei den bulgarischen Bauern tief eingeprägt, sie belassen häufig nur ganz kleine Parzellen für die eigene Nutzung und suchen durch Zusammenlegung ihrer verfügbaren Nutzflächen in Bauerngemeinschaften bzw. Agrarkooperativen ökonomisch vertretbare Betriebsgrößen zu erreichen. Die Betriebsstruktur der bulgarischen Landwirtschaft ist 1995 aus privaten Bauernbetrieben, Hof-

---

66 Bulgarian Economic Outlook, 44/1994, S. 1 und 5; East Europe Agriculture, April 1995, S. 30; Zd. Lukas: Die Landwirtschaft der Oststaaten ..., a.a.O., S. 97.

67 East Europe Agriculture, March 1995, S. 31 und Juni 1995, S. 28.

landwirtschaften, Bauerngenossenschaften und anderen privaten Agrarkooperativen, Staatsgütern, staatlichen Agrargesellschaften, einigen noch nicht aufgelösten LPG alter Prägung, Gemeindefarmen und mehreren Assoziationen der Kirchen und Schulen zusammengesetzt. Erwähnenswert sind außerdem insgesamt 13 große staatliche Agrargeschäftsgesellschaften (Agro-business companies - Agro-industrielle Komplexe), die insgesamt 0,6 % der Ackerfläche bewirtschaften.[68]

Die Staatsbetriebe der Nahrungsmittelindustrie, die bis Ende 1994 zum Industrieministerium gehörten, wurden zum 1. Januar 1995 dem Landwirtschaftsministerium zugeordnet, das in Ministerium für Landwirtschaft und Nahrungsmittelindustrie umbenannt wurde. Die Agraradministration hat sich für die letzten Jahre des 20. Jahrhunderts für eine betont langsame Art der Privatisierung entschlossen. Nach den Vorstellungen des neuen Landwirtschaftsministeriums sollen von insgesamt 443 in der Landwirtschaft tätigen Staatsbetrieben (Staatsgütern, Mühlen, Dienstleistungsbetrieben etc.) nur 240 und von den insgesamt 362 staatlichen Unternehmen der Nahrungsmittelindustrie nur 209 bis zur Jahrtausendwende privatisiert werden.

Die Privatisierung der Staatsgüter und der Nahrungsmittelverarbeitung steckte 1994 noch in den Anfängen. Bis zum 1. März 1995 wurden nur 22 von 176 Staatsgütern, 25 frühere staatliche Nahrungsmittelverarbeitungsbetriebe und 24 staatliche Dienstleistungsbetriebe privatisiert. Begründet wird die langsame Gangart mit den bisher ungelösten Problemen der Um- bzw. Entschuldung und Sanierung dieser Betriebe, dem hohen Kapitalinvestitionsbedarf, dem mäßigen Interesse ausländischer Anleger sowie mit Beschäftigungs- und anderen sozialpolitischen Argumenten.[69] Im Kalenderjahr 1994 war die mehrjährige schwere Krise der bulgarischen Nahrungsmittelindustrie noch nicht überwunden. Ihre Bruttoproduktion ist in bezug auf 1993 durchschnittlich um 12,5 % zurückgegangen. Vor allem die Fleisch- und Milchindustrie befanden sich in einer prekären Lage. Ihr Produktionsausstoß ist binnen einem Jahr um 42,5 bzw. 38,9 % und im

---

68 Agricultural Situation and Prospects ..., a.a.O., S. 13, 18, 22, 24 und 25.

69 Review of Agricultural Policy ..., a.a.O., S. 14; Agricultural Situation and Prospects ..., a.a.O., Vol. II. Annex, S. 31.

Vergleich zu 1989 sogar um jeweils zwei Drittel zurückgefallen. Die industrielle Käseproduktion erlitt 1989-1994 sogar einen Einbruch von 90 %.[70] Der bulgarische Agraraußenhandel war 1994 gezwungen, überall auf dem Weltmarkt - und so auch in Deutschland - von diesem landwirtschaftlichen und nahrungsmittelindustriellen Backround raus zu operieren. Sein Spielraum war entsprechend eingeschränkt.

2.4.2 Bescheidenes Lieferangebot aus Bulgarien

Zu den Trägern der 1994 registrierten Umsatzsteigerung von 7,0 % gehörten vor allem Pilze, Gemüsepaprika, Frisch- und Gefriergemüse, Gemüse und sonstige Küchengewächse (insgesamt), Obst (außer Südfrüchten), davon insbesondere Pflaumen, Ölfrüchte zur Ernährung, Sonnenblumenöl und sonstige pflanzliche Nahrungsmittel. Die beiden Eckpfeiler des bulgarischen Agrarexports: Wein (insbesondere Rotwein) und Rohtabak konnten 1994, in bezug auf 1993, real wie nominal nur leicht abnehmend nach Deutschland abgesetzt werden. Mehr oder weniger gravierende Absatzeinbußen wurden außerdem bei der Belieferung Deutschlands mit Käse, Fleisch und Fleischwaren, Gemüsezubereitungen und -konserven, Gemüse-, Obstkonserven, Fruchtsäften und dergleichen sowie einigen Posten der Sammelprodukte der sonstigen pflanzlichen Nahrungsmittel registriert.

Die Agrarimporte aus Bulgarien wurden 1994 durch die Absatzpreisentwicklung in Deutschland nach einzelnen Produkten und Produktgruppen sehr unterschiedlich beeinflußt. Die Agrarexporteure aus Bulgarien erzielten in Deutschland, in bezug auf 1993, durchschnittliche Preiszuwächse bei Käse um 7,1 %, Fleisch und Fleischwaren um 17 %, Frischgemüse um 24,5 %, Gefriergemüse um 15,7 %, Gemüse und sonstigen Küchengewächsen (insgesamt) um 13,5 %, Gemüsezubereitungen und -konserven um 21 %, Obstzubereitungen und -konserven um 44,9 % und Gemüse-, Obstkonserven, Fruchtsäften und dergleichen (insgesamt) um 19,1 %. Im Gegensatz dazu haben sie bei der Belieferung des deutschen Nahrungsmittelimportmarktes mit Gurken und Cornichons durchschnittliche Preisrückgänge um 9,9 %, bei Pilzen um 29,4 %, Kirschzubereitungen und -konserven um 3,1 %, Apfelsaft um 37,3 %, Frucht- und Gemüsesäften

---

70 Bulgarian Economic Outlook 3/1995, S. 6.

(insgesamt) um rund 35 %, Gewürzen um 10,9 %, Ölfrüchten zur Ernährung um 5,3 % und bei Rotwein um 7,1 % verkraften müssen. Sie konnten Weißwein und Rohtabak 1994, im Vergleich zu 1993, zu durchschnittlich unveränderten bzw. nahezu unveränderten (-0,5 %) Preisen absetzen.[71]

Tabelle 16: Bulgarische Agrarlieferungen nach Deutschland

	1993		1994	
	t	Mio. DM	t	Mio. DM
Käse	600,6	3,535	409,8	2,584
Fleisch und Fleischwaren	301,2	1,448	134,7	0,758
Gemüse und sonstige Küchengewächse	2 674,3	3,365	4 487,5	6,433
davon Frischgemüse	1 710,3	1,810	2 978,7	3,942
gekochtes und gefrorenes Gemüse	828,5	0,736	1 325,6	1,371
Obst, außer Südfrüchten	3 114,2	5,440	5 126,9	6,869
davon gefrorene bzw. gekochte Früchte	1 791,8	3,953	2 805,8	4,810
Gemüsezubereitungen und -konserven	4 850,2	4,860	2 369,5	2,862
Obstzubereitungen und -konserven	2 407,3	4,294	2 926,1	7,570
Frucht- und Gemüsesäfte	4 084,4	5,855	3 441,8	3,213
Gemüse-, Obstkonserven, Fruchtsäfte und dgl.	10 529,1	13,790	8 737,4	13,645
Gewürze	1 600,3	2,636	1 630,8	2,399
Ölfrüchte zur Ernährung	5 094,3	2,900	11 425,7	6,170
Sonnenblumenöl	-	-	1 418,5	1,189
sonstige pflanzliche Nahrungsmittel	1 064,0	4,639	2 474,7	4,762
Rohtabak	2 483,4	18,667	2 424,0	18,128
Wein*	151 360,3	22,037	148 561,5	20,924
davon Rotwein*	139 559,6	19,808	128 662,9	17,131

* hl

Quellen: Angaben des Statistischen Bundesamtes und des BML 216 vom 6.7.1995.

71 Errechnet nach Angaben des Statistischen Bundesamtes und des BML 216 vom 6.7.1995.

Die Warenstruktur der Agrarimporte aus Bulgarien wurde 1994, verglichen mit 1993, vor allem zugunsten der Nahrungsmittel pflanzlichen Ursprungs verändert. Für die Lieferungen der bulgarischen Land- und Ernährungswirtschaft nach Deutschland war der 1994 zwar nachlassende, trotzdem noch immer herausragend hohe Anteil (46,2 %) der Genußmittel bezeichnend.

Tabelle 17: Wandlungen der Agrarimportstruktur aus Bulgarien (in %)

	1992	1993	1994
Lebende Tiere, insgesamt	0,1	0,1	0,3
Käse	7,4	4,4	3,0
Fleisch und Fleischwaren	1,9	1,8	0,9
Nahrungsmittel tierischen Ursprungs, insgesamt	10,1	6,7	4,4
Pilze	4,2	0,4	1,8
Gemüsepaprika	1,1	0,5	1,0
Frischgemüse	8,6	2,3	4,6
Gemüse, gekocht, gefroren	1,1	0,9	1,6
Gurken und Cornichons	2,9	1,1	1,7
Gemüse und sonstige Küchengewächse, insgesamt	11,5	4,2	7,5
Früchte, gekocht, gefroren	2,24	4,9	5,6
Obst, außer Südfrüchten (insgesamt)	5,5	6,8	8,0
Gemüsezubereitungen und -konserven	9,8	6,1	3,3
Obstzubereitungen und -konserven	3,9	5,4	8,9
davon			
Kirschzubereitungen und -konserven	1,2	2,7	6,3
Frucht und Gemüsesäfte	4,8	7,33	3,8
davon			
Apfelsaft	4,4	7,3	3,5
Gemüse-, Obstkonserven, Fruchtsäfte und dgl. (insgesamt)	18,5	17,3	16,0
Gewürze	1,7	3,3	2,8

Tabelle 17: Fortsetzung

	1992	1993	1994
Ölfrüchte zur Ernährung	6,6	3,6	7,2
davon			
Sonnenblumenkerne	4,3	3,3	7,1
Sonnenblumenöl	2,1	-	1,4
Sonstige pflanzliche Nahrungsmittel	6,1	5,8	5,6
Nahrungsmittel pflanzlichen Ursprungs, insgesamt	52,8	42,1	49,1
Rohtabak	18,0	23,4	21,2
Wein (insgesamt)	18,1	27,6	24,5
davon			
Weißwein	1,6	2,1	3,6
Rotwein	16,1	24,8	20,0
Genußmittel, insgesamt	37,0	51,1	46,2

Quellen: Errechnet nach Angaben des Statistischen Bundesamtes und des BML 216 vom 6.7.1995.

Das Lieferangebot aus Bulgarien nach Deutschland war 1994, wie auch schon in den Vorjahren, sehr bescheiden. Das Importsortiment bestand zu rund 80 % aus nur 6 Produkten bzw. Produktgruppen: Wein zu 24,5 %, Rohtabak zu 21,2 %, Gemüse-, Obstkonserven, Fruchtsäften und dgl. zu 16,0 %, Obst, außer Südfrüchten zu 8 %, Gemüse und sonstigen Küchengewächsen zu 7,5 % und Käse zu 3 %. Andere Agrarerzeugnisse bzw. Nahrungsmittel waren an der Belieferung Deutschlands nur gering, wie z.B. lebende Tiere mit einem Anteil von 0,3 %, Fleisch und Fleischwaren von 0,9 %, sonstiges Gemüse von 2,4 %, Sonnenblumenöl von 1,4 %, Zubereitungen zur Herstellung von Würzsoßen von 1,6 % und Hopfen von 0,5 % beteiligt.[72] Exporteure aus Bulgarien waren auf dem deutschen Importmarkt für Nahrungsmittel 1994 nach wie vor überwiegend mit ihrem traditionellen Angebot präsent. Ihre Marketingaktivitäten blieben mehr oder weniger auf die Teilnahme auf mehreren internationalen Messen

[72] Errechnet nach Angaben des Statistischen Bundesamtes und des BML 216 vom 6.7.1995.

und Fachausstellungen beschränkt. Von den Importen Deutschlands aus Bulgarien entfielen 1993 und 1994 13,9 bzw. 11,5 % auf Erzeugnisse der Land- und Ernährungswirtschaft. Den kaum nennenswerten Anteil Bulgariens an den gesamten Agrareinfuhren Deutschlands von unverändert 0,1 % in den Jahren von 1992 bis 1994 zugrundegelegt, gehört Bulgarien als Agrarlieferant aus deutscher Sicht zu den Ländern unter "ferner liefen". Selbst im Bereich der in unserer Studie berücksichtigten 20 MOE- und GUS-Länder nimmt Bulgarien als Belieferer des deutschen Nahrungsmittelmarktes mit einem Anteil zuletzt von 3,3 % (1992 4,2 % und 1993 3,4 %) nur den 6. Platz ein.[73]

Wie schon einleitend darauf hingewiesen, war der bulgarische Agrarexport 1994 weit davon entfernt, die ihm durch die EU eingeräumten Einfuhrquoten, nicht zuletzt in Deutschland, auszuschöpfen. Repräsentativumfragen unter bulgarischen Agrarproduzenten und Agrarexporteuren von 1994-1995 ergaben, daß diese die Vergabemodalitäten der Einfuhrlizenzen nicht einmal annähernd kennen, den hohen Qualitätsanspruch der westeuropäischen Konsumenten, darunter der Deutschen, kaum erfüllen können, auf anderen Märkten, vor allem in der GUS, bei erheblich niedrigerem Qualitätsanspruch in der Regel höhere Absatzpreise erzielen und je nach der Leistung der Agrar- bzw. Nahrungsmittelproduktion im eigenen Lande mit einem kleineren oder auch größeren Mangel an verfügbaren Ressourcen für den Export konfrontiert sind. Es ist bezeichnend, daß nur 22 % der befragten Firmen regelmäßige Geschäftskontakte zu EU-Ländern unterhalten. Im bulgarischen Landwirtschaftsministerium herrscht die Ansicht vor, daß die EU-Importeure die eigentlichen Nutznießer der Einfuhrerleichterungen sind.[74]

Solange die bulgarische Nahrungsmittelwirtschaft und der Agrarexport nicht imstande sein werden, Agrarerzeugnisse und andere Nahrungsmittel auf dem anspruchsvollen deutschen Markt qualitativ einwandfrei, im nachfragegerechten Sortiment, vor allem landesspezifische Markenprodukte, wenn auch nur Handelsmarken, anzubieten, dürfte ihr Gesamtjahresumsatz in Deutschland die 100 Mio. DM-Marke kaum nennenswert überschreiten.

---

[73] Errechnet nach Angaben des Statistischen Bundesamtes und des BML 216 vom 6.7.1995.

[74] Review of Agricultural Policy and ..., a.a.O., S. 21-22.

3 AGRARAUSSENHANDEL MIT POLEN

3.1 Die polnische Wirtschaft expandiert

Die Lage der polnischen Wirtschaft hat sich 1994 im Rahmen des bereits 1992 eingeleiteten Erholungsprozesses weiter stabilisiert. Das Bruttosozialprodukt ist im Vergleich zu 1993 um 5 % gewachsen. Motoren des Aufschwungs waren die florierenden Exporte (+ 20,5 %), die Steigerung der Bruttoproduktion der Industrie um 12 % (davon im Privatsektor um 23 % und im Staatsektor um 6 %), die Erhöhung der Arbeitsproduktivität in der Industrie um 14 % sowie die dynamische Entwicklung des Privatsektors. Letzterer erwirtschaftete 1994 bereits 56 % des BSP und beschäftigte 61 % der erwerbstätigen Bevölkerung, während es im Jahre 1990 knapp 31 % waren.[75] Die Investitionsaufwendungen wurden binnen einem Jahr zu vergleichbaren Preisen, d.h. real um 6 % erhöht. Die Finanzlage vieler staatlicher und privater Unternehmen hat sich im Verlauf des Jahres 1994 mehr oder weniger entspannt. Ihr Einnahmezuwachs sowie die Entschuldung auf dem öffentlichen Sektor bewirkten, daß sich die Rentabilität der Industrieproduktion verbesserte. Die durchschnittliche Rentabilitätsrate in der polnischen Industrie belief sich 1994 auf 5,1 %. Es gab nicht nur mehr rentable Betriebe als ein Jahr zuvor, sondern auch die Zahl der Verlustbetriebe ging zurück. Der Prozentsatz der Firmen, die Nettogewinne machten, erhöhte sich von 52 auf 58 %.

Zum ersten Mal seit Beginn des wirtschaftlichen Transformationsprozesses wuchsen die Durchschnittslöhne real um 1,7 % und der private Konsum um 3 %. Die Nominallöhne bzw. -einkommen waren im Budgetbereich durchschnittlich um 29 % und im Unternehmensbereich um 40 % höher als im Vorjahr. Die Durchschnittseinkommen der Beschäftigten der polnischen Wirtschaft erreichten 1994 243 US-$ pro Monat und Kopf. Unter Berücksichtigung der Nebeneinkünfte vieler polnischer Arbeitnehmer war die Kaufkraft allerdings erheblich höher. Grob geschätzt hat jeder dritte Pole einen Job in der Schattenwirtschaft. Die Einkünfte aus diesem Bereich beliefen sich 1994, auf das ganze Land bezogen, auf 166 Billionen Złoty (6,9 Mrd. US-$ oder 8,1 % BSP). Dem Staat entgehen zwar auf die-

---

75 Ostwirtschaftsreport 6/1995, S. 116 und 13/1995, S. 260.

se Weise beträchtliche Steuergelder, der Absatz wird dadurch jedoch angekurbelt.[76]

Der polnischen Regierung ist es 1994 nicht gelungen, die durchschnittliche Inflationsrate der Konsumgüterpreise deutlich zu bremsen. Sie wurde 1992 mit 43 %, 1993 mit 35,2 % und 1994 mit 32,2 % beziffert. Die Nahrungsmittelpreise stiegen 1994 durchschnittlich um 33 %, darunter die Preise von Kaffee und Tee um 111,7 %, Butter um 74,3 %, Obst und Gemüse um 52,5 % und von alkoholischen Getränken um 29,2 %. Fern- bzw. Zentralheizung sowie Warmwasser wurden um rund zwei Drittel, Medikamente um 44 %, Steinkohle um 40 %, Dienstleistungen um 31 % und Baumaterialien um 19,7 % teurer. Zur empfindlich hohen Steigerung der Nahrungsmittelpreise haben die langanhaltende Dürre im Sommer und die Erhöhung des Protektionismus beim Agrarimport entscheidend beigetragen.[77]

In engem Zusammenhang mit dem anhaltenden Wirtschaftswachstum zeigte der Arbeitsmarkt 1994 leichte Stabilisierungstendenzen, indem die Zahl der registrierten Arbeitslosen um 51 600 Personen zurückging. Die Arbeitslosenquote belief sich Ende 1994 auf 16 % und war somit um 0,4 % niedriger als ein Jahr zuvor. Hierbei ist jedoch zu vermerken, daß Ende 1994/Anfang 1995 nur noch ungefähr die Hälfte der Arbeitslosen Anspruch auf Arbeitslosengeld hatte.[78]

Die Einnahmen des Staatshaushaltes betrugen 1994 knapp 630 und die Ausgaben 688 Billionen Złoty. Statt der vorgesehenen 83,5 Billionen Złoty schloß der Staatshaushalt mit einem Defizit von 58 Billionen Złoty ab. Das Vorhaben, den Ausgabenüberschuß auf 2,8 % des BSP zu beschränken, wurde somit erfüllt. Dabei spielte der verringerte Schuldendienst für die Auslandsschulden des Landes eine wichtige Rolle.[79]

Es ist den Verträgen mit den größten Gläubigern Polens, dem Pariser und Londoner Club, über umfassende Umschuldungen und einen Schuldener-

---

76 Rzeczpospolita, 33/1995, S. 7 (Ekonomika i rynek); Ostwirtschaftsreport 1/1995, S. 4.

77 Gazeta wyborcza, 21.-22.1.1995, S. 21.

78 Ebenda, 20.1.1995, S. 19.

79 Ebenda, 21.-22.1.1995, S. 21.

laß von 50 bzw. 45 % zu verdanken, daß die Kosten des internationalen Schuldendienstes 1994 auf 2,045 Mrd. US-$ reduziert wurden. Die Gesamtschuld belief sich Ende 1994 auf 41,348 Mrd. US-$, die recht günstig - weit unterhalb der marktüblichen Zinsen (durchschnittlich zu 3,5 %/Jahr) - verzinst wurden. Von diesem Gesamtschuldenbetrag sind knapp über 39 Mrd. US-$ budgetäre Verpflichtungen, die vor 1989 eingegangen wurden, davon gegenüber den Regierungsgläubigern im Pariser Club 26,86 Mrd., gegenüber Geschäftsbanken im Londoner Club 7,99 Mrd. und gegenüber den ehemaligen RGW-Ländern 2,4 Mrd. US-$. Das Verhältnis der Auslandsschulden zum Volkseinkommen beträgt in Polen über 50 % (in Ungarn 71 %). Mitte der neunziger Jahre entfallen rund zwei Drittel der Schulden Polens auf Auslandsschulden, aber die Bedienung der Inlandsverpflichtungen der Regierung kostet wegen der erheblich günstigeren Verzinsung der Auslandsschulden um vieles mehr als diese.[80]

Die im Pariser Club versammelten Regierungsgläubiger haben bereits im Umschuldungsabkommen von 1991 rund 30 % der Problemkredite, die insgesamt 32 Mrd. US-$ ausmachten, erlassen. Eine weitere Schuldenreduktion um 20 % wurde gleichzeitig vom Abschluß vergleichbarer Vereinbarungen mit den durch den "Londoner Club" vertretenen Privatbanken abhängig gemacht. Polen ist es allerdings erst am 10. März 1994 gelungen, mit dem "Londoner Club" über eine 45,2-prozentige Reduktion seiner Schulden in Höhe von 13,2 Mrd. US-$ und eine Umschuldung der Restsumme auf 20 bis 30 Jahre zu einem Präferenzzinssatz von 2,75 % in den ersten Jahren und danach bis auf 5 % pro Jahr ansteigend, einig zu werden. Die Gesamtreduktion von 45,2 % ist aus einer Verringerung der Zinsen um 37 %, einer Kapitalreduktion um 52 % und einer Herabsetzung der revolvierenden Kredite um 49 % zusammengesetzt. Der aus dieser Vereinbarung entstandene Schuldendienst wird bis zum Jahre 2000 400 Mio. US-$ pro Jahr betragen, um nach der Jahrtausendwende hochgerechnet für 15 Jahre durchschnittlich auf 600 Mio. US-$ pro Jahr anzuwachsen. Für die anfängliche Absicherung der umgeschuldeten Bankforderungen über Nullkuponanleihen mußte Polen 1994 1,2 Mrd. US-$ aus eigenen Devisenreserven, die Ende des Jahres rund 5,546 Mrd. US-$ betrugen, sowie durch Rückgriff auf Hilfszusagen internationaler Institutionen, wie des IWF, aufbringen. Diese Umschuldungsvereinbarung wurde aufgrund des sogenannten "Brady-Plans" getroffen. Sie ermöglicht Polen,

---

80 Rzeczpospolita, 27/1995, S. 15 (Ekonomika i rynek).

einen Teil der Schuld für Bargeld abzukaufen und die mittel- bis langfristig umgeschuldeten Verpflichtungen zum großen Teil für reduzierte bzw. diskontierte und handelbare Obligationen, d.h. Obligationen mit einem Abschlag von 45 % (je 1 US-$ Altschuld gleich 0,55 US-$) umzutauschen.[81]

Das Auslandskapital hat Polen 1989-1994 Anlageinvestitionen in der Gesamthöhe von 5,1 Mrd. US-$ zugesagt und davon 4,4 Mrd. US-$ verwirklicht. Der Kapitalzufluß spielt als stimulierender Faktor nicht nur im Hinblick auf eine Verbesserung der Handelsbilanz über den Export, sondern auch für das Investitionswachstum und die Beschleunigung der Privatisierungsprozesse der polnischen Volkswirtschaft eine besondere Rolle. In Anbetracht der im Lande generell vorherrschenden Kapitalknappheit kann es ohne intensive Beteiligung des Auslandskapitals keine effiziente Entwicklung des Marktmechanismus und damit einhergehend der binnenwirtschaftlichen Impulse für Innovation geben. Außenwirtschaftliche Innovationsfaktoren können über den Import von Know-how, moderner Technologien und von Lizenzen ergänzend nutzbar gemacht werden. Im Kalenderjahr 1994 hat das Interesse der ausländischen Investoren an Polen deutlich nachgelassen, indem diese nur 1,3 Mrd. US-$ (1993 1,6 Mrd. US-$) produktiv angelegt haben.[82] Das ist u.a. auf die Verschleppung des Privatisierungsprozesses der polnischen Wirtschaft aufgrund von innerpolitischen Querelen, z.T. noch immer ungeklärte Eigentumsverhältnisse vieler polnischer Unternehmen, die die Eruierung des Eigentümers bzw. des Verfügungsberechtigten erschweren, administrative Hindernisse wie z.B. die Genehmigung des Innenministeriums im Falle des beabsichtigten Erwerbs einer Mehrheitsbeteiligung, hohe steuerliche Nebenbelastungen wie z.B. Sozialversicherungsbeiträge von knapp 50 % zu den scheinbar sehr günstigen Lohnkosten sowie eine 6-prozentige Importsteuer, die außer den regulären Importzöllen für alle Importwaren gilt und Ausgleichsabgaben, die für viele Erzeugnisse, insbesondere Agrarprodukte und andere Nahrungsmittel, erhoben werden, sowie nicht zuletzt auch auf das Verhalten der Manager und Belegschaften vieler Staatsbetriebe, die

---

81 Rzeczpospolita, 60/1994, S. 1 und 5 (Ekonomika i rynek); Handelsblatt, 12-13.3.1994, S. 10; Gazeta wyborcza, 30.4.1994, S. 17.

82 Ostwirtschaftsreport, 5/1995, S. 100; E. Plucinski: Ausgewählte Aspekte der gegenwärtigen deutsch-polnischen Wirtschaftsbeziehungen, in: Osteuropa-Wirtschaft, 2/1995, S. 128.

aus persönlichen Interessen eine Kapitalbeteiligung aus dem Ausland ablehnen bzw. verzögern, zurückzuführen.[83]

Der 1994 registrierte Kapitalzufluß aus dem Ausland hat mit dazu beigetragen, daß das Leistungsbilanzdefizit des Landes, das ein Jahr zuvor noch 2,33 Mrd. US-$ betrug, auf 994 Mio. US-$ zurückging. Das ist um so höher zu bewerten, als die polnische internationale Handelsbilanz das Jahr 1994 mit einem Minussaldo von rund 4,341 Mrd. US-$ (um 350 Mio. US-$ weniger als im Vorjahr) abschloß.[84] Der polnische Außenhandel führte 1994 verschiedene Erzeugnisse im Wert von 17,042 Mrd. US-$ (um 20,5 % mehr als 1993) aus und für 21,383 Mrd. US-$ (um 13,5 % mehr als ein Jahr zuvor) ein. Der polnische Export profitierte 1994 von der insgesamt günstigen Entwicklung der Terms of Trade, die um 1,6 % höher lagen als im Vorjahr. Das bedeutet, daß die Absatzpreise der von Polen exportierten Waren schneller stiegen als die der importierten Güter. Im Warenverkehr mit den EU-Ländern belief sich der Terms of Trade-Index jedoch nur auf 98,5 %, mit den übrigen Industrieländern auf 105,6 % und mit den MOE-Ländern, einschließlich denen der ehemaligen Sowjetunion, auf 103,5 %. Rund zwei Drittel der polnischen Ausfuhren entfielen 1994 auf Industrieerzeugnisse. Der Anteil der Agrarprodukte und anderer Nahrungsmittel betrug 12,2 %. In der Einfuhr dominierten ebenfalls die Industriegüter mit 58,2 %. Erzeugnisse der Land- und Ernährungswirtschaft waren daran mit 11,1 % beteiligt.

Polen konnte 1994 die östlichen Märkte, die nach dem Zusammenbruch des RGW verlorengingen, zum Teil zurückerobern. Die Exporte in die MOE-Länder stiegen binnen einem Jahr um knapp 32 %, nach Rußland sogar um 75 %. Der Anteil Osteuropas an der polnischen Gesamtausfuhr erreichte 14,5 %, der der westlichen Industrieländer 75,4 % und der der EU 62,6 % (1993 63,2 %). Der Anteil Deutschlands, des wichtigsten Partners Polens im Export, betrug 35,7 %, es folgten die Niederlande mit 5,9 %, Rußland mit 5,4 %, Italien mit 4,9 % und Großbritannien mit 4,6 %. Auch im Import wiesen die Ankäufe aus Mittel- und Osteuropa und aus den Ländern der ehemaligen Sowjetunion 1994 mit einem Zuwachs um 20 % die höchste Dynamik auf, dennoch stammten rund drei Viertel der gesamten Importe Polens aus den westlichen Industrieländern,

83 Ostwirtschaftsreport, 14/1994, S. 277.

84 Rzeczpospolita, 51/1995, S. 9 (Ekonomika i rynek).

darunter 57,5 % aus der EU. Bei den Einfuhren nahm 1994 gleichfalls Deutschland mit einem Anteil von 27,5 % den ersten Platz ein, gefolgt von Italien mit 8,4 %, Rußland mit 6,8 %, Großbritannien mit 5,3 % und den Niederlanden mit 4,6 %. Mit keinem der angeführten Handelspartner konnte der polnische Außenhandel 1994 - wie auch im Vorjahr - einen positiven Umsatzsaldo erzielen. Der Minussaldo des polnisch-deutschen Warenverkehrs ist jedoch von 1,063 Mrd. DM (1993) auf 212 Mio. DM zurückgegangen. Von den deutschen Einfuhren entfielen 1993 und 1994 1,5 bzw. 1,7 % und von den Ausfuhren jeweils 1,5 % auf Polen. Der Anteil des Privatsektors am Export Polens ist 1990-1994 von 4,9 auf 51 % gestiegen und betrug im Import knapp zwei Drittel.[85]

3.2 Importüberschüsse der polnischen Agraraußenhandelsbilanz reduziert

Der polnische Agraraußenhandel führte 1993 und 1994 Erzeugnisse der Land- und Ernährungswirtschaft für 1,676 bzw. 2,099 Mrd. US-$ aus und für 2,240 bzw. 2,394 Mrd. US-$ ein. Der Minussaldo des Agraraußenhandels, der 1993 noch 564 Mio.US- $ betrug, wurde entsprechend auf 295 Mio. US-$ verringert. Im Export wurde eine gesamte Steigerungsrate von 25,2 %, dabei bei den Erzeugnissen der Nahrungsmittelindustrie um 32,9 % und bei den primären Agrarerzeugnissen um 2,4 % erzielt. Es ist bemerkenswert, daß der Gesamtwert des Agrarexports 1994 noch immer um 3,5 % niedriger war, als der durchschnittliche Umsatz der Jahre 1989-1991. Der polnische Agrarimport verzeichnete 1994 eine erheblich bescheidenere Steigerung um 6,9 % im Vergleich zum Vorjahr. Die Agrarimporte haben aber den Durchschnittswert der Jahre von 1989-1991 um 60 % übertroffen.[86] Die Verbesserung der Agrarhandelsbilanz war vor allem auf außenhandelspolitische Maßnahmen, wie die Einführung von Ausgleichsabgaben beim Import einer ganzen Reihe von Nahrungsmitteln einerseits und die Erleichterung des Marktzugangs für Erzeugnisse der polnischen Land- und Ernährungswirtschaft im Rahmen des Assoziierungsvertrages mit der EU und der Vereinbarungen mit den EFTA- bzw. CEFTA-Ländern, die Wiedererschließung der Anfang der neunziger

---

85 Rzeczpospolita, 51/1995, S. 9 (Ekonomika i rynek); Ostwirtschaftsreport, 6/1995, S. 116; Statistisches Bundesamt sowie BML 216 vom 6.7.1995.

86 East Europe Agriculture, September 1995, S. 13.

Jahre verlorenen Absatzmärkte in Osteuropa, insbesondere in Rußland und die Abwertung der polnischen Währung gegenüber dem US-$ sowie anderen führenden Westwährungen andererseits zurückzuführen.

Tabelle 18: Agraraußenhandel Polens mit einigen ausgewählten Produkten (Mio. US-$)

	1993	1994
Exporte		
Schlachtpferde	93	82
Schlachtrinder	48	77
Fleisch und Fleischerzeugnisse	53	57
Geflügelfleisch	57	62
Milch und Milcherzeugnisse	182	158
Fischprodukte	105	149
Zucker	39	62
verarbeitetes Obst	266	327
verarbeitetes Gemüse	85	124
alkoholfreie Getränke	51	120
Importe		
Fleisch und Fleischwaren inkl. Geflügelfleisch	157	194
Fisch und Seefisch sowie Fischprodukte, insgesamt	134,2	152
Frischobst, insbesondere Südfrüchte	157	172
Pflanzenöle	83	110
Futtermittel	106	134
Kaffee, Tee, Kakao	279	415
Tabak bzw. Tabakwaren	108	141

Quelle: East Europe Agriculture, September 1995, S. 14.

Von den Agrarexporten und Agrarimporten Polens entfielen 1994 45 % bzw. 38 % auf Erzeugnisse des Pflanzenbaus, 36 bzw. 22 % auf lebende Tiere und Tierprodukte und 19 bzw. 40 % auf Genußmittel. Zu den wichtigsten Posten des polnischen Agrarexports gehören: verarbeitetes Obst und Gemüse, Frischobst und Frischgemüse, Milchprodukte, Schlachttiere, insbesondere Schlachtpferde und Schlachtrinder, Geflügelfleisch, Fischerzeugnisse, alkoholfreie Getränke, Tabak, hochprozentige Alkoholika und andere Produkte. Beim Import sind Fleisch und Fleischwaren, Fisch bzw. Fischprodukte, Südfrüchte, Pflanzenöle, Futtermittel, Kaffee, Tabakwaren und in den einzelnen Kalenderjahren sehr unterschiedlich auch Getreide besonders hervorzuheben.

Größte Handelspartner Polens auf dem Agrarsektor waren 1994 die EU-Länder, auf welche 50,7 % (1993 58,2 %) des Exports entfielen. Die EFTA-Länder waren daran mit 6,5 %, die CEFTA-Länder mit 2,5 %, die Länder der ehemaligen Sowjetunion mit 27,8 % (davon Rußland mit 20,2 %), die USA mit 4 % und die Entwicklungsländer mit 6,2 % beteiligt. Der Anteil der EG-Länder an den Agrarimporten Polens betrug 1994 46,4 % (1993 48,9 %), der der EFTA-Länder 6,2 %, der der Länder der ehemaligen Sowjetunion 4,6 % (davon Rußland 1,1 %) der der CEFTA-Länder 3,6 %, der der USA 3 % und der der Entwicklungsländer 30,6 %. Unter den EU-Ländern ist die besondere Bedeutung Deutschlands für Polen sowohl als Lieferant als auch als Absatzmarkt von Erzeugnissen der Land- und Ernährungswirtschaft hervorzuheben. Deutschland nahm 1992-1994 durchschnittlich 25,7 % des polnischen Agrarexports auf und hatte ein Marktsegment von rund 20 % als Belieferer Polens für sich erobert.[87] Während die Agrarexporte Polens in die EU 1994, im Vergleich zu 1993, nur um rund 9 % stiegen, hat der Warenaustausch mit den Ländern des früheren Sowjetreiches einen gewaltigen Schub nach oben (um 81 %) verzeichnet. Mit letzteren erzielte der polnische Agraraußenhandel einen Saldo von 475,3 Mio. US-$, davon allein mit Rußland einen von 398 Mio. US-$. Es ist 1994 gelungen, den im EU-Agrarhandel 1993 regi-

87 East Europe Agriculture, September 1995, S. 14; Agricultural Situation and Prospects in the Central and Eastern European Countries, Poland, European Commission, Directorate-General for Agriculture, Working Document, Brussels 1995, S. 47.

strierten Importüberschuß von 120,3 Mio. US-$, auf 46 Mio. US-$ zu verringern.[88]

Bei der in den letzten Jahren zwischen der EU und Polen viel diskutierten "Quotennutzung" gab es im Zuge des polnischen Exportbooms bei einigen Produkten bzw. Produktgruppen gewisse Fortschritte. Die durch die EU für den polnischen Agrarexport zugestandenen Importquoten konnten bei sämtlichen Milchprodukten (Pulvermilch, Butter, Käse) - wie im Vorjahr - unverändert zu 100 % ausgeschöpft werden. Im Gegensatz dazu haben polnische Exporteure bei Schlachtschweinen, Schweinehälften und Schweinefleisch die vertragsgemäß bereitgestellten EU-Importquoten aus kalkulatorischen Gründen überhaupt nicht genutzt. Der Ausschöpfungsgrad der Importquoten betrug bei Entenfleisch und verarbeiteten Gurken nach wie vor 100 %. Er stieg u.a. bei Erbsen von 99,1 auf 100 %, bei Rindfleisch von 11,5 auf 27,5 %, davon bei Rindfleischerzeugnissen sogar auf 100 %, bei Buchweizen von 2,9 auf 24,2 %, bei Truthahnfleisch von 0 auf 35,4 %, bei Broilerfleisch von 0,8 auf 4,6 %, bei Geflügelfleisch insgesamt von 12,2 auf 19,7 %, bei Eiern von 0 auf 49,3 % und bei Pilzen von 24,9 auf 27,3 %. Es gab jedoch mehrere Produkte bzw. Produktgruppen, bei welchen die Quotennutzung 1994 in bezug auf 1993, deutlich zurückging. So z.B. bei Gänsefleisch von 55,4 auf 41,2 %, bei Wurstwaren aus Schweinefleisch von 54,1 auf 21,6 %, bei anderen Schweinefleischerzeugnissen wie z.B. Schweinefleischkonserven von 34,4 auf 21,4 %, bei Schlachtschafen und Schaffleisch von 63,1 auf 58,2 %, bei Zwiebeln von 100 auf 15,8 %, bei Apfelsaft von 58,8 auf 14,6 %, bei Erdbeeren von 50,7 auf 27,2 %, bei Bohnen von 92,3 auf 23,1 %, bei Blumenkohl von 90,9 auf 83,9 % und bei Brombeeren von 100 auf 99,9 %.[89]

Die polnische Agrarhandelsdiplomatie war in den letzten Jahren stets bemüht, den "schwarzen Peter" wegen der Nichtausschöpfung der vertraglich zugesicherten Einfuhrquoten der EU zuzuschieben, indem sie von derselben u.a. die Veränderung des Ausschreibungsverfahrens, die Konvertibilität einzelner Quoten untereinander und andere administrative Maßnahmen forderte. Sie vergaß jedoch dabei nur allzu gerne, die Gründe der von Produkt zu Produkt zwar unterschiedlichen, dennoch insge-

---

88 East Europe Agriculture, September 1995, S. 13; Rzeczpospolita, 239/1995, S. 8 (Ekonomika i rynek).

89 Agricultural Situation ..., a.a.O., S. 83.

samt mehr oder weniger mäßigen Verwertung der durch die Einfuhrquoten der EU gesicherten Absatzchancen in der mangelnden Wettbewerbsfähigkeit des polnischen Angebotssortiments, der Leistungsschwäche der polnischen Land- und Ernährungswirtschaft und in den anderweitigen handelspolitischen Interessen vieler polnischer Produzenten bzw. Exporteure, d.h. in Polen selbst, zu suchen.

Um die 1992-1993 stark und auch noch im ersten Halbjahr 1994 lebhaft steigenden Agrarimporte zu bremsen, dem polnischen Nahrungsmittelmarkt und den einheimischen Agrarproduzenten vor einer "übermächtigen" Konkurrenz aus dem Westen, insbesondere der EU, mehr Schutz zu bieten, führte Polen im Juni 1994 für eine ganze Reihe von Agrarprodukten und anderen Nahrungsmitteln ein aus der EU wohlbekanntes System variabler Import-Ausgleichsabgaben ein.[90] Das polnische Außenwirtschafts- und Finanzministerium haben seinerzeit offiziell bekanntgegeben, daß ab dem 21. Juni 1994 um 0 Uhr Ausgleichsabgaben beim Import verschiedener Nahrungsmittel erhoben werden. Diese galten zunächst u.a. für insgesamt acht Warengruppen, darunter 12 Gattungen des Schweinefleischimportsortiments und acht Gattungen des Geflügelimportsortiments. Bei den anderen betroffenen Warengruppen galten die Ausgleichsabgaben zumeist für einzelne Erzeugnisse. Sie wurden/werden durch die Zollbehörde in Złoty/kg gemeinsam mit den Zöllen bzw. anderen Grenzgebühren erhoben. Sie betrugen Mitte 1994 z.B. für Schweinehälften (frisch und gekühlt) 8 000 bis 20 400 Złoty/kg (umgerechnet 356 bis 908 US-$/t), für Schweinefleisch (frisch und gekühlt) 8 700 bis 13 300 Złoty/kg (387 bis 592 US-$/t), für Schweinefleisch (gefroren) 3 500 bis 9 400 Złoty/kg (155 bis 418 US-$/t), für Milchpulver 16 200 Złoty/kg (720 US-$/t), für Gurken (frisch und gekühlt) 4 800 Złoty/kg (213 US-$/t), für Weizenmehl 2 100 Złoty/kg (93 US-$/t), für Rapsöl (roh) 6 900 Złoty/kg (307 US-$/t) und für Tomatenkonzentrate 14 800 Złoty/kg (658 US-$/t).[91] Vizelandwirtschaftsminister R. Smolarek hob bei der Bekanntgabe dieser handels- und fiskalpolitischer Maßnahme hervor, daß die Ausgleichsabgaben flexibel gehandhabt, d.h. je nach Marktlage für bestimmte Produkte erhoben bzw. aufgehoben werden. Sie gelten z.B. für ein paar Wochen, einen Monat lang oder eine ganze Saison und können

---

[90] Zd. Lukas: Die Landwirtschaft der Oststaaten im Jahr 1994, in: Osteuropa-Wirtschaft, 2/1995, S. 93.

[91] Gazeta wyborcza, 21.6.1994, S. 25; East Europe Agriculture, August 1994, S. 18.

zu jeder Zeit verordnet, verändert bzw. aufgehoben werden. So geschah es u.a. am 1. September 1994, als sie für Gurken und Tomaten außer Kraft gesetzt wurden.[92] Es ist merkwürdig bzw. bezeichnend, daß die zuständigen Ministerien bei der Bemessung der Ausgleichsabgaben nicht die konkreten Fakturenpreise und die in Polen geltenden Marktpreise, sondern vielmehr die Differenz zwischen den auf dem Weltmarkt geltenden und durch das polnische Außenwirtschaftsministerium kontinuierlich erfaßten Preisen einerseits und den in Polen festgesetzten Interventionspreisen der polnischen Agrarmarktagentur bzw. den vom polnischen statistischen Hauptamt vorgegebenen Minimalpreisen zugrundelegen. Die zuständigen Ministerien und anderen Staatsorgane haben aufgrund dieser Verfahrensweise viel Spielraum für willkürliche Entscheidungen. Die auf diese Weise erzielten Einnahmen sollen der Agentur der Restrukturierung und Modernisierung der Landwirtschaft zugeführt und für Investitionspräferenzkredite im Bereich Agrarproduktion und Nahrungsmittelverarbeitung bereitgestellt werden.[93]

Die polnischen Importzollsätze für Agrarprodukte und andere Nahrungsmittel waren Anfang der neunziger Jahre im Vergleich zu anderen europäischen Agrarimportzöllen unverhältnismäßig niedrig. Sie wurden im ersten Halbjahr 1991 zunächst von durchschnittlich 10,4 % auf 17,7 % und im August 1991 auf 26,6 % erhöht. Das Außenwirtschafts- und Finanzministerium haben den Zolltarif der Agrarimporte in den darauffolgenden Jahren mehrmals nachkorrigiert, so z.B. zum 5. Juli 1993, als die durchschnittlichen Agrarimportzölle auf 21 % gesenkt wurden. Sie haben u.a. die Zölle für Grundnahrungsmittel und Erzeugnisse, die im Inland nicht produziert werden, gesenkt und für Agrarprodukte bzw. andere Nahrungsmittel, die die einheimische Produktion gefährden bzw. verdrängen, empfindlich erhöht sowie saisonal differenzierte Zolltarife für Saisonwaren eingeführt und außerdem Sondertarife für Zucker und mehrere Süßwaren angeordnet. Alle Importeure hatten 1992-1994 eine zusätzliche Importsteuer in Höhe von 6 % des Lieferwertes zu entrichten. Die 1993 eingeführte Mehrwertsteuer beträgt für primäre Agrarprodukte 0 % und für die meisten Nahrungsmittel 7 %. Bei einigen Genußmitteln,

---

92 Gazeta wyborcza, 21.6.1994, S. 25; East Europe Agriculture, 1.9.1994, S. 12.

93 Gazeta wyborcza, 14.6.1994, S. 12.

wie z.B. Tabak bzw. Tabakwaren und alkoholischen Getränken, wird eine hohe Verbrauchssteuer erhoben.[94]

Das Außenhandelsmonopol des Staates wurde im Zuge des Transformationsprozesses aufgegeben und der polnische Agraraußenhandel entsprechend weitgehend privatisiert. Hatte im Jahr 1990 der Anteil privater Unternehmen am Export nur 5 % und am Import 14,5 % betragen, so erreichte er Ende 1994 bereits 51 % (Export) bzw. 66 % (Import). Rund 30 000 Wirtschaftssubjekte betreiben Agraraußenhandel. Mehr als die Hälfte von ihnen war noch vor einigen Jahren unbekannt. Für die Betriebsstruktur ist eine hohe Fluktuation (viele Neugründungen und gleichfalls viele Konkurse bzw. Liquidationen) bezeichnend. Der polnische Agrarexport wird Mitte der neunziger Jahre zum erheblichen Teil durch Produzenten bzw. Handelsgesellschaften umsatzmäßig mittlerer Größenordnung, d.h. rund 20 Mio. US-$ pro Jahr, getätigt. Unter den führenden Agrarexporteuren befinden sich mehrere altbekannte Gesellschaften wie z.B. "Animex", "Agros", "Rolimpex", "Hortex", "Polcoop" und mehrere neue wie "Bartimpex", "Olsen Poland", "Lisner Sp.", "Pol Commerce Sp." und auch "Effecta Stanisława Rembowska", die ihren Firmensitz überwiegend in Warschau haben.[95]

3.3 Starke Umsatzeinbußen im deutschen Agrarexport nach Polen

Der gesamte Umsatz des deutsch-polnischen Warenaustausches im Bereich der Erzeugnisse der Land- und Ernährungswirtschaft, der 1993 um 1,45 % anstieg, ist 1994 um 8,4 % zurückgegangen. Das ist das Ergebnis einer Verringerung der deutschen Ausfuhren um 19,2 % und einer Steigerung der Einfuhren um 5,2 %.

---

[94] Agricultural Situation ..., a.a.O., S. 43-44.

[95] Rzeczpospolita, 89/1995, S. 10 (Ekonomika i rynek); R. Smolarek: Handel zagraniczny towarami rolno-spożywczymi - szanse i zagrożenia, in: Plon, 8/1995, S. 4.

Tabelle 19: Entwicklung des Agraraußenhandels mit Polen (Mio. DM)

	1985	1989	1990	1991	1992	1993	1994
Import	669,5	742,1	871,0	955,6	895,1	760,8	800,3
Export	346,5	897,6	617,5	893,1	799,0	958,0	774,3
Umsatz	1 016,3	1 639,7	1 488,5	1 848,7	1 694,1	1 718,8	1 574,6
Saldo	-323,3	+ 155,5	-253,5	-62,5	-96,1	+ 197,2	-26,0

Quellen: Errechnet nach Angaben des Statistischen Bundesamtes und des BML 216 vom 1.7.1993 und 6.7.1995.

Die deutsch-polnische Agrarhandelsbilanz war 1994, nach einem Aktivum von über 197,2 Mio. DM im Vorjahr, wie auch schon 1990-1992 wieder einmal negativ, und wies einen Importüberschuß von 26 Mio. DM auf. Exporteure aus Deutschland belieferten Polen 1994 mit Agrarprodukten und anderen Nahrungsmitteln im Gesamtwert von 774,3 Mio. DM. Mit dieser Summe entfielen auf Polen 2,1 % (1992 2,2 % und 1993 2,8 %) der deutschen Nahrungsmittelausfuhren. Die Bundesrepublik blieb 1994 der wichtigste Lieferant Polens im Bereich der Erzeugnisse der Land- und Ernährungswirtschaft. Der Anteil Polens an den Agrarausfuhren der Bundesrepublik in die MOE-Länder ist zwar 1992-1994 von 26,6 % - über 21,2 % (1993) - auf 15,7 % zurückgegangen, Polen war mit diesem Anteil dennoch nach wie vor der zweitgrößte Absatzmarkt der Bundesrepublik in dieser Ländergruppe.[96]

Obwohl die Mitte 1994 eingeführten agrarprotektionistischen Maßnahmen ohne Zweifel nennenswert zu den empfindlichen Umsatzeinbußen des deutschen Exports u.a. bei Milchprodukten, Fleisch und Fleischerzeugnissen, Müllereierzeugnissen und sonstigen pflanzlichen Nahrungsmitteln beitrugen, wäre es dennoch vordergründig, den Rückgang des Absatzes allein durch diese begründen zu wollen. Der entschei-

---

96 Errechnet nach Angaben des Statistischen Bundesamtes und des BML 216 vom 9.2.1995 und 6.7.1995.

dende Faktor war vielmehr der Einbruch bei den Getreidelieferungen. Während Getreideexporteure aus Deutschland 1993 339 228 t Weizen für 67,462 Mio. DM, 451 884 t Roggen für 75,761 Mio. DM und 468 867 t Gerste für 91,228 Mio. DM nach Polen abgesetzt haben, sind ihre Lieferungen 1994 bei Weizen auf 82 924 t bzw. 17,082 Mio. DM, bei Roggen auf 7,5 t bzw. 2 000 Mio. DM und bei Gerste auf 31 773 t bzw. 3,652 Mio. DM zusammengeschrumpft. Die einschlägigen Umsatzeinbußen betrugen 1994 allein bei dieser Produktgruppe rund 200 Mio. DM. Die polnische Agraraußenhandelspolitik verfolgt das Ziel, die Getreideeinfuhren des Landes möglichst auf 500 000 bis einer Million t pro Jahr zu beschränken. Diese Grenze wird nur als Folge ausgesprochen schlechter Getreideernten im Vorjahr überschritten. Von der scharfen Konkurrenz im Bereich des Getreideexports unter den EU-Ländern und mit Getreidelieferanten aus anderen Ländern einmal abgesehen, müssen sich die deutschen Getreideexporteure allein aus diesem Grund auf starke jährliche Schwankungen ihres Absatzes in Polen einstellen.

Außer Getreide gab es eine ganze Reihe von Produkten, wie z.B. lebende Rinder, Käse, Fleisch und Fleischwaren, Zucker, Kakaoerzeugnisse, sonstige pflanzliche Nahrungsmittel, Hopfen, Tabakerzeugnisse und Bier, bei welchen der deutsche Agrarexport auf dem polnischen Markt nennenswerte Absatzeinbußen erlitt. Auf der anderen Seite konnten bei Milch, Eiern, Eiweiß, Eigelb, Fischmehl und dgl., Mais, Reis, Malz, nichtölhaltigen Sämereien, Südfrüchten, Gewürzen, pflanzlichen Ölen und Fetten zur Ernährung, Margarine, Ölkuchen, sonstigen Abfallerzeugnissen zur Viehfütterung, Rohtabak und Wein die Ausfuhren nach Polen auch gesteigert werden.

Bei der Belieferung des polnischen Nahrungsmittelmarktes mit Erzeugnissen der deutschen Land- und Ernährungswirtschaft gab es nicht nur bei einzelnen Lieferposten, sondern auch in der Grobstruktur, d.h. unter den vier großen Sammelproduktgruppen nennenswerte Veränderungen zu beobachten. Dabei stieg der Anteil der lebenden Tiere 1994, in bezug auf 1993, von 0,5 auf 1,2 %, der von Tierprodukten von 16,9 auf 22,7 % und schließlich der von Genußmitteln von 10,3 auf 13,0 %, während der Anteil der Nahrungsmittel pflanzlichen Ursprungs von 72,3 auf 63,3 % zurückging. Zu den deutschen Agrarausfuhren haben 1994 u.a. die sonstigen pflanzlichen Nahrungsmittel 17,07 %, pflanzliche Öle und Fette zur Ernährung 8,66 %, Fischmehl und dgl. 8,30 %, Kaffee 8,14 %, Ölkuchen 9,89 %, Fisch und Fischzubereitungen 4,23 %, Kakaoerzeugnisse 4,50 %, Margarine und ähnliche Speisefette 3,94 % und Käse 3,57 % beigetragen.[97] Die höchsten Anteilszuwächse verbuchten: Fischmehl und dgl., pflanzliche Öle und Fette zur Ernährung, Margarine, Kaffee, Ölkuchen, Wein, Fisch und Fischzubereitungen sowie Südfrüchte.

Tabelle 20: Ausfuhren wichtiger Agrarprodukte aus Deutschland nach Polen

	1993		1994	
	t	Mio. DM	t	Mio. DM
Pferde	15,3	0,21	24,8	0,19
Rindvieh	315,0	0,77	118,2	0,28
Lebende Tiere, insgesamt	-	4,81	-	7,94
Milch	615,5	1,59	839,5	2,11
Butter	58,5	0,13	22,2	0,06
Käse	9 498,1	47,34	5 523,6	27,68
Fleisch und Fleischwaren	16 972,1	25,87	13 414,2	24,43
Därme, Blasen, Mägen	5 009,2	21,48	5 297,4	19,46
Fisch und Fischzubereitungen	20 430,3	33,95	17 503,7	32,76
Eier, Eiweiß, Eigelb	768,8	2,3	1 713,7	3,4
Fischmehl und dgl.	56 855,6	27,81	127 050,2	64,32
Weizen	339 228,4	67,46	82 923,9	17,08
Roggen	451 884,0	75,76	7,5	0,00
Gerste	468 867,2	91,29	31 772,7	3,65
Mais	109,3	0,29	38 555,1	8,07
Reis	4 873,5	3,67	7 035,3	4,78
Müllereierzeugnisse	72 499,7	18,96	36 917,1	9,36
Nichtölhaltige Sämereien	433,9	6,75	449,2	8,37
Gemüse und sonstige Küchengewächse	7 689,8	9,73	5 893,6	11,05
Obst, außer Südfrüchten	4 506,5	8,74	7 695,9	11,17

97 Errechnet nach Angaben des Statistischen Bundesamtes und des BML 216 vom 1.7.1993, 6.9.1994 und 6.7.1995.

Tabelle 20: Fortsetzung

	1993		1994	
	t	Mio. DM	t	Mio. DM
Südfrüchte	11 053,9	13,42	17 366,7	20,4
Gemüse-, Obstkonserven, Fruchtsäfte und dgl.	8 307,1	26,17	10 397,9	22,67
Kakaoerzeugnisse	8 079,9	37,33	9 931,6	34,89
Gewürze	287,1	2,08	851,0	5,66
Zucker	23 742,6	11,95	960,3	1,02
Ölfrüchte zur Ernährung	2 091,0	3,68	1 920,3	3,21
Pflanzliche Öle und Fette zur Ernährung	29 932,9	30,74	62 018,9	67,09
Margarine und ähnliche Speisefette	21 433,4	27,19	23 263,7	30,54
Ölkuchen	182 324,4	72,93	211 233,7	76,61
Sonstige Abfallerzeugnisse zur Viehfütterung	4 792,3	7,73	6 075,7	9,70
Sonstige pflanzliche Nahrungsmittel	63 513,5	170,43	43 325,4	132,22
Lebende Pflanzen und Erzeugnisse der Ziergärtnerei	894,8	3,99	1 228,3	9,04
Hopfen	302,5	5,39	186,0	4,24
Kaffee	12 305,8	63,0	9 641,4	63,09
Rohtabak	954,8	9,66	3 137,4	18,43
Tabakerzeugnisse	1 374,9	11,58	1 294,0	9,21
Bier (hl)	44 065,2	5,99	15 273,8	2,18
Branntwein (hl, 100 % Alkohol)	1 342,8	1,1	697,4	1,4
Wein (hl)	3 753,5	0,97	6 113,5	1,47

Quellen: Angaben des Statistischen Bundesamtes und des BML 216 vom 6.7.1995.

Tabelle 21: Veränderungen in der Exportwarenstruktur (%)

	1990	1991	1992	1993	1994
Lebende Tiere	0,5	4,3	1,2	0,5	1,02
davon: Rinder	0,15	3,0	0,7	0,08	0,03
Nahrungsmittel tierischen Ursprungs	8,2	31,6	18,9	16,9	22,7
davon: Milch	0,3	0,3	0,7	0,15	0,27
Butter	0,2	1,1	0,06	0,01	0,00
Käse	0,3	5,0	5,5	4,94	3,57
Fleisch und Fleischwaren	3,8	16,4	3,2	2,70	3,15
Fisch und Fischzubereitungen	1,6	5,8	4,4	3,54	4,23
Fischmehl und dgl.	0,5	1,0	2,6	2,90	8,30
Nahrungsmittel pflanzlichen Ursprungs	77,9	51,2	66,9	72,3	63,3
davon: Weizen	42,7	0,0	6,2	7,4	2,20
Gerste	3,8	0,0	0,3	9,52	0,47
Roggen	-	0,0	1,33	7,90	0,00
Müllereierzeugnisse	0,02	0,9	1,03	1,97	1,20
Gemüse und sonstige Küchengewächse	0,28	0,9	1,1	1,0	1,42
Obst, außer Südfrüchten	1,22	1,27	0,75	0,91	1,44
Südfrüchte	6,2	3,1	1,4	1,40	2,63
Gemüse-, Obstkonserven, Fruchtsäfte und dgl.	2,1	4,1	2,9	2,73	2,92
Kakaoerzeugnisse	4,0	4,9	6,04	3,89	4,50
Zucker	0,1	0,1	2,2	1,24	0,13
pflanzliche Öle und Fette zur Ernährung	0,8	1,6	3,2	3,20	8,66

Tabelle 21: Fortsetzung

	1990	1991	1992	1993	1994
Margarine und ähnliche Speisefette	0,9	2,0	3,8	2,83	3,94
Ölkuchen	0,2	0,8	8,07	7,61	9,89
sonstige pflanzliche Nahrungsmittel	13,7	29,2	25,7	17,79	17,07
Genußmittel	13,4	12,9	13,0	10,3	13,0
davon: Hopfen	.	.	.	0,56	0,54
Kaffee	2,8	3,1	4,6	6,57	8,14
Tabakerzeugnisse	2,9	5,1	6,05	1,20	1,18
Bier	2,4	2,7	1,44	0,62	0,28
Branntwein	2,2	0,1	0,2	0,11	0,18
Wein	1,7	0,5	0,05	0,1	0,19

Quellen: Errechnet nach Angaben des Statistischen Bundesamtes Wiesbaden und des BML 216 vom 1.7.1993, 6.9.1994 und 6.7.1995.

Die im Agrarexportgeschäft mit polnischen Partnern erzielten Vertragspreise haben den deutschen Absatz nach Polen und die Veränderung der Lieferstruktur 1994 - wie auch schon in den Jahren davor - erheblich beeinflußt. Sie waren für die deutsche Angebotspalette überwiegend ungünstig. Agrarexporteure aus Deutschland haben bei der Belieferung des polnischen Nahrungsmittelmarktes mit lebenden Rindern, im Vergleich zu 1993, durchschnittliche Preisverluste um 4,3 %, bei Milch 3,1 %, bei Därmen, Blasen, Mägen um 14,4 %, bei Eiern, Eiweiß, Eigelb um 33,4 %, bei Gerste um 39,5 %, bei Müllereierzeugnissen um 2,5 %, bei Obst, außer Südfrüchten um 25,2 %, bei Südfrüchten um 2,9 %, bei Gemüse-, Obstkonserven, Fruchtsäften und dgl. um 30,8 %, bei Kakaoerzeugnissen um 24 %, bei Gewürzen um 8,4 %, bei Ölkuchen um 9,3 %, bei Malzextrakten um 13,3 %, bei Back- und ähnlichen Waren um 18,4 %, bei Rohtabak um 50 %, bei Tabakerzeugnissen um 15,5 % und bei Wein um 7,3 % erlitten. Während die durchschnittlichen Absatzpreise in bezug auf 1993 z.B. bei Zuckerwaren ohne Kakaogehalt, sonstigen Abfallerzeugnissen zur Viehfütterung und auch bei Käse im großen und ganzen unverändert blieben, konnten u.a. bei Fischmehl und dgl. durchschnittliche Preissteigerungen um 3,3 %, bei Weizen um 2,9 %, bei nichtölhaltigen Sämereien um 19,6 %, bei Gemüse und sonstigen Küchengewächsen um 47,6 %, bei Zucker um 113,3 %, bei pflanzlichen Ölen und Fetten zur Ernährung um 5 %, bei Margarine und ähnlichen Speisefetten um 3,3 %, bei sonstigen pflanzlichen Nahrungsmitteln um 13,9 %, bei Hopfen um 27,8 %, bei Bier um 4,8 % und bei Branntwein um 144,4 % erzielt werden.[98]

Die Jahre, in denen der polnische Markt mit seinen knapp 39 Mio. Einwohnern für westliche Konsumgüterfirmen, darunter auch Nahrungsmittelproduzenten, einen Absatzboom bescherte und quasi das "Eldorado" darstellte, sind seit Mitte des Jahres 1993 vorüber. Bekannte internationale bzw. deutsche Markennahrungsmittel haben zwar noch immer ihren Kundenkreis, westliche Etiketten ziehen aber bei weitem nicht mehr so stark wie in den Anfangsjahren der Transformationsprozesse. Das ist u.a. auf stagnierende bzw. nur langsam steigende reale Haushaltseinkommen und entsprechend langsam zunehmende Nachfrage und schwindende Qualitätsunterschiede zwischen importierten und einheimisch erzeugten Produkten zurückzuführen. Der wichtigste Grund dafür, daß nicht mehr praktisch alles gefragt wird, was aus dem Westen kommt, dürfte aber der wachsende Konsumpatriotismus sein. Der "Widerstand" gegen Importwaren war in Polen 1994 bereits stark ausgeprägt. Laut einer vergleichenden Repräsentativumfrage eines österreichischen Marktforschungsinstituts plädierten 62 % der befragten Polen für den Kauf von im Inland produzierten Waren "anstatt andere Länder und ausländische Händler durch den Kauf ihrer Erzeugnisse reich zu machen". Zur gleichen Zeit betrug der Anteil der "Konsumpatrioten" in der Slowakai 42 %, in Ungarn 43 % und in Tschechien immerhin noch 36 %.[99]

Polen ist in den letzten Jahren zu einem der wettbewerbsintensivsten Märkte in Europa geworden. Der Konkurrenzkampf unter Markenartikelherstellern wird zunehmend härter, weil sich immer mehr Anbieter auf den polnischen Markt drängen, der sich bereits dem Sättigungsgrad nähert. Da die Konsumenten zusehends preisbewußter geworden sind, stellen Produzenten und Lieferanten aus Billiglohnländern eine ernste

98 Errechnet nach Angaben des Statistischen Bundesamtes und des BML 216 vom 6.7.1995.

99 Ostwirtschaftsreport, 23/1994, S. 441.

Konkurrenz dar.[100] Auch lokale Marken gewinnen an Attraktivität. Das bedeutet, daß der Belieferer des polnischen Nahrungsmittelmarktes seine Produkte viel intensiver als bisher bewerben und mehr Mittel für Marketing und Werbung bereitstellen muß. Die Positionierung einer neuen Nahrungsmittelmarke ist Mitte der neunziger Jahre überhaupt nur dann erfolgversprechend, wenn das Preis-Leistungsverhältnis stimmt. Marktanteilgewinne können u.a. durch das Angebot von preisgünstigen Qualitäten, d.h. die allmähliche Heranführung bestimmter Produktlinien an das auf dem Markt vorherrschende mittlere Preisniveau oder auch durch Änderung der angebotenen Paketgrößen erzielt werden. Da das verfügbare Einkommen bei der überwiegenden Mehrzahl der polnischen Haushaltungen knapp ist, bevorzugen die Konsumenten kleinere Mengen, die sie mehr oder weniger oft einkaufen. Viele Nahrungsmittellieferanten stellten aus diesem Grunde ihr Lieferangebot im Verlauf des Jahres 1994 auf kleinere Verpackungseinheiten um.

Für das Verhalten der polnischen Nahrungsmittelkonsumenten ist bezeichnend, daß die meisten unter ihnen fürchten, daß die Zutaten der in Polen produzierten Nahrungsmittel evtl. verdorben sein könnten, sie sind aber zugleich - wegen des Zusatzes von verschiedenen Chemikalien - gegenüber Importwaren mißtrauisch. Es ist zu beherzigen, daß die meisten im Westen üblichen bzw. eingebürgerten und gefragten Produktsortimente nicht einfach nach Polen übertragen werden können, sondern auf den lokalen Geschmack unbedingt Rücksicht genommen werden muß. Hierbei können sich Joint-Ventures mit einheimischen Produzenten recht nützlich erweisen.[101]

Unterstützung bei der Partnersuche erhielten Interessenten aus Deutschland 1994 u.a. bei der im März 1994 im westpolnischen Gorzów (Landsberg) gegründeten Polnisch-Deutschen Wirtschaftsförderungsgesellschaft, die finanziell je zur Hälfte durch den polnischen und den deutschen Vertragspartner, d.h. die an Polen grenzenden Bundesländer, (deren Anteil wird wiederum zu 50 % aus dem Bundeshaushalt finanziert) getragen wird. Jeweils ein deutscher und ein polnischer Geschäftsführer mit 30 Mitarbeitern erteilen nunmehr wichtige Informationen über Geschäftsmög-

---

[100] Ostwirtschaftsreport, 23/1994, S. 441.

[101] Ebenda, S. 442.

lichkeiten in beiden Ländern und sind bei der Kontaktaufnahme bzw. auch beim Vertragsabschluß behilflich.[102]

Der polnische Durchschnittskonsument verwendete 1993 und 1994 41,5 bzw. 39,9 % seines Haushaltseinkommens für Nahrungsmittel. Seinen im Vergleich zu anderen Ländern recht hohen Genußmittelverbrauch hinzugezählt, waren es knapp mehr als 50 %. Den Nahrungsmittelverbrauch zugrundegelegt, verwendeten die Polen 1994 von ihren verfügbaren privaten Budgets knapp über ein Drittel für Fleisch und Fleischerzeugnisse, davon 15,70 % für Knochenfleisch und 17,10 % für Fleischprodukte, für Brot 7,9 %, für pflanzliche und tierische Öle und Fette 6,50 %, für Milchprodukte 9,7 %, für Zucker 2,6 %, für Kartoffeln 3,1 %, für frisches und verarbeitetes Gemüse 8,5 % und für Obst bzw. Obstprodukte 5,6 %. Der Anteil der Ausgaben für Kartoffeln, eßbare Öle und Fette sowie Hühnereier ist binnen einem Jahr stark und für Zucker, Milchprodukte, Brot, Mehl und Teigwaren nennenswert gestiegen.[103]

Über den Nahrungsmittelverbrauch der polnischen Konsumenten pro Kopf und Jahr sind nur einige wenige offizielle Angaben verfügbar. So ist der Pro-Kopf-Jahresverbrauch in Polen 1988-1994 z.B. bei Rindfleisch von 17,4 auf 10,5 kg und 1994 im Vergleich zu 1993, um 13 % zurückgegangen. Rindfleisch ist in Polen nur nachrangig gefragt und repräsentiert einen Anteil von 17 % des Fleischverbrauchs der Konsumenten. Diese bevorzugen eindeutig das Schweinefleisch, mit einem Pro-Kopf-Jahresverbrauch zuletzt von 36,0 kg und einem Anteil am Fleischverbrauch von 57 %.[104] Der Pro-Kopf-Verbrauch von Butter wurde 1993-1994 von 4,9 auf 4,5 kg verringert.[105] Broiler und anderes Geflügel gehörten 1994 schon längst nicht mehr zu den besonders preisgünstigen Fleischgattungen. Es ist um so bemerkenswerter, daß der Geflügelfleischkonsum im Verlauf des Jahres deutlich anstieg und zur Jahreswende 1994-1995 auf dem in den letzten Monaten des Jahres erreichten relativ hohen Niveau verharrte. Fach-

---

102 Handelsblatt, 3.3.1994, S. 11.

103 East Europe Agriculture, August 1995, S. 20.

104 Ebenda, January 1995, S. 20.

105 Gazeta wyborcza, 15.12.1994, S. 23.

kreise rechnen mit einer weiteren lebhaften Steigerung der Geflügelfleischproduktion und des Geflügelfleischkonsums für das Jahr 1995.[106]

Wir haben bereits in unserer Studie über den "Agraraußenhandel der Bundesrepublik mit ausgewählten Ländern Mittel- und Osteuropas 1993" darauf hingewiesen, daß das Rekordergebnis des deutschen Agrarexports in Polen von 1993 im Kalenderjahr 1994 schon allein aus dem Grunde des steigenden polnischen Agrarprotektionismus kaum wiederholt werden könnte. Unsere Vorhersage wurde durch den starken Rückgang der Exportumsätze bestätigt. Was die weiteren Absatzchancen des deutschen Agrarexports in Polen betrifft, so heißt es abzuwarten, wie weit die GATT-WTO-Vereinbarungen bzw. der Umbau der Kontingente, der Zolltarife, die Veränderung der Genehmigungsverfahren, die weitere Liberalisierung der Einfuhren, die Verringerung der Exportsubventionierung usw. die Rahmenbedingungen der Umsatzsteigerung positiv oder negativ beeinflussen werden. Der deutsche Agrarexport hat bereits im Kalenderjahr 1993 Agrarerzeugnisse und andere Nahrungsmittel im Gesamtwert von 958 Mio. DM nach Polen absetzen können und ist damit der bisherigen Schallgrenze von 1 Mrd. DM schon recht nahegekommen. Für die nächsten Jahre sind beim bilateralen deutsch-polnischen Warenaustausch im Bereich der Erzeugnisse der Land- und Ernährungswirtschaft Schwankungen der Exportumsätze von 750 Mio. bis zu einer Mrd. DM zu erwarten, wobei es nicht mehr unrealistisch erscheint, Polen mit Erzeugnissen der Land- und Ernährungswirtschaft im Wert von einer Milliarde DM und eventuell auch noch mehr pro Jahr zu beliefern.

3.4 Agrarimporte aus Polen gestiegen

Deutschland bezog Agrarerzeugnisse und andere Nahrungsmittel aus Polen 1994 für 800,3 Mio. DM, d.h. um 39,5 Mio. DM bzw. um 5,2 % mehr als ein Jahr zuvor. Polen war 1994 mit einem Anteil von 30,6 % (1992 36,5 % und 1993 32,8 %) zwar anteilsmäßig nachlassend, jedoch noch immer der größte Agrarlieferant der Bundesrepublik Deutschland unter den MOE- und GUS-Ländern. Von den deutschen Einfuhren der Land- und Ernährungswirtschaft entfielen zur gleichen Zeit, wie auch schon 1992 und 1993, 1,3 % der Lieferungen aus Polen. Die Erleichterung

---

106 Życie gospodarcze, 48/1994, S. 51.

des Marktzugangs im Rahmen der Assoziierungsvereinbarungen mit der EU, die steigende Nachfrage in Deutschland, die Intensivierung des Marketings der polnischen Exporteure auf dem deutschen Markt, die auflebende regionale Schwerpunktbildung in der polnischen Absatzpolitik und andere Faktoren haben zwar die einschlägigen Einfuhren aus Polen 1994 gefördert, dennoch ist ihre Steigerung um so beachtenswerter, als sie bei empfindlichen Einbußen in der polnischen Agrarproduktion zustandekam.

3.4.1 Die polnische Pflanzenproduktion um knapp ein Fünftel verringert

Unter den marktwirtschaftlichen Verhältnissen der westlichen Industrieländer wäre eigentlich nur jeder vierte polnische Bauernbetrieb existenzfähig. Überholte Betriebs- und Produktionsstrukturen, niedrige Produktivität, schwerwiegende Einkommens- und Finanzierungsprobleme sind schuld daran, daß die polnische Landwirtschaft außerstande ist, ihr durch günstige Naturbedingungen gesichertes, ohne Zweifel hohes Leistungspotential auszuschöpfen. Die polnische Landwirtschaft beschäftigt rund ein Viertel der verfügbaren Arbeitskräfte des Landes, sie trägt jedoch nur 6,3 % zum BSP bei. Rund anderthalb Millionen Bauernbetriebe, d.h. 74 % aller polnischen Bauernwirtschaften, erzielen ein Betriebseinkommen, das ungefähr der durchschnittlichen regelmäßigen finanziellen Förderung eines Arbeitslosen in der EU entspricht. Die durchschnittlichen Hektarerträge der polnischen Bauernbetriebe erreichen bei Getreide ungefähr ein Drittel deren von Frankreich und ca. die Hälfte der von Deutschland. Agrarexperten haben errechnet, daß weniger als 30 % der polnischen Agrarbetriebe über ein Produktionspotential verfügen, das den Anforderungen bzw. vorherrschenden Marktverhältnissen der EU entspricht. Es kommt hinzu, daß viele polnische Betriebe stark verschuldet sind. Ihre gesamten Schulden betrugen 1993 21 Billionen Złoty. Davon entfielen 9,5 Billionen auf private Bauernbetriebe. Im Kalenderjahr 1994 wurde ihre Finanzlage dadurch verbessert, daß ihre Produzentenpreise durchschnittlich um 34 % und ihre Inputpreise "nur" um 25 % stiegen.[107]

---

[107] Plon, 1/1995, S. 2.

Ende 1994 gab es insgesamt 2,03 Mio. private Bauernbetriebe in Polen. Die Zahl der Agrarkooperative ist 1989-1993 von 7 973 auf 2 840 zurückgegangen, um 1994 wiederum auf rund 3 000 zu steigen. Ungefähr 22 % der privaten Bauernbetriebe wirtschafteten auf einer LN von weniger als 2 ha, 33 % bearbeiteten zwischen 2 bis 5 ha, 27 % zwischen 5 und 10 ha und nur 15 % bzw. 3 % zwischen 10 bis 20 bzw. über 20 ha. Die durchschnittliche Betriebsgröße betrug in der polnischen Landwirtschaft 1994 6,7 ha. Nur ein Fünftel aller privaten polnischen Bauernbetriebe bezieht sein Einkommen ausschließlich aus der Landwirtschaft. Bei 40 % stammen die Einkommen überwiegend aus agrarischen Aktivitäten, während die restlichen 40 % Landwirtschaft nur noch als Neben- bzw. Zuerwerb betreiben. Bei den Betrieben mit einer Betriebsgröße von unter 3 ha LN dient die Agrarproduktion in 82 % der Fälle der Deckung bzw. Ergänzung der Deckung des eigenen Familienbedarfs.[108]

Im Institut für Agrarökonomie in Warschau wurde errechnet, daß ungefähr 1,2 Mio. Kleinbauernbetriebe aufgegeben werden sollten, um den polnischen Agrarsektor rentabel zu machen. R. Smolarek, stellvertretender Landwirtschaftsminister, hat Mitte Januar 1995 darauf hingewiesen, daß die polnische Landwirtschaft zumindest 10 Jahre benötige, um sich den Verhältnissen bzw. den Anforderungen der EU im großen und ganzen anzupassen. Ihre vollständige Anpassung dürfte aber eher 20 Jahre in Anspruch nehmen. Der sofortige Beitritt Polens zur EU mit allen Konsequenzen würde u.a. die Existenz von 1,2 bis 1,5 Mio. Bauernbetrieben gefährden, die früher oder später "überflüssig" werden würden. Da jedoch die Vorteile eines Beitritts überwiegen (z.B. der freie Zugang zum EU-Markt, der verbesserte Zugang zum Weltmarkt, der Zufluß moderner Technologien und schließlich auch bedeutende Finanzhilfen) erscheint die eingeschlagene Richtung, nachdem Polen den Beitritt zur EU 1994 beantragte, unumkehrbar.[109] G. Kołodko, Finanzminister und stv. Ministerpräsident Polens, hat beim OECD in Paris im Januar 1995 den Fahrplan der polnischen Wirtschaftsdiplomatie bekanntgegeben. Die Regierung verfolgt die Ziele, daß Polen spätestens im zweiten Halbjahr 1996 Mitglied des OECD und gleichfalls spätestens im Jahre 2000 Vollmitglied der EU wer-

---

108 Agricultural Situation ..., a.a.O., S. 22-25.

109 Plon, 1/1995, S. 25.

de. Die Regierung werde sich außerdem bemühen, daß das Land noch vor der Jahrtausendwende in die NATO aufgenommen werde.[110]

Die Bruttoproduktion der polnischen Landwirtschaft ist 1994, im Vergleich zu 1993, um rund 10 % zurückgegangen. Sie produzierte auf die Gesamtperiode von 1989-1994 bezogen insgesamt um 21 % weniger.[111] Die Pflanzenproduktion wurde in den letzten Jahren aufgrund sinkender landwirtschaftlicher Investitionen und des Mangels der Finanzmittel zur Deckung der laufenden Produktionskosten zunehmend stärker von den Witterungsbedingungen abhängig. Auf die PSE bezogen, wurde die polnische Landwirtschaft 1993 zu 15 % und 1994 zu 16 % subventioniert. Von den Subventionsmitteln des Staatshaushalts entfielen 1994 9,0 % auf diesen Wirtschaftszweig. Die Agrarförderung des Staates wird jedoch größtenteils für die Deckung der laufenden Kosten verwendet, allein 70 % davon für die Mitfinanzierung der Sozialversicherung der Landwirte. Laut Berechnungen der Weltbank benötigte die polnische Landwirtschaft dringend eine Investitionsspritze von 27 Mrd. US-$. Es werden aber nur 5 bis 6 % des jährlichen tatsächlichen Investitionsbedarfs investiert. Die Lage wird dadurch erschwert, daß viele Agrarbetriebe nicht imstande sind, die bereitgestellten Investitionsmittel, zumeist Kredite, in Anspruch zu nehmen. Bereits bewilligte Kredite ausländischer Geldgeber wurden 1994 durchschnittlich nur zu 68 %, die der Weltbank nur zu 40 % ausgeschöpft.[112]

Der polnische Pflanzenbau hat 1994 schwere Einbußen erlitten. Sein Bruttoproduktionsausstoß ist im Vergleich zu 1993 um 19 % zurückgegangen. Die zuständigen Verbände machen hierfür vor allem die ungünstige Witterung verantwortlich. Im Frühling haben ausgiebige Regenfälle und Kälte die Feldarbeiten verzögert und in den Monaten Juni, Juli sowie in der ersten Augusthälfte herrschte Dürre mit Tagestemperaturen bis +40 Grad Celsius. Weitere Gründe waren die Verringerung der gesamten Anbauflächen des Landes auf 12,949 Mio. ha, d.h. um 461 000 ha binnen einem Jahr und die schleppende Privatisierung der Staatsgüter. Die Agrarbetriebe produzierten 1993 und 1994 u.a. 23,4 bzw. 21,8 Mio. t

---

110 Gazeta wyborcza, 17.1.1995, S. 15.

111 East Europe Agriculture, February 1995, S. 15 und April 1995, S. 16.

112 Wprost, 34/1995, S. 36.

Getreide (davon 8,2 bzw. 7,7 Mio. t Weizen, 5,0 bzw. 5,3 Mio. t Roggen, 3,3 bzw. 2,7 Mio. t Gerste), 36,3 bzw. 23,1 Mio. t Kartoffeln, 15,6 bzw. 11,7 Mio. t Zuckerrüben, 0,6 bzw. 0,8 Mio. t Ölfrüchte, insbesondere Raps, 5,875 bzw. 5,107 Mio. t Gemüse und 2,706 bzw. 2,111 Mio. t Obst. Die einschlägigen Hektarerträge beliefen sich von Getreide bis einschließlich Ölfrüchten auf 27,5 bzw. 25,7 dt, 33,3 bzw. 31,8 dt, 22,6 bzw. 21,8 dt, 27,9 bzw. 26 dt, 206 bzw. 136 dt, 392 bzw. 292 dt und 16,7 bzw. 19,5 dt. In der allgemeinen, im Jahre 1994 registrierten Talfahrt der Pflanzenproduktion waren der Rapsanbau und der Roggenanbau die Ausnahmen, wobei zu vermerken ist, daß die Hektarerträge beim letzteren, bei steigender Produktion, um 0,8 dt zurückgingen.[113]

Die nach langen Jahren allmählich wieder steigenden Mineraldüngergaben und die zunehmende Verwendung von Pflanzenschutzmitteln je ha LN konnten zwar die Verluste des Pflanzenbaus einschränken, jedoch nicht verhindern. In der polnischen Landwirtschaft wurden im Agrarjahr 1993/94 durchschnittlich 71,1 kg Mineraldünger (Reinnährstoff) pro ha LN, d.h. um 5,3 kg mehr als 1992/1993 verwendet. Das signalisiert zwar wahrscheinlich die langersehnte Wende in der Mineraldüngerverwendung, aber im Vergleich zu 1988/89, als diese 195,5 kg/ha LN betrug, ist es noch immer reichlich wenig, vor allem, weil sie große regionale Unterschiede von 23,8 kg/ha bei Bauern in den östlichen Regionen des Landes und bis 159,1 ha in Zentralpolen und im Westen des Landes aufweist. Im Jahr 1994 wurden in Polen insgesamt 1,9 Mio. t Kalkdünger, dabei 104,7 kg/ha ausgestreut. Das ist sofern problematisch, weil aufgrund des Versäuerungsgrades der polnischen Böden eigentlich die dreifachen Kalkdüngermengen pro Hektar benötigt würden. Die Regierung sucht nunmehr, die Düngemittelverwendung durch deutliche Erhöhung der einschlägigen Subventionen zu steigern.[114]

Der Verbrauch von Pflanzenschutzmitteln wurde in Polen Anfang der neunziger Jahre vor allem aus den Gründen enormer Preissteigerungen bei den betreffenden Erzeugnissen und nichtausreichender Steigerungen bei den Erzeugerpreisen der Landwirtschaft drastisch reduziert. Der Tiefpunkt wurde 1991 erreicht, als insgesamt nur noch 5 217 t, d.h. 35,6 kg pro 100 ha Ackerfläche ausgestreut wurden. In den Jahren 1992 und 1993

---

113 East Europe Agriculture, January 1995, S. 19 und September 1995, S. 16.

114 Życie gospodarcze, 6/1995, S. 47; East Europe Agriculture, January, S. 22.

stieg der Verbrauch von Pflanzenschutzmitteln - im Vergleich zu 1991 - allmählich wieder an, als 6 756 bzw. 6 672 t, d.h. 46,2 bzw. 45,6 kg/100 ha Ackerfläche verwendet wurden. Agrarexperten rechneten für 1994 mit einem Anstieg der Verwendung von Pflanzenschutzmitteln bis auf 60 kg/100 ha Ackerfläche. Rund 90 % des verfügbaren Angebots stammten in diesem Bereich 1993-1994 aus der einheimischen Produktion. Knapp zwei Drittel des Gesamtangebots entfielen auf Herbizide und ein Viertel auf Fungizide.[115]

Die Tierhaltung hat den Tiefpunkt ihrer langjährigen Krise 1994 bereits überschritten. Bei einer weiteren Verringerung der weniger bedeutenden Schaf- und Pferdebestände ist es insbesondere den meisten privaten Tierhaltern gelungen, ihre Rinderbestände zu stabilisieren und ihre Schweinebestände deutlich zu erhöhen. Während die Staatsgüter, die sich im Transformationsprozeß befanden, ihre Kuhbestände um 33,6 % und Schweinebestände um 28,7 % reduzierten, stiegen die Kuhbestände der privaten Tierhalter um 0,3 % und ihre Schweinebestände sogar um 13,6 % an.

Tabelle 22: Tierbestände in Polen (jeweils Ende des Jahres in 1 000)

	1990	1991	1992	1993	1994
Rinder	10 049	8 844	8 221	7 643	7 696
davon Kühe	4 919	4 577	4 257	3 983	3 863
Schweine	19 464	21 868	22 086	18 860	19 136
davon Sauen	.	.	1 885	1 598	1 768
Schafe	4 159	3 234	1 870	1 268	870
Pferde	941	939	900	841	622
Hühner	52 000	50 200	45 600	44 300	46 400

Quellen: East Europe Agriculture, February 1995, S. 18, September 1995, S. 16; Mały rocznik statystyczny 1993, S. 234.

Die Hühnerbestände sind binnen einem Jahr um 4,7 % gestiegen. Die Geflügelproduktion hat 1994, nach mehrjähriger Talfahrt, wieder Schritt

115 East Europe Agriculture, August 1994, S. 18.

gefaßt. Die Finanzlage der Geflügelbranche hat sich im Verlauf des Jahres 1994 erheblich verbessert, wobei sich diese Entwicklung dennoch bei einer verstärkten Differenzierung unter den einzelnen Geflügelproduzenten vollzog. Während unter ihnen ungefähr 15 % besonders leistungsfähig und entsprechend finanzstark waren, steckten noch immer rund 30 % in einer tiefen Finanzkrise.[116] Der Anteil der Staatsgüter an den Rinder- und Schweinebeständen der polnischen Landwirtschaft ist 1990-1994 von 15,3 bzw. 20,5 % auf 4,2 bzw. 5,8 % zurückgegangen.[117]

Die Tierhaltung produzierte 1993 und 1994 u.a. 2,954 bzw. 2,726 Mio. t Schlachttiere, 12,639 bzw. 11,920 Mrd. Liter Milch und 5,581 bzw. 5,815 Mrd. Hühnereier. Die durchschnittliche Jahresmilchleistung betrug zur gleichen Zeit 3 075 bzw. 3 092 l pro Kuh. Der Produktionsausstoß der Nahrungsmittelindustrie betrug 1993 bzw. 1994 1,093 bzw. 1,019 Mio. t Fleisch, 1,181 bzw. 1,240 Mrd. l Frischmilch, 146 000 bzw. 117 000 t Butter und 1,982 bzw. 1,444 Mio. t Zucker.[118]

Die technische Ausstattung der meisten polnischen Agrarbetriebe ist im Vergleich zu den Bauernwirtschaften der westlichen Industrieländer sehr bescheiden. Die Zahl der in den privaten polnischen Agrarbetrieben verwendeten Schlepper ist zwar 1987-1994 von 844 100 auf 1,250 Mio. d.h. um 48 % gestiegen, das darf aber nicht darüber hinwegtäuschen, daß nur jeder zweite private Agrarbetrieb einen Schlepper besitzt. Bei den privaten Bauern entfallen durchschnittlich 12 ha und in der polnischen Landwirtschaft insgesamt 14,2 ha auf einen Schlepper, wobei große regionale Unterschiede bestehen. Nur knapp 4 % der Bauernwirtschaften verfügen über einen eigenen Mähdrescher, 3,6 % über eine Kartoffel- und nur 1,3 % über eine Zuckerrübenvollerntemaschine. Nur jeder vierte Bauernbetrieb hat einen eigenen Stallmiststreuer und Düngerstreuer. Anhänger sind nur in jeder fünften privaten Bauernwirtschaft vorhanden und nur 15 % der Kuhhalter haben Melkmaschinen. Über einen PKW verfügen 40 %, über LKW 3,5 % und über kleinere Lieferwagen 6,8 % der Betriebe. Jede vierte polnische Bauernwirtschaft wird durch Brunnenwasser versorgt und 25 000 Betriebe sind auf die Zulieferung von Wasser durch

---

116 Życie gospodarcze, 48/1994, S. 51.

117 East Europe Agriculture, February 1995, S. 17.

118 Ebenda, September 1995, S. 16; Agricultural Situation ..., a.a.O, S. 75.

Straßentransporte angewiesen. Starkstromleitungen existieren bei 85 % aller Bauernwirtschaften. Ungefähr 30 % der privaten Bauern kämpfen gelegentlich mit Frischwasserknappheit. Ein größeres Problem ist noch die umweltschonende Beseitigung der Abwässer. Nur 2,4 % der Bauernbetriebe verfügen über moderne Abwasseraufbereitungs- bzw. -ableitungsanlagen. Das meiste wird althergebracht über offene Abwasserkanäle den Feldern zugeleitet.[119]

Da die Agrarproduktion bereits in der kommunistischen Ära größtenteils von Privatbetrieben stammte, und die Landwirtschaft nicht kollektiviert wurde, ist ihre Privatisierung im Gegensatz zu anderen MOE-Ländern auf den Staatssektor beschränkt. Dieser verfügte in den Jahren von 1986 bis 1990 über 20 % der LN des Landes, trug zur Bruttoproduktion der Landwirtschaft 18 % und zu ihrer Warenproduktion 21 % bei. Die Agrarproduktion der Staatsgüter ist im Zuge ihres Transformationsprozesses 1990-1994 stark zurückgegangen.

Das Gesamtvermögen der Staatsgüter wurde zum Beginn ihrer Reorganisation mit 7,274 Billionen Złoty, ihre Aktiva mit 1,295 Billionen Złoty und ihre Verpflichtungen mit 1,994 Billionen Złoty beziffert. Die Schulden der Staatsgüter stellen ein bis in die Gegenwart ungelöstes agrarpolitisches Problem dar und verzögern deren Privatisierung. Die Staatliche Agrarvermögensagentur, die für die Umwandlung der Staatsgüter verantwortlich zeichnet, hat bis Ende Februar 1995 vom staatlichen Bodenfonds 460 000 ha und von insgesamt 1 659 umgewandelten bzw. aufgelösten Staatsgütern 3,7 Mio. ha LN übernommen. Die Agentur hat hiervon 2,091 Mio. ha verpachtet, 137 000 ha verkauft und 26 368 ha an verschiedene Organisationen und Gemeinden - rund die Hälfte an die katholische Kirche - verschenkt. Im Frühjahr 1995 verfügte die Agentur noch über 1 095 ehemalige Staatsgüter, von welchen 880, mit einer gesamten Nutzfläche von 1,3 Mio. ha, in Kürze verpachtet oder auch verkauft werden sollen. Die restlichen 215 Staatsgüter mit ihrer LN von 406 800 ha sollen auf Dauer im Staatsbesitz verbleiben und vor allem Qualitätssaatgut, Zuchttiere bzw. tierzüchterisches Material produzieren.

---

119 Gazeta wyborcza, 6.2.1995, S. 17, Życie gospodarcze, 8/1995, S. 49; East Europe Agriculture, November 1994, S. 15.

In der polnischen Landwirtschaft herrschte 1990-1994/95 akuter Kapitalmangel. Die Bauern waren aus diesem Grunde überwiegend an einer günstigen Pacht, nicht am Kauf vom landwirtschaftlich nutzbaren Boden interessiert. Die Agrarvermögensagentur bot ihnen Pachtverträge für 10, in Ausnahmefällen sogar für 30 Jahre mitsamt den vorhandenen Bauten, technischen Einrichtungen und anderen Vermögenswerten an. Der Pachtzins wurde als Weizenpreisäquivalent berechnet und ist zweimal pro Jahr zu entrichten.[120] Das polnische Innenministerium hat den Bodenkaufvertrag von 1 291 Interessenten aus dem Ausland positiv beschieden, die insgesamt 1 518 ha LN erwarben. Unter den Antragstellern standen Interessenten aus Deutschland an der ersten Stelle, gefolgt von solchen aus Österreich und den Niederlanden. Das Ministerium hat den Antrag von 117 Kaufwilligen, aus welchen Gründen auch immer, abgelehnt.[121]

Die Nahrungsmittelindustrie hat ihren Bruttoproduktionsausstoß 1994, im Vergleich zu 1993, um 11,2 % gesteigert. Sie beschäftigte 455 000 Mitarbeiter, die zu drei Vierteln in Großbetrieben arbeiteten. Die Gesamtzahl ihrer Betriebe betrug Ende 1994 1 325, unter welchen nur 61 % rentabel produzierten. Die Nahrungsmittelindustrie ist stark verschuldet. Allein ihre Kreditverpflichtungen betrugen Ende 1994 47,5 Billionen Złoty, wovon 5,2 Billionen Złoty auf überfällige Kredite entfielen. Von den insgesamt 97 (staatlichen) Betrieben der Mühlindustrie haben 70 ihre Kreditwürdigkeit eingebüßt. Dies trifft auch für 60 % der Obstverarbeitungsbetriebe und auf 30 von 78 staatlichen Zuckerfabriken zu. Unter den 17 Staatsbetrieben der Kartoffelverarbeitungsindustrie waren 9 praktisch bankrott. Stuft man die einzelnen Sparten der polnischen Nahrungsmittelindustrie aufgrund der Rentabilität ein, so produzierten die Betriebe der Alkohol- und der Tabakwarenindustrie sowie die Bierbrauereien mit einer durchschnittlichen Rentabilitätsrate von 10 %, die der Süßwaren- sowie der Pflanzenöl- und Fischverarbeitungsindustrie mit einer von 8 %, während sich die durchschnittliche Rentabilität bei ungefähr 30 % der Betriebe der Fleisch-, Geflügelfleisch-, Futtermittel-, Zucker- und Milchindustrie in ähnlicher Größenordnung bewegte, und rund die Hälfte der Betriebe dieser Industriezweige am Rande des Bankrotts stand. Die Rentabilitätslage war bei den meisten Unternehmen der Getreide-, Obst-, (abgesehen von Obstkonzentraten) Gemüse- und Kartoffelverarbeitungsindustrie gerade-

---

120 East Europe Agriculture, April 1995, S. 19.

121 Ebenda, March 1995, S. 19.

zu prekär. In diesem Bereich gab es nur einige wenige rentable Betriebe.[122]

Der Privatisierungsprozeß der polnischen Nahrungsmittelindustrie schritt 1990-1994 äußerst langsam voran. Bis Ende März 1995 wurde ungefähr nur die Hälfte von 540 staatlichen Großbetrieben in den Transformationsprozeß einbezogen, d.h. zunächst in nach wie vor staatliche AG bzw. GmbH umgewandelt und höchstens nur 15 % privatisiert. Der Privatisierungsprozeß war am meisten in der Geflügelverarbeitung fortgeschritten, wo sich die Produktionskapazitäten bereits zu 70 bis 75 % in Privatbesitz befanden. Im Gegensatz dazu konnten bis zum Frühjahr 1995 von 78 nur 6 Unternehmen der Zuckerindustrie, von 8 Betrieben der Pflanzenölindustrie 2 und nur 3 der Mühlindustrie privatisiert werden. Generell gilt, daß rentable Betriebe mit einem marktgängigen Produktionssortiment auf reges Interesse der Kaufwilligen stoßen, während unrentable, stark verschuldete und zumeist mit veralteten Produktionsanlagen ausgestattete naturgemäß kaum Käufer finden. Die starke Verzögerung des Privatisierungsprozesses wird in Polen durch die überaus hohe Verschuldung, die geringe Kapazitätsausnutzung (in der Mühlindustrie 40 bis 50 %, in der Obst- und Gemüseverarbeitungsindustrie 60 % und in der Kühlindustrie 30-40 %), den akuten Kapitalmangel, die mehr oder weniger eingebüßte Kreditfähigkeit, den Mangel an eigenem Umlaufkapital, der zur Aufnahme hochverzinster Kredite zwingt, fehlende Konkurrenzfähigkeit des aktuellen Produktionssortiments und schließlich durch die Unterlassung dringend notwendiger Rekonstruktionen und Erweiterungsinvestitionen, d.h. Rückständigkeit der Produktion, begründet. Die Verzögerung wird durch den Widerstand vieler Betriebsmanager, der Belegschaften und die Beschäftigungsprobleme der polnischen Wirtschaft sowie die von den Fachverbänden intensiv geforderten und regierungsseits unterstützten Beteiligung der Bauern bzw. Betriebsbelegschaften an der Privatisierung verstärkt.[123]

Der polnische Ministerrat hat Ende Juni 1994 die "Grundprinzipien der Gesellschafts- und Wirtschaftspolitik auf dem Lande und in der Land- und

---

122 East Europe Agriculture, February 1995, S. 18, Juni 1995, S. 15; Gazeta wyborcza, 24.5.1994, S. 16.

123 W. Nogal: Prywatyzacja: za wolno, za drogo, za mało dla rolników, in: Plon, 21/1995, S. 14; Agricultural Situation ..., a.a.O., S. 33.

Ernährungswirtschaft bis zum Jahre 2000" und somit das mittelfristige Entwicklungsprogramm des polnischen Dorfes und der Nahrungsmittelproduktion beschlossen. Dieses Programm wurde aufgrund der durch den stellvertretenden Ministerpräsidenten G. Kołodko verkündeten "Wirtschaftsstrategie Polens" und des für drei Jahre im Zentralen Planungsamt konzipierten "wirtschaftlichen und gesellschaftlichen Entwicklungsplanes" im Landwirtschaftsministerium ausgearbeitet und vom damaligen Landwirtschaftsminister A. Śmietanko bekanntgegeben. Einleitend heißt es in dem Programm, daß die polnische Nahrungsmittelwirtschaft sich 1994 ungefähr auf dem Niveau der spanischen befinde. Zum Erreichen des durchschnittlichen Leistungsniveaus in den westlichen Industrieländern benötige sie eine Investitionsspritze und andere Geldmittel in der Gesamthöhe von 600 Billionen Złoty. Das Programm setzt voll auf Wirtschaftswachstum, die Steigerung der Produktion der Land- und Ernährungswirtschaft und aller diesem Wirtschaftszweig vor- und nachgelagerten Wirtschaftsbereiche. Ausgehend aus einem jährlichen Zuwachs der Nachfrage nach Nahrungsmitteln bis zum Jahr 2000 und der deutlichen Steigerung der Agrarexporte prognostiziert das polnische Landwirtschaftsministerium eine Erhöhung der Bruttoproduktion der Landwirtschaft um 1,7 bis 1,8 % pro Jahr, d.h. insgesamt um 12,5 bis 13,4 % bis zur Jahrtausendwende (womit das Produktionsniveau vom Ende der achtziger Jahre noch immer nicht wiedererreicht werden würde). Die Regierung hofft, die Agrarüberschüsse zunehmend exportieren zu können. Die Agrarpolitiker zählen dabei auf große Absatzchancen insbesondere bei Ökoerzeugnissen, Erd-, Him-, Blaubeeren und anderem Beerenobst und sehen bestimmte Absatzchancen bei Getreide, Eiern, Milchpulver, Käse und anderen Milchprodukten, Schlachttieren, einigen Fleischprodukten, Obst- und Gemüseerzeugnissen und anderen. Das Programm schreibt fest, die Agrararbeitslosigkeit (Ende 1993/Anfang 1994 wurden in Polen rund 900 000 Agrararbeitslose gezählt) bis zur Jahrtausendwende schwerpunktmäßig zu bekämpfen.

Der Zielkatalog des mittelfristigen Entwicklungsprogramms ist lang. Außer den bereits genannten Zielen gehören noch hierzu:

- Starke Veränderung der Argarbetriebsstruktur,
- Erneuerung und Ausbau der Marktinstitutionen der Nahrungsmittelwirtschaft, einhergehend mit der Förderung des direkten Absatzes

bzw. der Verkürzung der Vertriebswege, durch Errichtung von Wochenmärkten, Großmärkten, Nahrungsmittelauktionen usw.

- Weiterer forcierter Ausbau der ländlichen Infrastruktur,
- Vervollkommnung und Erweiterung der staatlichen Interventionsmaßnahmen im Interesse der Sicherung des Absatzes der wichtigsten produzierten Nahrungsmittel im In- und Ausland, darunter des zunehmenden Schutzes des Binnenmarktes,
- steigende und rechtzeitig kalkulierbare Subventionen,
- Bekämpfung der Arbeitslosigkeit in der Lebensmittelverarbeitung,
- Steigerung der Agrareinkommen,
- Förderung der Belebung der Genossenschaftsbewegung auf dem Lande,
- Förderung des Ausbaus der mit der Nahrungsmittelwirtschaft verbundenen Dienstleistungen,
- Ausbau des Umweltschutzes,
- Erfüllung der im Assoziierungsvertrag mit der EU vereinbarten Verpflichtungen und
- Vorbereitung der polnischen Land- und Ernährungswirtschaft zum Beitritt zur EU.

In diesem Zielkomplex sind bereits einige wichtige agrarpolitische Mittel mehr oder weniger klar genannt. Im einzelnen handelt es sich dabei um die altbekannten Mittel der Steigerung der Subventionen, der Exportförderung, der staatlichen Intervention durch Garantiepreise, Lagerhaltung und Einschränkung überschüssiger Produktionen, Zölle, Abschöpfungen und Ausgleichsabgaben, steuerliche Vergünstigungen, Präferenzkredite, Zinszuschüsse und andere. Das Programm rechnet damit, daß unter den gegenwärtig rund zwei Millionen privaten Agrarbetrieben bis zum Jahr 2000 nur 600 000 bis 700 000 imstande sein werden, nennenswert zu investieren, sich zu vergrößern, Qualitätsnahrungsmittel für den Binnenmarkt wie für den Export zu produzieren und als tragendes Element der landwirtschaftlichen Warenproduktion zu fungieren. Die restlichen 1,3 bis 1,4 Mio. Agrarbetriebe werden vor allem der Eigenversorgung bzw. der lokalen Nahrungsmittelversorgung dienen und mit einer Betriebsgröße von 1 bis 5 ha LN zunehmend nur neben-, bzw. zuerwerbliche Agrarproduktion betreiben. Viele unter ihnen sollen aufgelöst werden.

Das Fehlen eines mittel- bis langfristigen Agrarentwicklungsprogramms wurde den polnischen Regierungen 1989-1993 oft angekreidet. Es ist nun vorhanden, bleibt jedoch die klare Beantwortung der Frage, wie und auf welche Weise seine Ziele verwirklicht werden sollen, weitgehend schuldig. Das Programm ist u.a. auf der Erwartung aufgebaut, daß die Produktion in allen Bereichen der Nahrungsmittelwirtschaft bis zur Jahrtausendwende und darüber hinaus steigt, ohne jedoch im einzelnen zu begründen, worauf diese Prognose basiert. Es enthält Hinweise, daß die Verwirklichung des Vorhabens weitgehend von der Förderung durch die Weltbank und andere internationale Geldinstitutionen, Privatbanken, Kapitalinvestitionen privater Anleger und von den Zuteilungen aus dem polnischen Staatshaushalt abhängig ist. Die Agrarlobby ist zwar sowohl in der gegenwärtigen Legislative als auch in der Exekutive stark vertreten, die Zuweisungen aus dem Staatshaushalt für die Land- und Ernährungswirtschaft waren 1994 dennoch weitgehend unzureichend und es existierte kein mittelfristiger Haushaltsplan für die vorrangige Förderung dieses Wirtschaftszweiges.[124]

3.4.2 Relativ stabile Warenstruktur in der Belieferung Deutschlands mit Nahrungsmitteln

Agrarexporteure aus Polen haben auf dem deutschen Agrarimportmarkt im Kalenderjahr 1994, im Vergleich zu 1993, mehr oder weniger beachtliche Umsatzsteigerungen bei einer ganzen Reihe von den Produkten bzw. Produktgruppen ihrer Angebotspalette wie z.B. lebenden Rindern, Milch, Butter, Zubereitungen und Konserven aus Schweinefleisch, Geflügelfleisch und genießbaren Nebenprodukten, Därmen, Blasen, Mägen, Fisch und Fischzubereitungen, Gemüse und sonstigen Küchengewächsen, sonstigen pflanzlichen Nahrungsmitteln, Hopfen und Wein erzielt. Es gab jedoch auch wie bisher 1994 eine ganze Reihe Produkte bzw. Produktgruppen im polnischen Angebot, bei denen der polnische Agrarexport einen nennenswerten Rückgang seiner Umsätze hinnehmen mußte. Zu diesen gehörten u.a.: lebende Pferde, Wurst und Wurstwaren, Honig, nichtölhaltige Sämereien, Frischpilze, Himbeeren, Obst (außer Südfrüchten), Apfelsaft, Gewürze, Ölfrüchte zur Ernährung und Branntwein.

---

[124] Życie gospodarcze, 28/1994, S. 33; Plon, 26/1994, S. 1, 24/1994, S. 4; Gazeta wyborcza, 29.6.1994, S. 23.

Tabelle 23: Einfuhren wichtiger Agrarprodukte aus Polen

	1993		1994	
	t	Mio. DM	t	Mio. DM
Pferde	2 793,5	7,08	1 641,2	4,79
Rindvieh	4 110,4	15,92	6 500,7	24,38
Lebende Tiere, insgesamt	-	31,96	-	32,0
Milch	714,2	1,63	3 745,3	8,58
Butter	67,7	0,17	544,0	1,51
Käse	338,7	1,08	1 017,7	3,68
Zubereitungen und Konserven aus Rindfleisch	6 984,1	26,45	6 042,0	24,29
Geflügelfleisch und genießbare Schlachtnebenprodukte	12 083,2	75,13	12 214,1	78,01
Fleisch und Fleischwaren, insgesamt	26 813,9	147,0	25 291,8	148,13
Därme, Blasen, Mägen	4 158,9	8,08	4 843,2	8,21
Fisch und Fischzubereitungen	44 999,5	124,49	57 785,1	157,97
Honig	373,2	1,88	355,2	1,69
Nichtölhaltige Sämereien	6 222,8	7,4	2 086,6	3,72
Hülsenfrüchte zur Viehfütterung	27 971,0	7,64	48 217,7	12,58
Gemüse und sonstige Küchengewächse, insgesamt	63 754,2	69,02	86 792,0	73,86
Obst, außer Südfrüchten, insgesamt	150 056,7	158,12	90 223,8	158,01
Gemüse-, Obstkonserven, Fruchtsäfte und dgl.	104 136,2	133,43	104 414,1	118,69
davon Apfelsaft	89 050,6	115,56	71 666,3	88,31
Gewürze	1 420,7	2,41	716,6	2,09
Ölfrüchte zur Ernährung	15 760,8	6,15	4 527,7	1,96
Pflanzliche Öle und Fette zur Ernährung	37,2	1,43	60,0	1,18
Ölkuchen	32 570,9	7,71	27 036,5	6,32
Sonstige Abfallerzeugnisse zur Viehfütterung	20 013,5	3,70	31 326,2	5,98

Tabelle 23: Fortsetzung

	1993		1994	
	t	Mio. DM	t	Mio. DM
Sonstige pflanzliche Nahrungsmittel	3 056,8	7,29	5 685,0	13,70
Lebende Pflanzen und Erzeugnisse der Ziergärtnerei	4 226,3	7,32	6 093,9	10,36
Hopfen	947,0	7,44	1 467,8	9,57
Rohtabak	258,7	1,03	303,9	1,48
Tabakerzeugnisse	105,4	1,18	96,8	1,53
Branntwein (hl, 100 % Alkohol)	160 610,3	16,82	68 810,5	10,26

Quellen: Angaben des Statistischen Bundesamtes und des BML 216 vom 6.7.1995.

Bei mehreren Gütern des polnischen Lieferangebots traten mengenmäßig und wertmäßig entgegengesetzte Entwicklungen auf. Das trifft z.B. auf die Einfuhr von Frischgemüse zu, wobei der Umsatz real von 27 771,1 auf 38 448,4 t stieg, nominal jedoch von 35,866 auf 30,418 Mio. DM zurückging. Bei Gemüse-, Obstkonserven, Fruchtsäften und dgl. erhöhte sich die Belieferung Deutschlands geringfügig von 104 136,2 auf 104 414,1 t, der Umsatz aber sank nominal von 133,428 auf 118,694 Mio. DM. Das gleiche gilt auch von Tabakerzeugnissen, wo die Einfuhren zwar real von 105,4 auf 96,8 t verringert, nominal aber von 1,180 auf 1,534 Mio. DM erhöht wurden.[125]

Ungeachtet der relativen Stabilität der Grobstruktur der polnischen Lieferpalette im Kalenderjahr 1994, in bezug auf 1993, gab es unter den einzelnen Produkten bzw. Produktgruppen nennenswerte Anteilszuwächse bzw. -einbußen. Während die lebenden Tiere sich 1994 mit einem Gesamtanteil von 4,0 % ungefähr auf dem Niveau des Vorjahres behaupteten und die Genußmittel, die unseres Erachtens bei den deutschen Einfuhren aus Polen stark unterrepräsentiert sind, mit einem Anteil von 2,9 % anteilmäßig nur 0,6 Prozentpunkte binnen einem Jahr verloren, verbuchten

125 Angaben des Statistischen Bundesamtes und des BML 216 vom 6.7.1995.

die Tierprodukte einen Zuwachs von 3,6 Prozentpunkten und die Nahrungsmittel pflanzlichen Ursprungs einen Rückgang von 2,9 Prozentpunkten. Zu den tragenden Säulen der Belieferung Deutschlands mit Erzeugnissen der Land- und Ernährungswirtschaft bzw. der Steigerung des Absatzes des polnischen Agrarexports in Deutschland gehörten 1994 u.a. Schlachtrinder mit einem Anteil von knapp über 3 %, Milchpulver von knapp 1,1 %, Fleisch und Fleischwaren von 18,5 %, darunter Zubereitungen und Konserven aus Rindfleisch von 3,03 % und Geflügelfleisch bzw. genießbare Schlachtnebenprodukte von 9,74 %, Därme, Blasen, Mägen von 1,02 %, Fisch und Fischzubereitungen von 19,73 %, darunter Seefisch von 10,8 %, Süßwasserfisch von 2,55 %, Fisch, zubereitet oder haltbar gemacht von 4,43 %, Hülsenfrüchte zur Viehfütterung von 1,6 %, Speisezwiebeln und Schalotten von knapp 1,2 %, Pilze von 1,9 %, Gemüse, frisch oder gekühlt, von 3,8 %, Gemüse, gekocht, gefroren, von 3,9 %, Gemüse und sonstige Küchengewächse (insgesamt) von 9,22 %, Erdbeeren von 1,25 %, Himbeeren von 1,9 %, Früchte, gekocht, gefroren, von 15,52 %, Gemüsezubereitungen und -konserven von 1,71 %, Obstzubereitungen und -konserven von 1,19 %, Frucht- und Gemüsesäfte von 11,92 %, Gemüse-Obstkonserven, Fruchtsäfte und dgl. (insgesamt) von 14,83 %, sonstige pflanzliche Nahrungsmittel von 1,71 %, lebende Pflanzen und Erzeugnisse der Ziergärtnerei von knapp 1,30 %, Hopfen von rund 1,2 % und Branntwein von 1,28 %.[126]

Die Angaben der Tabelle 24 zeigen, daß das polnische Angebot auf dem deutschen Nahrungsmittelmarkt seit mehreren Jahren auf drei große Produktgruppen konzentriert ist: Obst und Gemüse bzw. deren Subprodukte, Fleisch und Fleischwaren sowie Fisch und Fischerzeugnisse. Sie waren an den Agrarlieferungen nach Deutschland 1994 mit 82 % beteiligt. Rund 44 % entfielen allein auf Obst, Gemüse sowie Gemüse-, Obstkonserven, Fruchtsäfte und dgl.[127]

---

126 Errechnet nach Angaben des Statistischen Bundesamtes und des BML 216 vom 6.7.1995.

127 Ebenda.

Tabelle 24: Veränderungen in der Importwarenstruktur (%)

	1990	1991	1992	1993	1994
Lebende Tiere	8,5	3,3	4,4	4,1	4,0
davon:					
Pferde	0,7	0,8	1,3	0,93	0,59
Rinder	5,4	0,8	1,4	2,0	3,04
Nahrungsmittel tierischen Ursprungs	36,9	36,4	40,0	37,6	41,2
davon:					
Käse	0,02	0,15	0,0	0,13	0,45
Fleisch und Fleischwaren	20,8	20,0	21,6	19,38	18,50
Wurst und Wurstwaren	0,95	0,8	1,05	0,74	0,54
Zubereitungen u. Konserven von Rindfleisch	2,76	3,22	3,21	3,38	3,03
Zubereitungen u. Konserven von Schweinefleisch	0,84	0,41	0,7	0,52	0,48
Fleisch von Wildschweinen	1,17	2,93	.	.	.
Geflügelfleisch und genießbare Schlachtnebenprodukte	9,89	9,54	10,16	9,54	9,74
Fleisch und Zubereitungen von Wild und anderen Tieren	4,49	2,28	.	.	.
Gänse	3,4	4,0	.	.	.
Enten	1,6	1,7	.	.	.
Fisch und Fischzubereitungen	14,8	15,3	17,17	16,44	19,73
Honig	0,7	0,44	0,36	0,24	0,21
Nahrungsmittel pflanzlichen Ursprungs	52,9	58,3	52,2	54,8	51,9
davon:					
nichtölhaltige Sämereien	1,8	1,0	1,14	1,03	0,46
Hülsenfrüchte zur Ernährung	0,15	1,05	0,24	0,21	0,09
Hülsenfrüchte zur Viehfütterung	0,9	0,7	0,61	0,96	1,57
Gemüse und sonstige Küchengewächse	14,0	12,6	9,21	9,15	9,22
darunter: Zwiebeln	2,05	1,33	0,87	0,68	1,17
Pilze	5,70	4,10	1,33	3,35	1,88

Tabelle 24: Fortsetzung

	1990	1991	1992	1993	1994
Gemüse vorläuf. haltbar gemacht	2,3	1,84	1,27	0,83	0,77
Obst, außer Südfrüchten	12,7	18,8	17,50	20,77	19,74
darunter: Erdbeeren	0,75	1,40	0,6	1,22	1,25
Gemüse-, Obstkonserven, Fruchtsäfte u. dgl.	10,9	13,9	17,2	17,36	14,83
Ölfrüchte zur Ernährung	5,6	3,5	1,02	0,78	0,24
Pflanzliche Öle und Fette zur Ernährung	2,7	1,3	1,22	0,16	0,14
Sonstige Abfallerzeugnisse zur Viehfütterung	0,9	1,2	0,6	0,51	0,74
Sonstige pflanzliche Nahrungsmittel	.	.	0,82	0,95	1,71
Lebende Pflanzen und Erzeugnisse der Ziergärtnerei	.	.	0,63	0,96	1,29
Genußmittel	1,7	2,0	3,4	3,5	2,9
davon:					
Hopfen	0,74	0,66	1,13	0,99	1,19
Rohtabak	0,14	0,60	0,1	0,12	0,18
Branntwein	0,74	0,69	2,1	2,11	1,28

Quellen: Errechnet nach Angaben des Statistischen Bundesamtes Wiesbaden und des BML 216 vom 1.7.1993, 31.8.1994 und 6.7.1995.

Die Preisentwicklung war für einige tragende Produkte bzw. Produktgruppen des polnischen Lieferangebots in Deutschland 1994 günstig, für andere wiederum ungünstig. Es kann auf keinen Fall festgestellt werden, daß der polnische Agrarexport nach Deutschland durch Absatzpreissteigerungen grundsätzlich begünstigt worden wäre. Agrarexporteure aus Polen erzielten in Deutschland 1994, im Vergleich zu 1993 u.a. bei lebenden Pferden eine durchschnittliche Preissteigerung von 15,3 %, bei Rind- und Kalbfleisch von 40,6 %, bei Fleisch und Fleischwaren von 6,9 %, bei nichtölhaltigen Sämereien von knapp 50 %, bei Speisezwiebeln und Schalotten von 24,2 %, bei Obst (außer Südfrüchten) von 66,78 %, darunter Erdbeeren von rund 70 % und Himbeeren von 53,1 %, bei Obstzubereitungen und -konserven von 26,7 %, bei Gewürzen von 72,7 %, bei Zucker von 7,9 %, bei Ölfrüchten zur Ernährung von 11 %, bei Back- und ähnlichen Waren von 27,8 %, bei Rohtabak von 22,6 %, bei Tabakerzeugnissen von 41,6 % und bei Branntwein von 49,1 %. Im Gegensatz dazu betrugen ihre Preiseinbußen bei lebenden Rindern durchschnittlich 3,1 %, bei Zubereitungen und Konserven von Geflügel 19,8 %, bei Süßwasserfischen 6,7 %, bei Honig 6,6 %, bei Frischgemüse 38,7 %, darunter Frischpilzen 19,5 %, bei Gemüse und sonstigen Küchengewächsen 21,3 %, bei Gemüsezubereitungen und -konserven 11,8 %, bei Frucht- und Gemüsesäften 5,8 %, bei Gemüse-, Obstkonserven, Fruchtsäften und dgl. 11,2 %, bei pflanzlichen Ölen und Fetten zur Ernährung 48,7 %, bei Ölkuchen 2,6 %, bei Zuckerwaren ohne Kakaogehalt 2,6 % und bei Hopfen 17,1 %. Bei mehreren Posten der polnischen "Lieferliste" gab es dagegen kaum nennenswerte Preisbewegungen zu registrieren. Hierzu gehörten Milchpulver, Butter, Käse, Seefische, Fisch und Fischzubereitungen sowie lebende Pflanzen und Erzeugnisse der Ziergärtnerei.[128]

Das Landwirtschaftsministerium Polens hat in seinem mittelfristigen Agrarprogramm eine zunehmende Agrarexportoffensive angekündigt. Der polnische Agrarexport verfolgt das Ziel, in Deutschland, auf seinem wichtigsten Absatzmarkt, von 1995 bis zur Jahrtausendwende zunehmende Bilanzüberschüsse im Agrarhandel zu erzielen. Agrarexporteure aus Polen haben ihre Marketingaktivitäten auf dem deutschen Nahrungsmittelmarkt bereits 1994 entsprechend intensiviert. Sie nahmen mit ihrem aktuellen Angebot nicht nur an den großen internationalen Fachmessen und -ausstellungen der deutschen Nahrungsmittelwirtschaft in Köln, Berlin, Hamburg, Hannover, München und anderen Großstädten teil, sondern nahmen die Initiative auch in eigene Hand, indem sie u.a. "polnische Wochen" in Warenhäusern und Großmärkten veranstalteten und für ihre Markenartikel im Fernsehen und Rundfunk verstärkt warben. Steigende Einfuhrquoten und Quotennutzung, nachlassende Grenzbelastungen wie z.B. Abschöpfungen, die mit dem GATT vereinbarte zunehmende Liberalisierung des gegenseitigen Warenaustausches im Bereich der Erzeugnisse der Land- und Ernährungswirtschaft und der Zuwachs der eigenen Nahrungsmittelproduktion dürften dem Agrarexport Polens dazu verhelfen, seinen

---

128 Errechnet nach Angaben des Statistischen Bundesamtes und des BML 216 vom 6.7.1995.

Absatz nach Deutschland in den Jahren von 1996 bis 2000 bis zu 1 Mrd. DM bzw. auch darüber hinaus zu steigern.

4 AGRARAUSSENHANDEL MIT RUMÄNIEN

4.1 Stabilisierungstendenzen in der rumänischen Wirtschaft

Die rumänische Wirtschaft hat im Kalenderjahr 1994 auf dem Wege zur sozialen Marktwirtschaft den Höhepunkt ihrer Strukturkrise bereits überschritten und nennenswerte Wachstums- bzw. Stabilisierungserfolge erzielt. Das Bruttosozialprodukt des Landes stieg 1994, im Vergleich zu 1993, um 3,5 %. Das ist auf die Erhöhung der Bruttoproduktion der Industrie um 3,3 %, der Investitionen um 15,3 %, der Exporte um 25,7 %, der Realeinkommen der Beschäftigten durchschnittlich um 21,2 %, des Umsatzvolumens des Einzelhandels um 8,3 % und andere Faktoren zurückzuführen. Die Agrarproduktion hat sich 1994 ungefähr auf dem Niveau des Vorjahres (+0,2 %) eingependelt.

Während die Verarbeitungsindustrie und die Bauwirtschaft überdurchschnittliche Steigerungsraten der Bruttoproduktion aufwiesen und im Bergbau mit einer Steigerung von 1,7 % wenigstens Wiederbelebungstendenzen registriert wurden, steckten die früheren "Fahnenträger" der sozialistischen Industrialisierung der Ceasescu-Ära, die Chemie und der Maschinenbau, mit einem Rückgang ihres Produktionsausstoßes von 8 bzw. 10 %, noch tief in der Krise. Die großen Staatsbetriebe dieser Wirtschaftszweige sind stark verschuldet und ihre Produktionsanlagen veraltet. Sie arbeiten mit geringer Produktivität und sind unter marktwirtschaftlichen Verhältnissen nur bedingt wettbewerbsfähig.

Die rumänische Industrie führte 1994 insgesamt knapp 19 % ihres gesamten Produktionsvolumens, darunter 52 % bei Möbeln, 22 % bei Textilien und 53 % bei Leder- bzw. Pelzwaren sowie Bekleidungsartikeln aus. Mehr als ein Drittel (genau 38,4 %) der Investitionen der rumänischen Wirtschaft wurde vom Privatsektor getätigt. Sein Anteil am BSP erreichte 35 % (1993 32 %). Seine Beteiligung am BSP war in Handel, Baugewerbe sowie dem Finanz- und Bankwesen überdurchschnittlich hoch. In der Landwirtschaft betrug er bereits 87,3 %. Zur gleichen Zeit war der Privatsektor in der Industrie jedoch mit einem Anteil von 9,1 % (1993 6,9 %) sehr schwach vertreten.[129]

---

[129] Adevarul Economic, Nr. 7/1995, S. 2.

Bei aller Anerkennung der Stabilisierungserfolge der rumänischen Wirtschaft soll an dieser Stelle vermerkt werden, daß die Umstrukturierung der Wirtschaft, insbesondere die der Industrie, 1994 nur schleppend voranschritt. Nach einem zögerlichen Reformstart erwiesen sich die Postkommunisten in der regierenden Partei der Sozialen Demokratie zwar als konsequente, gleichzeitig jedoch auch als äußerst "vorsichtige" Reformer. Alte Gepflogenheiten und Mentalitäten aus der kommunistischen Ära waren in Rumänien 1994 noch sehr lebendig. Der Privatisierungsprozeß vollzog sich aufgrund von Regierungsverordnungen. Das Privatisierungsgesetz wurde durch die Nationalversammlung erst Ende 1994 verabschiedet. Es schreibt die Kuponprivatisierung von rund 3 000 Staatsbetrieben vor, wobei 60 % des Kapitals der betroffenen Firmen über Kupons an die Bevölkerung abgegeben werden sollen. Die restlichen 40 % werden versteigert. Zu den Versteigerungen sind auch Interessenten aus dem Ausland zugelassen. Die Regierung erwartet davon eine Beschleunigung der Umstrukturierung der rumänischen Wirtschaft.[130]

Im Kalenderjahr 1994 haben die zuständigen Ministerien 2 742 Staatsbetriebe, insbesondere Industriebetriebe, für die Privatisierung ausgewählt. Sie sollten auf verschiedene Weise (über öffentliche Auktionen, Direktverkäufe an Ausländer, Belegschafts- bzw. Management-Buy-out etc.) in Privateigentum übergehen. Im Verlauf des Jahres konnten davon dennoch nur 590 in privaten Besitz übernommen werden. Das war das Resultat des Kapitalmangels inländischer Interessenten, des mäßigen Interesses potentieller Anleger aus dem Ausland, der Verzögerungstaktik vieler Betriebsmanager bzw. -belegschaften und der Regierungsverordnung Nr. 500 vom August 1994, die inmitten des laufenden Privatisierungsprozesses vorschrieb, das Betriebskapital der zu privatisierenden Staatsbetriebe nach einem bestimmten Modus neu zu bewerten.[131] Ende November 1994 waren in Rumänien insgesamt 225 653 private Firmen registriert, zumeist im Handel und anderen Dienstleistungsbereichen, in der Textilindustrie bzw. in der Lebensmittelverarbeitung. Sie waren größtenteils kleine bis kleinste Familien- bzw. Einzelunternehmen.[132]

---

130 Ostwirtschaftsreport, 3/1995, S. 46.

131 Adevarul Economic, 50/1994, S. 19.

132 Ebenda, Nr. 1-2/1995, S. 20.

Das Auslandskapital kam 1994 nach wie vor zögernd nach Rumänien. In den Jahren 1990 bis 1994 wurden rund drei Viertel aller Auslandsinvestitionen unter den mittel-, ost- und südosteuropäischen Ländern in Ungarn, Polen und Tschechien vorgenommen. Das lag nicht nur an den in Rumänien jahrelang vorherrschenden chaotischen Wirtschaftsverhältnissen, der Wirtschaftskrise, den verzögerten Reformen, der Verschiebung des Beginns der Privatisierung der staatlichen Großindustrie, den überall wuchernden bürokratischen Hindernissen, der mangelhaften Infrastruktur, sondern auch am Fehlen eines funktionsfähigen Kapitalmarktes. Investoren aus dem Westen sind gewöhnt, ihre Kapitalanlagen zum erheblichen Teil über den Verkauf von Anteilen abzuwickeln. In Rumänien gab es bis einschließlich 1994 keinen Wertpapiermarkt und somit keinen Zugang für diese Art vom Kapitalzufluß.[133] Die Zahl der ausländischen Investoren betrug Mitte Dezember 1994 42 395 natürliche bzw. juristische Personen mit einem gesamten Investitionsvolumen von 1,226 Mrd. US-$, (davon allein 1994 rund 400 Mio. US-$). Die meisten Investoren (4 703) kamen aus Deutschland, gefolgt von solchen aus Italien, der Türkei, Syrien und anderen Ländern. Investoren aus Südkorea haben 158,013 Mio. direkt in der rumänischen Wirtschaft angelegt, aus den USA kamen 111,526 Mio., aus Deutschland 107,194 Mio., aus Frankreich 105,473 Mio. und aus Italien 103,543 Mio. US-$.[134]

Der Wechselkurs der Staatswährung Leu, der am 31. Dezember 1994 1 767 Leu/US-$ betrug, hat sich 1994, im Vergleich zu 1993, deutlich stabilisiert. Sie wurde zwar 1994 gegenüber dem US-$ nominal insgesamt um 38,7 % (1993 um 196,7 %) und der DM um 49,9 % bzw. dem ECU um 47,4 % abgewertet, unter Berücksichtigung der durchschnittlichen Inflationsrate von rund 61,7 % jedoch real aufgewertet.[135] Bei dieser noch immer recht hohen Inflation ist zu vermerken, daß sie 1993 noch rund 356 % betrug.

Der Rumänischen Nationalbank ist es 1994 gelungen, die Devisenreserven des Landes um eine Milliarde US-$ und die Goldreserven um 100 Mio. US-$ auf 82 t (Ende 1989 67 t) zu erhöhen. Rumänien hat 1992-1994 die

---

133 Allgemeine Deutsche Zeitung, 26.11.1994, S. 4.

134 Adevarul Economic, 3/1995, S. 2.

135 Ebenda, S. 4-5.

frühere strenge Austerity-Politik zunehmend aufgegeben. Finanzminister F. Georgescu gab Mitte Dezember 1994 bekannt, daß die Auslandsschulden Rumäniens insgesamt auf 6,5 Mrd. US-$ gestiegen sind. Davon entfielen 4,4 Mrd. US-$ auf die durch die Staatsbank und 2,1 Mrd. US-$ auf die durch die Wirtschaftssubjekte aufgenommenen Kredite. Das bereitgestellte Geld wurde für den Ausgleich der Zahlungsbilanz, die Finanzierung von verschiedenen Investitionsvorhaben und zu einem erheblichen Teil für Konsumzwecke verwendet. Knapp zwei Drittel der Auslandsschulden des Landes bestehen gegenüber internationalen Organisationen. Die wichtigsten Gläubigerländer Rumäniens sind Frankreich, die USA, Deutschland und Kanada. Ein Viertel der durch Unternehmen aufgenommenen Kredite sind vom rumänischen Staat garantiert. Der Schuldendienst der Auslandsverpflichtungen betrug 1994 538 Mio. US-$, das entspricht ungefähr 9 % des Exportumsatzes des rumänischen Außenhandels. Rumänien war 1994 unter den MOE-Ländern nach wie vor relativ wenig im Ausland verschuldet. Dennoch wird dieses südosteuropäische Land, laut Finanzminister Georgescu, bis zur Jahrtausendwende insgesamt 4,4 Mrd. US-$ tilgen und außerdem Zinszahlungen in Höhe von 1,5 Mrd. US-$ leisten müssen.[136]

Die rumänische Nationalbank hat 1994 in bezug auf den Devisenverkehr mehrere Liberalisierungsmaßnahmen getroffen. Sie hat noch im April die Leu-Summe, die ohne Lizenz in Devisen umgetauscht werden kann, von 1 000 auf 5 000 US-$ pro Tag erhöht und im Juni den Interbankenmarkt errichtet, indem sie zunächst 5 Banken, die "Ion-Tiriac-Bank", die "Rumänische Entwicklungsbank", die "Agrarbank", die "Rumänische Außenhandelsbank" und die "Rumänische Handelsbank" ermächtigte, Devisentransaktionen in eigener Regie durchzuführen. Diese Banken ermitteln ihre Eröffnungs- und Abschlußkurse täglich, aufgrund deren die Nationalbank ihren täglichen Richtkurs festlegt.[137]
Das durchschnittliche nominale Bruttoeinkommen der Beschäftigten betrug im Dezember 261 516 Leu und das Nettoeinkommen 198 530 Leu pro Monat, was einer Steigerung in bezug auf das Vorjahr von 98,5 % bzw. 95,9 % entspricht. Die durchschnittliche Einkommenssteigerung hat somit 1994 den Anstieg der Konsumentenpreise um ungefähr 50 % übertroffen. Im Kalenderjahr 1994 waren in der rumänischen Volkswirtschaft

---

136 Allgemeine Deutsche Zeitung, 20.12.1994, S. 1.

137 Ebenda, 6.8.1994, S. 4; Ostwirtschaftsreport, 16/1994, S. 313.

6,3 Mio. Personen beschäftigt. Ende des Jahres wurden insgesamt 1,224 Mio. Arbeitslose gezählt. Die Arbeitsämter hatten zum gleichen Zeitpunkt landesweit nur 4 269 freie Stellen im Angebot. Die durchschnittliche Arbeitslosenquote ist von 10,2 % (1993) auf 10,9 % gestiegen. Die Regierung rechnete - im Zuge der Umstrukturierung der Wirtschaft und der zunehmenden Privatisierung der Staatsbetriebe - für 1995/96 mit einem Anstieg der Arbeitslosenquote auf 14 bis 14,5 %. Unter den offiziell registrierten Arbeitslosen von über 1,2 Mio. Personen bezogen nur 41,2 % Arbeitslosengeld und 46,1 % Sozialhilfe. Knapp die Hälfte der Arbeitslosen war seit über 12 Monaten ohne Beschäftigung, (davon 75 % der Arbeitslosen unter 35 Jahren). Arbeiter und Frauen waren an der Gesamtzahl der Arbeitslosen überdurchschnittlich - mit 84,8 bzw. 56,6 % - beteiligt.[138]

Der Regierung gelang es, 1994 das Haushaltsdefizit im vorgesehenen Rahmen von 3,5 % des BSP zu halten. Nach der Errichtung des Interbankenmarktes gab es 1994 kaum nennenswerte Verzögerungen im Devisenverkehr mehr. Die sich 1994 vermehrenden positiven Anzeichen der Wirtschaftsentwicklung, der Stabilisierung und die relativ stabile politische Lage bzw. der im Lande vorherrschenden Machtverhältnisse können darüber nicht hinwegtäuschen, daß der Betriebsalltag nach wie vor durch die generell schwach entwickelte Infrastruktur, die Überalterung der Produktionsanlagen der meisten staatlichen Großbetriebe, den Widerstand vieler Betriebsdirektoren gegen Umstrukturierungsmaßnahmen und andere Veränderungen, die stark verbreitete Korruption und andere Faktoren erschwert wird.[139]

Der rumänische Außenhandel führte 1994 verschiedene Produkte im Gesamtwert von 6,151 Mrd. US-$ aus und von 7,109 Mrd. US-$ ein. Der Privatsektor war an den Ausfuhren mit rund 28 % und an den Einfuhren mit 30 % beteiligt. Der Importüberschuß betrug 958 Mio. US-$ und wurde somit im Vergleich zu 1993 deutlich verringert. Nachdem am 1.2.1993 das Assoziierungsabkommen mit der EU in Brüssel unterzeichnet wurde, stieg der gegenseitige Warenverkehr (beim Export 1993 bzw. 1994 um 31,8 bzw. 46,6 % und beim Import um 14,4 bzw. 16 %) überdurchschnitt-

---

[138] Adevarul Economic, 7/1995, S. 2; Allgemeine Deutsche Zeitung, 29.12.1994, S. 1.

[139] Allgemeine Deutsche Zeitung, 3.12.1994, S. 4; Ostwirtschaftsreport, 25/26/1994, S. 498, 3.2.1995, S. 46.

lich an.[140] Der rumänische Außenhandel war 1993-1994 zunehmend an der EU orientiert. Von den Ein- und Ausfuhren Rumäniens entfielen auf die EU-Länder 1994 bereits jeweils 48,2 %. Rumänien wird aus der EU nicht nur mit Konsumgütern und Lebensmittel, sondern auch mit Maschinen und technischen Einrichtungen beliefert, die für die Modernisierung der technologischen Infrastruktur des Landes unentbehrlich sind. Deutschland war 1994 mit einem Anteil an den Exporten bzw. Importen von 16,05 % bzw. 17,97 % der wichtigste Handelspartner Rumäniens, gefolgt von Italien (12,92 bzw. 11,83 %), Frankreich (5,13 bzw. 5,08 %), den Niederlanden (3,51 bzw. 2,50 %) und Großbritannien (3,25 bzw. 3,14 %).[141]

4.2 Importüberschüsse des rumänischen Agraraußenhandels rückläufig

Der Beitrag des Agraraußenhandels zum gesamten Export und Import Rumäniens erreichte 1994 6,46 bzw. 9,34 %. Die Agrarexporte und Agrarimporte des Landes beliefen sich 1993 und 1994 auf 328,7 bzw. 397,9 Mio. und auf 966,7 bzw. 664,2 Mio. US-$. Während die Ausfuhren binnen einem Jahr um rund 21 % erhöht wurden, waren die Einfuhren, ganz im Sinne der rumänischen Agraraußenhandelspolitik, die auf Verringerung der Importüberschüsse orientiert war, um 31,3 % gesunken. In der Agraraußenhandelsbilanz wurden zur gleichen Zeit entsprechend Importüberschüsse von 638 bzw. 266,3 Mio. US-$ registriert. Das Landwirtschaftsministerium verfolgt das Ziel, spätestens gegen Ende der neunziger Jahre nennenswerte Exportüberschüsse im Agraraußenhandel des Landes zu erzielen, um dadurch den nach der politischen Wende verlorenen Agrarexportland-Status baldmöglichst wiederzugewinnen.

Von den Agrarexporten und -importen Rumäniens entfielen 1994 auf die OECD-Länder 42,6 % bzw. 57,7 %, auf die EU 27,2 % bzw. 31,8 %, die EFTA 5,6 % bzw. 6,0 %, Nordamerika 0,62 % bzw. 11,2 %, die MOE-Länder 13,2 % bzw. 11,1 % und auf die GUS-Länder, allen voran Rußland, knapp 19 % bzw. 7,6 %. Der Anteil der EU am rumänischen Agraraußenhandel ist 1994, in bezug auf 1993, beim Export um 1,8 Prozent-

---

140 Adevarul Economic, 16/1995, S. 18.

141 Ebenda.

punkte und beim Import um 13,26 Prozentpunkte zurückgegangen. Der rumänische Agraraußenhandel hat sich 1994 zunehmend stärker auf die früheren RGW-Länder orientiert bzw. reorientiert.

Agrarexporteure aus Rumänien führten 1993 und 1994 u.a. 4 200 bzw. 7 500 t Getreide, davon 3 100 bzw. 7 000 t Mais, 19 700 bzw. 17 200 t Ölsaaten, 113 100 bzw. 58 000 t pflanzliche Öle und Fette, 5 400 bzw. 0 t Zucker, 68 500 bzw. 49 600 t Obst und Obstprodukte, 31 300 bzw. 36 000 t Gemüse und Gemüseerzeugnisse, 128 300 bzw. 157 400 t Fleisch und Fleischwaren, davon 62 000 bzw. 86 300 t Schweinefleisch und 26 300 bzw. 22 400 t Schaffleisch und jeweils 400 t Milchpulver aus.

Zu den wichtigsten Agrarimportgütern Rumäniens gehörten 1993 und 1994 u.a.: Getreide mit 2,585 Mio. bzw. 457 700 t, davon 1,252 Mio. bzw. 10 000 t Weizen, 82 000 bzw. 76 700 t Ölsaaten, 217 500 bzw. 212 000 t Zucker, insbesondere Rohzucker, 100 700 bzw. 120 000 t Obst und Obstprodukte, 21 000 bzw. 31 200 t Gemüse und Gemüseerzeugnisse, 44 600 bzw. 55 600 t Fleisch und Fleischwaren, davon 36 900 bzw. 39 000 t Geflügelfleisch und 6 200 bzw. 10 100 t Rind- und Kalbfleisch, 2 400 bzw. 4 400 t Butter, 8 300 bzw. 5 100 t Milchpulver und 3,407 bzw. 66,400 Mio. Hühnereier.

Fleisch (einschließlich Innereien) war an den Agrarexporten Rumäniens 1993 und 1994 mit 27,8 bzw. 29,1 % beteiligt, Öle und Fette mit 19 bzw. 12 %, lebende Tiere mit 17,0 bzw. 21,7 %, Getreide mit 1,1 bzw. 1,9 %, Frischobst mit 6,2 bzw. 5,0 %, alkoholische Getränke, vor allem Wein mit 5,2 bzw. 6,2 %, Frischgemüse mit 5,1 bzw. 6,2 %, Gemüse- und Obsterzeugnisse mit 1,9 bzw. 4,4 % und Milch sowie Milchprodukte, Hühnereier und Honig insgesamt mit 2,1 bzw. 2,0 %. Zur gleichen Zeit entfielen vom Import auf Getreide 39,1 bzw. 7,5 %, Futtermittel 8,9 bzw. 10,3 %, Tabak- und Tabakwaren 7,3 bzw. 7,0 %, Zucker und Süßwaren 7,6 bzw. 13,0 %, alkoholische Getränke 5,0 bzw. gleichfalls 5 %, Fleisch, einschließlich Innereien 3,5 bzw. 8,7 %, Milch, Milchprodukte, Hühnereier und Honig, insgesamt 2,6 bzw. 3,4 %, sonstige Nahrungsmittel 5,6 bzw. 11,1 %, Saatgut und Ölfrüchte 2,4 bzw. 3,5 %.[142]

---

[142] Angaben zum Agraraußenhandel Rumäniens nach Adevarul Economic, 16/1995, S. 18; Review of Agriculture Policy and Trade Developments in Romania in 1995, OECD Paris, September 1995, S. 66-75.

Die EU hat aufgrund des Assoziierungsabkommens mit Rumänien und bilateraler Verhandlungen mit der rumänischen Regierung die Importquoten für einige Agrarerzeugnisse vom 1. Juli 1994 bis zum 30. Juni 1995 vertragsgemäß erhöht, und die an diese Quoten gebundenen Importzölle bzw. -abgaben um 50 bis 60 % herabgesetzt. Die EU-Importquote Rumäniens betrug 1994/95 u.a. 20 220 t Getreide, 13 317 t Schweinefleisch und 1 022 t Hühnerfleisch. Der rumänische Agrarexport war, in Anbetracht der Leistungsschwäche der Produktion der Land- und Ernährungswirtschaft und der beschränkten Konkurrenzfähigkeit der meisten Posten seiner Angebotspalette nur bei Schlachtschafen und -ziegen imstande, die bereitgestellte Importquote von 595 t voll (sogar zu 123,6 %) auszuschöpfen. Im Gegensatz dazu belief sich der Ausnutzungsgrad der Quoten vom 1. Juli 1994 bis 30. Juni 1995 bei Weizen auf 0,0 %, Milchprodukten auf 3,1 %, Hähnchenfleisch auf 25,1 %, Rindfleisch auf 72,1 %, Schweinefleisch auf 0,1 %, Gänsefleisch auf 0,0 %, Tomaten auf 4,0 %, Gurken auf 26,8 %, Erdbeeren auf 63,8 %, Sonnenblumenöl auf 0,0 % und bei Apfelsaft auf 12,3 %.[143]

Rumänien hat seinen Agraraußenhandel in den letzten Jahren weitgehend liberalisiert. Lizenzen und Kontingente werden nur noch im Rahmen internationaler Vereinbarungen bzw. Regierungsabkommen über bilaterale Clearing-Verrechnung bzw. auch je nach Versorgungslage des Binnenmarktes verwendet. So waren z.B. Ausfuhrquoten für Weizen, Mais, Sonnenblumenkerne und Sonnenblumenöl 1994 vorgeschrieben. Die rumänische Agraraußenhandelspolitik verzichtet auf direkte Exportsubventionen ebenso wie auch auf nicht tarifäre Importhindernisse. Die Importe werden vornehmlich mit den klassischen Mitteln der Außenhandelspolitik gesteuert.[144] Das rumänische Finanz- und Außenwirtschaftsministerium hat für die Einfuhr von Getreide, pflanzlicher Öle und Fette sowie Gemüse zum 7. Juli 1994 variable Ausgleichsabgaben eingeführt, die im August 1994 auf Kartoffeln, Schlachthähnchen, Milch, mehrere Milchprodukte und eine Reihe von anderen Agrarprodukten erweitert wurden. Die jeweiligen Ausgleichsabgaben werden als Differenzbetrag zwischen den Importfakturenpreisen und den durch das Landwirtschaftsministerium bzw.

---

143 Agricultural Situation and Prospects in the Central and Eastern European Countries, Romania, European Commission, Directorate General for Agriculture, Working Document, Brussels 1995, S. 63.

144 Review of Agricultural Policy ..., a.a.O., S. 52-53.

Außenwirtschaftsministerium festgesetzten sogenannten Referenz(Bezugs-)preisen berechnet. Im Falle, daß der betreffende Fakturenpreis bei den eingeführten Erzeugnissen niedriger ist als die in der Regierungsliste angeführten Bezugspreise, muß außer den Importzöllen und -gebühren eine zusätzliche Ausgleichsabgabe beim rumänischen Zoll entrichtet werden. Im Sommer/Herbst 1994 galten in Rumänien u.a. die folgenden Importreferenzpreise: für Weizen 150 US-$/t, Gerste 126 US-$/t, Tomaten 615 US-$/t, Kartoffeln 124 US-$/t, Sonnenblumenöl 1 035 US-$/t.

Die rumänische Regierung beschloß zur gleichen Zeit mit der Einführung der Ausgleichsabgaben, keine Zölle bzw. Einfuhrgebühren für Hilfsgüter zu erheben, die von ausländischen Regierungen oder internationalen Körperschaften gewährt bzw. durch nicht rückzahlbare Kredite finanziert werden. Verschiedene Güter, die aus Programmen der wissenschaftlichen und technischen Kooperation stammen, die mit gemeinnützigen Organisationen aus dem Ausland vereinbart wurden, sind gleichfalls von jeglichen Einfuhrgebühren und -zöllen befreit.[145]

R. Steichen, der damalige EU-Kommissar für die Landwirtschaft, hat Mitte Dezember 1994 die rumänische Agraraußenhandels- und Zollpolitik scharf kritisiert und beschuldigt, ein prohybitives System von Importzöllen und Ausgleichsabgaben für viele Nahrungsmittel eingeführt zu haben. Der rumänische Landwirtschaftsminister V. Tabara wies die Kritik mit den Worten zurück: "Rumänien wird die Einfuhrgebühren von landwirtschaftlichen Produkten nicht auf Druck aus dem Ausland ändern. Erzeugnisse der rumänischen Landwirtschaft müssen geschützt werden, gleichgültig wer die Handelspartner Rumäniens sind." Er signalisierte dennoch grundsätzliche Bereitschaft, künftig bei jeder Schutzmaßnahme, die die rumänische Regierung einzuführen gedenkt, die Europäische Union eingehend zu konsultieren.[146] Rumänien hat die GATT-WTO-Verträge von Marrakesch mitunterschrieben. Im Hinblick auf diese Verträge muß berücksichtigt werden, daß Rumänien das einzige Land unter den MOE-Ländern ist, das den Status eines Entwicklungslandes besitzt. Das bedeutet, mit anderen früheren RGW-Ländern verglichen, erheblich geringere

---

145 Allgemeine Deutsche Zeitung, 24.8.1994, S. 4.

146 Ebenda, 24.12.1994, S. 4.

Verpflichtungen beim Abbau der Subventionen und auch bei Zutrittsregelungen zum Inlandsmarkt.[147]

4.3 Deutliche Exportsteigerung im deutsch-rumänischen Agrarwarenverkehr

Der deutsch-rumänische Agraraußenhandelsumsatz ist im Kalenderjahr 1994, im Gegensatz zu den Jahren 1991 bis einschließlich 1993, insgesamt um 11,3 %, d.h. deutlich gestiegen. Das war das Resultat einer Erhöhung des deutschen Exportumsatzes um 17,3 % sowie des Importumsatzes um knapp 4,7 % binnen einem Jahr.

Tabelle 25: Entwicklung des Agraraußenhandels mit Rumänien (in Mio. DM)

	1985	1989	1990	1991	1992	1993	1994
Import	130,4	83,9	34,9	76,6	80,0	64,1	67,1
Export	28,6	59,0	239,3	120,6	95,0	70,3	82,5
Umsatz	159,0	142,9	274,2	197,2	175,0	134,4	149,6
Saldo	-101,8	-24,9	+204,4	+44,0	+15,0	+6,2	+15,4

Quellen: Errechnet nach Abgaben des Statistischen Bundesamtes Wiesbaden und des BML 216 vom 2.7.1993 und 6.7.1995.

Während der Anteil Deutschlands am Agraraußenhandel Rumäniens 1994 im Import 7,7 % (1993 4,54 %) und im Export 10,4 % (1993 12,52 %) betrug, entfielen auf Rumänien von den gesamten deutschen Agrarausfuhren genauso wie im Vorjahr nur 0,2 % und von den Agrareinfuhren, wie seit 1992 unverändert, 0,1 %. Rumänien hatte nicht nur im ge-

[147] Zd. Lukas: Die Landwirtschaft der Oststaaten im Jahr 1994, in: Osteuropa Wirtschaft, 2/1995, S. 99.

samten deutschen Warenverkehr mit Erzeugnissen der Land- und Ernährungswirtschaft, sondern auch in dem mit den von uns untersuchten 20 früheren sozialistischen Ländern bzw. Ländergruppen in Ost-, Mittel- und Südosteuropa getätigten Handel eine relativ geringe Bedeutung. In den Jahren von 1992 bis einschließlich 1994 wurden der Reihe nach nur 3,2 bzw. 1,6 bzw. 1,7 % des deutschen Ostagrarexports nach Rumänien abgesetzt. Hierbei ist allerdings zu berücksichtigen, daß in den Jahren 1992 17, 1993 18 und 1994 bereits 20 frühere sozialistische Länder bzw. Ländergruppen in unsere Gesamtbetrachtung einbezogen wurden. Mit seinem Anteil von 1,7 % erreichte Rumänien im deutschen Ostagrarexport 1994 den 14. Platz. Agrarprodukte trugen zum deutschen Gesamtexport nach Rumänien 1992, 1993 und 1994 7,2 bzw. 3,9 bzw. 4,1 % bei.[148]

Die beachtliche Steigerung der Agrarausfuhren nach Rumänien 1994 ist um so mehr als Erfolg zu betrachten, als Rumänien seine gesamten Agrareinfuhren stark reduzierte, und insbesondere seit Mitte des Jahres - wie gesehen - eine zunehmend protektionistische Agrarimportpolitik betrieb. Die Agrarhandelsbilanz mit Rumänien, die aus deutscher Sicht in den achtziger Jahren durchgehend negativ war, hat seit 1990 ununterbrochen Aktiva in Höhe von 204,4 bzw. 44,0 bzw. 15,0 bzw. 6,2 und zuletzt 15,4 Mio. DM ausgewiesen. Das resultiert seit 1990 vor allem einerseits aus der sehr bedingten Wettbewerbsfähigkeit des Agrarimports aus Rumänien auf dem deutschen Nahrungsmittelmarkt, der sehr stark auf einige Rohstoffe und Genußmittel, vor allem Wein konzentriert ist und andererseits aus der Krise bzw. anhaltenden Leistungsschwäche der rumänischen Land- und Ernährungswirtschaft. Für die Entwicklung der deutschen Agrarexporte nach Rumänien waren in den letzten zehn Jahren starke Schwankungen bezeichnend, wobei es 1994 wieder einmal deutlich aufwärts ging, ohne jedoch den bisherigen Absatzrekord von 1990 (239,3 Mio. DM) auch nur annähernd erreicht zu haben.

Viele deutsche Agrarexporteure haben ihre Marketingaktivitäten in Rumänien 1994 intensiviert. Nicht zuletzt diesem Verhalten ist es zu verdanken, daß die Agrarausfuhren, trotz des weiteren Rückgangs des Lebensmittelkonsums, deutlich gesteigert werden konnten. Die rumänischen Konsumenten verzehrten 1993-1994 u.a. 47,70 bzw. 45,50 kg Fleisch und

---

148 Errechnet nach Angaben des Statistischen Bundesamtes und des BML 216 vom 6.7.1993 und 6.7.1995.

Fleischerzeugnisse, davon 22,50 bzw. 20,30 kg Schweinefleisch, 13,10 bzw. 11,60 kg Geflügelfleisch, 9,0 bzw. 10,40 kg Rindfleisch, 176,90 bzw. 179,50 kg Milch und Milcherzeugnisse, davon 0,50 bzw. 0,60 kg Butter, 23,70 bzw. 24,50 kg Zucker und Süßwaren, 64,30 bzw. 47,80 kg Obst und Obstprodukte, 112,70 bzw. 110,30 kg Gemüse und Gemüseerzeugnisse und 73,94 bzw. 66,70 kg Kartoffeln pro Kopf und Jahr. Der Pro-Kopf-Fleischverbrauch ist in Rumänien, in bezug auf 1989, d.h. auf das letzte Jahr vor der politischen Wende, um 9,4 kg zurückgegangen. Der Durchschnittsrumäne verbrauchte pro Tag 1993 und 1994 2 959 bzw. 2 953 kcal., davon 2 260 bzw. 2 271 kcal. pflanzlichen Ursprungs, 94,3 bzw. 92,8 g Eiweiß, davon 55,8 bzw. 54,4 g tierischen Eiweißes und 82,7 bzw. 82,6 g Öle und Fette, davon 34,7 bzw. 35,8 g pflanzlichen Ursprungs. Der durchschnittliche tägliche Pro-Kopf-Kalorienverbrauch betrug im Bereich der Familien der Arbeitnehmer 2 816 kgcal., der Bauern 3 465 kgcal. und der Rentner 3 313 kcal. Diese im internationalen Vergleich durchaus reichlichen durchschnittlichen Kalorienverbrauchszahlen dürfen nicht darüber hinwegtäuschen, daß ungefähr die Hälfte der rumänischen Bevölkerung von insgesamt 22,7 Mio. Personen 1994 am Rande bzw. unter dem Existenzminimum lebte und sich zunehmend durch Kartoffeln und Mehlprodukte ernährte. Der Anteil des Familienbudgets, der für den Erwerb von Nahrungs- und Genußmitteln verwendet wird, ist in Rumänien verglichen mit anderen europäischen Ländern sehr hoch. Er betrug 1994 bei den Familien von Unselbständigen 66,5 %, bei den Bauern, die größtenteils Selbstversorger sind, 17,7 % und bei Rentnern 64 %.[149]

Die Nahrungsmittelpreise sind in Rumänien 1994 durchschnittlich um 67 % gestiegen. Nur noch eine deutlich abnehmende Schicht der Bevölkerung konnte sich qualitativ hochwertige Nahrungsmittel leisten. Die Einzelhandelspreise in den privaten Lebensmittelgeschäften und auf Wochenmärkten gestalteten sich frei nach Angebot und Nachfrage. Obwohl das Handelsministerium die Preise für Grundnahrungsmittel bereits 1993 im Prinzip freigegeben hatte, galten im staatlichen Lebensmittelhandel für Brot, Weizenmehl, Milch, einige Milchprodukte, Zucker, Sonnenblumenöl und Schweinefleisch sogenannte "Richtpreise", d.h., die Preisreglementierung durch den Staat wurde zumindest bei diesen Produkten de facto nicht aufgehoben.

---

[149] Verbrauchsangaben nach: Review of Agricultural Policy ..., a.a.O., S. 23-27; East Europe Agriculture, May 1995, S. 30.

Tabelle 26: Deutsche Nahrungsmittellieferungen nach Rumänien 1993 und 1994

	1993		1994	
	t	Mio. DM	t	Mio. DM
Milch	1 516,9	1,633	724	2,027
Butter	309	0,927	560,7	1,601
Fleisch und Fleischwaren	766	1,419	908,4	2,446
Fisch und Fischzubereitungen	1,7	0,015	1 573,5	1,204
Fischmehl und dgl.	3 699,7	3,339	7 926	7,438
nichtölhaltige Sämereien	39,1	1,566	47,5	1,144
Gemüse-, Obstkonserven, Fruchsäfte und dgl.	487,4	1,856	384,7	1,173
Kakaoerzeugnisse	1 383	5,720	2 162,1	8,652
Zucker	8 000,4	3,940	10 741,4	8,137
pflanzliche Öle und Fette zur Ernährung	1 605,8	2,372	1 763,9	2,197
Margarine und ähnliche Speisefette	1 426,2	1,889	1 935,8	2,528
sonstige Abfallerzeugnisse der Viehfütterung	2 512,4	3,935	2 592,7	4,127
sonstige pflanzliche Nahrungsmittel	10 161,3	15,352	11 455,5	20,203
Hopfen	118,1	1,648	143,5	1,912
Kaffee	510,6	1,504	742,8	4,752
Tabakerzeugnisse	393,8	8,781	240,2	2,464
Bier*	22 507,4	2,801	32 319,1	3,223
Branntwein*	2 734,6	1,474	7 173,2	1,973
Wein*	531,3	0,176	3 974,6	0,795

* hl

Quellen: Errechnet nach Angaben des Statistischen Bundesamtes und des BML vom 6.7.1995.

Aufgrund der angeführten Zahlen gehörten 1994 Milchprodukte, Fleisch und Fleischprodukte, Fisch und Fischzubereitungen, Fischmehl, Kakaoerzeugnisse, Zucker, Margarine, sonstige Abfallerzeugnisse zur Viehfütterung, sonstige pflanzliche Nahrungsmittel, Hopfen, Kaffee, Bier und Wein zu den wichtigsten Trägern der registrierten Exportsteigerung. Bei einigen Produktgruppen wie z.B. bei Gemüse-, Obstkonserven, Fruchtsäften und dgl. sowie Tabakerzeugnissen war der Absatz dagegen im Vergleich zu 1993 rückläufig. Gerste, Weizen, Roggen, Hafer, Kartoffeln, Rohkakao und Rohtabak, die in den vergangenen Jahren noch in mehr oder weniger erwähnenswerten Mengen nach Rumänien ausgeführt wurden, waren im Liefersortiment nicht mehr vertreten.

Das Angebotssortiment des deutschen Agrarexports steht schon seit langen Jahren im Zeichen starker jährlicher Veränderungen. Im Kalenderjahr 1994 nahm der Anteil der Nahrungsmittel tierischen Ursprungs um 7,7 Prozentpunkte zu, während die lebenden Tiere 0,1 Prozentpunkte, die Nahrungsmittel pflanzlichen Ursprungs 3,5 Prozentpunkte und die Genußmittel 5,1 Prozentpunkte einbüßten.

Das deutsche Exportangebot war 1994, wie im Vorjahr, auf einige wenige Nahrungs- und Genußmittel bzw. Produktgruppen konzentriert. Insgesamt acht Posten des Sortiments: Käse mit einem Anteil von 2,5 %, Fischmehl mit 9 %, Fleisch und Fleischerzeugnisse mit 3 %, Kakaoerzeugnisse mit 10,5 %, Zucker mit 9,9 %, sonstige Abfallerzeugnisse zur Viehfütterung mit 5 %, sonstige pflanzlichen Nahrungsmittel mit 24,5 % und Kaffee mit 5,8 % erreichten bereits einen Gesamtanteil von 70,2 %. Die starken Warenstrukturbewegungen bestätigen den seit mehreren Jahren beobachteten "Ad-hoc-Charakter" der Belieferung Rumäniens mit Erzeugnissen der Land- und Ernährungswirtschaft aus Deutschland je nach den aktuellen Angebots- und Nachfrageverhältnissen auf dem rumänischen Nahrungsmittelmarkt. Rumänien wurde aus Deutschland 1994, trotz der Belebung der Marketingaktivitäten mehrerer Lieferanten, grundsätzlich mehr aufgrund kurzfristiger Geschäftsinteressen als langfristiger Marktstrategien beliefert.

Tabelle 27: Anteile einzelner Produkte bzw. Produktgruppen an den deutschen Agrarausfuhren nach Rumänien (in %)

	1989	1990	1991	1992	1993	1994
Lebende Tiere, insgesamt	0,0	0,0	0,0	0,0	0,5	0,4
Nahrungsmittel tierischen Ursprungs, insgesamt	95,3	80,2	41,6	20,1	13,0	21,7
davon:						
Milch	0,2	0,35	9,24	9,92	2,3	2,45
Butter	-	6,85	16,54	1,0	1,3	1,94
Käse	-	-	-	0,52	2,32	2,54
Fleisch und Fleischwaren	90,0	66,1	8,0	7,97	2,0	2,96
Fisch-, Fleischmehl und dgl.	4,2	5,64	7,3	0,03	4,7	9,01
Nahrungsmittel pflanzlichen Ursprungs, insgesamt	4,1	17,4	45,6	39,7	63,0	59,5
davon:						
Weizen	-	0,01	9,11	0,0	-	-
Roggen	-	0,19	8,74	0,0	-	-
Gerste	-	0,58	5,86	0,0	9,1	-
Kartoffeln	0,0	0,01	6,68	1,53	0,4	-
Gemüse-, Obstkonserven, Fruchtsäfte und dgl.	-	-	-	1,57	2,63	1,42
Zucker	.	0,2	0,4	11,24	5,6	9,86
Kakaoerzeugnisse	0,0	3,72	2,13	4,1	8,1	10,48
Pflanzliche Öle und Fette zur Ernährung	-	-	-	1,38	3,37	2,66
Margarine u. ähnl. Speisefette	.	0,06	0,9	3,04	2,7	3,06
sonst. Abfallerzeugn. z. Viehfütterung	.	.	.	2,3	5,6	5,0
sonst. pflanzliche Nahrungsmittel	1,5	9,84	8,70	12,6	21,8	24,5
Genußmittel, insgesamt	0,6	2,4	12,80	40,20	23,5	18,4
davon:						
Kaffee	0,2	0,5	1,53	1,72	2,1	5,76
Hopfen	-	-	-	0,10	2,34	2,31
Tabakerzeugnisse	0,05	0,89	6,49	30,61	12,5	2,98
Bier	0,3	0,7	2,2	3,84	3,98	3,9
Branntwein	0,0	0,23	2,41	3,48	2,1	2,39

Quellen: Errechnet nach Angaben des Statistischen Bundesamtes Wiesbaden und des BML 216 vom 2.7.1993, 6.9.1994, und 6.7.1995.

Die Absatzpreisentwicklung verlief in Rumänien 1994 für die einzelnen Posten des deutschen Lieferangebots sehr unterschiedlich. Die Auf- und Abwärtsbewegungen der vereinbarten Preise kamen im Umsatzerfolg und in den Strukturveränderungen des Liefersortiments zum Ausdruck. Agrarexporteure aus Deutschland verbuchten in Rumänien 1994 durchschnittliche Absatzpreissteigerungen z.B. bei Milch um 159 %, Käse um 9,45 %, Fleisch und Fleischwaren um 45,5 %, Fischmehl um 5,66 %, Zucker 54,6 %, sonstigen pflanzlichen Nahrungsmitteln um 16,8 % und bei Kaffee um 117,6 %. Im Gegensatz hierzu betrugen ihre durchschnittlichen Preisverluste z.B. bei Butter 4,8 %, Fisch und Fischzubereitungen 91,33 %, nichtölhaltigen Sämereien 39,9 %, Gemüse-, Obstkonserven, Fruchtsäften und dgl. knapp 20 %, Kakaoerzeugnissen 3,1 %, pflanzlichen Ölen und Fetten zur Ernährung 15,8 %, Hopfen 4,5 %, Tabakerzeugnissen 54 %, Bier 6,9 %, Branntwein 49,1 % und bei Wein 39,4 %.[150]

Der deutsche Agrarexport hat 1994 erheblich mehr Erzeugnisse der Land- und Ernährungswirtschaft nach anderen MOE- bzw. GUS-Ländern wie z.B. Kroatien, Slowenien, Lettland, Litauen und Weißrußland etc. als nach Rumänien geliefert. Obwohl die rumänische Agraraußenhandelspolitik mittelfristig im Zeichen der Exportförderung und Importreduzierung steht, erscheint Rumänien mit seinen 22,7 Mio. Bewohnern als ein durchaus ausbaufähiger Absatzmarkt. Mit einem Jahresumsatz von 70 bis 90 Mio. DM ist Deutschland in Rumänien ohne Zweifel unterrepräsentiert. Eine nennenswerte Steigerung der deutschen Agrarausfuhren dürfte aber erst im Zuge der Erhöhung des Lebensstandards der rumänischen Bevölkerung, d.h. aufgrund steigender Realeinkommen und wachsender Nachfrage nach qualitativ hochwertigen Nahrungs- und Genußmitteln realisierbar werden.

4.4 Mäßiger Anstieg der Agrareinfuhren aus Rumänien

Die Bundesrepublik Deutschland bezog aus Rumänien 1994 Agrarerzeugnisse und andere Nahrungsmittel im Gesamtwert von 67,13 Mio. DM. Der Importumsatz ist 1994 zwar in bezug auf 1993 um rund 3 Mio. DM, d.h. leicht gestiegen, er war aber mit dieser Summe vom bisherigen Rekord

---

150 Errechnet nach Angaben des Statistischen Bundesamtes und des BML 216 vom 6.7.1995.

von 1985 bzw. auch noch vom Zwischenhoch im Jahr 1989 "meilenweit" entfernt. Der rumänische Agrarexport war 1994 an den Agrarimporten der Bundesrepublik aus den MOE-und GUS-Ländern mit 2,6 % (1992 und 1993 mit 3,3 bzw. 2,7 %) beteiligt. Er war mit diesem Anteil unter den in dieser Studie zugrundegelegten 20 MOE-und GUS-Ländern bzw. Ländergruppen auf dem siebten Platz. Das Angebotssortiment der rumänischen Land- und Ernährungswirtschaft ist in der EU, dabei nicht zuletzt in der Bundesrepublik, laut einhelliger Meinung rumänischer Agrarexperten, nur sehr bedingt konkurrenzfähig.[151] Von den gesamten Einfuhren der Bundesrepublik aus Rumänien entfielen 1994 nur noch 3,7 % (1992 6,4 % und 1993 4,7 %) auf Erzeugnisse der Land- und Ernährungswirtschaft.

4.4.1 Agrarproduktion auf Vorjahresniveau

Die rumänische Landwirtschaft war 1993 und 1994 am Bruttosozialprodukt des Landes mit 22,9 bzw. 21,2 % beteiligt. Von den insgesamt 9,780 Mio. Beschäftigten der rumänischen Volkswirtschaft waren 1994 36,3 % in diesem Wirtschaftszweig tätig. Rumänien wird in dieser Hinsicht in Europa nur noch von Albanien übertroffen. Die Bruttoagrarproduktion ist im Vergleich zu 1993 insgesamt um 0,2 % gestiegen, d.h. sie verharrte im Grunde genommen auf dem Vorjahresniveau. Das war das Resultat einer Verringerung der Pflanzenproduktion um 3,1 % und einer Steigerung in der Tierhaltung um 6,2 % binnen einem Jahr. Der Anteil des Pflanzenbaus und der Tierhaltung an der Bruttoproduktion der rumänischen Landwirtschaft betrug 1993 62,9 % bzw. 37,1 % und 1994 60,8 bzw. 39,2 %.[152]

Die Landwirtschaft wurde im Frühjahr 1994 durch eine langanhaltende Dürre heimgesucht. Agrarexperten sprachen von der stärksten Dürre der letzten siebzig Jahre überhaupt. Nach mehr als sechs Monaten ohne Niederschläge litt insbesondere Ostrumänien unter massivem Wassermangel. In der Moldau, dem bevölkerungsreichsten Teil des Landes, waren zahlreiche Brunnen ausgetrocknet. In der letzten Mai-Dekade 1994 ist ein verheerender Hagelschlag über mehrere rumänische Provinzen hinweggefegt

---

[151] Review of Agricultural Policy ..., a.a.O., S. 42.

[152] Ebenda, S. 7, 9 und 60.

und hat vielerorts große Schäden angerichtet. Sie wurden insgesamt auf 3,5 Mrd. Leu geschätzt. Diesem Hagelschlag ist allein in den siebenbürgischen Landkreisen Kronstadt, Covasna und Hunedoara die Ernte von ungefähr 30 000 ha LN zum Opfer gefallen. 440 Bauernhöfe waren stark betroffen. In den darauffolgenden Tagen setzten ausgiebige und andauernde Regenfälle ein, die mehrere Flüsse über ihre Ufer treten ließen. Dabei wurden landesweit etwa 5 700 ha LN Ackerland überschwemmt.[153] Das Wetter und die Naturkatastrophen haben vor allem die Produktion von Obst, Gemüse, Weintrauben und Kartoffeln stark beeinträchtigt. Sie war in diesen Bereichen deutlich rückläufig, während die Getreideproduktion, dank der Steigerung der Saatflächen und der Intensivierung der Förderung durch den Staat, auf 18,184 Mio. t, d.h. in bezug auf 1993 um 17,4 % wuchs.

Die rumänische Landwirtschaft produzierte 1993 und 1994 u.a. 5,314 bzw. 6,135 Mio. t Weizen, 7,987 bzw. 9,343 Mio. t Mais, 1,227 bzw. 1,637 Mio. t Gerste, 820 900 bzw. 763 700 t Ölsaaten, 1,766 bzw. 2,764 Mio. t Zuckerrüben, 3,709 bzw. 2,947 Mio. t Kartoffeln, 2,873 bzw. 2,569 Mio. t Gemüse, 1,197 Mio. bzw. 944 700 t Weintrauben und 11 400 bzw. 11 000 t Rohtabak. Die durchschnittlichen Hektarerträge der Pflanzenproduktion sind im internationalen Vergleich niedrig. Sie betrugen bei Weizen 1993 und 1994 23,20 bzw. 25,44 dt, Mais 26,05 bzw. 31,32 dt, Gerste 26,20 bzw. 28,56 dt, Ölpflanzen 11,67 bzw. 11,50 dt, Zuckerrüben 182,75 bzw. 212,64 dt und Kartoffeln 148,18 bzw. 118,07 dt. Das ist vor allem auf die gedrosselte Verwendung von Mineraldünger und Pflanzenschutzmitteln pro ha LN zurückzuführen. Die durchschnittliche Mineraldüngerverwendung betrug 1994 nur noch 41 kg/ha LN. Mineraldünger und Pflanzenschutzmittel waren für viele rumänische Bauern unbezahlbar teuer.[154] Nur diejenigen unter ihnen, die sich vertraglich verpflichteten, bestimmte Mengen ihrer Produkte an die staatliche Ankaufsorganisation - wie z.B. "Romcereal" bei Getreide - zu verkaufen, haben als Subvention 60 kg Mineraldünger pro ha erhalten. Zum Einbringen der beachtlich gestiegenen Getreideernte fehlten rund 4 000 Mähdrescher, so daß das Landwirtschaftsministerium die Agrarbetriebe bzw. die Bauern in grenznahen Ge-

---

153 Allgemeine Deutsche Zeitung, 23.6.1994, S. 1; East Europe Agriculture, Juni 1994, S. 29.

154 Review of Agricultural Policy ..., a.a.O., S. 15-18 und 63; East Europe Agriculture, May 1995, S. 30.

bieten aufforderte, entsprechende maschinelle Erntehilfe aus dem Ausland zu besorgen.

Die Produktionssteigerung der Tierhaltung resultierte 1994 vor allem aus verstärkter Schlachtung zur weiteren Dezimierung der Tierbestände.

Tabelle 28: Tierbestände in Rumänien (in Mio.)

	1989	1990	1992	1993	1994
Rinder	6,416	6,291	4,355	3,683	3,597
davon Kühe	2,758	2,468	2,266	2,025	1,979
Schweine	14,351	11,671	10,957	9,852	9,262
Schafe	16,210	15,439	13,879	12,079	11,499
Hühner	.	.	.	87,725	76,532

Quelle: Review of Agricultural Policy and ..., a.a.O., S. 22 und 64.

Die Futterverwertung ist in der rumänischen Tierhaltung, dabei vor allem in Schweinehaltung, unbefriedigend. Bei den meisten Schweinemastbetrieben werden 5 bis 6 kg Futtermittel pro kg Zuwachs verbraucht. Das ist auf die nicht optimale und nicht ausgewogene Futterzusammensetzung (Eiweißmangel), das genetische Leistungspotential der Tiere, hygienische Mängel in der Tierhaltung und andere Gründe zurückzuführen. Die in Rumänien bevorzugten Schweinerassen verfetten früh und stark. Indessen richtet sich die Nachfrage der rumänischen Verbraucher zunehmend auf bessere Fleischqualitäten mit weniger Fett. Die Tiermastbetriebe sind vom Ziel, kontrollierte, höhere Fleischqualitäten, marktgerecht zubereitet bzw. portioniert direkt zum Kunden zu bringen, noch meilenweit entfernt.[155]

Die rumänische Tierhaltung produzierte 1993 und 1994 u.a. 2,014 bzw. 2,022 Mio. t Schlachttiere (Lebendgewicht), davon 486 000 bzw. 488 000 t Schlachtrinder, 976 000 bzw. 995 000 t Schlachtschweine, 170 000 bzw. 149 000 t Schlachtschafe und 382 000 bzw. 390 000 t Schlachthühner. Die

[155] Allgemeine Deutsche Zeitung, 31.8.1994, S. 4.

Milchproduktion belief sich zur gleichen Zeit auf 4,735 bzw. 5,356 Mrd. Liter. Die durchschnittliche Milchleistung pro Kuh und Jahr betrug 2 790 Liter. Die Butterproduktion wurde 1993 und 1994 mit 17 000 bzw. 13 400 t, die Käseproduktion mit 4 000 bzw. 4 900 t und die Vollmilchpulverproduktion mit 11 200 bzw. 13 800 t beziffert.[156] Die Tierproduktion wird seit mehreren Jahren durch Futtermangel, enorm steigende Produktionskosten und rückläufige Produktivität beeinträchtigt.

Herr V. Hrebenciuc, Generalsekretär der rumänischen Regierung, bezeichnete die Lage der rumänischen Land- und Ernährungswirtschaft im November 1994 als katastrophal. Er machte dafür zahlreiche Gründe verantwortlich und nannte davon einige beim Namen:

- Mangel an leistungsstarken, modernen Maschinen und Landmaschinen,
- halbherzige agrarpolitische Maßnahmen der Regierung, der zuständigen Ministerien und anderen staatlichen Einrichtungen,
- starke Interessentenkonflikte bzw. Unstimmigkeiten zwischen Agrarproduzenten, Verarbeitungsbetrieben, Nahrungsmittelhändlern und ihren Verbänden,
- Kapitalmangel und das Fehlen eines Finanzsystems, das die Agrarproduzenten förderte.

Die Leistung der Tierhaltung von 1994 wurde von Hrebenciuc als "geradezu besorgniserregend" eingestuft. "Berücksichtigt man, daß die USA mit nur 2 % der Bevölkerung, die in der Landwirtschaft tätig sind, zu den größten Agrarproduzenten der Welt zählen, während sich in Rumänien mehr als ein Drittel aller Bewohner mit Landwirtschaft beschäftige, so dürften sich weitere Kommentare zu der Effizienz der rumänischen Landwirtschaft erübrigen.[157]

Die Marktwirtschaft steckte 1994 in Rumänien noch immer in den Kinderschuhen. Die Getreideproduzenten konnten ihre Produkte in großen Mengen, wenn überhaupt, so überwiegend bei der staatlichen Gesellschaft "Romcereal" zu vorgegebenen Preisen abliefern. "Romcereal" bestimmte auch die Qualitätskategorien. Es gibt zwar einige private Ge-

---

[156] Review of Agricultural Policy ..., a.a.O., S. 20 und 65.

[157] Allgemeine Deutsche Zeitung, 2.11.1994, S. 4.

treidekäufer wie z.B. Bäckereien, Viehmästereien und andere. Sie nehmen aber nur vergleichsweise geringe Mengen ab. Anderweitige lukrative Verkaufsmöglichkeiten sind zur Zeit noch rar. Auf dem Fleischmarkt ist die Lage ähnlich. Während Rumänien die Konsumentenpreise 1992-1994 mit wenigen Ausnahmen liberalisierte, wird der Erzeugerpreisbereich der Grundnahrungsmittel (Getreide, Fleisch, Milch, Zucker) nach wie vor über die staatlichen Ankaufs- und Vertriebsmonopolgesellschaften reglementiert. Eine Ablieferungsfrist gegenüber dem Staat besteht jedoch nicht mehr.[159] Verbindliche Erzeugerpreise gehören zwar der Vergangenheit an, das Landwirtschaftsministerium schreibt jedoch statt dessen Preisbildungsrichtlinien vor. Es beschloß im Oktober 1994 das Preisbildungssystem für Schweine- und Hühnerfleisch, Speiseöl, Zucker, Eier und mehrere Fleischerzeugnisse, insbesondere Fleischkonserven, zu verändern, indem es per Erlaß Nr. 729 staatliche Verarbeitungsbetriebe und Großhandelsgesellschaften anwies, keine Erzeugerpreise, sondern für ein halbes Jahr gültige verbindliche Einzelhandelspreise für den staatlichen Einzelhandel auszuhandeln.[160]

Der Absatz landwirtschaftlicher Erzeugnisse war in Rumänien 1990-1994 zum großen Teil nichts anderes als ein "Abliefern zu diktierten Preisen". Staatliche Ankaufsorganisationen beherrschten den Markt, die die Preise vorgaben und keinen Preisverhandlungsspielraum zuließen. Mehrere Bauernbetriebe versuchen es zunehmend mit dem Direktabsatz, indem sie "ab Hof" verkaufen, Bauernmärkte beliefern oder auch Großküchen bzw. Verarbeitungsbetriebe direkt bedienen. Größere Absatzmöglichkeiten können u.U. durch freiwillige Zusammenschlüsse mehrerer Bauernbetriebe zu freien, d.h. nicht formellen Absatzgemeinschaften bzw. auch zu formellen - rechtlich gesicherten - Absatzkooperativen (Erzeuger-Verkaufsgemeinschaften) gesichert werden. Diese, sowie einzelne große Farmbetriebe können Vertragsproduktion für bestimmte Verarbeitungsbetriebe oder Großhandelsgesellschaften betreiben und über die Gründung von eigenen Verarbeitungsbetrieben den Weg der Unternehmensintegration beschreiten. In diesem Bereich gab es allerdings bis Ende 1994 kaum nennenswerte Beispiele.[161]

---

158 Allgemeine Deutsche Zeitung, 17.8.1994, S. 4, 27.8.1994, S. 1; East Europe Agriculture, August 1994, S. 29.

159 Allgemeine Deutsche Zeitung, 2.11.1994, S. 4.

160 Ebenda.

In der rumänischen Landwirtschaft wurde zum 1. Juli 1994 eine neue Einkommensteuer eingeführt, zu deren Ermittlung die Regierung Bodenqualitätsstufen als Bemessungsgrundlage herangezogen hat. Dabei wurde je nach Nutzungsart ein Pauschaleinkommen festgesetzt. Die Bemessungsgrundlage wird von Zeit zu Zeit den Preis-Kostenverhältnissen entsprechend angepaßt. Für das Kalenderjahr 1994 galten Sonderregelungen. Der Steuersatz betrug 5 % des Pauschaleinkommens und sollte für die nächsten zwei Jahre auf 10 % erhöht werden. Diese Einkommenssteuer ist je zur Hälfte, jeweils zum 1. September und zum 15. November eines Jahres, zu entrichten.[161]

Im Entwurf des Staatshaushalts für 1994 waren 1,21 Billionen Leu (ungefähr 10 % der gesamten Ausgaben) für die Förderung der Land-, Forst- und Wasserwirtschaft, des Umweltschutzes, der Bewässerung, der Bekämpfung der Bodenerosion und Kapitalkosten vorgesehen. Das Budget des Landwirtschaftsministeriums für die Land- und Ernährungswirtschaft belief sich dann aber auf nur 900 Mrd. Leu (rund 545 Mio. US-$). Das Landwirtschaftsministerium hat die Subventionierung der Agrarprodukte 1994 erheblich erhöht. Es förderte u.a. im Rahmen eines mittelfristigen Agrarprogramms den Kauf von Zuchttieren, Rindern, Schweinen und Schafen zur Aufstockung der Tierbestände bis zu 50 %, trug bis zu 25 % der laufenden Kosten der Aufrechterhaltung der Tierproduktion bei, ließ Bauernbetrieben aufgrund von Lieferverträgen bestimmte Mengen von Mineraldünger und Pflanzenschutzmitteln pro ha LN gratis zukommen und gewährte außerdem Kredite, Kreditpräferenzen, Zinszuschüsse und Kreditgarantien. Die Zinszuschüsse betrugen 1994 bei kurzfristigen Krediten für laufende Betriebskosten 60 %, bei mittelfristigen, z.B. zum Erwerb von Landmaschinen, Transportmitteln, Schleppern 70 % und für langfristige (Bau von Stallungen, Lagerstätten, Neubepflanzung etc.) 75 % der marktüblichen Zinssätze, die sich 1994 auf 80 bis 120 % pro Jahr beliefen.

Die Regierung hat am 3. Juni 1994 für private Landwirte und Agrargesellschaften ein neues mittelfristiges Kreditpräferenzprogramm für den Ankauf von Landmaschinen und anderen technischen Einrichtungen angekündigt. Sie verlangte von den Antragstellern, 15 % der Kaufsumme aus

161 Allgemeine Deutsche Zeitung, 22.6.1994, S. 4; East Europe Agriculture, August 1994, S. 29.

eigenen Mitteln vorzuschießen, 85 % sollten ihnen aus Haushaltsmitteln für fünf Jahre mit einem Zinszuschuß von 70 % bereitgestellt werden. Sie beschloß Mitte Oktober, Präferenzkredite für den Ankauf von strategisch wichtigen Nahrungsmitteln zu einem Präferenzzinssatz von nur 15 % zu gewähren und eine Geldhilfe von 152 Mrd. Leu den Agrarbetrieben jener Kreise zukommen zu lassen, die von Naturkatastrophen heimgesucht wurden. Sie ließ außerdem u.a. die Rückzahlungsfrist von Agrarkrediten in Höhe von 275 Mrd. Leu, die bereits Ende 1993 fällig gewesen wären, bis nach der Ernte von 1994 verlängern.

Bei der Förderung der rumänischen Landwirtschaft ist zu vermerken, daß der Staat verbindliche Zusagen mitunter einzuhalten "vergißt". So kündigte das Landwirtschaftsministerium im Frühjahr 1994 eine Subvention von 50 Leu je kg der eingefahrenen Zuckerrübenernte an, im Herbst wurden dann jedoch nur 30 Leu/kg, zumeist stark verspätet, ausbezahlt. Hinzu kam, daß die meisten Zuckerrübenfabriken außerstande waren, die abgelieferten Zuckerrübenmengen zu bezahlen. Sie schuldeten den Zuckerrübenbauern Ende 1994 15 Mrd. Leu. Viele von ihnen warteten Anfang Februar 1995 noch immer auf ihr Geld.[162]

Die Bundesrepublik Deutschland unterstützt schon seit mehreren Jahren die deutschstämmigen Privatbauern in Rumänien. Die "Rumänische Landwirtschaftsgesellschaft" (RLG) wurde in Hermannstadt im November 1993 von neun deutschen landwirtschaftlichen Vereinen aus dem Banat, dem Sathmarer Land und Siebenbürgen gegründet. Die Gründung dieser Organisation erfolgte im Rahmen der Hilfsmaßnahmen des Bundesinnenministeriums (Bonn). Die Aktivitäten der RLG umfassen im Grunde genommen zwei große Zielkomplexe: den Service- und den Wirtschaftsbereich. Zum Service-Bereich gehören die regelmäßige Übermittlung von Fachinformationen, Beratungsleistungen, Aus- und Fortbildung etc. und zum Wirtschaftsbereich Marktaktivitäten, u.a. die Bildung von Ein- und Verkaufsgemeinschaften, Erzeugergemeinschaften, Verarbeitung landwirtschaftlicher Rohstoffe und andere. Die RLG hilft Informationsdefizite abzubauen, schlägt ihren Mitgliedern standortgerechte Produktionsverfahren vor, erarbeitet regionale und betriebsspezifische Marketingkonzepte,

---

162 Adevarul Economic, 16/1994, S. 2; East Europe Agriculture, February 1995, S. 29, May 1995, S. 29, January 1995, S. 34; Allgemeine Deutsche Zeitung, 17.11.1994, S. 4; Review of Agricultural Policy ..., a.a.O., S. 48-50.

sorgt für die Fortbildung der Betriebsleiter und Nachwuchskräfte und die Heranbildung des Nachwuchses im Bereich des Managements. Betriebsleiter und Nachwuchskräfte werden gruppenweise zunächst in Rumänien in Fachseminaren geschult und verbringen anschließend einige Wochen bzw. Monate als Gast des deutschen Bauernverbandes bei Agrarbetrieben sowie landwirtschaftlichen Institutionen in Deutschland.[163]

Die rumänische Regierung hat bereits kurz nach der politischen Wende die Privatisierung der Landwirtschaft im Rahmen einer breit angelegten Restitutionswelle eingeleitet. Der Privatsektor hatte 1994 einen Anteil an der Bruttoproduktion der Landwirtschaft von 87,3 % und an der Getreideproduktion von 79,7 %. Private Bauern produzierten zur gleichen Zeit bereits 68,6 % der Sonnenblumen, 74,3 % der Zuckerrüben, 94,4 % der Kartoffeln, 91,2 % des Gemüses, 76,4 % der Weintrauben und 74,6 % des Obstes. Knapp 90 % (genau 88,3 %) der Rinderbestände waren Ende 1994 in privater Hand. Zum Privatsektor gehörten außerdem knapp zwei Drittel (65,1 %) der Schweine- und mehr als neun Zehntel (91,3 %) der Schaf- und Ziegenbestände.[164] Ende 1994 - Anfang 1995 wurden in der rumänischen Landwirtschaft 15 500 private Farmerbetriebe mit einer durchschnittlichen Fläche von 114 ha LN, 3 365 569 Hoflandwirtschaften, Hobbygärten und andere Kleinbetriebe mit einer von 2,02 ha LN und 4 380 Agrarkooperative mit einer von knapp 845 ha LN gezählt. Von den ehemals insgesamt 411 Staatsgütern entstanden zunächst 374 sogenannte landwirtschaftliche Handelsgesellschaften im Staatsbesitz. Bis Ende 1994 wurden von Ihnen 110 privatisiert. Die zuständigen Ministerien haben die früheren 604 agro-industriellen Kombinate (Komplexe) bereits 1993 in 69 landwirtschaftliche Handelsgesellschaften, 80 Agrargesellschaften und 418 Kapitalgesellschaften umgewandelt und 37 von ihnen liquidiert.

Die Regierung hat Ende 1993 beschlossen, die Privatisierung der staatlichen Maschinenstationen (Agromec-Betriebe), der Nahrungsmittel-Großhandelsgesellschaften, der Transport- und Lagerungsbetriebe, der Verarbeitungsindustrie und der ehemaligen Staatsgüter in den Jahren 1994-1996 zu verwirklichen. Im Kalenderjahr 1994 hat der mehrere Jahre aufgeschobene Privatisierungsprozeß dieser Betriebe, d.h. der "Agromec"- der "Agrotransport"- und der "Prodas"-Aktiengesellschaften begonnen. Bis

163 Allgemeine Deutsche Zeitung, 9.11.1994, S.4.

164 East Europe Agriculture, January 1995, S. 34.

Ende Juli 1995 waren z.B. 83 von 522 Agromec-Betrieben in privater Hand. Mit der Privatisierung der staatlichen Getreide-Großhandelsgesellschaft "Romcereal", die auch Verarbeitungsbetriebe unterhält, sollte erst Mitte September 1995 begonnen werden.[165] Die im Eiltempo durchgeführte Restitution, die praktisch bereits bis Ende 1993 vollendet wurde, ging mit einer starken Zersplitterung des Bodenbesitzes, d.h. einer Verschlechterung der Betriebsstruktur einher. Knapp die Hälfte der verfügbaren landwirtschaftlichen Nutzfläche des Landes wird durch Klein- bzw. Kleinstbetriebe bewirtschaftet, die über höchstens 2 ha LN verfügen. Die weitere, dringend notwendige Umstrukturierung wird durch Kapitalmangel, das Fehlen eines Bodenmarktes und durch die verspätete Landvermessung bzw. Aushändigung der Eigentumszertifikate verzögert bzw. verhindert.[166]

In der rumänischen Nahrungsmittelindustrie waren 1994 4 461 zumeist Staatsbetriebe tätig, die insgesamt 248 619 Arbeitnehmer beschäftigten. Sie trugen zur Industrieproduktion des Landes 11 % bei. Die meisten ihrer Betriebe arbeiteten mit einer Kapazitätsauslastung von 20 bis 55 %. Sie wurden überwiegend vor 20 bis 30 Jahren, aufgrund politischer Überlegungen, nach dem Gießkannenprinzip auf der "grünen Wiese", d.h. ohne die grundsätzlichen ökonomischen Standortfragen geklärt zu haben, errichtet und seither wenig modernisiert. Sie produzieren mit einem unverhältnismäßig hohem Arbeits-, Rohstoff- und Energieaufwand, sind von ihren Lieferanten und Abnehmern regional weit entfernt und hoch verschuldet. Die Nahrungsmittelindustrie war im Verlauf des Jahres 1994 zunehmend weniger imstande, die Versorgung der Bevölkerung mit Grundnahrungsmitteln (Molkereiprodukte und Hühnereier ausgenommen) zu garantieren. Sie bezieht ihre Rohstoffe überwiegend von privaten Produzenten, und diese waren kaum mehr bereit, ohne sofortige Bezahlung zu liefern. Bargeld war wiederum auch bei den Nahrungsmittelfabriken knapp. Sie haben ihrerseits hohe Außenstände, Forderungen beim Groß- und Einzelhandel, der die Bezahlung seiner Rechnungen über Gebühr hinaus verzögert.

Die rumänische Nahrungsmittelindustrie bedarf einer radikalen und umfassenden Umstrukturierung, die jedoch aus beschäftigungspolitischen

---

[165] Review of Agricultural Policy ..., a.a.O., S. 32-35 und 78.

[166] Zd. Lukas: Die Landwirtschaft der Oststaaten ..., a.a.O., S 98.

Überlegungen, Kapitalmangel und mäßigem Interesse ausländischer Investoren immer wieder hinaufgeschoben wird. Unter diesen Umständen liegt es auf der Hand, daß ihre Privatisierung 1994 noch in den Anfängen steckte. Bis Ende Juli 1995 wurden nur 69 Staatsbetriebe dieses Wirtschaftszweiges in private bzw. mehrheitlich private Hand überführt. Darunter befanden sich u.a. 10 von 132 Betrieben der Fleischindustrie, 6 Molkereien, gleichfalls 6 Mühlbetriebe, 4 von 9 Produzenten von alkoholischen Getränken, ein Betrieb der Pflanzenölindustrie und je eine Fabrik der Süßwaren-, der Erfrischungsgetränke und der Obst- bzw. Gemüseverarbeitungsindustrie. Rund 70 % der Aktien des Süßwaren-Großunternehmens in Brasov hat die Firma Jacobs-Suchard erworben. Die Privatisierung der 36 Staatsbetriebe der Zuckerindustrie hat noch nicht begonnen.[167]

4.4.2 Das rumänische Nahrungsmittelangebot in Deutschland nur mit einigen wenigen Erzeugnissen konkurrenzfähig

In Anbetracht der Lage der rumänischen Land- und Ernährungswirtschaft ist als Erfolg zu verbuchen, daß die Belieferung Deutschlands mit Nahrungsmitteln aus diesem Land 1994 erhöht werden konnte, wenn auch nur um 3 Mio. DM.

Die Importpreise gestalteten sich 1994 für Fleisch und Fleischwaren, Rind- und Kalbfleisch, Geflügelfleisch, Geflügelfleischzubereitungen, Gemüse und sonstige Küchengewächse, Obstzubereitungen und -konserven sowie sonstige pflanzliche Nahrungsmittel grundsätzlich günstig. Agrarexporteure aus Rumänien erzielten in bezug auf 1993 in der angeführten Reihenfolge durchschnittliche Preissteigerungen von 3,2, 4,9, 8,2, 53,6, 22,2, 2,7 bzw. 5,6 Prozent. Bei einigen anderen Produkten bzw. Produktgruppen gab es 1994 dagegen mehr oder weniger nennenswerte Preiseinbußen zu verzeichnen wie z.B. bei Zubereitungen und Konserven aus Rindfleisch um 5,9 %, Honig um 15,8 %, Mais um 1,9 %, Obst, außer

---

[167] Review of Agricultural Policy ..., a.a.O., S 32 und 79; Agricultural Situation and Prospects in the Central and Eastern European Countries, Romania, European Commission, Directorate-General for Agriculture, Working Document, Brussels 1995, S. 38-39; East Europe Agriculture, July 1995, S. 37; Allgemeine Deutsche Zeitung, 15.10.1994, S. 4 und 2.11.1994, S. 4.

Südfrüchten um 6,2 %, Frucht- und Gemüsesäften um 10,3 %, Ölfrüchten zur Ernährung um 29,9 % und bei Wein um 10,7 %.[168]

In der Grobstruktur der Nahrungsmittellieferungen aus Rumänien gab es 1994, im Vergleich zum Vorjahr, nur geringe Veränderungen. Sie gingen vor allem zu Lasten des Genußmittelanteils. Lebende Tiere waren 1993 und 1994 an den einschlägigen Einfuhren aus Rumänien mit 0,9 bzw. 1,5 %, Nahrungsmittel tierischen Ursprungs mit 33,5 bzw. 34,1 %, Nahrungsmittel pflanzlichen Ursprungs mit 45,2 bzw. 46,2 % und schließlich Genußmittel mit 20,4 bzw. 18,2 % beteiligt.[169]

Das Lieferangebot des rumänischen Agrarexports nach Deutschland bestand 1994 - wie auch in den Vorjahren - nur aus einigen wenigen Produkten bzw. Produktgruppen. Rund drei Viertel der Einfuhren entfielen auf nur acht Posten: davon auf Wein 18 %, Apfelsaft 6,9 %, Obst (außer Südfrüchten, vor allem Frischobst) 11,7 %, Gemüse und sonstige Küchengewächse 16,2 %, (davon Gurken 10,5 %), Rind- und Kalbfleisch 3,2 %, Zubereitungen und Konserven von Rindfleisch 12,5 %, Geflügelfleisch und genießbare Schlachtnebenprodukte knapp 6 % und Zubereitungen und Konserven von Geflügel 6,2 % (auf Fleisch und Fleischwaren insgesamt 28,9 %).[170] Nennenswerte Anteile verbuchten außerdem noch Därme, Blasen, Mägen, Honig, Mais, Pflaumen, Himbeeren, Ölfrüchte zur Ernährung sowie die Sammelproduktgruppe der sonstigen pflanzlichen Nahrungsmittel.

---

168 Errechnet nach Angaben des Statistischen Bundesamtes und des BML 216 vom 6.7.1995.

169 Ebenda.

170 Ebenda.

Tabelle 29: Lieferungen aus Rumänien 1993 und 1994

	1993 t	1993 Mio. DM	1994 t	1994 Mio. DM
Fleisch und Fleischwaren	5 569,2	19,066	5 487,8	19,378
davon				
Zubereitungen und Konserven von Rindfleisch	3 871,3	10,017	3 458	8,426
Geflügelfleisch und genießbare Schlacht-nebenprodukte	582	3,438	628	4,015
Zubereitungen und Konserven von Geflügel	625,5	2,395	966,7	4,161
Därme, Blasen, Mägen	303,9	0,730	593,7	1,150
Honig	535,9	1,209	960,2	1,828
Mais	1 042,8	2,644	1 169,1	2,229
Gemüse und sonstige Küchengewächse	8 835	6,990	11 250,7	10,862
davon				
Frischgemüse	8 548,3	6,090	10 657,8	8,833
Obst, außer Südfrüchten	7 633,8	10,194	6 246,9	7,849
davon Pflaumen	2 122,9	1,817	2 514,2	2,002
Gemüse-, Obstkonserven, Fruchtsäfte und dgl.	4 455,7	5,272	5 541,7	6,156
davon Apfelsaft	3 595,7	4,217	4 388,1	4,631
Ölfrüchte zur Ernährung	811,3	1,463	1 197,1	1,510
sonstige pflanzliche Nahrungsmittel	703,7	1,087	729,1	1,190
Wein *	100 911,2	13,431	104 904,2	12,183
davon Rotwein *	63 457,7	8,140	56 316	6,327

* hl

Quellen: Errechnet nach Angaben des Statistischen Bundesamtes und des BML 216 vom 6.7.1995.

Tabelle 30: Anteile einzelner Produkte bzw. Produktgrupppen an den deutschen Agrareinfuhren aus Rumänien (in %)

	1989	1990	1991	1992	1993	1994
Lebende Tiere	0,0	0,3	0,1	0,1	0,9	1,5
Nahrungsmittel tierischen Ursprungs	52,0	25,5	40,3	39,4	33,5	34,1
davon:						
Fleisch und Fleischwaren	44,1	20,59	34,15	34,12	30,1	28,9
Zubereitungen und Konserven von Rindfleisch	.	.	.	14,5	15,6	12,5
Geflügelfleisch und genießbare Schlachtnebenprodukte	.	.	.	1,8	5,4	6,0
Zubereitungen und Konserven von Geflügel	.	.	.	1,35	3,7	6,2
Därme	2,6	6,44	3,34	2,18	1,1	1,7
Fisch und Fischzubereitungen	1,5	1,73	1,22	1,46	0,1	0,8
Honig	2,8	9,9	1,60	1,58	1,9	2,7
Nahrungsmittel pflanzlichen Urspungs	36,52	46,8	47,0	43,5	45,2	46,2
davon						
Mais	3,7	9,9	6,11	9,39	4,8	3,3
Gemüse und sonst. Küchengewächse	14,1	11,0	6,95	10,28	10,6	16,2
darunter: Gurken	3,0	6,0	1,92	3,36	8,3	10,5
Obst, außer Südfrüchten	8,1	20,84	23,96	9,38	15,4	11,7
Gemüse, Obstkonserven, Fruchtsäfte und dgl.	2,2	0,62	2,75	9,37	8,3	9,2
darunter Apfelsaft	.	.	.	7,9	6,6	6,9
Ölfrüchte zur Ernährung	.	.	.	0,9	2,2	2,2
sonstige pflanzl. Nahrungsmittel	.	.	.	2,2	1,8	1,8
Genußmittel	11,5	27,40	12,6	17,0	20,4	18,2
davon						
Wein	11,4	27,39	12,43	15,1	20,37	18,1
darunter: Rotwein	7,96	18,19	8,26	8,34	12,7	9,4

Quellen: Errechnet nach Angaben des Statistischen Bundesamtes Wiesbaden und des BML 216 vom 2.7.1993, 31.8.1994 und 6.7.1995.

Der rumänische Agrarexport hat sich im Kalenderjahr 1994 zunehmend auf seine nach der politischen Wende vorübergehend verlorene Absatzmärkte in den früheren RGW-Ländern, vor allem in Rußland, reorientiert. Deutschland wurde mit Erzeugnissen der Land- und Ernährungswirtschaft aus Rumänien 1990-1994 im Wert von knapp 35 bis höchstens 80 Mio. DM (1992) beliefert. Das rumänische Angebotssortiment nach Deutschland besteht größtenteils aus Massenprodukten, die auf dem Nahrungsmittelmarkt in unserem Lande anonym bleiben. Nur eine einzige rumänische Sammelmarke "Murfatlar-Weine", für die hin und wieder in den Massenmedien geworben wird, ist vor allem im süddeutschen Raum einigermaßen bekannt. Die Verantwortlichen des rumänischen Landwirtschafts- bzw. Außenwirtschaftsministeriums sollten sich zuallererst selbst darüber klar werden, welche absatzpolitischen Ziele sie hinsichtlich der Agrarerzeugnisse in Deutschland verfolgen wollen. Sie haben bereits bekanntgegeben, daß sie den einschlägigen Exportumsatz mittelfristig erheblich erhöhen und wieder Exportüberschüsse in der bilateralen Agrarhandelsbilanz mit der Bundesrepublik erzielen möchten. Es steht jedoch fest, daß die rumänischen Agrarexporterlöse in Deutschland allein mit gelegentlich verfügbaren Massengütermengen über die bisherigen Schwankungen hinaus kaum nennenswert gesteigert werden können. Agrarexporteure aus Rumänien haben aufgrund der Erleichterung des Marktzugangs im Rahmen des Assoziierungsvertrages mit der EU auch in Deutschland gewisse Chancen, ihren Absatz zu vermehren, vorausgesetzt, daß sie nach Überwindung der gegenwärtigen Probleme der Nahrungsmittelwirtschaft im eigenen Lande in die Lage versetzt werden, ein nachfrage- bzw. marktgerechtes Angebot auf qualitativ hohem Niveau zu attraktiven Preisen zu offerieren.

5 AGRARAUSSENHANDEL MIT DER RUSSLÄNDISCHEN FÖDERATION

Die Anfang des Jahres getroffene Vorhersage mehrerer Wirtschaftsforschungsinstitute aus Moskau, daß 1994 kein Wendejahr der russischen Wirtschaftskrise sein werde, hat sich bewahrheitet. Die Talfahrt hielt, wenn auch gegen Ende des Jahres mit leicht abflauendem Tempo, an. Die politische und wirtschaftliche Lage hat sich jedoch nicht im befürchteten Ausmaß verschlechtert; im Gegenteil, die politische Situation hat sich vorübergehend stabilisiert. Der zentristische Kurs des Ministerpräsidenten V. Tschernomyrdin hat zunächst sowohl die Reformer als auch die Konservativen angesprochen.[171] Staatspräsident Jelzin hat die wirtschaftspolitische Tagesarbeit zunehmend an seinen Ministerpräsidenten delegiert. Die politische Großwetterlage schlug nach der militärischen Intervention in Tschetschenien um, und der mächtige, jedoch zerstrittene Präsidentenberaterstab ist in zwei verfeindete Lager zerfallen, wobei die Hardliner zunehmend an Einfluß gewannen. Spätestens ab Januar 1995 herrschte in Rußland politische Instabilität, und Präsident Jelzin schien die Hebel der Macht nicht mehr in der Hand zu haben. Die Reformbereitschaft sank, und der neue "Privatisierungsminister" Polewanow berichtete, daß die Staatliche Kommission für Vermögenswerte einen Gesetzesentwurf zur Wiederverstaatlichung mehrerer lukrativer Unternehmen in Schlüsselsektoren vorbereite.[172]

5.1 Weitere Verschärfung der Wirtschaftskrise 1994

Das Bruttosozialprodukt betrug 1994 rund 630 Billionen Rubel. Es ist im Vergleich zum Vorjahr real um 15 % zurückgegangen. Der Staatssektor, die Privatwirtschaft und die Kooperativen trugen zum BSP 38 bzw. 25 und 37 % bei. Der Beitrag der Schattenwirtschaft zum BSP wurde vom Statistischen Amt (Goskomstat) auf ungefähr 20 % geschätzt. Der Anteil der Ausgaben für den volkswirtschaftlichen Endverbrauch ist 1993-1994 von 60 auf 66 % gestiegen. Die Kapitalinvestitionen aus allen Finanzquellen beliefen sich 1994 auf 110 Billionen Rubel und waren somit in bezug auf 1993 um 27 % rückläufig. Der Staat war 1994 weniger als im Vorjahr in

---

171 Ostwirtschaftsreport, 15/1994, S. 292.

172 Ebenda, 2/1995, S. 22.

der Lage, die Investitionen der Wirtschaft zu finanzieren. Sieht man auf die Finanzquellen der Wirtschaftsinvestitionen, so stammten nur noch 15 % (1993 17,5 %) aus dem Staatshaushalt, 11 % aus den Budgets der einzelnen Regionen bzw. Gemeinden, 1,5 % aus stark präferierten staatlichen Investitionskrediten, 6,1 % aus zentralen extrabudgetären Investitionsfonds und 62 % (1993 knapp 60 %) aus Eigenmitteln der Unternehmen.[173] Die Bruttoproduktion der Industrie erreichte nur noch 73,6 % des Niveaus des Vorjahres, darunter die des Maschinenbaus 52,5 %, der Chemie bzw. der Petrochemie 70,7 %, der Bauwirtschaft 66,6 %, der Leichtindustrie 53,2 % und der Nahrungsmittelindustrie 78,9 %.

Der Regierung ist es 1994 nicht gelungen, die rasende Inflation zu bremsen. Die durchschnittliche Inflationsrate betrug 320 %. Dabei kletterten die Preise für Nahrungsmittel auf das 3,1-fache, für Industrieprodukte auf das 2,9-fache und für Dienstleistungen auf das 7,6-fache. Die Dienstleistungen erwiesen sich 1994 somit abermals als stärkster Preistreiber. Das Preisniveau für den Alltagsbedarf war am höchsten in Moskau, St. Petersburg und nicht zuletzt in den Städten des Fernen Ostens, am niedrigsten in der zentralen Schwarzerde- bzw. in der Wolga-Region.

Der durchschnittliche Arbeitslohn wurde im Dezember 1994 mit 335 000 Rubeln/Monat (ungefähr das 2,4-fache vom Vorjahr) beziffert. Das Existenzminimum erreichte zur gleichen Zeit im Durchschnitt 146 000 Rubel/Monat. Etwa 23 % der Gesamtbevölkerung, d.h. 34 Mio. Menschen verfügten nur über ein regelmäßiges Geldeinkommen unterhalb dieses Existensminimums. Der föderative Beschäftigungsdienst führte offiziell nur 1,6 Mio. Arbeitslose (2,1 % der Erwerbsbevölkerung). Laut Angaben des Statistischen Amtes waren jedoch in der Föderation Ende 1994 5,3 Mio. Personen ohne Arbeit. Hinzu kamen außerdem noch weitere 4,8 Mio. Arbeitnehmer, die nicht voll beschäftigt waren. Das waren insgesamt 10,1 Mio. Menschen oder 13,5 % der Erwerbsbevölkerung. Die Gesamteinwohnerzahl der Föderation erreichte Ende 1994 148,2 Mio. Personen. Die durchschnittliche Lebenserwartung betrug 64 Jahre.

Die Umweltsituation war unverändert katastrophal. Extrem hohe Umweltbelastungen (Überschreitung der Grenzwerte um mehr als das Hundertfache) wurden u.a. über die Flüsse Njudaj und Iset' in den Gebieten

---

[173] Rossijskaja gazeta, 21.1.1995, S. 4; Kommersant, 1/1995, S. 11, 21.

von Murmansk und Sverdlovsk bekannt; hohe Verunreinigungsgrade wurden über viele größere Flüße des Landes wie Ob, Tobol', Wolga, Oka, Kama, Don, Salda, Serga, Miass, Cusovaja etc. gemeldet. In Moskau, Novosibirsk, Barnaul, Norilsk, Magadan, Samara, Omsk, Lipeck und anderen Städten übertraf die Luftverschmutzung die zulässigen Normen um mindestens das Zehnfache.[174]

Der Einzelhandelsumsatz hat sich 1994, in bezug auf 1993 nominal ungefähr der Inflationsrate entsprechend, verdreifacht und belief sich auf insgesamt 217 Billionen Rubel, dabei entfielen auf den Nahrungsmittelumsatz 99 Billionen Rubel. Konsumgüter ausländischer Herkunft waren 1994 im Einzelhandel der Föderation auf dem Vormarsch. Der Anteil der Erzeugnisse aus einheimischer Produktion am Einzelhandelsumsatz ist 1992-1994 von 77 auf 65 % zurückgegangen. Die Nahrungsmittelversorgung der Bevölkerung mehrerer Großstädte, insbesondere der von Moskau und St. Petersburg, mußte jeweils mehr als zur Hälfte durch Importe gesichert werden. Ständige "Wochenmärkte" spielen im Einzelhandel der Föderation eine im Vergleich zu anderen europäischen Ländern erheblich größere Rolle. Rund jeder vierte Kauf eines russischen Konsumenten wurde auf Märkten getätigt. Vom Einzelhandelsumsatz bei Fleisch und Geflügelfleisch entfallen über 30 %, bei Fisch 8 %, Bekleidungsartikeln 70 % und bei Schuhen 40 % auf Wochenmärkte.[175]

Entsprechend der Wirtschaftskrise und der rasenden Inflation verfiel der Wechselkurs des Rubels im Verlauf des Jahres 1994, insbesondere seit dem schweren Einbruch im Oktober, zusehends. Er betrug im Jahresdurchschnitt 3 750 Rubel = 1 US-$, ist aber von Anfang Januar 1994 bis Ende März 1995 von 1 274 auf 4 867 Rubel = 1 US-$ "gestiegen". Die nationale Währung war 1994 offiziell nach wie vor nicht konvertibel. Ausländische Währungen bzw. Devisen konnten jedoch auf Interbankenbörsen bzw. auf dem Schwarzmarkt ohne besondere Schwierigkeiten besorgt werden. Die Zentralbank untersagte bereits zum 1. Januar 1994 Devisentransaktionen im direkten Zahlungsverkehr (bei Barzahlung). Das Verbot betraf Käufe und Verkäufe in- und ausländischer juristischer und privater Personen. Ausgenommen waren Banktransfers und Zahlungen mit Kreditkarten, die nach wie vor in Devisen abgewickelt werden durften. Die

---

174 Rossijskaja gazeta, 21.1.1995, S. 4; Kommersant, 1/1995, S. 11,21.

175 Presseschau Ostwirtschaft, Januar 1995, S. 59.

Bank suchte durch diese Maßnahmen den Rubel zu stabilisieren und die "Dollarisierung" der Wirtschaft, die zunehmende Verdrängung des Rubels durch den US-$ (als Zahlungsmittel), zu verhindern. Ihre Bemühungen blieben jedoch mehr oder weniger ohne Erfolg.[176]

Das Defizit des Staatshaushaltes, das 1992 in bezug auf das BSP 2,3 % betrug, ist 1993 auf 9,8 % und 1994 auf 9,9 % gestiegen.[177] Teilbeträge der immensen internationalen finanziellen Verpflichtungen der Rußländischen Föderation - deren Gesamthöhe der einschlägige Jahresreport der Zentralbank nicht bekanntgibt - wurden durch weitgehendes Entgegenkommen der Mitgliedsländer des Pariser Clubs, allen voran Deutschlands und anderer Geldgeber, wiederholt verlängert bzw. umgeschuldet. Die Gold- und Devisennettoreserven der Zentralbank betrugen Ende 1994 3,924 Mrd. US-$. In der Föderation gab es außerdem beträchtliche Kapitalressourcen in ausländischen Devisen. Unternehmen hielten rund 4 Mrd. US-$ auf Handelsbankkonten. Die Bevölkerung hortete im "Sparstrumpf" verschiedene Devisenbeträge, schätzungsweise in Gesamthöhe von knapp über 6 Mrd. US-$. Die bereits im Jahr 1993 registrierte Kapitalflucht hat sich 1994 verstärkt. Unternehmen haben im Ausland Direkt- und Finanzinvestitionen von 2,2 Mrd. US-$ getätigt und Banken in Unternehmensauftrag bzw. in eigener Regie ungefähr 15 Mrd. US-$ jenseits der Landesgrenze transferiert. Die mehr oder weniger legalen Transaktionen der Bevölkerung hinzugezählt, sollen Ende 1994 rund 25 Mrd. US-$ russischen bzw. rußländischen Kapitals auf sicheren Auslandskonten in westlichen Industrieländern gelegen haben.[178] Die Kapitalbilanz schloß mit einem Passivsaldo von 5,794 Mrd. US-$. Die Föderation hat 1994 Tilgungszahlungen in Gesamthöhe von 16,891 Mrd. US-$ geleistet, dabei entfielen auf Schulden der ehemaligen Sowjetunion 11,900 Mrd. US-$.

Die Gesamtsumme der ausländischen Investitionen in die Wirtschaft der Föderation erreichte Ende 1994 knapp 4 Mrd. US-$. Im Kalenderjahr 1994 wurden davon 1,2 Mrd. US-$ zu 85 % als Direktinvestitionen angelegt. Bei den Portfolioinvestitionen verhielt sich die internationale Fi-

---

[176] Ostwirtschaftsreport, 2/1994, S. 34; Moscow News, 11/1995, S. 7.

[177] Review of Agricultural Policy and Trade Developments in Russia, OECD Paris, September 1995, Tab. 1, S. 21.

[178] Izvestija, 84/1995, Beilage: Finansovye Izvestija, S. 1; Ostwirtschaftsreport, 22/1994, S. 426.

nanzwelt noch zurückhaltender als bei den direkten. Ausländische Geldgeber haben in den letzten Jahren weniger Kapital in das "Riesenreich" der Rußländischen Föderation mit knapp 150 Mio. Einwohnern investiert als z.B. in unverhältnismäßig kleinere Reformländer wie Ungarn, Polen oder Tschechien. Die Investitionsbereitschaft wurde durch willkürliche Steuergesetze, das zunehmende Rechtschaos, das unkalkulierbare Risiko, zunehmende Korruption und Kriminalität sowie durch beträchtliche, unvorhersehbare Kosten, die das systematische, zielorientierte Marketing erschwerten, beeinträchtigt. Die Auslandsinvestitionen waren 1994, im Vergleich zu 1993, aufgrund der instabilen Finanz- und Wirtschaftslage in der Föderation sowie der fehlenden bzw. widersprüchlichen normativen und gesetzlichen Rahmenbedingungen rückläufig. Das ausländische Kapital hat sich vor allem für den Energiesektor, die Rohstoffproduktion und einige Zweige der Verarbeitungsindustrien interessiert. Deutsche Investoren haben ihre Direktinvestitionen 1994, im Gegensatz zu Kapitalanlegern aus anderen Ländern, nennenswert gesteigert und führten außerdem die Liste der ausländischen Investoren der Föderation unverändert an. Auch ihr Engagement war jedoch durch die zum Teil katastrophalen ordnungspolitischen Rahmenbedingungen überschattet, die das strategische Vorgehen auf dem Markt häufig zunichte machten. Obwohl insbesondere finanzstarke Unternehmen "heute" Anteile am russischen Markt von "morgen" erobern und sichern können, scheuen viele potentielle Investoren die Schwierigkeiten. Sie schieben eine intensivere Bearbeitung des russischen Marktes um einige Jahre hinaus und investieren vorrangig in die Visegrád-Länder, wo sie geordnete wirtschaftliche und politische Verhältnisse vorfinden.[179]

Die Leistungsbilanz der Föderation hat das Kalenderjahr 1994 mit einem Aktivsaldo von 5,794 Mrd. US-$ abgeschlossen. In der Außenhandelsbilanz wurde ein Exportüberschuß von 15,484 Mrd. US-$ ausgewiesen, nachdem die Ausfuhren 66,668 und die Einfuhren 51,184 Mrd. US-$ betrugen. Von den Ausfuhren entfielen 73 % auf marktwirtschaftlich orientierte Länder, davon ungefähr zwei Drittel auf OECD-Länder, und 27 % auf GUS-Länder. An den Einfuhren der Föderation waren die GUS-Länder mit knapp 45 % und westliche Industrieländer (allen voran Deutschland, gefolgt von den USA, Großbritannien und Italien) mit ungefähr 50 % beteiligt. Deutschland war 1994 unverändert der größte Handels-

---

[179] Ostwirtschaftsreport, 1/1995, S. 9, 2/1995, S. 23 und 8/1995, S. 146.

partner der Föderation. Sein Anteil belief sich im Export auf rund 13 und im Import auf 14 %. Im bilateralen russisch-deutschen Warenaustausch wurde 1994 ein Exportüberschuß von etwa 1,601 Mrd. US-$ zugunsten der Föderation erzielt. Der für die Absicherung der Einfuhren der Föderation aus Deutschland bereitgestellte Hermes-Planfond von 2,5 Mrd. DM wurde 1994 nur zu 64 % ausgeschöpft.[180]

Zu den tragenden Posten der rußländischen Ausfuhren gehörten 1994 nach wie vor Brennstoffe und Energieträger mit einem Anteil von 44,7 % (1993 46,7 %), Eisen, Stahl, Buntmetalle und aus ihnen hergestellte Erzeugnisse mit einem von 20,2 % (1993 16,4 %), Produkte der chemischen Industrie mit 7,6 % (6 %), Maschinen und technische Ausrüstungen mit 5,3 % (6,5 %) sowie Holz-, Zellulose- und Papiererzeugnisse mit 4,3 % (4,2 %). Beim Import entfielen auf Maschinen und technische Ausrüstungen 34 %, chemische Erzeugnisse 10,7 %, Textilien, Bekleidung und Schuhe 6,8 % und auf Nahrungsmittel 20,9 % (ohne GUS sogar 29,2 %). Im Gesamtexport der Föderation hatten Nahrungsmittel dagegen - wie eh und jeh - mit einem Anteil von 2,1 % nur geringe Bedeutung.[181]

Die Außenhandelspolitik der Föderation stand 1994 im Zeichen eines zunehmenden Importprotektionismus und einer leichten Liberalisierung der Ausfuhren. Bei der Neuformulierung der Außenhandelspolitik im November 1993 gab die Regierung die Erhöhung einer Reihe von Importzollsätzen und Verbrauchssteuern einerseits und die Verringerung von Exportzöllen und der Zahl der kontingentierten bzw. lizenzpflichtigen Waren andererseits bekannt. Die Rußländische Föderation gehörte 1994 nicht zu den Mitgliedsländern des GATT. Deutsche und andere westliche Firmen, die den russischen Markt belieferten, mußten sich 1994 auf eine ganze Reihe neuer Regelungen einstellen, die sich auf ihren Umsatz auswirkten. Hierzu gehörten a) die Erhöhung der Importzölle auf Edelmetalle, Textilien, Haushaltsgeräte, Möbel, Bekleidung und mehrere Nahrungsmittel wie z.B. Pflanzenöl, Gemüseerzeugnisse, Fisch, Milch und Zucker; b) die Einführung der Zollpflicht für früher zollfreie Importprodukte, u.a. Schiffe für den Fischfang, Landmaschinen und technische Ausrüstungen für die

---

180 Izvestija, 11.5.1995, S, Beilage: Finansovye Izvestija, S. 1; Ostwirtschaftsreport, 2/1995, S. 40, 3/1995, S. 60; East Europe Agriculture, February 1995, S. 11.

181 Presseschau Ostwirtschaft, Januar 1995, S. 58 und errechnet nach: Izvestija, 11.5.1995, Beilage: Finansovye Izvestija, S. 1.

Landwirtschaft und Kinderkleidung; c) die Abschaffung der Importsubventionen für pharmazeuthische Produkte und Nahrungsmittel und d) die Heraufsetzung der Verbrauchssteuer auf sogenannte Luxusgüter (u.a. bei Wodka von 80 auf 85 %, Wein von 46,5 auf 100 %, Zigaretten von 14 bis 50 auf 100 %, Personenkraftwagen von 25-35 auf 35-70 %, Bier von 25 auf 40 % und Schmuck von 20 auf 30 %). Zu den Produkten - zumeist strategisch wichtigen Gütern -, die beim Export weiterhin kontingentiert wurden und lizenzpflichtig blieben - gehörten u.a. Erdöl, Raffinierieprodukte, Erdgas, mehrere NE-Metalle, Zellstoff, Sojabohnen, Fisch, Hartweizen und Weizenmehl. Das Ministerium für Außenwirtschaftsbeziehungen hat die Genehmigungspraxis der Ausfuhr strategisch wichtiger Produkte schon Mitte des Jahres 1994 neu geregelt. Die Ausfuhrlizenzen sollten sodann nach der Vorlage der erforderlichen Dokumente von den Regionalbüros des Ministeriums nach Ablauf von zwei Wochen ausgehändigt oder gegebenenfalls verweigert werden. Mitarbeiter des zuständigen Regionalbüros haben die Pflicht, den vorgelegten Kontrakt zu überprüfen, ob der vereinbarte Verkaufspreis gegebenenfalls unter dem durchschnittlichen Weltmarktpreisniveau liegt. In diesem Fall wird die Exportlizenz verweigert und der Exporteur muß neu verhandeln.[182] Das Außenwirtschaftsministerium verfolgt das Ziel, den "Ausverkauf" strategisch wichtiger Güter zu Billigpreisen einzudämmen. Bei der Überprüfung der Kontrakte wurde den Beamten der Regionalbüros jedoch ein erheblicher Ermessungsspielraum eingeräumt, der der Korruption Türen und Tore öffnet.

5.2 Die Rußländische Föderation als Nettoagrarimporteur

Die Sowjetunion gehörte zu den traditionellen Agrarimporteuren der Welt. Die Rußländische Föderation setzt diese Tradition seit ihrem Bestehen fort. Ihre Agraraußenhandelsbilanz schloß das Kalenderjahr 1994 mit einem Importüberschuß von 9,222 Mrd. US-$ ab, wobei die gesamte Ausfuhr von Nahrungsmitteln 1,478 Mrd. und die Einfuhr 10,700 Mrd. US-$ betrug. Die Agrarausfuhr der Föderation ist sehr stark auf die GUS-Länder orientiert, die 1994 einen Anteil von 34,5 % auf sich vereinigten. Auf die OECD-Länder entfielen insgesamt 39,7 %, darunter auf die 12 EU-Mitglieder 13,6 %, auf die EFTA-Länder 2,8 %, auf die USA und Kanada insgesamt 3,1 %, auf andere OECD-Länder 20,2 %, auf die frü-

---

[182] Ostwirtschaftsreport, 3/1994, S. 44 und 16/1994, S. 319.

heren RGW-Länder 3,6 %, davon auf die MOE-Länder 3,1 % und auf andere Länder insgesamt 22,2 %. Ungefähr die Hälfte (6,4 %) der Belieferung der EU mit Agrarerzeugnissen und anderen Nahrungsmitteln aus der Föderation wurde 1994 in Deutschland abgesetzt. Deutschland war somit für Rußland der wichtigste Agrarabsatzmarkt in der EU.

Der rußländische Agrarexport ist traditionell auf einige wenige Produkte bzw. Produktgruppen wie z.B. Fisch und Fischwaren (1994 mit einem Anteil von 20,1 %), Sonnenblumenkerne (9 %), Getreide (7,4 %), Milch und Milchprodukte (4,8 %) und Genußmittel wie hochprozentige Alkoholika, konzentriert. Der Agrarexport der Föderation bestand 1994 u.a. aus folgenden Warenmengen: Getreide insgesamt 1,585 Mio. t, davon Weizen 1,0355 Mio. t und Mais 555 000 t, Ölsaaten 633 000 t, pflanzliche Öle und Fette 85 400 t, Zucker 69 600 t, Kartoffeln 39 400 t, Frischgemüse 11 900 t, Frischobst 14 400 t, Fleisch 11 700 t, davon Geflügelfleisch 6 200 t, Butter 6 800 t, Magermilchpulver 80 900 t und Vollmilchpulver 74 900 t.[183]

Die Föderation bezog 1994 mehr als die Hälfte, genau 51,3 %, ihrer Agrareinfuhren aus den OECD-Ländern, darunter aus der EU 31,2 %, aus den EFTA-Ländern 7,6 %, aus den USA und Kanada 8,8 %, aus den früheren RGW-Ländern 12,2 %, davon aus den MOE-Ländern knapp 9 %, aus den GUS-Ländern 19,3 % und aus anderen Ländern 17,2 %. Deutschland war 1994 an der Belieferung des Nahrungsmittelimportmarktes der Föderation mit rund 11,1 % beteiligt und somit auch beim Import der wichtigste Handelspartner aus der EU. Am Agrarimport der Föderation waren 1994 u.a. Fleisch und Fleischerzeugnisse mit 10,7 %, Zucker mit 10,3 %, Obst und Obsterzeugnisse mit 9,5 %, Kakao und Kakaoerzeugnisse mit 8 %, Getreide mit 4,3 %, Kaffee und Tee mit 3,4 %, Butter mit 1,8 %, Milch und Milcherzeugnisse mit 1,2 % und pflanzliche Öle und Fette mit gleichfalls 1,2 % beteiligt. Im Kalenderjahr 1994 bezog die Föderation u.a. die folgenden Nahrungsmittelmengen aus dem Ausland: Weizen 2,155 Mio. t, Mais 1,503 Mio. t (davon insgesamt 2,1 Mio. t Getreide von ihren traditionellen Lieferanten aus den westlichen Industrieländern), pflanzliche Öle 157 600 t, Zucker 971 100 t, Frischobst 2,7415 Mio. t, Frischgemüse 665 700 t, Obst- und Gemüsekonserven

---

183 Review of Agricultural Policy ..., a.a.O., Tab. 5, 7 und 9 auf S. 25-27.

144 500 t, Fleisch 1,125 Mio. t, Butter 151 200 t, Magermilchpulver 70 900 t und Vollmilchpulver 42 700 t.[184]

Die Sowjetunion war lange Jahre hindurch der größte Getreideimporteur der Welt, aber auch die Rußländische Föderation führte 1993 noch knapp über 11 Mio. t Getreide ein. Beträchtliche Reserven - der stellvertretende Ministerpräsident A. Zaverjucha sprach im Herbst von rund 16 Mio. Tonnen - aus der Vorjahresernte und der seit mehreren Jahren stets deutlich rückläufige Futtermittelbedarf der dezimierten Nutztierbestände haben es 1994 ermöglicht, die gesamte Getreideeinfuhr im Vergleich zu 1993 um zwei Drittel zu reduzieren. Es kam außerdem hinzu, daß traditionelle Lieferländer im Westen, nachdem fällige Kredite aus vergangenen Jahren russischerseits nicht termingerecht zurückgezahlt wurden, ihre Kreditgarantien zurückzogen, und daß die Regierung keine zusätzlichen Finanzmittel für Getreideimporte im Staatsauftrag bereitstellen konnte bzw. wollte. Der stellvertretende Ministerpräsident A. Zaverjucha hatte bereits im Herbst 1993 darauf hingewiesen, daß sich der Staat als Auftraggeber aus dem Agrarimportgeschäft zunehmend zurückziehen werde, und daß private Handelsgesellschaften Nahrungsmittel nicht auf staatliche Initiative, sondern nach eigener Beurteilung der Marktlage auf eigenes Risiko importieren sollten. Die Agraradministration der Föderation verfolgte zwar 1994 eine grundsätzlich restriktive Agrarimportpolitik, sie konnte jedoch angesichts der Dauerkrise der rußländischen Land- und Ernährungswirtschaft, den starken Zuwachs der Nahrungsmitteleinfuhren, insbesondere aus den Nicht-GUS-Ländern, nicht verhindern. Die einschlägigen Fleischeinfuhren wurden 1994, in bezug auf 1993 mengenmäßig mehr als vervierfacht, die Geflügelfleischeinfuhren knapp versechsfacht, die Milchpulver-, Butter-, Kaffee- und Tee-Einfuhren mehr als verdoppelt, die Zitrusfrüchteeinfuhren verfünffacht und die Einfuhren von Obst- und Obstprodukten stark gesteigert, darunter die Apfeleinfuhren mehr als verdreifacht. Im Kalenderjahr 1994 konnten außer Getreide eigentlich nur noch die Einfuhren von Zucker und Teigwaren in größerem Umfang eingeschränkt werden.[185]

---

184 Review of Agricultural Policy ..., a.a.O., Tab. 6, 8 und 10 auf S. 25-27.

185 East Europe Agriculture, February 1995, S. 10-11; Krest'janskie vedomosti, 40/1993, S. 2; Review of Agricultural Policy ..., a.a.O., Tab. 10, S. 27.

Der Ministerrat verordnete zum 1. Januar 1994 die Streichung der Importsubventionen für Nahrungsmittel und die Anhebung der Importzölle für eine Reihe der Erzeugnisse der Land- und Ernährungswirtschaft, u.a. für Zucker, Milch, Fisch, pflanzliche Öle und Fette sowie Gemüseerzeugnisse. Es wurden außerdem Zölle auf früher zollfreie Produkte wie z.B. Landmaschinen und andere Ausrüstungen für die Landwirtschaft eingeführt. Vom 1. März 1994 an wurde die Einfuhr von Schweine- und Rindfleisch in bezug auf den Fakturenwert der Lieferung mit 15 %, Geflügelfleisch mit 25 %, Butter mit 20 %, Zucker mit 25 %, Frischgemüse mit 15 %, Milchpulver mit 10 %, Butter mit 20 %, Tee und Kaffee (geröstet) mit jeweils 10 %, Süßwaren mit 20 %, Speiseöle und -fette mit 15 %, Kakao bzw. Kakaoerzeugnisse, Saatgut und exotische Öle mit jeweils 0 %, Südfrüchte mit 5 % und Getreide mit 1 % verzollt. Der akute Nachfrageüberhang auf dem Binnenmarkt hat die Staatsorgane im Herbst 1994 veranlaßt, die Importzölle für pflanzliche Öle und Fette bis auf weiteres auszusetzen und für Fleisch bzw. Fleischerzeugnisse um rund 50 % zu senken. Zur gleichen Zeit wurden die Zölle für Geflügelfleischeinfuhren - der Marktlage entsprechend - um 15 bis 20 % erhöht. Als Grundsatz für die Importzollpolitik der Föderation galt 1994, daß Saatgut und Rohprodukte wie z.B. Rohkaffee, Kakaobohnen und Tee (unverpackt) von Importzöllen befreit, Erzeugnisse der ausländischen Land- und Ernährungswirtschaft, die in Rußland zwar benötigt, aber nicht bzw. in nicht ausreichenden Mengen produziert werden, niedriger und solche die durch die einheimische Produktion substituierbar sind, höher verzollt werden sollen. Das durchschnittliche Zollniveau des Agrarimports, das 1994 11,4 % betrug, war zwar mit anderen Ländern verglichen außerordentlich niedrig, aber neben den Zöllen wurden außerdem noch verschiedene Importabgaben und Verbrauchssteuern erhoben, die bei einer ganzen Reihe von Nahrungsmitteln die Importgebühren auf rund 60 % des Kontraktwertes erhöhten. Die Handelsmarge des Einzelhandels betrug in der Regel 30 %. Präsident Jelzin hat im Herbst 1994 bei verschiedenen Anlässen wiederholt hervorgehoben, daß die Regierung das Ziel nicht aufgegeben habe, die Agrarimporte auf ein unbedingt notwendiges Minimum einzuschränken, und daß sich die Bevölkerung zunehmend aus einheimischen Ressourcen ernähren sollte. Der Oberbürgermeister von Moskau, J. Luschkov, hielt ihm entgegen, daß die Bevölkerung Moskaus und wohl auch einiger anderer Großstädte in der gegenwärtigen Agrarkrise ohne Importe verhungern würde.[186]

5.3 Der deutsche Agrarexport in die Rußländische Föderation auf dem hohen Niveau des Vorjahres stabilisiert

Der deutsche Agrarexport belieferte die Rußländische Föderation 1994 mit Erzeugnissen der Land- und Ernährungswirtschaft im Wert von 1,924 Mrd. DM, wertmäßig ungefähr so viel bzw. nur wenig mehr als im Vorjahr. Die Wiederholung des vorjährigen Umsatzwertes auf diesem recht hohen Niveau ist ohne Zweifel als Erfolg zu verbuchen. Agrarexporteure aus Deutschland haben somit bereits das zweite Mal mehr Agrarerzeugnisse und andere Nahrungsmittel in die Rußländische Föderation geliefert als 1991 in die Sowjetunion. Von den gesamten Agrarausfuhren der Bundesrepublik entfielen 1993 und 1994 auf Rußland 5,5 bzw. 5,3 % und von den Agrarausfuhren derselben in die Reformländer Ost-, Mittel- und Südosteuropas 42,3 bzw. 38,9 %. Die Föderation war mit diesen Anteilen im Weltmaßstab gemessen ein nicht zu unterschätzender und im osteuropäischen Gebiet überhaupt der wichtigste Absatzmarkt des deutschen Agraraußenhandels, mit erheblichem Einfluß auf die Entwicklung der Exportumsätze. Erzeugnisse der Land- und Ernährungswirtschaft waren 1993 und 1994 an den gesamten deutschen Ausfuhren in die Föderation mit 16,8 bzw. 17,9 % beteiligt. Die bilaterale deutsch-rußländische Agraraußenhandelsbilanz wies aus deutscher Sicht 1993 und 1994 Exportüberschüsse von 1,786 bzw. 1,771 Mrd. DM aus.[187]

---

186 Ostwirtschaftsreport, 3/1994, S. 44; East Europe Agriculture, June 1995, S. 6-7; Krest'janskie vedomosti, 38/1994, S. 1 und 41/1994, S. 3.

187 Angaben bzw. errechnet nach Angaben des Statistischen Bundesamtes und des BML 216 vom 6.7.1995.

Tabelle 31: Entwicklung des Agraraußenhandels mit der Sowjetunion bzw. Rußland (für 1992 mit der GUS; in Mio. DM)

	1985	1990	1991	1992*	1992**	1993***	1994***
Import	105,0	105,8	171,1	168,0	75,2	124,7	153,1
Export	353,8	884,2	1 818,0	2 265,0	963,4	1 910,4	1 924,1
Umsatz	458,8	990,0	1 989,1	2 433,0	1 038,6	2 035,1	2 077,2
Saldo	+248,8	+778,4	+1 646,9	+2 097,0	+888,2	+1 785,7	+1 771,0

* GUS

** Rußland (Mai-Dezember 1992)

*** Rußland (1. Jan. - 31. Dez. 1993 und 1994)

Quellen: Errechnet nach Angaben des Statistischen Bundesamtes Wiesbaden und des BML 216 vom 1.7.1993, 6.7.1993, 7.2.1995 und 6.7.1995.

Beim im Vergleich zu 1993 im großen und ganzen gleichbleibenden Exportumsatz wurde 1994 u.a. bei lebenden Rindern, Käse, Fischmehl, Fisch und Fischzubereitungen, Därmen, Blasen, Mägen, Honig, Gemüse und sonstigen Küchengewächsen, Obst, außer Südfrüchten, Südfrüchten, Gemüse- und Obstkonserven, Fruchtsäften und dergleichen, Kakaoerzeugnissen, Ölkuchen, sonstigen pflanzlichen Nahrungsmitteln, Tee, Branntwein, Bier und Wein eine mehr oder weniger starke Umsatzsteigerung registriert. Nennenswerte Umsatzeinbußen gab es im Gegensatz dazu bei Milch, Butter, Fleisch und Fleischwaren, Getreide, Müllereierzeugnissen, Zucker, pflanzlichen Ölen und Fetten zur Ernährung, Margarine und ähnlichen Speisefetten sowie Hopfen.

Der deutsche Agrarexport hat in der Rußländischen Föderation in den letzten Jahren bei mehreren Erzeugnissen der Land- und Ernährungswirtschaft nennenswerte Importmarktanteile erobert. So entfielen z.B. 1994 von deren gesamten Einfuhren bei Weizen mengenmäßig 4,7 %, bei Ölsaaten 8,7 %, Zucker 9,6 %, Frischobst 0,3 %, Frischgemüse 8,5 %, Gemüse-, Obstkonserven, Fruchtsäften und dergleichen 38,7 %, Fleisch und Fleischwaren 9,4 %, Butter 2,8 % und bei Milchpulver 2,75 % auf Lieferungen aus Deutschland.[188]

Tabelle 32: Deutsche Agrarausfuhren in die Rußländische Föderation

	1993		1994	
	t	Mio. DM	t	Mio. DM
Lebende Rinder	334,2	1,34	524,2	2,55
Lebende Tiere, insgesamt	-	2,96	-	3,26
Milch	17 591,8	83,05	3 133,2	8,16
Butter	16 051,9	65,89	4 173,2	10,79
Käse	10 612,6	48,12	27 366,1	108,57
Fleisch und Fleischwaren	152 481,6	431,86	106 002,4	255,27
Därme, Blasen, Mägen	101,7	0,67	415,8	2,87
Fisch und Fischzubereitungen	1 169,4	6,66	3 643,2	17,31
Honig	49,8	0,26	195,0	0,92
Fischmehl und dgl.	62,3	0,03	28 054,6	19,63
Weizen	288 503,0	59,46	100 281,8	15,86
Roggen	221 579,9	60,17	-	-
Gerste	22 051,1	4,19	37,5	0,02
Müllereierzeugnisse	8 948,6	5,53	3 470,4	2,04
Nichtölhaltige Sämereien	191,8	6,44	226,3	6,53
Gemüse und sonstige Küchengewächse	603,3	1,19	5 688,9	7,38
Obst, außer Südfrüchten	449,4	1,16	9 377,4	16,88
Südfrüchte	1 970,1	2,58	5 340,2	8,75
Gemüse-, Obstkonserven, Fruchtsäfte und dgl.	24 625,1	57,02	55 910,6	86,95
Kakaoerzeugnisse	27 592,4	143,83	66 964,4	356,72
Zucker	443 413,2	205,58	93 003,5	46,0
Pflanzliche Öle und Fette zur Ernährung	15 603,9	15,29	7 455,9	13,54
Margarine und ähnliche Speisefette	28 043,4	41,71	12 035,9	17,0

188 Errechnet nach Angaben des Statistischen Bundesamtes und des BML 216 vom 6.7.1995 und Review of Agricultural Policy ..., a.a.O., Tab. 10, S. 27.

Tabelle 32: Fortsetzung

	1993 t	1993 Mio. DM	1994 t	1994 Mio. DM
Sonstige pflanzliche Nahrungsmittel, insgesamt	66 289,3	199,47	119 946,4	294,74
davon Zuckerwaren ohne Kakaogehalt	2 647,3	14,07	4 999,2	27,63
Malzextrakte	8 132,6	43,39	4 632,0	25,69
Backwaren und ähnliche Produkte	6 566,9	26,44	17 130,3	65,75
Wasser, Limonaden	22 005,5	20,79	47 561,7	42,15
Andere Lebensmittel-zubereitungen	11 301,3	42,14	26 113,2	90,66
Hopfen	425,6	4,21	234,3	2,61
Kaffee	1 685,4	14,30	1 460,0	14,82
Tee	1 147,5	5,09	818,2	8,91
Tabakerzeugnisse	6 786,8	127,06	6 951,7	125,7
Bier (hl)	321 054,2	36,57	804 577,3	93,73
Branntwein (hl, 100 % Alkohol)	663 319,5	228,52	592 453,0	281,84
Wein (hl)	229 120,9	42,71	554 836,7	90,46

Quellen: Angaben des Statistischen Bundesamtes und des BML 216 vom 6.7.1995.

Der deutsche Agrarexport hat den Nahrungsmittelimportmarkt der Föderation sowohl 1993 als auch 1994 mit einer breit gefächerten Warenpalette beliefert. Dabei wurde die Lieferstruktur binnen einem Jahr stark verändert. Was die Grobstruktur betrifft, verloren die Nahrungsmittel tierischen Ursprungs 11,3 Prozentpunkte, während die Nahrungsmittel pflanzlichen Ursprungs 3,2 und die Genußmittel 8,1 Prozentpunkte hinzugewannen. Der Anteil der lebenden Tiere blieb 1993-1994 quasi unverändert. Es gilt grundsätzlich, daß die Warenstruktur der deutschen Agrarlieferungen auf mehreren tragenden Pfeilern aufgebaut ist, wobei die Genußmittel mit einem Anteil von knapp einem Drittel, 1994 eine im Vergleich zu anderen Reformländern Ost-, Mittel- und Südosteuropas herausragend große Bedeutung hatten.

Tabelle 33: Anteile einzelner Produkte bzw. Produktgruppen der Land- und Ernährungswirtschaft am deutschen Agrarexport nach Rußland (in %)

		1993	1994
Lebende Tiere, insgesamt		0,20	0,2
Milch		4,34	0,42
Butter		3,44	0,56
Käse		2,51	5,64
Fleisch und Fleischwaren		20,60	13,26
Därme, Blasen, Mägen		0,03	0,14
Fisch und Fischzubereitungen		0,34	0,89
Honig		0,01	0,04
Fischmehl und dgl.		0,00	1,02
Nahrungsmittel tierischen Ursprungs, insg.		33,4	22,1
Gerste		0,21	0,00
Weizen		3,11	0,82
Roggen		3,14	-
Müllereierzeugnisse		0,26	0,10
Nichtölhaltige Sämereien		0,33	0,33
Gemüse und sonstige Küchengewächse		0,06	0,38
Obst, außer Südfrüchten		0,06	0,87
Südfrüchte		0,13	0,45
Gemüse-, Obstkonserven, Fruchtsäfte und dgl.		2,98	4,51
Kakaoerzeugnisse		7,52	18,54
Zucker		10,76	2,39
Pflanzliche Öle und Fette zur Ernährung		0,80	0,70
Margarine und ähnliche Speisefette		2,18	0,88
Sonstige pflanzliche Nahrungsmittel, insgesamt		10,44	15,31
darunter	Zuckerwaren ohne Kakaogehalt	0,73	1,43
	Malzextrakte	2,27	1,33
	Back- und ähnliche Waren	1,38	3,41
	Wasser, Limonaden	1,08	2,19
	Andere Lebensmittelzubereitungen	2,20	4,71
Nahrungsmittel pflanzlichen Ursprungs, insgesamt		42,4	45,6
Hopfen		0,22	0,13
Kaffee		0,74	0,77

Tabelle 33: Fortsetzung

	1993	1994
Tee	0,26	0,46
Tabakerzeugnisse	6,65	6,53
Branntwein	11,96	14,64
Bier	1,91	4,87
Wein	2,23	4,70
Genußmittel, insgesamt	24,0	32,1

Quelle: Errechnet nach Angaben des Statistischen Bundesamtes und des BML 216 vom 26.9. und 6.7.1995.

Die Warenstruktur der deutschen Lieferungen hat sich 1993-1994 deutlich zugunsten von Käse, Gemüse, Obst sowie deren Subprodukten, Kakaoerzeugnissen, sonstigen pflanzlichen Nahrungsmitteln, Branntwein, Bier und Wein verändert. Das deutsche Angebot war auf dem Nahrungsmittelimportmarkt der Föderation 1994 überwiegend mit nachlassenden Absatzpreisen konfrontiert. Deutsche Agrarexporteure erlitten 1994, im Vergleich zu 1993, durchschnittliche Preiseinbußen u.a. bei Milch um knapp 45 %, bei Butter um 37 %, Käse um 12,4 %, Fleisch und Fleischwaren um 14,9 %, Fisch und Fischzubereitungen um 16,7 %, Weizen um 24,7 %, Müllereierzeugnissen um 5,2 %, nichtölhaltigen Sämereien um 14,1 %, Gemüse und sonstigen Küchengewächsen um 34,1 %, Obst (außer Südfrüchten) um 30 %, Gemüse-, Obstkonserven, Fruchtsäften und dgl. um 33 %, Margarine und ähnlichen Speisefetten um 7 %, der Sammelproduktgruppe der sonstigen pflanzlichen Nahrungsmittel um 18,1 %, Tabakerzeugnissen um 3,4 % und bei Wein um 14,1 %. Lieferanten von Fischmehl profitierten dagegen vom durchschnittlichen Preisanstieg um 25 %, Därme, Blasen, Mägen um 15,1 %, Südfrüchte um 25 %, Kakaoerzeugnisse um 2,3 %, Zucker um 7,5 %, pflanzliche Öle und Fette zur Ernährung um 85,3 %, Malzextrakte um 16,8 %, Zuckerwaren ohne Kakaogehalt um 4,1 %, Branntwein um 39,9 %, Bier um 5,8 %, Hopfen um 12,4 %, Kaffee um knapp 20 % und Tee sogar um 145,3 %.[189]

---

[189] Errechnet nach Angaben des Statistischen Bundesamtes und des BML 216 vom 6.7.1995.

Der deutsche Agrarexport in die Rußländische Föderation war 1994 nur noch nachrangig durch Nahrungsmittelhilfslieferungen aus Interventionsbeständen geprägt. Dies wird durch deutlich verringerte Lieferungen und Anteile von Milch, Butter, Fleisch und Fleischwaren, Getreide, insbesondere Roggen und Gerste, aber auch Weizen und Zucker bestätigt. Rußland wurde mit Roggen aus Deutschland 1994 überhaupt nicht mehr beliefert. Das 1994 wiederholt hohe Exportumsatzniveau ist in erster Linie als Resultat der Leistungsschwäche der rußländischen Land- und Ernährungswirtschaft zu betrachten, dazu kommen ungelöste Transport-, Lagerungs-, Verarbeitungs-, Distributions-, Finanzierungs und andere Probleme, die einen akuten Nachfrageüberhang nach verschiedenen Nahrungsmitteln bewirkten wie z.B. Fleisch und Fleischerzeugnissen, Käse, Fischmehl, Gemüse-, Obstkonserven, Fruchtsäften und dgl., Kakaoerzeugnissen, verschiedenen Produkten der Sammelproduktgruppe der sonstigen pflanzlichen Nahrungsmittel, Tabakwaren, Bier, Branntwein, Wein und anderen Erzeugnissen.

Der russische Durchschnittsverbraucher verwendete 1990, 1993 und 1994 36,1 bzw. 46,1 und 52,2 % seines Haushaltsbudgets für Nahrungs- und Genußmittel und verzehrte in denselben Jahren u.a. 75 bzw. 59 und 57 kg Fleisch und Fleischerzeugnisse, 386 bzw. 294 und 278 l Milch, 297 bzw. 250 und 234 Stück Hühnereier, 10,2 bzw. 7 und 5,8 kg pflanzliche Öle und Fette, 47,2 bzw. 31 und gleichfalls 31 kg Zucker, 119 bzw. 124 und gleichfalls 124 kg Brot und Teigwaren, 35 bzw. 29 und 32,1 kg Obst, 106 bzw. 127 und 122 kg Kartoffeln und 89 bzw. 71 und 65 kg Gemüse pro Kopf und Jahr. Der Pro-Kopf-Konsum von Nahrungsmitteln ist bei einer ganzen Reihe der wichtigsten Grundnahrungsmittel 1990-1994 deutlich zurückgegangen und die Verbrauchsstruktur hat sich zugunsten der ernährungsphysiologisch weniger wertvollen und billigeren Nahrungsmittel wie z.B. Mehlprodukte und Kartoffeln verschoben.[190] Presseberichten aus Rußland zufolge waren weder der staatliche Nahrungsmittelhandel noch die Privatinitiative 1994 imstande, den Bedarf der Bevölkerung der Föderation an Grundnahrungsmitteln regelmäßig und flächendeckend zu befriedigen. Während der europäische Teil dieses "Riesenreiches", dabei vor allem einige Großstädte, relativ besser versorgt waren, traten z.B. in Sibirien, insbesondere im Fernen Osten, öfters kritische Engpässe bei der

[190] Review of Agricultural Policy ..., a.a.O., Tab. 11, S. 28.

Versorgung z.B. mit Brot, Zucker, Pflanzenöl, Fleisch und anderen Nahrungsmitteln auf.

Wie schon an anderer Stelle erwähnt, lebte 1994 mehr als ein Fünftel der Bevölkerung unter dem Existenzminimum. Auf der anderen Seite hat sich in den letzten Jahren eine wohlhabende Schicht - ungefähr 7 bis 10 % - der Bevölkerung, d.h. etwa 10 bis 15 Mio. Menschen - etabliert, die vor allem auf Großstädte konzentriert ist, in ihrem Kaufverhalten hohe Ansprüche erhebt, westliche Markenartikel bevorzugt und sich auch Luxusgüter leisten kann. Da in den ersten Jahren nach dem Zusammenbruch des kommunistischen Systems viele Produkte nicht legal, sondern bevorzugt auf dem Schwarzmarkt erworben wurden, und die Konsumenten den Erklärungen der Produzenten und Händlern wenig Glauben schenkten bzw. mit Qualitätsgarantien nichts anzufangen wußten, waren Garantieklauseln beim Warenkauf quasi ohne Bedeutung. In den Jahren 1993 und 1994 machte sich in erster Linie in Großstädten eine zunehmende Veränderung im Käuferverhalten bemerkbar, indem immer mehr Städtebewohner Markenartikel mit Garantie verlangten. Im Gegensatz hierzu hat sich das Käuferverhalten außerhalb der Großstädte nur wenig verändert. Auf dem Lande ist nach wie vor der Preis das wichtigste Kriterium beim Erwerb einer Ware.[191]

Die deutsche Wirtschaft war Ende 1994 bereits mit 800 Firmenrepräsentanten und Niederlassungen in der Rußländischen Föderation, darunter zunehmend mehr in den Regionalzentren, vertreten. Viele Exporteure waren bemüht, in ihrem Marketing eine zunehmend stärkere Regionalisierung zu verwirklichen. Das Geschäftsumfeld war in der Rußländischen Föderation alles andere als günstig und durch Gesetzeschaos, willkürliche Gesetzesänderungen bzw. -auslegungen, insbesondere durch die Regionalbehörden, Behördenwillkür, hohe Kosten, exorbitant hohe Steuern und Abgaben, stark verbreitete Korruption und Sicherheitsprobleme gekennzeichnet. In dieser Lage wurden Sicherheitsmaßnahmen zum absoluten Muß und die Firmen waren gut beraten, die Dienst von Lobbyisten in Anspruch zu nehmen bzw. erträgliche persönliche Kontakte zu Spitzenbeamten der zentralen, regionalen und lokalen Ebene zu knüpfen.[192]

---

191 Ostwirtschaftsreport, 6/1995, S. 106.

192 Ebenda, 2/1995, S. 22 und 8/1995, S. 145.

Obwohl ausländische Investoren durch das Präsidialdekret Nr. 1446 vom September 1993 für einen Zeitraum von drei Jahren vor Regelungen und Verordnungen, die sich nachteilig auf ihre geschäftlichen Aktivitäten auswirken würden, grundsätzlich geschützt waren, verordnete das föderative Finanzministerium 1994 eine Abgabe von 23 % für Kapitalaufnahmen in- und ausländischer Firmen bei Auslandsbanken, die keine Lizenz in der Föderation haben und eine neue Steuer in Höhe von 60 % bei der Ein- und Ausfuhr von privaten Gütern ausländischer Personen, deren Wert 2 000 bzw. 3 000 US-$ überschritt. Durch diese Steuer wollte das Finanzministerium vor allem die illegalen Praktiken mancher Firmen unterbinden, die, um die Importsteuer zu sparen, diverse Waren über private Personen ins Land bringen, die für den Firmengebrauch bestimmt sind. Natürliche Personen, die Waren im Wert von mehr als 10 000 US-$ aus- oder einführen, werden als Unternehmer eingestuft und müssen wie juristische Personen Import- und Exportsteuern entrichten.[193]

Viele Exporteure klagten darüber, daß sie in ein rechtliches Vakuum stießen, wo eine ganze Flut von häufig einander widersprechenden Gesetzen, Verordnungen und Dekreten erlassen werden, die sodann von einzelnen Beamten je nach Gutdünken lax oder streng gehandhabt werden, und wo Grundsätze des soliden Geschäftes, wie z.B. Vertragstreue, nicht viel zählen. Die Unterzeichnung eines Geschäftsvertrages wird in Rußland paradoxerweise nicht als Abschluß, sondern eher als Beginn von Neuverhandlungen betrachtet, wodurch lokale Partner zusätzliche Vorteile herauszuholen trachten. Beklagt wurden auch die sehr hohen Büro- und Wohnungsmieten, und die für Ausländer übertrieben hohen Lebenshaltungskosten. Die Monatsmiete einer renovierten Zweizimmerwohnung kostete z.B. im Stadtzentrum Moskaus 1994 1 000 bis 1 500 und die einer Dreizimmerwohnung 1 500 bis 3 000 US-$. Im Moskauer Supermarkt "Iris House" mußten 1994 für Hackfleisch knapp 8 US-$, schweizer Käse 19 US-$, Tomaten 6 US-$, Zitronen 4 US-$ und Haltbarmilch 1,35 US-$ bezahlt werden. Vom American Medical Center, einer von Ausländern bevorzugten Klinik, wurden für eine ärztliche Untersuchung bzw. Konsultation 150 bis 250 US-$ in Rechnung gestellt. Bei Entrichtung einer Mitgliedsgebühr von 250 US-$ pro Jahr gewährte die Klinik 30 % Ermäßigung auf ihre Leistungen.[194] Der Aufbau einer den Anforderungen ent-

---

193 Ostwirtschaftsreport, 9/1994, S. 163 und 10/1994, S. 181-182.

194 Ebenda, 10/1995, S. 192.

sprechenden Infrastruktur dürfte in der Rußländischen Föderation laut Expertenschätzungen noch mindestens ein Viertel Jahrhundert in Anspruch nehmen. Noch lange Jahre werden Versorgungsprobleme mit Strom, Gas, Wasser, Verkehrsstaus, chaotische Zustände an Bahnhöfen und Flughäfen, unzulängliche Gesundheitsversorgung und nicht zuletzt hohe Kriminalität den Geschäftsalltag beeinträchtigen.[195]

Verbrechen und Korruption nahmen in der Rußländischen Föderation im Verlauf des Jahres 1994 erschreckende Ausmaße an. Die Kriminalität stieg vor allem in St. Petersburg, Moskau und anderen Großstädten sowie entlang der wichtigsten Transportrouten. Das organisierte Verbrechen wird durch das föderative Innenministerium als "flächendeckendes Phänomen" bezeichnet. Viele Russen sehen westliche Firmen prinzipiell als "Goldesel" an. Mitte des Jahres 1994 operierten in der Föderation laut offiziellen Angaben rund 6 000 kriminelle Vereinigungen und "unzählige" einschlägig tätige Einzelpersonen. Allein in den ersten vier Monaten des Jahres 1994 wurden offiziell 48 000 Fälle der Wirtschaftskriminalität registriert. Physische Bedrohung von Mitarbeitern und deren Familienangehörigen, Erpressungsversuche, Schutzgeldforderungen und Diebstahl in Lagerhäusern, Betrieben, auf Rastplätzen und Transportrouten gehörten zur Tagesordnung. Diebe bevorzugten insbesondere schnell umschlagbare Waren, aber auch andere Erzeugnisse. Die Verbrecherorganisationen haben bereits die öffentliche Verwaltung, Banken, Versicherungen und das Management vieler einheimischen Unternehmen unterwandert. Die Polizei ist überlastet, schlecht ausgerüstet und unterbezahlt, zunehmend mehr demoralisiert, korrumpiert und nicht zuletzt meistens machtlos, wenn es um organisiertes Verbrechen geht. Eine Warenladung von den Grenzen der Föderation sicher zum Bestimmungsort zu transportieren, gleicht häufig einem Alptraum. Um die Zollabfertigung zu beschleunigen, genügen meistens kleinere Geschenke bzw. Geldbeträge an die zuständigen Beamten, aber sofern die Waren nicht schon vom Zollager verschwinden, beginnen dann erst die ernsthaften Probleme: unkalkulierbare Verzögerung, hohe Kosten für zuverlässige Transportdienste mit Begleitschutz, Beschädigungen des Transportguts und Diebstähle. Ganze Waggons werden abgekoppelt und gestohlen, während der Zug hält. Im Jahr 1994 sind viele Container unterwegs "verschollen", so ist u.a. ein verschlossener und plombierter Container mit Daimler-Benz PKW am Bahnhof von

---

195 Ostwirtschaftsrefport, 14/1995, S. 270.

Almaty (Kasachstan) leer eingetroffen. Unter diesen Umständen bleibt den am Rußlandgeschäft beteiligten Firmen aus dem Ausland nichts anderes übrig, als Sicherheitskonzepte zu entwickeln und zu versuchen, diese wirksam umzusetzen.[196]

Der deutsche Agrarexport hat mit seinem Umsatz von über 1,9 Mrd. DM in der Rußländischen Föderation 1994 bereits zum zweiten Mal ein Rekordergebnis erzielt. Diese Leistung wurden durch Markteinflüsse, die seit mehreren Jahren andauernde Agrarkrise, Versorgungsdefizite des rußländischen Nahrungsmittelmarktes, Wettbewerbsvorteile und durch andere Bestimmungsfaktoren ermöglicht. Die Einwohnerzahl der Föderation und den Nachholbedarf sowie die Kaufkraft ihrer Einwohner und das Angebot der Mitbewerber auf diesem riesigen Markt zugrundegelegt, erscheint ein künftiger deutscher Agrarexportumsatz in Höhe von 2 Mrd. DM pro Jahr an sich nicht unrealistisch. Seine konkrete Höhe dürfte jedoch zunehmend durch die Leistung der Land- und Ernährungswirtschaft der Föderation im jeweiligen Vorjahr bzw. im jeweils laufenden Kalenderjahr beeinflußt werden. Gelingt es der Regierung der Föderation das außenhandelspolitische Ziel der Verringerung der Agrareinfuhren zu verwirklichen, so wäre eher ein Rückgang als eine Steigerung des deutschen Absatzes in den nächsten Jahren zu erwarten.

5.4 Anstieg der Agrareinfuhren

Die Bundesrepublik Deutschland bezog Erzeugnisse der Land- und Ernährungswirtschaft aus der Rußländischen Föderation 1994 in Höhe von 153,1 Mio. DM, das waren rund 23 % mehr als ein Jahr zuvor. Mit diesem Umsatz war der Agrarexport der Föderation an den gesamten Agrareinfuhren Deutschlands nach wie vor nur mit 0,2 % beteiligt. Der Anteil der Agrarerzeugnisse am gesamten Exportsortiment der Föderation nach Deutschland betrug 1994 - wie im Vorjahr - 1,2 %.[197] Die Steigerung der Belieferung des deutschen Nahrungsmittelimportmarktes um 23 % binnen einem Jahr ist zwar unter den gegebenen Umständen beachtenswert, sie

---

196 Ostwirtschaftsreport 11/1994, S. 201-202, 15/1994, S. 293, 17/1994, S. 323-324, 18/1994, S. 352.

197 Errechnet nach Angaben des Statistischen Bundesamtes und des BML 216 vom 6.7.1995.

kann aber nicht darüber hinwegtäuschen, daß die rußländische Nahrungsmittelwirtschaft bzw. der Agrarexport wie eh und jeh seine ad hoc verfügbaren Überschüsse, vor allem im Bereich der traditionellen Exportwaren, abzusetzen sucht. Der Agrarexport der Föderation ist überwiegend anderweitig orientiert. Deutschland wird von ihm nicht vorrangig beliefert. Die Höhe des Absatzes nach Deutschland ist vor allem von den durch die einheimische Land- und Ernährungswirtschaft bereitgestellten Liefermengen abhängig.

5.4.1 Tiefe Agrarkrise

Die Talfahrt der Produktion der Land- und Ernährungswirtschaft setzte sich in der Rußländischen Föderation 1994 mit steigender Geschwindigkeit fort. Die Bruttoproduktion der Landwirtschaft ging 1994, im Vergleich zu 1993, insgesamt um 9,2 % zurück. Der Pflanzenbau war daran mit 10,6 und die Tierhaltung mit 8,3 % beteiligt. Der Bruttoproduktionsausstoß der Nahrungsmittelindustrie verringerte sich zur gleichen Zeit um 14,8 %. Der Pflanzenbau trug zur Bruttoproduktion der Landwirtschaft in den Jahren 1990, 1993 und 1994 36,0 bzw. 40,2 und 39,6 % und die Tierproduktion entsprechend 64,0 bzw. 59,8 und 60,4 % bei.[198] Zur Stabilisierung des schwer angeschlagenen "Agroindustriellen Komplexes" wurden von Regierungsstellen und wissenschaftlichen Institutionen 1992-1994 mehr als 20 Programme und zahlreiche Hilfs- bzw. Entwicklungskonzepte ausgearbeitet, so u.a. auch das "Programm der Agrarreform in der Rußländischen Föderation für die Jahre 1994-1995" sowie das langfristige Programm für die "Entwicklung des Agroindustriellen Komplexes bis zum Jahr 2000". Es wurde außerdem eine ganze Flut von Regierungsverordnungen, Gesetzen und Präsidialdekreten im Bereich der Land- und Ernährungswirtschaft erlassen. Die Programme erhalten allesamt keine bzw. kaum konkrete Produktionszahlen, weil diese in der Wirtschafts- und Agrarkrise nicht abschätzbar sind. Das größte Problem für ihre Verwirklichung ist die Finanzierung und die Verteilung der verfügbaren Mittel bei leeren Staatskassen. Seit der Auflösung der Sowjetunion nahm die Entwicklung des "Agroindustriellen Komplexes" unabhängig von Program-

---

[198] Review of Agricultural Policy ..., a.a.O., S. 22 Tab. 2; East Europe Agriculture, February 1995, S. 9.

men und Direktiven ihren Lauf, wobei sich die Wirtschaftssubjekte nach ihren eigenen Interessen richteten.[199]

Zu den spezifischen Gründen der seit 1990 ununterbrochenen Verringerung der Agrarproduktion im Rahmen der allgemeinen Wirtschafts- und Agrarkrise zählen: Die halbherzige Transformation der Agrargroßbetriebe, die Störung bzw. Unterbrechung interregionaler ökonomischer Beziehungen, wodurch die territoriale Verteilung und Spezialisierung der Agrarproduktion beeinträchtigt wurde, die rückläufige Nachfrage der Bevölkerung nach Nahrungsmitteln, das schwach entwickelte Banken- und Kreditsystem, verbunden mit einer rasenden Inflation, zunehmend ausbleibende Investitionen (in den ersten acht Monaten des Jahres 1994 wurden nur noch 4,6 Billionen Rubel - rund um die Hälfte weniger als in der entsprechenden Vorjahresperiode - in die Landwirtschaft investiert, verzögerte Zahlungen für gelieferte Agrarprodukte, nicht ausgereifte Gesetze und Verordnungen, das Steuersystem und nicht zuletzt starke Disparitäten zwischen den Input- und Outputpreisen der Landwirtschaft. Die Erzeugerpreise der Landwirtschaft sind 1990-1994 um das 400 bis 500fache, die Mineraldüngerpreise um das 1 500 bis 1 700fache, die der Energieträger um das 2 700 bis 2 800fache und die Eisenbahntarife um das 4 000fache gestiegen. Hinzu kam, daß die Agrarproduzenten nur rund ein Fünftel von den Endverbraucherpreisen für Nahrungsmittel - wie z.B. Brot-, Fleisch- und Milcherzeugnisse - erhielten.[200]

Mehr als die Hälfte der Agrarbetriebe der Föderation erwirtschafteten 1994 hohe Verluste, 27 000 private Farmbetriebe wurden aufgelöst und 3 000 Staats- bzw. Kolektivbetriebe standen Ende des Jahres vor dem Bankrott. Die Liquidität der Agrarproduzenten wurde durch die Zahlungsunfähigkeit ihrer Abnehmer, insbesondere der Ankaufsorganisation, stark beeinträchtigt. Nachdem nur ein Viertel der Agrarproduzenten für ihre Lieferungen von Getreide, Fleisch und Milch bis Ende des Jahres voll bezahlt wurden, und viele von ihnen auch schon im Vorjahr ähnliche Erfahrungen sammelten, waren sie ab Mitte des Jahres zunehmend bemüht, nach alternativen Absatzkanälen (Verkauf vom Hof, Belieferung von Wochenmärkten, Aufbau eines eigenen bzw. gemeinschaftlichen

---

199 Zemlja i ljudi, 1/1995, S. 1.

200 Sel'skaja žizn', 104/1994, S. 2, Krest'janskie vedomosti, 38/1994, S. 1; Zd. Lukas: Die Landwirtschaft der Oststaaten ..., a.a.O., S. 99.

Vertriebsnetzes etc.) zu suchen. Der Anteil der staatlichen Gesellschaften ist am Ankauf der direkten Agrarprodukte z.B. bei Getreide 1993-1994 von 72,5 auf 45,6 %, bei Schlachttieren von 79 auf 74 % und bei Milch von 97 auf 94 % zurückgegangen.[201]

Der Staatshaushalt hatte im Jahre 1994 für die Subventionierung der Landwirtschaft 12,171 Billionen Rubel vorgesehen. Beim Erwerb von Landmaschinen hatten Agrarbetriebe, die sich vertraglich verpflichtet haben, an die Ankaufsorganisationen mehr als ein Drittel ihrer Erzeugnisse abzuliefern, das Recht, 40 % des Kaufpreises als Subvention zu beantragen. Beim Kauf von Mineraldünger und Pflanzenschutzmitteln sollte den Betrieben ein Anteil von 30 % des Preises ersetzt werden, und sie sollten Kredite (bei einem Leitzinssatz der Zentralbank von 160 % und einer durchschnittlichen Inflationsrate von 320 %) zu einem Präferenzzinssatz von 25 % pro Jahr erhalten. Minsterpräsident Tschernomyrdin hat Anfang 1995 öffentlich zugegeben, daß nicht einmal ein Drittel der vom Staatshaushalt bereitgestellten Finanzmittel die Agrarproduzenten rechtzeitig bzw. überhaupt erreichte. Während das Finanzministerium die Zuweisung überfälliger Mittel, in Anbetracht der Leere der Staatskasse, mehrere Monate hindurch verzögerte, verstanden es viele, durch kriminelle Organisation unterwanderte bzw. kontrollierte Handelsbanken, die für die Agrarproduzenten designierten Finanzmittel in andere Kanäle zu lenken.[202]

Die Landwirtschaft trug 1992, 1993 und 1994 zum BSP der Rußländischen Föderation 8,6 bzw. 8,4 bzw. 6,3 % bei und beschäftigte zur gleichen Zeit 14,0 bzw. 14,3 bzw. 14,5 aller Arbeitnehmer. Dieser Wirtschaftszweig verfügt über knapp 210 Mio. ha Nutzfläche davon 129,1 Mio. ha Ackerfläche. Die Getreideanbaufläche wurde bis Ende 1994 im Vergleich zum Durchschnitt der Jahre 1986-1990 um 4,6 Mio. ha und die Anbaufläche von Futterpflanzen um 6,1 Mio. ha verringert. Für das Jahr 1994 wurden zwar offiziell nur durchschnittlich rund 3 % der LN als Brachland ausgewiesen, aber in mehreren Regionen, so z.B. in denen von St. Petersburg und Chabarowsk, betrug der Anteil des Brachlandes 43 bzw. 52 %. Auch

---

201 East Europe Agriculture, June 1995, S. 12; Izvestija, 17.1.1995, Beilage: Finansovye Izvestija, S. 1; Review of Agricultural Policy ..., a.a.O., S. 12-13.

202 Review of Agricultural Policy ..., a.a.O., S. 10; East Europe Agriculture, March 1995, S. 4.

private Farmerwirtschaften waren außerstande, ihre Parzellen zur Gänze zu bestellen, 13 % ihrer Nutzflächen blieben unbewirtschaftet.

Seit 1990 sind den landwirtschaftlich genutzten Böden der Föderation Jahr für Jahr dreimal so viel Nährstoffe entzogen wie zugeführt worden. Die durchschnittliche Verwendung von Mineraldünger, die 1990 noch 83,4 kg betrug, ist 1993 auf 31,8 und 1994 auf 12 kg (Reinnährstoff)/ha zurückgegangen, d.h. sie ist praktisch zusammengebrochen. Die Rekultivierungsmaßnahmen wurden in den letzten vier Jahren ungefähr halbiert; aber im Jahr 1994 wurden nur noch ein Fünftel der in der zweiten Hälfte der achtziger Jahre verrichteten Entwässerungsarbeiten und nur noch ein Achtel der Arbeiten für Bewässerung ausgeführt. Mitte der neunziger Jahre waren knapp 73 %, d.h. fast drei Viertel der landwirtschaftlichen Nutzflächen des Landes übersauert, 15 % versalzen, 16,1 % naß, 9,6 % versumpft, 12,2 % steinig, 38,5 % durch Wasser und 12 % durch Wind erodiert.[203]

Der Landmaschinenpark der Föderation ist größtenteils veraltet und der Ersatz ist unzureichend. Den Einkauf von neuen Maschinen konnten sich 1994 nur wenige Agrargroßbetriebe leisten. Der Bestand der Mähdrescher ist 1994 um ein Drittel zurückgegangen und auf die Anbaufläche bezogen erreichte er nicht einmal die Hälfte der früheren Norm. Die Produktion der Erntemaschinen für Futterpflanzen ist auf 10 % der 1990 produzierten Geräte zusammengeschrumpft. Auf einen Schlepper entfielen in der Landwirtschaft der Föderation 1994 164 ha Ackerland, in Frankreich 12 ha und in Deutschland 8 ha. Die rußländische Landwirtschaft verfügte nur über 6,2 Mähdrescher je 100 ha Saatfläche, die französische über 19 und die deutsche über 25. Die bekannte Landmaschinenfabrik in der Ortschaft Čeboksary produzierte bis zuletzt weniger gefragte schwere Raupenschlepper, ähnlich dem amerikanischen "Caterpillar" bzw. dem japanischen "Romacu". Die Produktion wurde erst vor kurzem auf Radschlepper umgestellt, und die Fabrik hat begonnen, Mini-Schlepper vor allem für private Agrarbetriebe herzustellen, deren Bedarf groß ist. Landwirtschaftsminister A. Nazarčuk hat Ende 1994 bekanntgegeben, daß die verfügbare Landtechnik höchstens noch 55 bis 60 % der anfallenden Arbeiten bewältigen kann. Den Agrarbetrieben mangelt es an Finanzmitteln

---

203 East Europe Agriculture, April 1995, S. 8; Review of Agricultural Policy ..., a.a.O., Tab. 1, S. 21.

für den Ankauf von Ersatzteilen, Treibstoffen, Saatgut, Pflanzenschutzmitteln, Mineraldünger und anderen Produktionsmitteln.[204]

Die Agrarproduktion der Rußländischen Föderation war 1994 nicht nur um 9,2 % in bezug auf 1993 rückläufig, sondern zugleich auf das Niveau des Jahres 1976, bei der Schweinehaltung sogar auf das der fünfziger Jahre, zurückgefallen. Die Getreideproduktion der Föderation wurde binnen einem Jahr um 18 %, davon die Weizenproduktion sogar um 26 % reduziert. Die privaten Farmerbetriebe haben zwar ihre Getreideproduktion 1994, in bezug auf 1993, um 15 % erhöht, da sie jedoch nur rund 5 % zur gesamten Getreideproduktion des Landes beitrugen, vermochten sie dem allgemeinen Trend kaum entgegenzuwirken. Bei den Produktionsergebnissen des Planzenbaus muß außerdem berücksichtigt werden, daß durchschnittlich mindestens ein Fünftel, eher ein Viertel der Getreide, Kartoffel- und Zuckerrübenernte bei Transport und Lagerung verlorenging. Viele Agrarbetriebe ließen einen erheblichen Teil ihrer Getreideproduktion lieber in ihren notdürftigen Lagern verrotten, als es zu inakzeptabel niedrigen Preisen an die staatliche Ankaufsorganisation zu verkaufen.[205]

---

204 Krest'janskie vedomosti, 40/1994, S. 1, 53/1994, S. 5, 52/1994, S. 1 und 2/1995, S. 1; Handelsblatt, 24.2.1994, S. 36.

205 East Europe Agriculture, March 1995, S. 6; Ostwirtschaftsreport, 1/1995, S. 20; Krest'janskie vedomosti, 38/1994, S. 3.

Tabelle 34: Pflanzenproduktion in der Rußländischen Föderation

	1990	1993	1994
	Anbauflächen (Mio. ha)		
Getreide, insgesamt	63,068	61,400	56,221
davon Weizen	24,244	27,773	22,144
Roggen	7,989	6,039	3,904
Gerste	13,723	15,491	16,381
Mais	0,869	1,025	0,518
Ölsaaten	4,007	3,784	3,710
Zuckerrüben	1,460	1,317	1,104
Kartoffeln	3,124	3,520	3,332
Obst	0,650	0,668	0,709
Gemüse	0,618	0,663	0,690
	Produktion (Mio. t)		
Getreide, insgesamt	116,675	99,094	81,282
davon Weizen	49,596	43,547	32,094
Roggen	16,431	9,166	5,994
Gerste	27,235	26,843	27,079
Mais	2,451	2,441	0,879
Ölsaaten	4,662	3,540	3,157
Zuckerrüben	32,300	25,468	13,900
Kartoffeln	60,847	37,650	33,800
Gemüse	11,443	9,800	9,600
	Hektarerträge (dt/ha)		
Getreide, insgesamt	18,5	16,14	14,46
davon Weizen	20,46	15,68	14,49
Roggen	20,57	15,18	15,35
Gerste	19,85	17,33	16,53
Mais	28,20	23,81	16,97
Ölsaaten	11,63	9,35	8,51
Zuckerrüben	221,23	193,38	125,90
Kartoffeln	194,77	106,96	101,44
Gemüse	176,0	147,81	139,13

Quelle: Review of Agriculture Policy and Trade Developments in Russia, OECD Paris, September 1995, Tab. 3, S. 23.

Die in den letzten Jahren stark dezimierten Tierbestände der Föderation waren 1994 nach wie vor rückläufig. Träger dieser negativen Entwicklung waren vor allem Sowchose und Kolchose, während die Schweine-, Schaf- und Ziegenbestände der privaten Zuerwerbsbetriebe und der privaten Farmerbetriebe 1994 im großen und ganzen stagnierten und ihre Rinder- bzw. Kuhbestände nur um 2,4 bzw. 2,8 % zunahmen.

Tabelle 35: Tierbestände und Tierproduktion in der Rußländischen Föderation (Tierbestände jeweils zum 31. Dezember)

	1990	1993	1994
Rinder, Mio., davon	57,10	48,91	43,86
Kühe, Mio.	20,60	19,83	18,61
Schweine, Mio.	38,30	28,56	25,01
Schafe und Ziegen, Mio.	58,19	43,71	35,95
Geflügel, Mio.	659,81	565,59	507,78
Tierproduktion			
Schlachttiere, Lebendgewicht, insgesamt Mio. t	15,64	11,87	10,83
Schlachttiere, Schlachtgewicht, Mio. t	10,10	7,51	6,86
davon			
Schlachtrinder und -kälber, Mio. t	4,33	3,36	3,07
Schlachtschweine, Mio. t	3,48	2,43	2,26
Schlachtschafe, Mio. t	0,39	0,36	0,31
Geflügelfleisch, Mio. t	1,80	1,28	1,14
Eier, Mrd. Stück	47,47	40,29	37,39
Milch, Mrd. l	55,71	46,52	42,81
Butter, Mio. t	0,83	0,73	0,49

Quelle: Review of Agricultural Policy ..., a.a.O., Tab. 4, S. 24.

Pro Kopf der Bevölkerung der Rußländischen Föderation produzierte die Tierhaltung 1990 und 1994 u.a. 68 bzw. 47 kg Fleisch, 376 bzw. 291 l Milch und 320 bzw. 254 Hühnereier. Die Fleischproduktion der privaten Farmerbetriebe, d.h. der hauptberuflichen privaten Bauernbetriebe, ist 1993-

1994 von 84 000 auf 103 000 t und die Milchproduktion von 495 000 auf 655 000 l gestiegen; die der Zuerwerbsbetriebe stagnierte.[206]

Die anhaltende Agrarkrise kam in den Produktionsergebnissen der Nahrungsmittelindustrie noch deutlicher als in der primären Agrarproduktion zum Ausdruck. Die Nahrungsmittelproduktion der Föderation war im Kalenderjahr 1994 - die Wurstwaren- und Mineralwasserproduktion ausgenommen - schon zum vierten Mal hintereinander ununterbrochen rückläufig. Die Lage der Nahrungsmittelindustrie hat sich 1994 zunehmend verschlechtert. Zahlreiche Betriebe erlangten im Rahmen der Privatisierung lokale Monopolstellung und boten niedrige Preise beim Ankauf von Agrarrohstoffen. Aus diesem Grunde errichteten immer mehr Agrarproduzenten eigene kleinere Verarbeitungsbetriebe wie z.B. Mühlen, Molkereien, Schlachthöfe etc. und bemühten sich, ihre Erzeugnisse selbständig zu verarbeiten und zu vermarkten. Das führte wiederum dazu, daß viele Verarbeitungsbetriebe der Nahrungsmittelindustrie nicht voll ausgelastet waren, große Probleme bei der Rohstoffbeschaffung hatten und ihre Produktionskosten weiter stiegen.[207]

Die Privatisierung der Landwirtschaft der Föderation schritt 1993-1994 nur langsam voran. Im bisherigen Verlauf der Agrarreform haben zwei Drittel der Sowchose und Kolchose ihre Rechtsform geändert und sind in Genossenschaften, Aktiengesellschaften, andere gesellschaftliche Betriebsformen und private Bauernbetriebe umgewandelt worden. Diese Umwandlung ist jedoch in vielen ehemaligen Agrargroßbetrieben nur formal erfolgt, d.h., daß in ihren Betriebsstrukturen und ihrer Arbeitsorganisation sind nur unwesentliche Veränderungen eingetreten. Ende 1993 und 1994 waren in der Landwirtschaft der Föderation 10 500 bzw. 9 600 Sowchose und Kolchose des alten Typs registriert, die 56,2 bzw. 50,7 Mio. ha LN bewirtschafteten und 30,7 bzw. 25,7 % der in der Landwirtschaft Beschäftigten Arbeit gaben. Die Gesamtzahl der offiziell zugelassenen Agrargesellschaften, Kooperativen neuen Typs und anderer Agrarunternehmen betrug 1993 und 1994 20 400 bzw. 20 900. Sie verfügten über eine LN von 101,7 bzw. 105,1 Mio. ha und 49,5 bzw. 47,5 % der landwirtschaftlichen Arbeitskräfte. Der staatliche Sektor hat 1994 nur noch 10 % zur Bruttoproduktion der Landwirtschaft beigetragen. Kollek-

---

206 East Europe Agriculture, March 1995, S. 8.

207 Krest'janskie vedomosti, 52/1994, S. 2.

tive und staatliche Agrarbetriebe waren 1994 gemeinsam mit 58 % an der Schlachttier-, 60 % an der Milch- und 71 bis 72 % an der Eierproduktion des Landes beteiligt. Auf sie entfielen von der Kartoffelproduktion 11 %, von der Gemüseproduktion 32 % und von der Obstproduktion ungefähr 30 %. Getreide wurde nach wie vor größtenteils großbetrieblich produziert.[208]

Die Entwicklung der privaten Bauernbetriebe (Farmerwirtschaften) hat 1994 einen Rückschlag erlitten: Es wurden mehr Betriebe aufgelöst als neue gegründet. Am 1. Januar 1995 existierten 279 200 private hauptberufliche Bauernbetriebe. Sie verfügten über eine Betriebsfläche von 11,9 Mio. ha, im Durchschnitt 43 ha pro Betrieb und über ungefähr 5 % der gesamten LN der Föderation. Sie wirtschafteten auf insgesamt 7,9 Mio. ha Ackerfläche, durchschnittlich 28 ha pro Betrieb. Mit Gesamtanteilen von 2 % am Bruttoproduktionsausstoß der Landwirtschaft, von 5 % an der Getreideproduktion, mit jeweils 1 % an der Fleisch-, Milch-, Gemüse- und Kartoffelproduktion und unter 1 % an der Eierproduktion des Landes hatten sie an der Agrarproduktion 1994 geringen Anteil. Im Gegensatz dazu wäre die Bevölkerung ohne die steigende Produktion der insgesamt 16,6 Mio. Zuerwerbsbetriebe und Hobbygärten 1994 verhungert. Ihr Beitrag ist 1993-1994 bei der Schlachttierproduktion von 36 auf 41 %, bei der Milcherzeugung von 34 auf 39 % und beim Eier-Output von 26 auf 28 % gestiegen und erreichte bei der Kartoffelproduktion 88 %, bei der Gemüseproduktion 67 % und der bei Obstproduktion ungefähr 69 %.[209] Ihre gesamte landwirtschaftliche Nutzfläche belief sich 1993 auf 5,4 und 1994 auf 5,7 Mio. ha und ihre durchschnittliche Betriebsgröße auf 0,32 bzw. 0,34 ha.[210]

In der Gesellschaft der Rußländischen Föderation, darunter auch unter den führenden Politikern, Agrarwissenschaftlern und Agrarexperten, werden die Stimmen derjenigen, die den bisherigen Verlauf der Agrarreform als Mißerfolg werten, zunehmend lauter. Andere führen den starken Produktionsrückgang der Landwirtschaft bzw. die Liquiditätsklemme der

---

208 Krest'janskie vedomosti, 32/1994, S. 3; Izvestija, 22.2.1995, S. 2 und 17.1.1995, Beilage: Finansovye Izvestija, S. 1.

209 Rossijskij fermer, 4/1995, S. 2; Izvestija, 22.2.1995, S. 2; Rossijskaja gazeta, 21.1.1995, S. 4.

210 Review of Agricultural Policy ..., a.a.O., Tab. 12, S. 29.

Agrarbetriebe nicht auf die Agrarreform zurück, sondern auf die allgemeine Wirtschaftskrise und auf die Entwicklung der Input-Outputpreise zu Lasten der Landwirtschaft. Der im Herbst 1994 abgelöste Landwirtschaftsminister der Föderation, V. Chlystun, hat darauf hingewiesen, daß der größte Fehler bei der Durchführung der Agrarreform gewesen sei, daß man sich vor allem auf die Veränderung der Eigentumsverhältnisse, auf die Privatisierung konzentriert und die Entwicklung der Infrastruktur der Marktwirtschaft im Bereich der Land- und Ernährungswirtschaft, darunter u.a. des Banken- und Kreditsystems, der Versicherungen und der Dienstleistungen, dabei nicht zuletzt auch der Beratung und Information sträflich vernachlässigt habe. Das habe dazu geführt, daß der Bauer Mitte der neunziger Jahre nicht imstande sei, sein Eigentum voll zu nutzen. Aus diesem Grunde würden viele Bauern auf Bodeneigentum verzichten.[211]

5.4.2 Traditionelles Sortiment im deutschen Agrarimport aus der Rußländischen Föderation

Unter den Lieferanten der in dieser Studie untersuchten 20 postkommunistischen Ländern war der rußländische Agrarexport 1993 und 1994 mit Anteilen von 5,4 bzw. 5,9 % der viertgrößte einschlägige Handelspartner der Bundesrepublik. Exporteuren aus der Föderation ist es gelungen, ihre Lieferungen nach Deutschland 1994, im Vergleich zu 1993, u.a. bei Milchpulver, Därmen, Blasen, Mägen, Hirse, Erbsen, Obst (außer Südfrüchten) und Ölfrüchten zur Ernährung nennenswert zu steigern. Ihr Umsatz war im Gegensatz dazu bei Fisch und Fischzubereitungen, Honig, Gemüse, getrocknet, Apfelsaft, Gemüse-, Obstkonserven, Fruchtsäften und dgl., der Sammelproduktgruppe der sonstigen pflanzlichen Nahrungsmitteln, insbesondere bei Malzextrakten, Branntwein und Wein mehr oder weniger stark rückläufig.

Das Warenangebot bei der Belieferung Deutschlands mit Erzeugnissen der Land- und Ernährungswirtschaft aus der Rußländischen Föderation hat sich 1994, im Vergleich zu 1993, deutlich (um 15,5 Prozentpunkte) zugunsten der Nahrungsmittel pflanzlichen Ursprungs verändert, während die lebenden Tiere, Nahrungsmittel tierischen Ursprungs und Genußmittel in der angeführten Reihenfolge Anteilseinbußen um 0,1 bzw. 12,9 und

211 Krest'janskie vedomosti, 37/1994, S. 2.

2,5 Prozentpunkte erlitten. Der rußländische Agrarexport nach Deutschland war 1994 vor allem auf drei Produktgruppen: Fisch und Fischzubereitungen, Ölfrüchte zur Ernährung und auf Branntwein konzentriert, auf sie entfielen 80 % der gesamten Lieferungen.

Die Absatzpreisentwicklung war auf dem deutschen Nahrungsmittelimportmarkt für die meisten Erzeugnisse der rußländischen Agrarlieferungen ungünstig. Agrarexporteure aus der Föderation erlitten in Deutschland 1994, in bezug auf 1993, durchschnittliche Preisverluste u.a. bei Milchpulver um 3,7 %, Seefisch um 9,2 %, Fisch und Fischzubereitungen um 8,2 %, Gemüse-, Obstkonserven, Fruchtsäften und dgl. um 30,3 %, Ölfrüchten zur Ernährung 1,1 % und bei sonstigen pflanzlichen Nahrungsmitteln um 24,7 %. Sie verzeichneten dagegen durchschnittliche Absatzpreissteigerungen bei Süßwasserfisch um 42,3 %, Gemüse und sonstigen Küchengewächsen um 88,7 %, Obst (außer Südfrüchten) um 25,4 %, Branntwein um 59,4 % und bei Wein um 12,9 %.[212]

Das Lieferangebot des rußländischen Agrarexports nach Deutschland war 1992-1994 sehr bescheiden. Eine konsequent zielorientierte Marketingstrategie war nicht zu erkennen. Die Belieferung Deutschlands erfolgte vielmehr aufgrund von ad hoc Entscheidungen, nach jeweils verfügbaren Überschußmengen der einheimischen Land- und Ernährungswirtschaft bzw. des Fischfangs. Der Agrarimport aus Rußland wurde 1994 nach wie vor bzw. eher zunehmend durch Produktions-, Lagerungs-, Transports-, Finanzierungs- und andere Probleme wie z.B. willkürlich erhobene Ausfuhrzölle bzw. -abgaben, Kontingente und Lizenzen, je nach einzelnen Produkten und Produktgruppen unterschiedlich stark beeinträchtigt. Das Angebot blieb 1994 vor allem auf die seit langen Jahren immer wieder gelieferten traditionellen Erzeugnisse der Agrarproduktion bzw. des Fischfangs beschränkt und enthielt wenig Markenartikel (Kaviar, Wodka, Krimsekt).

Ministerpräsident Tschernomyrdin versprach Anfang 1995, die finanzielle Förderung des Agrarsektors zu intensivieren, und hob wiederholt die Absicht der Regierung hervor, die Agrarimporte einzuschränken. Das Außenwirtschaftsministerium verfolgt das Ziel, die verfügbaren Überschüsse

---

212 Errechnet nach Angaben des Statistischen Bundesamtes und des BML 216 vom 6.7.1995.

der einheimischen Agrarproduktion vorrangig für die Steigerung der Belieferung der GUS-Länder zu verwenden.[213] Für die Jahre von 1996 bis 2000 ist keine rußländische Agrarexportoffensive nach Deutschland vorgesehen. Der Agrarimportumsatz aus der Föderation dürfte sich in der zweiten Hälfte der neunziger Jahre - mit Schwankungen von 30 bis 50 Mio. DM - ungefähr auf dem 1994 erreichtem Niveau - höchstens bis auf 200 Mio. DM pro Jahr - einpendeln.

---

213 Review of Agricultural Policy ..., a.a.O., S. 18.

Tabelle 36: Produktionsergebnisse der rußländischen Nahrungsmittelindustrie

	1994	1994 in v.H. von 1993	1994 in v.H. von 1990
Fleisch (einschl. Innereien der 1. Qualitätsklasse), Mio. t	3,2	77	40
Wurstwaren, Mio. t	1,5	102	65
Butter, Mio. t	0,491	67	56
Käse, Mio. t	0,271	89	60
Vollmilchpulver, Milchcreme und Milchpulver, Mio. t	0,114	86	62
Zucker, Mio. t	2,7	69	72
Pflanzliche Öle, Mio. t	0,868	77	71
Brot und Backwaren, Mio. t	12,3	82	69
Süßwaren, Mio. t	1,5	87	53
Teigwaren, Mio. t	0,666	80	64
Margarine, Mio. t	0,277	65	34
Erfrischungsgetränke, Mio. Liter	607	82	22
Mineralwasser, Mio. 1/2 l Flaschen	384	127	44
Lebensmittelkonserven, Mio. Standarddosen	2 451	60	32
davon Obst- und Gemüsekonserven, Mio.	1 000	48	26
Fleischkonserven, Mio.	299	76	73
Fischkonserven, Mio.	574	62	25
Wodka und Likör, Mio. Liter	1 220	78	89
Wein aus Weintrauben, Mio. Liter	156	73	27
Brandy, Mio. Liter	14	88	23
Sekt, Mio. Liter	85	99	109
Bier, Mio. Liter	2 070	87	62
Zigaretten, Mrd. Stück	106	85	71
Tee, verpackt 1 000 t	34,6	85	43
Speisesalz, Mio. t	2,2	98	52
Konzentratmischfutter, 1 000 t	47,9	56	22
Futteradditive, 1 000 t	2,2	24	1,3
Fisch, Mio. t	3,4	80	44
Mehl, Mio. t	15,8	87	70
Hafergrütze, Mio. t	1,3	71	41
Fischfutterstoffe, Mio. t	2,1	78	52

Quelle: East Europe Agriculture, February 1995, S. 9.

Tabelle 37: Deutsche Agrareinfuhren aus der Rußländischen Föderation

	1993		1994	
	t	Mio. DM	t	Mio. DM
Lebende Tiere, insgesamt	-	0,63	-	0,63
Milchpulver	434,2	0,83	1 071,4	1,97
Därme, Blasen, Mägen	90,9	0,26	96,0	0,97
Seefische	23 165,2	65,28	24 445,7	62,63
Süßwasserfische	300,5	0,97	422,9	1,93
Fisch, zubereitet und haltbar gemacht	73,3	10,23	189,8	9,92
Fisch und Fischzubereitungen, insgesamt	23 777,0	77,74	25 256,4	75,8
Honig	952,8	1,20	772,2	0,94
Hirse und sonstiges Getreide	79,0	0,05	1 518,3	0,83
Hülsenfrüchte zur Viehfütterung (Erbsen)	-	-	3 723,7	0,96
Gemüse und sonstige Küchengewächse	767,7	4,07	753,3	7,53
Obst, außer Südfrüchten	576,4	1,09	641,0	1,52
Gemüse-, Obstkonserven, Fruchtsäfte und dgl., insgesamt	10 444,4	14,91	11 776,6	11,74
davon Apfelsaft	10 347,9	14,85	11 725,0	11,69
Ölfrüchte zur Ernährung	5 050,7	2,03	85 286,8	33,4
davon Sojabohnen	-	-	57 586,4	20,59
Raps und Rübsensamen	4 703,9	1,72	14 045,6	6,27
Sonnenblumenkerne	114,2	0,06	13 365,5	6,40
Sonstige pflanzliche Nahrungsmittel	1 310,0	4,59	898,1	2,37
davon Malzextrakte	965,1	2,34	540,1	1,39
Branntwein (hl, 100 % Alkohol)	21 268,1	13,68	12 695,1	12,94
davon Wein	2 304,4	0,96	1 752,7	0,83
Schaumwein (hl)	2 228,3	0,95	1 729,5	0,82

Quellen: Angaben des Statistischen Bundesamtes und des BML 216 vom 6.7.1995.

Tabelle 38: Warenstruktur der deutschen Agrarimporte aus der Rußländischen Föderation (in %)

	1993	1994
Lebende Tiere, insgesamt	0,50	0,4
Milchpulver	0,66	1,28
Därme, Blasen, Mägen	0,21	0,63
Seefisch	52,33	40,89
Süßwasserfisch	0,77	1,26
Fisch zubereitet und haltbar gemacht	8,20	6,47
Fisch und Fischzubereitungen, insgesamt	62,32	49,49
Honig	0,96	0,61
Nahrungsmittel tierischen Ursprungs, insgesamt	65,0	52,1
Hirse und sonstiges Getreide	0,03	0,54
Hülsenfrüchte zur Viehfütterung	-	0,62
Gemüse und sonstige Küchengewächse	3,26	4,91
Obst, außer Südfrüchten	0,87	0,99
Apfelsaft	11,90	7,63
Gemüse-, Obstkonserven, Fruchtsäfte und dgl.	11,95	7,66
Sojabohnen	-	13,44
Raps- und Rübsensamen	1,38	4,09
Sonnenblumenkerne	0,05	4,17
Ölfrüchte zur Ernährung, insgesamt	1,63	21,80
Malzextrakte	1,87	0,90
Sonstige pflanzliche Nahrungsmittel, insgesamt	3,67	1,54
Nahrungsmittel pflanzlichen Ursprungs, insgesamt	23,0	38,5
Branntwein	10,97	8,44
Schaumwein	0,75	0,53
Wein, insgesamt	0,77	0,54
Genußmittel, insgesamt	11,50	9,0

Quellen: Errechnet nach Angaben des Statistischen Bundesamtes und des BML 216 vom 6.7.1995.

6 AGRARAUSSENHANDEL MIT DER SLOWAKEI

Die Wirtschaftsentwicklung der Slowakei vollzog sich 1994 im Rahmen instabil-unklarer politischer Verhältnisse. Die im März angetretene "Mitte-Links-Regierung" des Ministerpräsidenten J. Moravčik wurde nach einer Amtszeit von nur sechs Monaten abgewählt. Aus den im September 1994 veranstalteten Parlamentswahlen ist die "Nationale Bewegung für eine Demokratische Slowakei" (HZDS) mit einem Anteil von 35 % als Sieger hervorgegangen. Das bedeutete die Rückkehr V. Mečiars als Ministerpräsident. Er steht an der Spitze einer Koalition aus radikalen Linken, extremen Rechten und großen Teilen der früheren "Nomenklatura". Die Slowakei erhielt im Herbst 1994 bereits die fünfte Regierung binnen zwei Jahren. Die amtierende Regierungskoalition verfügt über eine "bequeme" Mehrheit in der Nationalversammlung, jedoch über keine Drei-Fünftel-Mehrheit, die ihr die Durchsetzung von Verfassungsänderungen bzw. die Absetzung des liberalen Staatspräsidenten M. Kovač ermöglichen würde. Zu den ersten Maßnahmen der Mečiar-Regierung gehörte die Aussetzung des bereits eingeleiteten Massenprivatisierungsprogramms der Großindustrie. Sie hat außerdem insgesamt 50 Direktverkäufe, die von ihrer Vorgängerin bewilligt wurden, rückgängig gemacht und die Überprüfung mehrerer bereits getätigten Privatisierungsvorhaben angeordnet. Bei der Privatisierung sollen nunmehr laut Regierungsprogramm Investoren aus dem Inland gegenüber Ausländern bevorzugt werden.[214]

6.1 Beachtliches Wachstum der slowakischen Wirtschaft

Die slowakische Wirtschaft befand sich 1994, nach langjähriger Talfahrt, auf Wachstumskurs. Im Verlauf des Jahres gelang es zunehmend, die makroökonomische Lage zu stabilisieren. Die Devisenreserven stiegen, die Inflation sank und das Bruttosozialprodukt wuchs. Das Bruttosozialprodukt betrug 1994, in vergleichbaren Preisen, 182,2 Mrd. slowakische Kronen (SKr) und sein Zuwachs, in bezug auf 1993, 4,8 % (in laufenden Preisen sogar 17,1 %). Der Privatsektor war am BSP bereits mit 58,2 % (1993 39 %), darunter in der Industrie mit 53,7 %, im Bauwesen mit 73,6 %, im Gütertransport mit 56,3 %, im Einzelhandel mit 88,5 % und bei anderen Dienstleistungen mit 73,2 % beteiligt. Vom Jahresinvestitionsvolumen

---

214 Ostwirtschaftsreport, 22/1994, S. 435, 8/1995, S. 156 und 14/1995, S. 267.

entfielen 39,7 % auf den Privatsektor.[215] Die Bruttoproduktion der Industrie nahm binnen einem Jahr real um 6,4 % und die der Landwirtschaft um 4,0 % (1993 4,7 %) zu. Die Inflationsrate der Verbraucherpreise ist 1993-1994 von 23,2 auf 13,4 % zurückgegangen. Die Lebensmittelpreise stiegen dabei durchschnittlich um 16,2 %, die Preise von Non-Food-Waren um 12,7 %, die Gastgewerbepreise um 13,1 % und die der anderen Dienstleistungen um 10,7 %. Ende 1994 waren bei den Arbeitsämtern 371 481 Personen als arbeitslos registriert. Die durchschnittliche Arbeitslosenquote belief sich somit auf 14,8 %, um 0,4 % mehr als ein Jahr zuvor.

Die durchschnittlichen Nominallöhne sind 1994, in bezug auf 1993, in der Industrie um 17,4 % auf 6 501 SKr pro Monat, in der Bauwirtschaft um 16 % auf 6 530 SKr, im Handel um 14,9 % auf 5 007 SKr und im Transport und Verkehr um 20,4 % auf 6 561 SKr, d.h. durchgehend höher als die Inflationsrate, gestiegen. In der Slowakei gibt es große regionale Einkommensunterschiede. Die Kaufkraft der Bevölkerung ist in Bratislava und Umgebung, d.h. in der Südwestslowakei, am größten, während Košice und andere Regionen im Osten und Südosten des Landes erheblich ärmer sind.[216]

Das Defizit des Staatshaushaltes betrug 1994 insgesamt 22,8 Mrd. SKr, nominal fast so viel wie ein Jahr zuvor (23,0 Mrd. SKr). Es ist im Vergleich zum Bruttosozialprodukt auf 5,7 % zurückgegangen (1993 6,8 %). Der Außenwert der Krone blieb im Verlauf des Kalenderjahres 1994 mit einem durchschnittlichen Wechselkurs von 32,0 SKr = 1 US-$ im Grunde genommen stabil. Die Slowakische Nationalbank hat die Bruttoverschuldung des Landes gegenüber Geldgebern aus dem Ausland Mitte Dezember 1994 mit 4,1 Mrd. US-Dollar angegeben, wovon auf Verpflichtungen der Regierung bzw. der Nationalbank 2,33 Mrd. US-$ entfielen. Die Devisenreserven der Nationalbank betrugen am 14. Dezember 1994, 1,661 Mrd. US-$. Sie sind binnen einem Jahr um 1,246 Mrd. US-$ gewachsen. Die Hartwährungsbestände der Geschäftsbanken beliefen sich zum gleichen Zeitpunkt auf 1,368 Mrd. US-$ und die Reserven des gesamten Bankensystems, einschließlich Gold, auf 3,396 Mrd. US-$. Die Nationalbank hat Auslandsdarlehen in Höhe von 459,6 Mrd. US-$, davon

---

215 Hospodárske noviny (Bratislava), 29.3.1995, S. 9, 11.

216 Ebenda, 10.2.1995, S. 4; Review of Agricultural Policy and Trade Developments in the Slovak Republic in 1995, OECD Paris, September 1995, Tab. 1.

vom IWF 134,6 und von der Weltbank 49,6 Mio. US-$, aufgenommen. Die Bedienung des Schuldendienstes erfolgte termingerecht.[217] Die slowakische Währung war 1994 nicht voll konvertibel.

Die Slowakei hat bei den ausländischen Investoren imagemäßig 1993-1994 viel schlechter als die anderen CEFTA-Länder abgeschnitten und lag hinsichtlich der Höhe der Auslandsinvestitionen weit hinter Ungarn, Polen und Tschechien. Das Volumen des in die slowakische Wirtschaft investierten Auslandskapitals betrug Ende 1994 551,7 Mio. US-$ (16,5 Mrd. SKr). Es ist zwar binnen einem Jahr um 54 % gestiegen, das Interesse der ausländischen Investoren war jedoch alles in allem mäßig. Die günstige geographische Lage, verhältnismäßig billige und gut ausgebildete Arbeitskräfte, Steuererleichterungen und andere Anreize haben bei weitem nicht den Zufluß von Auslandsinvestitionen gesichert. Die Attraktivität des Landes litt vor allem an der politischen Unsicherheit sowie dem wenig transparenten Steuer- und Rechtsumfeld. Die durch die Mečiar-Regierung angekündigte Handhabung der Beteiligung ausländischer Interessenten an Privatisierungsvorhaben, nach welcher Investoren aus dem Ausland vornehmlich nur solche Aktien erwerben sollen, für die sich kein Interessent aus der Slowakei findet, schreckt viele potentielle Anleger ab. Der nationale Vermögensfonds, der über die Zukunft des Staatssektors entscheidet, verzögerte insbesondere seit dem Herbst 1994 den Privatisierungsprozeß und traf mehrere willkürliche bzw. undurchschaubare Entscheidungen. Es stimmt zwar, daß die Slowakei an sich ein kostengünstigeres Arbeitsumfeld als z.B. Polen, Ungarn oder Tschechien bietet, sie steht jedoch im Hinblick auf billige Arbeitskräfte im Wettbewerb mit einigen GUS-Ländern, Rumänien, Bulgarien etc., die Arbeitskräfte noch billiger anbieten können.[218] Das bisherige mäßige Interesse des Auslandskapitals an der slowakischen Wirtschaft hatte auch etwas Positives: Der Slowakischen Republik ist der Zustrom des spektulativen Kapitals, das Tschechien und Slowenien schwer belastet, erspart geblieben.[219]

---

217 Trend, 1/1995, S. 13; Hospodárske noviny (Bratislava) 4.4.1995, S. 5; Review of Agricultural Policy ..., a.a.O., Tab. 1.

218 Hospodárske noviny (Bratislava) 10.2.1995, S. 4; Ostwirtschaftsreport, 21/1994, S. 406, 22/1994, S. 435 und 8/1995, S. 156.

219 Ostwirtschaftsreport, 14/1995, S. 267.

Die Außenhandelsbilanz, die 1993 noch einen Minussaldo von 27,3 Mrd. SKr (827,273 Mio. US-$) auswies, schloß 1994 mit einem Aktivum von 4 Mrd. SKr (125 Mio. US-$). Die im Kalenderjahr 1994 verzeichnete Exportsteigerung um 28,5 % trug erheblich zum Zuwachs des Bruttosozialprodukts bei. Zu den größten Absatzmärkten des slowakischen Exports gehörten 1994 allen voran Tschechien mit einem Anteil von 37,1 %, gefolgt von Deutschland mit 17,2 %, Ungarn 5,4 %, Österreich 5,2 % und Italien 4,6 %. Die Slowakei exportierte 1994 verschiedene Erzeugnisse im Gesamtwert von 215,5 Mrd. SKr, während ihre gesamten Einfuhren 211,5 Mrd. SKr betrugen. Die wichtigsten Lieferanten der Slowakei waren: Tschechien mit einem Anteil von 29,6 %, Rußland mit 17,8 %, Deutschland mit 13,5 % und Österreich mit 5,2 %. In der Regionalstruktur des slowakischen Außenhandels waren 1994 deutliche Veränderungen zugunsten der EU, einiger CEFTA-Länder und Rußlands einerseits und zu Lasten Tschechiens andererseits zu registrieren.[220] Von den gesamten Einfuhren bzw. Ausfuhren der Slowakei entfielen 1989, 1993 und 1994 11,2 bzw. 9,4 und 9,3 % sowie 4,6 bzw. 6,8 und 5,9 % auf Erzeugnisse der Land- und Ernährungswirtschaft.[221]

6.2 Importüberschüsse im slowakischen Agraraußenhandel

Der slowakische Agraraußenhandel hat 1993 und 1994 bei einem Gesamtumsatz von 875,7 Mio. bzw. 1,015 Mrd. US-$ ein Defizit von 240,10 bzw. 219,90 Mio. US-$ erzielt. Der Minussaldo des Agrarwarenverkehrs mit der EU belief sich zur gleichen Zeit auf 85,1 bzw. 116,5 Mio. US-$. Die slowakische Agrarhandelsbilanz war 1993 und 1994 sowohl mit den EFTA-Ländern als auch mit den Reformländern in Ost-, Mittel- und Südosteuropa (CEEC-Ländergruppe) negativ. Exportüberschüsse gab es in der angeführten Zeit nur im Warenaustausch mit den GUS-Ländern und zuletzt auch mit Tschechien zu verzeichnen.

Von den Agrarausfuhren der Slowakei, die 1993 317,8 Mio. US-$ betrugen und 1994 um 25,5 % auf 398,7 Mio. US-$ erhöht wurden, entfielen auf die OECD-Länder 1993 23,2 und 1994 18,4 %, auf die EU 15,8 bzw. 14,6 %, auf EFTA-Länder 4,7 bzw. 3,5 %, auf die GUS-Länder 13,4 und gleich-

---

[220] Hospodárske noviny (Bratislava), 6.4.1995, S. 2.

[221] Review of Agricultural Policy ..., a.a.O., S. 3.

falls 13,4 % sowie auf andere postkommunistische Länder in Europa (CEEC-Gruppe) 56,8 bzw. 62,2 %. Der slowakische Agrarexport hat sich 1994 zunehmend auf die CEEC-Länder, vor allem auf Tschechien und andere CEFTA-Länder orientiert. Tschechien hat als traditioneller Partner 1994 mehr als die Hälfte der slowakischen Agrarausfuhren aufgenommen. Hierzu trugen die seit dem 1. Januar 1993 existierende Zollunion zwischen beiden Ländern und eine rund 5-prozentige Aufwertung der slowakischen Krone gegenüber dem Clearing-ECU, der im Handelsverkehr mit Tschechien als Verrechnungseinheit verwendet wird, erheblich bei.

In der Warenstruktur der slowakischen Agrarausfuhren gehörten 1993 und 1994 zu den wichtigsten Posten: Gemüse und Gemüseerzeugnisse mit Anteilen von 8,3 bzw. 11,6 %, Milch und Milchprodukte von knapp 11 bzw. 9,6 %, Getränke, vor allem Bier, von 7,9 bzw. 9,1 %, Schlachttiere von 11,1 bzw. 7,6 %, Kakaoerzeugnisse von 6,1 bzw. 7,0 %, Rohtabak und Tabakwaren von 5,3 bzw. 6,8 %, Getreide von 10,3 bzw. 6,3 %, Backwaren von knapp 4 bzw. 5,7 %, Ölsaaten von 4,9 bzw. 5,5 %, Malz und Kartoffelstärke von 5,8 bzw. 4,7 %, Zucker und Süßwaren von 4,5 bzw. 4,3 % und Obst von rund 3 bzw. 3,7 %. Die Exportwarenstruktur hat sich binnen einem Jahr nennenswert zugunsten von Gemüse bzw. Gemüseerzeugnissen, Getränken, Kakaoerzeugnissen und Rohtabak bzw. Tabakwaren verändert. Lebende Tiere, Milch und Milchprodukte, Getreide und Getreideerzeugnisse und andere Produkte erlitten Anteilseinbußen.

Aus der Slowakei wurden 1993 und 1994 u.a. folgende Produktmengen ausgeführt: Fleisch 5 800 bzw. 4 300 t, davon Geflügelfleisch 2 100 bzw. 2 900 t, Rind- und Kalbfleisch 1 100 bzw. 800 t, Magermilchpulver 11 800 bzw. 7 900 t, Vollmilchpulver 600 bzw. 200 t, Butter 1 800 bzw. 0 t, Hühnereier 51,300 bzw. 36,520 Mio. Stück, Getreide 430 100 bzw. 199 000 t, davon Weizen 261 300 bzw. 27 800 t, Futtergetreide 168 800 bzw. 171 200 t, Ölsaaten 85 200 bzw. 71 300 t, Wein 185 440 bzw. 215 800 hl, Frischobst 36 100 bzw. 32 200 t und Frischgemüse 1,234 Mio. bzw. 743 000 t.

An der Belieferung der Slowakischen Republik mit Erzeugnissen der Land- und Ernährungswirtschaft waren die OECD-Länder 1993 und 1994 mit 34,6 bzw. 36,7 %, die EU-Länder mit 24,3 bzw. 28,4 %, die EFTA-Länder mit rund 8 bzw. 6,2 %, die GUS-Länder mit 0,52 bzw. 1,41 % und die CEEC-Ländergruppe mit 51,0 bzw. 43,3 % beteiligt. Allein auf Tschechien entfielen, allerdings mit einer deutlichen Tendenz zur Verringerung, noch immer 37 %. Die EU-Länder, vor allem Deutschland, haben ihre einschlägigen Absatzmarktpositionen in der Slowakei 1994 stabilisiert.

Zu den Agrareinfuhren der Slowakei trugen 1993 und 1994 Obst bzw. Obsterzeugnisse 9,2 bzw. 10,7 %, Tierfutter und Futteradditive 6,8 bzw. 8,9 %, Getränke knapp 9 bzw. 8,2 %, Rohtabak und Tabakwaren 7,5 bzw. 7,8 %, Kakao und Kakaoerzeugnisse 6,5 bzw. 6,9 %, Kaffee und Tee 4,7 bzw. 6,8 %, tierische und pflanzliche Öle und Fette 4,3 bzw. 5,1 %, Getreide 10,2 bzw. 4,8 %, Ölsaaten 2,8 bzw. 4,2 %, Milch und Milchprodukte 6,5 bzw. 4,1 %, Zucker und Süßwaren rund 4 bzw. 4,1 %, und andere verarbeitete Nahrungsmittel 5,3 bzw. 5,5 % bei. Im Kalenderjahr 1994 wurde der Anteil von Getreide, Milch und Milchprodukten sowie Getränken mehr oder weniger bedeutend verringert, während alle anderen wichtigen Importwaren Anteilspluspunkte verbuchten.

Die Slowakische Republik hat 1993 und 1994 bei Getreide 267 200 bzw. 199 200 t, darunter 96 400 bzw. 119 800 t Weizen und Futtergetreide 170 600 bzw. 75 400 t, Ölsaaten 78 400 bzw. 105 300 t, Zucker 28 800 bzw. 37 700 t, Kartoffeln 29 400 bzw. 47 300 t, Frischobst 94 600 bzw. 147 500 t, Frischgemüse 1,054 bzw. 1,044 Mio. t, Fleisch, insgesamt 11 100 bzw. 8 900 t, davon Schweinefleisch 6 600 bzw. 4 700 t und Geflügelfleisch 4 500 bzw. 2 500 t, Butter 4 500 bzw. 2 200 t, Magermilchpulver 1 700 bzw. 300 t, Vollmilchpulver 3 300 bzw. 2 300 t und Hühnereier 41,520 bzw. 14,800 Mio. Stück sowie Wein 17 790 bzw. 84 170 hl eingeführt.[222] Die starke Steigerung der Kartoffel-, Zucker- und Rindfleischeinfuhren 1994 war eindeutig auf die rückläufige einheimische Produktion zurückzuführen. Die Vermehrfachung der Weineinfuhren diente in erster Linie der Erweiterung und Verbesserung des Angebotssortiments auf dem slowakischen Markt.

Das Finanz- und das Handelsministerium haben 1994 mehrere wichtige außenhandelspolitische Maßnahmen getroffen. Sie haben zum 3. März 1994 einen Importzuschlag von 10 % auf Importe für Waren eingeführt, die im Erlaß Nr. 45/1994 des Finanzministeriums spezifiziert wurden,

---

222 Review of Agricultural Policy ..., a.a.O., Tab. 6, 7, 9; Agricultural Situation and Prospects in the Central and Eastern European Countries, Slovac Republik, European Commission, Directorate General for Agriculture, Working Document, Brussels 1995, S. 7.

sowie für Güter, deren Wert 90 US-$ übersteigt. Diese Maßnahme betraf Importe aus allen Ländern, einschließlich Tschechiens. Ausgenommen wurden nur Produktionsmittel, die Firmen im Rahmen ihrer Geschäftstätigkeit einführen, Halbfertigwaren, die weiterverarbeitet werden und verschiedene Produkte, die aufgrund von Barterverträgen ins Land geliefert werden. Das Finanzministerium bekräftigte im Oktober 1994 die Absicht, die 10-prozentige Zulage im Jahr 1995 unverändert zu erheben.

Beim Import von Nahrungsmitteln wurde die Zertifikatspflicht zum 1. Mai 1994 eingeführt. Importeure wurden verpflichtet, den Zollbehörden ein Qualitätszeugnis vorzulegen. Zur Erlangung des Qualitätszeugnisses müssen Muster bzw. Stichproben des zu importierenden Nahrungsmittels dem staatlichen Prüfzentrum vorgelegt werden, das seine Testergebnisse dem Gesundheitsministerium vorlegt. Der Bescheid des Ministeriums, der in der Landessprache abgefaßt wird, bescheinigt sodann gegebenenfalls die Erfüllung der slowakischen Qualitätserfordernisse. Dieser Bescheid wird zunächst zur Slowakischen Landwirtschafts-Inspektionskommission weitergeleitet. Erst dann können die Importe abgewickelt werden. Das ist alles in allem eine umständliche und langwierige Prozedur oder wie es bei den Importeuren bzw. den meisten ausländischen Nahrungsmittellieferanten des Landes heißt, eine administrative Schikane, die im Verlauf des Jahres vor allem zur Verringerung der Nahrungsmitteleinfuhren aus Tschechien beitrug.[223] Um den im Herbst 1994 zunehmenden Nachfrageüberhang bei bestimmten Nahrungsmitteln zu verringern, haben das Finanz- bzw. das Wirtschaftsministerium die 10-prozentige Importzulage für Fleischeinfuhren im November bis Ende des Jahres ausgesetzt und gleichzeitig Ausfuhrlizenzen für Getreide, Ölfrüchte, Rinderhäute, Kohl und anderes Gemüse sowie einige andere Nahrungsmittel eingeführt.[224]

Wie der damalige Landwirtschaftsminister Koncos bekanntgab, betrug das durchschnittliche Importzollniveau für Agrarprodukte und andere Nahrungsmittel in der Slowakei 1994 nur 12 %. Die Importzölle wurden im Rahmen der GATT-WTO-Vereinbarungen 1995 zunächst nach oben korrigiert und betrugen z.B. für Rind- und Schweinefleisch 30 %, Geflü-

---

[223] Hospodárske noviny, (Bratislava) 23.11.1995, S. 3; Ostwirtschaftsreport, 15/1994, S. 299.

[224] Rol'nícke noviny, 24.11.1994, S. 1.

gelfleisch 24 %, Butter 32 %, Kartoffeln 50 % und für Ölsaaten 15 %.[225] Der Agraraußenhandel der Slowakischen Republik wurde 1994 aufgrund des Assoziierungsvertrages mit der EU, des Freihandelsabkommens mit den EFTA-Ländern, des Freihandelsabkommens mit den Visegrád-(CEFTA-)Ländern, der bilateralen Freihandelsabkommen zwischen der Slowakei und Slowenien bzw. der Slowakei und Rumänien sowie mehrerer Handels- bzw. Bartervereinbarungen mit der Russischen Föderation, der Ukraine, Kroatien und anderen Ländern betrieben. Das Wirtschaftsministerium führte mit Bulgarien und Israel vielversprechende Verhandlungen über den baldmöglichen Abschluß eines Freihandelsabkommens.

Die EU hat die für den slowakischen Agraraußenhandel zur Verfügung gestellten Einfuhrquoten vertragsgemäß zum 1. Juli 1994 erhöht. Diese betrugen z.B. für Gerste 12 600 t, Weizenmehl 12 750 t, Malz 12 700 t, Milchpulver 1 090 t, Butter 460 t, Käse 650 t, Geflügelfleisch insgesamt 2 910 t, Rindfleisch 1 250 t, Schlachtschweine und Schweinefleischwaren 2 123 t, Schlachtschafe 1 295 t und Schaffleisch gleichfalls 1 295 t. Die Verwertung der Quoten wurde zwar in der Periode vom 1. Juli 1994 bis 30. Juni 1995 bei Gerste, Malz, Entenfleisch und Schlachtschafen erheblich bzw. zumindest nennenswert verbessert, aber sie zeigt ein im Grunde genommen ähnlich unzufriedenstellendes Bild wie in anderen postkommunistischen Ländern, mit dem Unterschied freilich, daß im Falle der Slowakei noch bei sehr viel mehr Produkten als anderswo eine Quotennutzung von 0,0 % ausgewiesen wird. Die Einfuhrquoten der EU konnten im untersuchten Zeitraum nur bei Gerste, Malz, Milchpulver, Butter, Käse und Schlachtrindern zu 100 % ausgeschöpft werden. Der Quotennutzungsgrad betrug bei Entenfleisch 10,4 %, Rindfleisch 26,4 %, Schlachtschafen 59,0 %, Schaffleisch 21,5 % und bei Weizenmehl, Hähnchenfleisch, Hähnchenfleisch entbeint, Hähnchenstückfleisch, Truthühnerfleisch, Gänsefleisch, Schlachtschweinen, Schweinefleisch, Schweinefleischprodukten und anderen Erzeugnissen eben nur 0,0 %.

Der damalige Landwirtschaftsminister Koncos hat in diesem Zusammenhang 1994 darauf hingewiesen, daß die slowakische Nahrungsmittelwirtschaft 1989-1990 noch durchaus imstande gewesen wäre, die gegenwärtigen Einfuhrquoten der EU voll auszuschöpfen, aber sie habe nun, in An-

---

225 Hospodárske noviny (Bratislava), 19.4.1994, S. 2; Agricultural Situation and Prospects ..., a.a.O., S. 41.

betracht des seither registrierten gewaltigen Produktionsrückgangs, des Eigentumswechsels, der umfassenden Veränderung der Betriebsstruktur, des Abbaus der Subventionen, akuter Finanzierungsprobleme und anderer Gründe abgesehen von einigen wenigen Überschüssen, vor allem im Bereich ihrer traditionellen Produkte und bei Käse, praktisch kaum etwas in nennenswerten Mengen anzubieten. Der Minister hielt es in dieser Lage für überflüssig, andere Gründe anzuführen.[226]

Die Mitgliedsstaaten des CEFTA-Abkommens haben 1994 zwar vereinbart, die Einfuhrquoten für eine ganze Reihe von Agrarerzeugnissen und anderen Nahrungsmitteln in den nächsten fünf Jahren deutlich zu erhöhen und die betreffenden Importzölle um 50 % zu senken, aber diese Vereinbarung ist inzwischen hinfällig geworden. Sie sind 1995 übereingekommen, diese Maßnahmen, insbesondere die vorgesehene Importzollsenkung, bereits zum 1. Januar 1996 zu verwirklichen und die Agrarimportzölle im gegenseitigen Warenverkehr vom 1. Januar 1998 an völlig aufzuheben.[227]

6.3 Mäßige Steigerung der deutschen Agrarausfuhren in die Slowakei

Die Slowakei war 1993 und 1994 an den gesamten Agrarausfuhren der Bundesrepublik Deutschland mit jeweils 0,3 % und an der Belieferung der in dieser Studie untersuchten postkommunistischen Länder mit 2,0 bzw. 1,9 % beteiligt. Die Slowakei hatte bisher als Absatzmarkt für Agrarerzeugnisse und andere Nahrungsmittel aus Deutschland nur geringe Bedeutung. Auf der anderen Seite entfielen von den Agrareinfuhren der Slowakei 1993 9,9 % und 1994 9,60 % auf Deutschland. Der deutsche Agrarexport war mit diesem Anteil der wichtigste Lieferant des slowakischen Agrarimports unter den Mitgliedsländern der EU und den westlichen Industrieländern. Der Gesamtumsatz des bilateralen deutsch-slowakischen Agrarwarenverkehrs wurde 1994, im Vergleich zu 1993, um 18,5 % erhöht, wobei die Bundesrepublik einen Exportüberschuß von 54,04 Mio. DM erzielte. Der deutsche Exportabsatz stieg binnen einem

---

[226] Agricultural Situation and Prospects ..., a.a.O., S. 44; Hospodárske noviny (Bratislava), 19.4.1994, S. 3.

[227] Hospodárske noviny (Bratislava), 5.8.1994, S. 2; Agricultural Situation and Prospects ..., a.a.O., S. 23.

Jahr um 5,5 % bzw. knapp 5 Mio. DM, d.h. das Ergebnis aus dem Vorjahr wurde nur geringfügig verbessert.[228]

Tabelle 39: Entwicklung des Agraraußenhandels mit der Slowakei (in Mio. DM)

	1993	1994
Import	25,31	41,84
Export	90,89	95,88
Umsatz	116,20	137,72
Saldo	+65,58	+54,04

Quellen: Angaben des Statistischen Bundesamtes und des BML 216 vom 6.7.1995.

In engem Zusammenhang mit der Verringerung der Realeinkommen und des Lebensstandards wurde sowohl in der Tschechoslowakei 1989-1992 als auch in der neugegründeten Slowakei 1993 noch ein deutlicher Rückgang des Nahrungsmittelverbrauchs pro Kopf und Jahr registriert. Die Konsumflaute scheint 1994 ihren Tiefpunkt aber überschritten zu haben. Es gab mehrere Grundnahrungsmittel, wie z.B. Schweine- und Geflügelfleisch, Fisch, Hühnereier, Butter, Käse, pflanzliche Öle und Fette und auch Obst, bei denen der Pro-Kopf-Verbrauch, im Vergleich zum Vorjahr bzw. das erste Mal seit der politischen Wende Ende der achtziger Jahre, wieder zunahm. Das ist vor allem auf Realeinkommenssteigerung der Bevölkerung zurückzuführen. Der slowakische Durchschnittskonsument verzehrte 1993 und 1994 Fleisch mit Knochen (insgesamt) 64,9 bzw. 64,1 kg, davon Rind- und Kalbfleisch 15,6 bzw. 14,2 kg, Schweinefleisch 36,2 bzw. 36,6 kg, Geflügelfleisch 11,8 bzw. 12,0 kg, Fisch 3,8 bzw. 4,1 kg, Hühnereier 16,3 bzw. 16,4 Stück, Milch und Milchprodukte (in Milchäquivalent) insgesamt 170,6 bzw. 166,1 kg, davon Käse 4,9 bzw. 5,2 kg, Butter 4,1 bzw.

---

228 Errechnet nach Angaben des Statistischen Bundesamtes und des BML 216 vom 6.7.1995.

4,4 kg, pflanzliche Öle und Fette 12,6 bzw. 14,0 kg, Zucker 34,5 bzw. 34,2 kg, Mehl und Mehlprodukte 104,3 bzw. 103,9 kg, Gemüse 108,3 bzw. 107,3 kg und schließlich Obst 64,4 bzw. 65,5 kg pro Kopf und Jahr.[229] Dem statistischen Durchschnittskonsumenten standen netto 3 160 SKr pro Monat als privates Budget zur Verfügung. Er hat davon rund 34 % für Nahrungs- und Genußmittel verwendet. Die durchschnittliche private Sparquote betrug nur 1,8 %.[230]

Die 1994 verzeichnete Umsatzsteigerung des deutschen Agrarexports auf dem slowakischen Nahrungsmittelmarkt resultierte vor allem aus den im zweiten Halbjahr bzw. im Herbst zunehmend auftretenden Versorgungsdefiziten bei Fleisch, Fleischerzeugnissen, Fisch und Fischzubereitungen, Fischmehl, Gerste, Gemüse und sonstigen Küchengewächsen, sonstigen Abfallerzeugnissen zur Viehfütterung und anderen Produkten. Die Erhöhung der Belieferung der Slowakei mit Kakaoerzeugnissen wertmäßig um knapp 74 % und mit Gemüse-, Obstkonserven, Fruchtsäften und dgl. um ungefähr 30 % ist dagegen auf Intensivierung der Marketingaktivitäten der betreffenden Lieferanten zurückzuführen. Mittelfristige gezielte Marketingkonzepte machten sich jedoch nur bei einigen wenigen Produkten bzw. Produktgruppen der deutschen Angebotspalette bemerkbar.

An der Warenstruktur des deutschen Agrarexports in die Slowakei gab es 1994, im Vergleich zu 1993, deutliche Veränderungen insbesondere zugunsten der Sammelproduktgruppen der Nahrungsmittel tierischen Ursprungs und nachrangig auch der lebenden Tiere zu registrieren. Sie verbuchten einen Anteilszuwachs von 11,1 bzw. 0,7 Prozentpunkten. Der Anteil der Nahrungsmittel pflanzlichen Ursprungs und der Genußmittel ist entsprechend um 9,8 bzw. 2,0 Prozentpunkte zurückgegangen. Die an sich breit gefächerte deutsche Lieferpalette war 1994 nach wie vor auf einige wenige Produkte bzw. Produktgruppen konzentriert. Käse, Fleisch und Fleischwaren, Fisch und Fischzubereitungen, Fischmehl und dgl., Gerste, Gemüse- und Obstkonserven, Fruchtsäfte und dgl., Kakaoerzeugnisse, Zucker, Ölkuchen, sonstige Abfallerzeugnisse zur Viehfütterung, sonstige pflanzliche Nahrungsmittel, Hopfen, Kaffee und Tabakerzeugnisse, d.h. insgesamt 14 Posten, waren daran bereits mit 83 % beteiligt.

---

229 Der grüne Report des slowakischen Landwirtschaftsministeriums, hier zitiert nach: East Europe Agriculture, August 1995, S. 28.

230 Hospodárske noviny (Bratislava), 22.12.1994.

Die Preisentwicklung war auf dem slowakischen Nahrungsmittelimportmarkt 1994 von Produkt zu Produkt bzw. von Produktgruppe zu Produktgruppe sehr unterschiedlich. So haben Agrarexporteure aus Deutschland in der Slowakei 1994, im Vergleich zu 1993, durchschnittliche Preisverluste u.a. bei lebenden Rindern von 23,6 %, Milch von 25,2 %, Käse von 3,2 %, Fleisch und Fleischwaren von 9,2 %, Därmen, Blasen, Mägen von 22,1 %, Fisch und Fischzubereitungen von 7,0 %, Weizen von 13,3 %, Zucker von 29,3 %, Ölfrüchten zur Ernährung von 54 %, Hopfen von 5,0 % und Tabakerzeugnissen von 36,6 % erlitten. Auf der anderen Seite verbuchten die Belieferer der Slowakei durchschnittliche Preissteigerungen u.a. bei Fischmehl und dgl. von 2,4 %, Gerste von 13,1 %, nichtölhaltigen Sämereien von 13,4 %, Südfrüchten von 28,8 %, Obst (außer Südfrüchten) von 38,8 %, Gemüse und sonstigen Küchengewächsen um 17,6 %, Margarine und ähnlichen Speisefetten von 4,8 %, Branntwein von 22,2 %, und Kaffee sogar von 117,2 %. Die Preisbewegungen blieben jedoch in dem Rahmen der in der Tschechoslowakei seit langen Jahren bzw. in der Slowakei seit 1993 beobachtet werden konnte. Das gewohnte Auf und Ab der Absatzpreise wurde in der Slowakei wie auch in anderen Ländern durch Angebot und Nachfrage, Qualitäts- und Sortimentsveränderungen und andere Faktoren bestimmt.[231]

---

231 Errechnet nach Angaben des Statistischen Bundesamtes und des BML 216 vom 6.7.1995.

Tabelle 40: Deutsche Agrarausfuhren in die Slowakei

	1993		1994	
	t	Mio. DM	t	Mio. DM
Lebende Rinder	109,8	0,39	327,4	0,88
Lebende Tiere, insgesamt	-	0,55	-	1,24
Milch	218,9	0,84	383,2	1,10
Käse	348,1	1,57	753,2	3,28
Fleisch und Fleischwaren	417,0	1,03	1 703,0	3,82
Därme, Blasen, Mägen	76,3	0,85	154,3	1,34
Fisch und Fischzubereitungen	1 964,4	3,56	3 335,1	5,61
Fischmehl und dgl.	5 040,5	3,54	10 644,1	7,63
Weizen	61 361,6	12,26	7 252,7	1,26
Gerste	19 153,2	2,45	25 061,8	3,69
Nichtölhaltige Sämereien	55,0	1,49	24,0	0,74
Kartoffeln	613,5	0,45	2 563,1	1,15
Gemüse und sonstige Küchengewächse	398,9	0,31	1 317,2	1,21
Gemüse-, Obstkonserven, Fruchtsäfte und dgl.	999,4	2,89	1 433,9	3,75
Kakaoerzeugnisse	1 046,7	3,86	1 731,0	6,71
Zucker	10 393,4	6,3	15 524,8	6,7
Ölfrüchte zur Ernährung	94,3	0,27	1 017,5	1,34
Ölkuchen	17 641,1	7,23	9 751,6	4,11
Sonstige Abfallerzeugnisse zur Viehfütterung	1 029,4	2,09	3 811,9	5,37
Sonstige pflanzliche Nahrungsmittel	11 102,6	22,86	9 629,4	22,56
davon Malzextrakte	1 328,6	3,10	1 372,9	3,51
Back- und ähnliche Waren	614,5	2,37	770,5	2,76
Hopfen	122,3	2,03	152,6	2,40
Kaffee	290,9	1,65	153,4	1,89
Rohtabak	0,6	0,004	185,6	0,92
Tabakerzeugnisse	305,3	5,12	275,6	2,93
Branntwein (hl, 100 % Alkohol)	2 952,4	1,58	1 264,6	0,83

Quellen: Angaben des Statistischen Bundesamtes und des BML 216 vom 6.7.1995.

Seit der Trennung der beiden Teilstaaten der Tschechoslowakei haben mehrere Agrarexporteure aus Deutschland auf dem verhältnismäßig kleinen slowakischen Nahrungsmittelmarkt "Fuß gefaßt" und ihre Marketingaktivitäten insbesondere 1994 intensiviert. Sie waren im Geschäftsalltag oft mit der schwerfälligen bzw. auch starren Bürokratie der Behörden konfrontiert, die, aus welchen Gründen auch immer, Entscheidungen über Gebühr hinaus verzögerte. Aus der Befürchtung heraus, nach den Parlamentswahlen unter Umständen persönliche Konsequenzen zu erleiden, waren viele Beamte wochen- bzw. monatelang nicht bereit, überfällige Entscheidungen zu treffen.[232] Im Verlauf des Jahres 1994 sind sich zunehmend mehr Agrarexporteure aus Deutschland darüber klar geworden, daß die Zeiten, als der slowakische Markt von Prag bzw. Wien aus bearbeitet werden konnte, bald zu Ende gehen werden. Die großen Marketingagenturen der Welt wie z.B. "Ogilvy and Mather", "Young and Rubicam", "BBDO", "McCann-Erickson", "Leo Burnett", "Soria & Gray", "Dorland", "DDB-Needham", "Worldwide" und andere haben 1993-1994 ihre Niederlassungen in der Slowakei, zumeist in Bratislava, eröffnet und bieten ihre Dienste an. Die beliebtesten Werbeträger sind die Printmedien und das Fernsehen. Die beiden staatlichen Fernsehkanäle "STV-I" und "STV-II" dürfen allerdings laut Gesetz nur 3 % ihrer Sendezeit für Warenwerbung bereitstellen. Zwei Privatsender "Danubius Cable (DCTV)" und "VTV" befanden sich 1994 noch in der Vorbereitung. Sie haben ihr Programm jedoch erst ab 1995 ausgestrahlt.

---

[232] Ostwirtschaftsreport, 15/1994, S. 286, 15/1995, S. 299.

Tabelle 41: Warenstruktur des deutschen Agrarexports in die Slowakei (in %)

	1993	1994
Lebende Rinder	0,4	1,1
Lebende Tiere, insgesamt	0,6	1,3
Milch	0,9	1,14
Käse	1,7	3,42
Fleisch und Fleischwaren	1,1	3,98
Därme, Blasen, Mägen	0,9	1,40
Fisch und Fischzubereitungen	3,9	5,85
Fischmehl und dgl.	3,90	7,96
Nahrungsmittel tierischen Ursprungs, insg.	12,7	23,8
Weizen	13,5	1,31
Gerste	2,7	3,84
Nichtölhaltige Sämereien	1,6	0,76
Kartoffeln	0,5	1,20
Gemüse und sonstige Küchengewächse	0,3	1,25
Südfrüchte	0,5	0,84
Obst, außer Südfrüchten	0,6	0,40
Gemüse-, Obstkonserven, Fruchtsäfte und dgl.	3,2	3,91
Kakaoerzeugnisse	4,2	6,99
Zucker	6,9	6,98
Ölfrüchte zur Ernährung	0,3	1,39
Margarine und ähnliche Speisefette	0,7	0,35
Ölkuchen	7,9	4,28
Sonstige Abfallerzeugnisse zur Viehfütterung	2,3	5,60
Malzextrakte	3,4	3,65
Back- und ähnliche Waren	2,6	2,88
Zubereitungen zur Herstellung von Würzsoßen	2,8	1,91
Andere Lebensmittelzubereitungen	9,9	7,20
Sonstige pflanzliche Nahrungsmittel, insgesamt	25,1	23,52
Nahrungsmittel pflanzlichen Ursprungs, insgesamt	75,0	65,2
Hopfen	2,2	2,50
Kaffee	1,8	1,97
Tee	0,2	0,22
Rohtabak	0,0	0,95
Tabakerzeugnisse	5,6	3,05
Branntwein	1,7	0,87
Bier	0,0	0,10
Wein	0,0	0,03
Genußmittel, insgesamt	11,7	9,7

Quellen: Errechnet nach Angaben des Statistischen Bundesamtes und des BML 216 vom 6.7.1995.

Fernsehwerbung war in der Slowakei 1994 für westliche Verhältnisse sehr billig. Die Plazierung eines Fernsehspots von 40 Sekunden kostete beim "STV-I und II" zur Hauptsendezeit nur 855 US-$. Repräsentativerhebungen haben ergeben, daß rund 55 % der Slowaken das tschechische Fernsehprogramm bevorzugen. Dennoch ist es empfehlenswert, das Marketing bzw. die Werbung den Gegebenheiten des slowakischen Nahrungsmittelmarktes anzupassen und auf den Geschmack der Slowaken auszurichten. Die slowakischen Konsumenten erkennen schnell, wenn eine Werbemaßnahme eigentlich für Tschechien konzipiert wurde. Sie haben einen anderen Geschmack und eine andere Lebenseinstellung als ihre tschechischen Nachbarn. Sie sind in ihrem Verhalten grundsätzlich konservativer und ernsthafter, in gewisser Hinsicht auch schwerfälliger als die Tschechen, und bevorzugen einfache, direkte Informationen. Mit humorvollen Spots, die in Tschechien beliebt sind, kann man bei ihnen weniger bewirken.[233]

Der deutsche Agrarexport hat die Slowakei 1994 mit Erzeugnissen der Land- und Ernährungswirtschaft, trotz einer gewissen Steigerung der Absätze, wertmäßig im Grunde genommen in einer ähnlichen Größenordnung wie im Vorjahr beliefert. Die Slowakische Republik fungierte unter seinen Abnehmern in den in dieser Studie untersuchten 20 Ländern aus Ost-, Mittel- und Südosteuropa nur auf dem 12. Rang und gehörte somit selbst in dieser Großregion nicht zu den vorrangig bzw. schwerpunktmäßig belieferten Kunden. Bisher haben sich nur einige wenige Exporteure aus Deutschland auf die Bedienung des slowakischen Agrarimportmarktes konzentriert. Die Slowakei hat die GATT-WTO-Vereinbarungen mitunterschrieben, ist assoziiertes Mitglied der EU und ihr Antrag auf baldmögliche Vollmitgliedschaft liegt bei der EU vor. Diese Verträge, die auflebende Konjunktur der slowakischen Wirtschaft, nach einer langjährigen Pause wieder steigende Realeinkommen der Bevölkerung, Defizite der slowakischen Agrarproduktion und andere Faktoren dürften den slowakischen Agrarimportmarkt für bestimmte Produkte der deutschen Land- und Ernährungswirtschaft wie z.B. Zucker, Fleisch, Fleischerzeugnisse (vor allem Rindfleisch, aber auch Schweinefleisch), Butter, Kartoffeln, Gemüse, Obst, Gemüse- und Obstkonserven, Fruchsäfte und dgl., die Sammelproduktgruppe der sonstigen pflanzlichen Nahrungsmittel, Ölkuchen, Fischmehl und andere in den nächsten Jahren zunehmend mehr öff-

---

233 Ostwirtschaftsreport, 15/1995, S. 299.

nen. Aus diesen Gründen erscheint ein Agrarexportumsatz in Höhe von 100 bis 150 Mio. DM auf diesem verhältnismäßig kleinen Markt durchaus realisierbar, vorausgesetzt, die deutschen Agrarexporteure werden bereit sein, ihre Marketingaktivitäten weiter zu beleben und intensivieren.

6.4 Starke Steigerung der Agrareinfuhren aus der Slowakei

Es erscheint angemessen, den 1994, im Vergleich zu 1993, erzielten Umsatzzuwachs des slowakischen Agrarexports in Deutschland um knapp zwei Drittel (65,3 %) als Erfolg einzustufen. Dieser Erfolg wird jedoch durch das niedrige Ausgangsniveau des Vorjahres stark relativiert. Mit einem Exportumsatz von rund 42 Mio. DM belegte die Slowakei unter den Beliefererländern Deutschlands aus Ost-, Mittel und Südosteuropa den 9. Rang. Deutschland bezog 1994 nur 1,6 % (1993 1,1 %) seiner aus den postkommunistischen Ländern stammenden Agrareinfuhren aus der Slowakei. Der absolut noch immer geringe Umsatz steht im direkten Zusammenhang mit dem gegenwärtig verfügbaren Leistungspotential der slowakischen Land- und Ernährungswirtschaft, mit deren eingeschränkter Wettbewerbsfähigkeit auf dem anspruchsvollen und durch scharfe Konkurrenz geprägten deutschen Nahrungsmittelmarkt und mit dem in Deutschland kaum wahrnehmbaren Marketing der slowakischen Agrarexporteure. Die slowakische Landwirtschaft produzierte 1994 nur bei einigen wenigen, vor allen bei ihren traditionellen Produkten ausreichende Überschüsse, um exportieren zu können. Außerdem war sie viel stärker auf andere Märkte wie z.B. den ungarischen, tschechischen oder polnischen orientiert.

6.4.1 Erholungstendenzen in der slowakischen Landwirtschaft

Die slowakische Landwirtschaft trug 1993 und 1994 6,6 bzw. 6,5 % zum Bruttosozialprodukt bei und beschäftigte 7,3 bzw. 6,4 % aller Arbeitnehmer des Landes. Ihr Anteil an den Subventionen aus dem Staatshaushalt belief sich auf 2,0 bzw. 1,8 % (1989 7,6 %). Die Agrarbetriebe haben im Kalenderjahr 1994 einen Verlust von 3,4 Mrd. SKr erzielt, das waren 27 % weniger als ein Jahr zuvor. Sie haben 1994 mehrere unrentable Produktionen reduziert bzw. eingestellt, rund 23 000 überschüssige Arbeitskräfte entlassen und die Arbeitsproduktivität erhöht. Die beachtliche Reduktion der Verluste war außerdem auf die registrierte Wende in der Kosten/Ertragsentwicklung zurückzuführen. Während die Betriebskosten der slowakischen Agrarbetriebe 1994, in bezug auf 1993, durchschnittlich um 15,3 % stiegen, nahmen ihre Einkommen durchschnittlich um 28,2 % zu. Nach einer vier Jahre lang anhaltenden "Durststrecke" gestalteten sich die Input-Output-Preise für die Landwirtschaft günstig. Das Preisniveau des Jahres 1989 als Ausgangsbasis zugrundegelegt, betrugen die Inputpreise für die Landwirtschaft 1993 und 1994 219,3 bzw. 241,2 %, ihre Outputpreise 127,9 bzw. 141,7 % und die Konsumentenpreise 212,1 bzw. 246,5 %. Die entsprechenden Preissteigerungen von 1994 auf das Vorjahr bezogen, gab es jedoch bei den Erzeugerpreisen der Landwirtschaft eine Steigerung von 10,8 % und bei den Preisen für Input, industriellen Ursprungs von 10,0 % zu registrieren. Der Anstieg der Produzentenpreise belief sich 1994 u.a. bei Kartoffeln auf 117,9 %, Obst auf 20 %, Raps auf 12,4 %, Schlachtrindern auf 25 %, Schlachtschweinen auf 17 %, Schlachtgeflügel auf 24 % und Kuhmilch auf 9,7 %. Auf der anderen Seite wurde Tierfutter durchschnittlich um 10,2 %, Pflanzenschutzmittel um 10,5 %, Mineraldünger um 10,7 % und Schlepper um 7,7 % teurer.[234] Die gesamte Verschuldung der slowakischen Agrarbetriebe nahm 1993-1994 von 27,2 auf 29 Mrd. SKr zu. Mehr als 90 % der Staatsbetriebe waren hoch verschuldet, aber auch die Existenz von ungefähr der Hälfte der privaten bzw. kooperativen Betriebe war, laut Auskunft der Slowakischen Kammer für Land- und Ernährungswirtschaft, durch Insolvenz, Überschuldung und nicht zuletzt von durch ungünstige Witterungsbedingungen hervorgerufenen Verlusten ernsthaft bedroht.[235]

In die slowakische Landwirtschaft wurden 1994 4,889 Mrd. SKr, nominal 8,9 % mehr, real jedoch in Anbetracht der weiter oben angeführten Steigerung der industriellen Inputpreise 10 %, weniger als ein Jahr zuvor investiert. Die durchschnittliche Verwendung von Mineraldünger ist in der slowakischen Landwirtschaft 1989-1993 von 231,2 auf 41,6 kg (Reinnährstoff)/ha LN zurückgegangen. Im Kalenderjahr 1994 wurden auch nur unwesentlich mehr, 42 kg/ha LN, ausgestreut. Die gesamte Bewässerungsfläche der slowakischen Landwirtschaft beträgt 311 165 ha, das entspricht rund 20 % der landwirtschaftlichen Nutzfläche des Landes. Wie das Landwirtschaftsministerium bekanntgab, waren durchschnittlich 96 % der Be-

---

234 East Europe Agriculture, April 1995, S. 26; Review of Agricultural Policy ..., a.a.O., S. 5-6.

235 East Europe Agriculture, June 1995, S. 26; Rol'nícke noviny, 13.12.1994, S. 5.

wässerungssysteme 1994 betriebsbereit, nur 12 140 ha konnten aus technischen Mängel nicht bewässert werden. Hinter diesen Durchschnittszahlen sind jedoch große regionale Unterschiede verborgen. In der Ostslowakei funktionierte knapp ein Viertel der Bewässerungsanlagen nicht.[236]

In engem Zusammenhang mit dem Transformationsprozeß, der umfassenden Veränderung der Betriebsstruktur, des Eigentumwechsels und der Einschränkung der Agrarproduktion ist die Zahl der Beschäftigten in der primären Agrarproduktion 1989-1994 um 56,8 %, ungefähr 205 000 Personen, zurückgegangen. Im Kalenderjahr 1994 waren nur noch 155 699 Personen in der slowakischen Landwirtschaft beschäftigt. Die Zahl der Beschäftigten je 100 ha LN wurde so binnen fünf Jahren von 13,28 auf 6,36 verringert. In der Nahrungsmittelindustrie waren 1994 insgesamt 49 422 Personen, d.h. 21,5 % weniger als 1990 tätig. Die monatlichen Durchschnittslöhne sind in der Landwirtschaft 1994, in bezug auf 1993, um 13,9 % gestiegen und betrugen 5 127 SKr (in der Nahrungsmittelindustrie 6 139 SKr) pro Arbeitnehmer; die Erstgenannten lagen damit 14,6 % und die letzteren 0,3 % unter dem Landesdurchschnitt. Von den bei den Arbeitsämtern des Landes Mitte des Jahres 1994 registrierten insgesamt rund 350 000 Arbeitslosen entfielen 8,24 % auf die primäre Agrarproduktion bzw. 12,58 % auf die Land- und Ernährungswirtschaft insgesamt.[237]

Die Bruttoproduktion der slowakischen Landwirtschaft ist 1993 und 1994, in bezug auf das jeweilige Vorjahr real, d.h. zu vergleichbaren Preisen, um 4,7 bzw. 4,0 % gestiegen. In diesen beiden Jahren wurden in der Slowakei Getreide auf 834 800 bzw. 859 700 ha LN, davon Weizen auf 397 300 bzw. 442 000 ha, Mais auf 145 900 bzw. 125 900 ha, Gerste auf 247 400 bzw. 238 000 ha, Ölsaaten auf 73 900 bzw. 87 600 ha, Zuckerrüben auf 32 900 bzw. 32 200 ha, Kartoffeln auf 44 800 bzw. 41 300 ha, Weintrauben auf 21 600 bzw. 23 000 ha, anderes Obst auf 19 000 bzw. unverändert auf 19 000 ha und Gemüse auf 32 500 bzw. 34 200 ha angebaut. Geerntet wurden 1993 und 1994 von Getreide insgesamt 3,152 bzw. 3,700 Mio. t (37,7 bzw. 43,0 dt/ha), Weizen 1,528 bzw. 2,145 Mio. t (38,5 bzw. 48,5 dt/ha), Gerste 0,823 bzw. 0,874 Mio. t (33,2 bzw. 36,7 dt/ha), Mais 0,674 bzw. 0,521 Mio. t (46,2 bzw. 41,4 dt/ha), Ölsaaten 0,128 bzw. 0,155 Mio. t (bei

---

236 East Europe Agriculture, June 1995, S. 26; Rol'nícke noviny, 13.12.1994, S. 5.

237 Review of Agricultural Policy ..., a.a.O., S. 7-8; Rol'nícke noviny, 18.7.1994, S. 3.

Sonnenblumen 20,1 bzw. 16,4 dt/ha und Raps 15,6 bzw. 21,1 dt/ha), Zuckerrüben 1,128 bzw. 1,112 Mio. t (342,6 bzw. 345,3 dt/ha), Kartoffeln 0,857 bzw. 0,399 Mio. t (181,5 bzw. 96,7 dt/ha), Gemüse 0,535 bzw. 0,483 Mio. t und Obst 0,175 bzw. 0,123 Mio. t.[238] Wie aus den angeführten Zahlen hervorgeht, verbuchte die slowakische Agrarproduktion 1994 bei Ölsaaten, Getreide, insbesondere bei Weizen und Gerste eine beachtliche Steigerung, während die Maisproduktion, vor allem wegen einer anhaltenden Dürre, einen Einbruch erlitt. Die Kartoffelproduktion wurde binnen einem Jahr ungefähr halbiert, während die Gemüse- und Obsternten gleichfalls deutlich rückläufig waren und die Zuckerrübenernte sich nur in geringem Umfang verringerte. Der Pflanzenbau und die Tierhaltung trugen 1993 und 1994 48,6 bzw. 52,6 und 51,4 bzw. 47,4 % zur Bruttoproduktion der Landwirtschaft bei.

Abgesehen von den Geflügelbeständen und der Schlachtgeflügelproduktion waren sowohl die Tierbestände als auch die Schlachttierproduktion 1994, im Vergleich zu 1993, zwar rückläufig, aber das Tempo der seit 1989 beobachteten Verringerung hat wenigstens nachgelassen. Agrarexperten aus der Slowakei berichten, daß die Ergebnisse der Tierproduktion Mitte der neunziger Jahre mit den Möglichkeiten des biologischen Potentials der Tierbestände keineswegs im Einklang sind. Die Finanzlage der meisten Agrarbetriebe gestattet es nicht, in ernährungsphysiologischer Hinsicht hochwertige, ausgewogene Futterrationen zu verfüttern. Es mangelt an qualitativ einwandfreien Futtermischungen und Futteradditiven.[239]

---

238 East Europe Agriculture, April 1995, S. 27 und May 1995, S. 23; Review of Agricultural Policy ..., a.a.O., Tab. 3.

239 Review of Agricultural Policy and Trade ..., a.a.O., Tab. 2.

Tabelle 42: Tierbestände und Tierproduktion in der Slowakei, 1 000 Tiere bzw. 1 000 t

	1989	1993	1994
Rinder	1 622,5	993,0	916,2
davon Kühe	558,9	385,9	359,3
Schweine	2 708,5	2 179,0	2 037,4
davon Sauen	181,8	165,9	157,4
Schafe	621,4	411,4	397,0
davon Muttertiere	356,8	286,4	278,8
Geflügel	16 584,5	12 234,1	14 246,0
davon Legehennen	.	7 308,2	7 578,2
Schlachttiere (insgesamt Schlachtgewicht)	425,3	331,2	301,5
davon Schlachtrinder und -kälber	109,8	91,8	66,2
Schlachtschweine	309,5	235,9	231,9
Schlachtschafe	6,0	3,5	3,4
Geflügelfleisch	111,2	77,6	81,0
Eier (Mrd. Stück)	1,985	1,527	1,606
Milch (Mrd. Liter)	1,995	1,214	1,155
Butter	37,3	15,1	16,1
Käse	47,6	32,0	34,7
Magermilchpulver	25,0	16,0	11,3
Vollmilchpulver	13,0	3,5	3,5
Wolle	.	1,083	1,081

Quellen: Landwirtschaftsministerium der Slowakischen Republik: Grüner Report, hier angeführt nach: East Europe Agriculture, August 1995, S. 29; Review of Agricultural Policy ..., a.a.O., Tab. 4.

Als vorrangiges Ziel der slowakischen Agrarpolitik gilt, den Nahrungsmittelbedarf mittel- bzw langfristig zu 90 % aus den Ressourcen der eigenen Land- und Ernährungswirtschaft zu decken. Während noch im letzten Jahr der kommunistischen Ära 7,6 % des GDP für die Subventionierung der Landwirtschaft verwendet wurden, betrug deren Anteil 1993 2,0 % und 1994 nur noch 1,8 %. Beim slowakischen Landwirtschaftsministerium bzw. unter dessen Aufsicht wurden drei Fonds errichtet, die für die Subventionierung der Land- und Ernährungswirtschaft verantwortlich zeichnen: Der im Jahr 1992 ins Leben gerufene staatliche Fonds für die Förderung und Verbesserung des landwirtschaftlichen Bodens, der staatliche Förderfonds für Landwirtschaft und Nahrungsmittelindustrie, der erst in der zweiten Jahreshälfte von 1994 etabliert wurde und der seit 1991 tätige Staatsfonds für Marktregulierung. Der erstgenante Fonds zeichnet für die finanzielle Unterstützung von Be- und Entwässerungsmaßnahmen sowie Investitionen verantwortlich, die auf die Verbesserung der Bodenproduktivität ausgerichtet sind, während der zweitgenannte die Investitionsförderung der Land- und Ernährungswirtschaft in seinen Händen hält. Er bewilligt unter Einbeziehung der Geschäftsbanken mittel- bis langfristige Investitionskredite, darunter auch Kredite für Bodenerwerb für 25 Jahre und gewährt Zinsstützungen sowie Kreditgarantien. In der Regel handelt es sich um mittelfristige Investitionskredite für Bauten bzw. technische Einrichtungen für 5 bzw. auch 5 bis 7 Jahre, die bis 70 % der Gesamtkosten decken.

Der Staatsfonds für Marktregulierung betreibt durch Fest-, Minimum-, bzw. Maximum-Preise Interventionspolitik je nach der Lage des Angebots und der Nachfrage auf dem Nahrungsmittelmarkt und sorgt für die Exportförderung bestimmter Agrarerzeugnisse und anderer Nahrungsmittel. Der Festpreis für Frischmilch betrug 1994 6,70 SKr/l. Hierzu kam im Herbst/Winter außerdem noch eine Qualitätsprämie für erstklassige Milch von 2,30 SKr/l und für zweitklassige von 1,30 SKr/l. Die Jahresankaufquote betrug 900 Mio. l. Garantierte Minimumpreise (Interventionspreise) galten 1994 für Getreide, Zuckerrüben und Zucker, Schlachtrinder und Schlachtschweine. Sie beliefen sich für Konsumweizen auf 3 500 SKr/t, Futtergerste 2 900 SKr/t, Schlachtrinder- und Kälber 31 SKr/kg, Schlachtschweine (der ersten Klasse) 27 SKr/kg, Zuckerrüben auf 756 SKr und Zucker 12 000 SKr/t. Die Ankaufsquoten wurden für 1994 bei Getreide mit 315 000 t, Zuckerrüben 273 700 t und Schlachtschweinen mit 1 000 t angegeben. In Anbetracht des Nachfrageüberhangs auf dem Binnenmarkt verordnete der Marktregulierungsfonds im Herbst 1994 Höchstpreise für Kartoffeln und Schweinefleisch und im Dezember 1994 für Karpfen. Er beschränkte außerdem die Höchstgrenze der Handelsmarge bei Schweinefleisch auf 13 %. Das Subventionsniveau erreichte bei Milch rund 60 % und bei Weizen 75 % der Werte in der EU. Der Fonds förderte die Ausfuhr von Milch und Milcherzeugnissen, Enten, Malz, Konserven, Eiern, Schlachtrindern, Kartoffelstärke, Honig und

Apfelkonzentraten. Von den Exportsubventionen des Jahres 1994 entfielen knapp 79 % auf Milch und Milchprodukte.

Der Subventionshaushalt des Landwirtschaftsministeriums betrug - einschließlich der Förderung der Forst- und Wasserwirtschaft - 1994 10,314 Mrd. (1993 12,757 Mrd.) SKr. Davon entfielen auf Marktinterventionsmaßnahmen 650 Mio., Exportsubventionen 276 Mio., Einkommenstützung der Bauern insbesondere in schwach entwickelten Agrarregionen 3,352 und andere direkte Subventionen (Saatgut, Tierzuchtmaterial, Pflanzenschutzmittel, Mineraldünger, Melioration etc.) 3,363 Mrd. SKr, darunter 804,7 Mio. SKr auf die Investitionsförderung und 89,3 Mio. SKr auf Kreditzinsstützungen, und schließlich 1,767 Mrd. SKr auf landwirtschaftliche Dienstleistungen.

Die Einkommenstützung der Agrarbetriebe in den in landwirtschaftlicher Hinsicht schwach entwickelten Regionen hat in der Slowakei einen erheblich höheren Stellenwert als im Nachbarland Tschechien. Den Bauern standen aus dem Subventionsbudget 1994 7 000 SKr für die Aufrechterhaltung der Produktion unter ungünstigen Bedingungen, außerdem 400 bis 3 400 SKr pro ha LN je nach Bodenqualität und für die Förderung der Schafhaltung 600 SKr/pro Tier und Jahr zur Verfügung. Bauernbetriebe brauchten nur die Hälfte der landesüblichen Einkommensteuer, d.h. 20 %, zu entrichten, und genossen außerdem auch noch andere Steuerpräferenzen. Abgesehen von den angeführten staatlichen Mitteln wurden langfristige Investitionskredite für Agrarbetriebe 1994 kaum bereitgestellt. Geschäftsbanken haben kurzfristige Kredite (höchstens für 12 Monate) in Gesamthöhe von 13,3 Mrd. SKr bewilligt. Der durchschnittliche Marktzins betrug 18 %, der jedoch in bestimmten Fällen um ein paar und bei den staatlichen Investitionskrediten sogar um 10 Prozentpunkte heruntersubventioniert wurde.[240]

In der gespannten Finanzlage vieler Agrarbetriebe erwies es sich 1994 als äußerst problematisch, daß Subventionen die Bezugsberechtigten häufig erst mit einer erheblichen Verspätung erreichten. So hat z.B. das Landwirtschaftsministerium Anfang November 1994 bekanntgegeben, daß für Dürregeschädigte aus Mitteln des Fonds für Nationaleigentum 785 Mio.

---

[240] Rol'nícke noviny, 10.8.1994, S. 2 und 26.11.1994, S. 3; Review of Agricultural Policy ..., a.a.O., S. 16-22; Agricultural Situation and Prospects ..., a.a.O., S. 28-30.

SKr für Einkauf von Saatgut, Mineraldünger und Pflanzenschutzmitteln und durch das Finanzministerium weitere 250 Mio. SKr für Dieselkraftstoff bereitgestellt würden. Die Bauernbetriebe haben von diesen Hilfsmitteln bis Ende November 1994 allerdings nur 200 Mio. SKr für den Kauf von Dieselkraftstoff erhalten; ein Mißstand, den die Landwirtschaftskammer scharf kritisierte.[241]

Die Gesamtzahl der privaten Bauernbetriebe ist in der Slowakei bis Ende 1994 auf 19 972 gestiegen. Sie wirtschafteten bei einer durchschnittlichen Betriebsgröße von 11,5 ha auf insgesamt 229 678 ha LN. Unter ihnen verfügten allerdings nur 2 250 Betriebe über mehr als 2 ha LN, und die meisten hatten weniger als 5 ha. Diese Kleinbetriebe wurden in der Regel als Zuerwerbsbetriebe geführt und produzierten vor allem für den Eigenbedarf bzw. für örtliche Märkte. Es gab außerdem 295 000 Zwergbetriebe, mit einer durchschnittlichen Nutzfläche von 0,34 ha, die insgesamt 100 000 ha bewirtschafteten. Die Klein- und Zwergbetriebe trugen 1994 70 % zur Obst- und Gemüse- und jeweils 50 % zur Kartoffel-, Hühnereier- und Geflügelproduktion des Landes bei.

In der slowakischen Landwirtschaft waren Ende 1994 930 Agrarkooperative tätig, die bei einer durchschnittlichen Betriebsgröße von 1 665 ha LN insgesamt rund 60 % der landwirtschaftlichen Nutzfläche des Landes bewirtschafteten. Die meisten slowakischen Bauern haben sich im Zuge des Transformationsprozesses, mangels unternehmerischer Erfahrungen und ausreichender Finanzmittel sowie wegen der von den Kooperativen gewährleisteten relativen Existenzgarantie, für das Verbleiben in den Kooperativen entschieden. Außer den Agrarkooperativen gab es 1994 noch 60 Agrargesellschaften (GmbH bzw. AG), die auf durchschnittlich 290 ha LN (zumeist gepachtet) tätig waren. Das sind nach unternehmerischen Grundsätzen geführte Großbetriebe, die sich, wegen der höheren Rentabilität, 1994 vor allem im Pflanzenbau engagierten. Im Kalenderjahr 1994 praktizierten 37 Betriebe auf 15 140 ha LN, d.h. auf ungefähr 0,6 % der gesamten landwirtschaftlichen Nutzfläche des Landes den alternativen bzw. Öko-Landbau. Sie produzierten 27 000 t Getreide, 1 300 t Hülsenfrüchte, 1 600 t Ölsaaten, 2 000 t Kartoffeln, 60 t Obst, 55 000 t Futterpflanzen, 240 t Fleisch, 600 000 l Milch, 18 000 t Wurzelgemüse und 1 200 t anderes Gemüse. Die Zuckergesellschaft "Cukos" produzierte be-

---

241 Rol'nícke noviny, 31.11.1994, S. 4.

reits 1993 200 t und 1994 1 000 t Ökozucker, der größtenteils zum günstigen Absatzpreis von 580 US-Dollar/t nach Großbritannien, Frankreich, Deutschland und Holland ausgeführt wurde. Die Ausfuhr von anderen Erzeugnissen des alternativen Landbaus (Bio-Nahrung) betrug 1994 insgesamt 2 500 t.[242]

Die Mečiar-Regierung setzte Ende 1994 neue Prioritäten für die Privatisierung der Staatsgüter. Anstatt einer schnellen Kupon-Privatisierung sollen nunmehr vor allem Leasing, Direktverkauf, Auktionen und öffentliche Ausschreibungen angewendet werden. Die Privatisierung der Staatsgüter, die 1994 383 000 ha LN bewirtschafteten, wovon nur 20 % im Staatseigentum, ein Drittel in noch rückzuführenden Kircheneigentum und der Rest in sehr zersplitterten Privateigentum waren, hat eigentlich erst 1995 begonnen. Bis Ende 1994 konnten nur zwei Staatsgüter privatisiert werden. Das Landwirtschaftsministerium hat beschlossen, 3 von insgesamt 156 Staatsgütern im Staatsbesitz zu behalten und den Rest sukzessive - in der zweiten Privatisierungsphase nur 16 - in Privatbesitz zu überleiten. Bei dieser Verfahrensweise dürfte die Privatisierung der Staatsgüter noch mindestens bis zur Jahrtausendwende anhalten. Sie wird durch ungeklärte Restitutionsansprüche, lückenhafte Dokumentation des Betriebsvermögens, Überalterung ihrer technischen Ausstattung, ihre Ansiedlung unter ungünstigen Naturbedingungen, die statt ökonomischer vor allem nach sozialpolitischen Überlegungen durchgeführt wurde, Überschuldung und Kapitalmangel behindert. Vertreter des Staatlichen Bodenfonds, der mit dem Privatisierungsprozeß der Staatsgüter beauftragt ist, berichten, daß bisher nur wenige (zumeist ein bis zwei) Interessenten pro angebotenes Staatsgut ernsthaftes Kaufinteresse bekunden. Der Bodenfonds und das Landwirtschaftsministerium haben sich auf das Privatisierungsschema der Staatsgüter geeinigt, nach welchem diese zunächst in Aktiengesellschaften im Staatsbesitz verwandelt werden und der Fonds sodann die Aktien auf öffentlichen Ausschreibungen (Tendern) und Auktionen bzw. auf anderem Wege zu verkaufen versucht. Der Fonds muß dabei einen erheblichen Teil der Aktien für Deckung der Restitutionsansprüche, die Anfang 1995 1,5 Mrd. SKr. betrugen, reservieren. Die Gesamtsumme des staat-

---

242 Review of Agricultural Policy ..., a.a.O., S. 16; Agricultural Situation and Prospects ..., a.a.O., S. 26; Rol'nícke noviny, 24.8.1994, S. 4; East Europe Agriculture, May 1995, S. 23 und August 1995, S. 30.

lichen Vermögens in der Land- und Ernährungswirtschaft wird, ohne Grund und Boden, mit 15 Mrd. SKr. angegeben.[243]

Die Privatisierung der der Landwirtschaft vor- und nachgelagerten Wirtschaftsbereiche war Ende 1994 erheblich weiter fortgeschritten als die der Staatsgüter. Das Landwirtschaftsministerium hat für die erste Etappe der Privatisierung, die 1994 abgeschlossen wurde, insgesamt 281 im Bereich der Land- und Ernährungswirtschaft tätige Staatsbetriebe, darunter 42 landwirtschaftliche Ankaufsbetriebe, 42 Lagerungsunternehmen, 47 Dienstleistungsbetriebe (Reparaturwerkstätten, Bauunternehmen, Maschinenstationen etc.) und rund zwei Drittel der Betriebe der Nahrungsmittelindustrie zur Privatisierung freigegeben. Ende 1994 waren 124 von 193 Staatsbetrieben der Nahrungsmittelindustrie, d.h. 64,2 % privatisiert. Im Zuge des Privatisierungsprozesses mußten mehrere Staatsbetriebe dieses Industriezweiges geschlossen werden, während viele neugegründet wurden. Die Fleischindustrie verzeichnete 79 Neugründungen, 6 Liquidationen und 16 privatisierte Unternehmen, während früher nur 22 Unternehmen in diesem Bereich tätig waren. Von den früheren 37 Molkereien wurden 28 privatisiert und 3 geschlossen. Die Zahl der Neugründungen betrug 15 Betriebe. Private Anleger erwarben u.a. alle vier Unternehmen der Süßwarenindustrie, 5 von 7 der Zuckerindustrie, 12 von 16 der Konservenindustrie, das einzige Unternehmen der Tabakwarenindustrie, 35 von 41 staatlichen Mühlen und Brotfabriken und 11 von 13 Brauereien. Die Zahl der Neugründungen betrug u.a. in der Getränkeindustrie, wo es früher nur 5 Unternehmen im ganzen Lande gab, 33, in der Konservenindustrie 26 und bei den Mühlen und Bäckereien 246.

Mehrere Agrargesellschaften und Agrarkooperative haben begonnen, eigene Nahrungsmittelverarbeitungsbetriebe aufzubauen. Der Nahrungsmitteleinzelhandel war Ende 1994 bis zu 85 % privatisiert und der Großhandel generell schwach entwickelt bzw. bei einigen Agrarprodukten wie z.B. Kartoffeln und Gemüse, überhaupt nicht vorhanden. Es dürften noch mehrere Jahre vergehen, bis der Privatisierungsprozeß der Land- und Ernährungswirtschaft abgeschlossen wird.

---

243 Zd. Lukas: Die Landwirtschaft der Oststaaten 1994, in: Osteuropa-Wirtschaft, 2/1995, S. 94; Agricultural Situation and Prospects ..., a.a.O., S. 26; Rol'nícke noviny, 7.12.1994, S. 2; East Europe Agriculture, August 1995, S. 29-30.

Die slowakische Nahrungsmittelindustrie hat ihre Bruttoproduktion 1994, trotz einer schon mehrjährigen Talfahrt, weiter reduziert. Mit den Produktionsergebnissen von 1993 verglichen, lieferte sie 21,7 % weniger Fleischwaren, 12,8 % weniger Zucker, 11,8 % weniger Butter, 10,7 % weniger Malz und 6,3 % weniger Weizenmehl. Die Ergebnisse der Obst- und Gemüseverarbeitung lagen ungefähr auf dem Niveau des Vorjahres. Im Gegensatz dazu gab es bei Bier, Backwaren, pflanzlichen Ölen und Fetten und Käse eine Produktionssteigerung in der angeführten Reihenfolge von 15,3 bzw. 40, bzw. 11,4 und 9,6 % zu verzeichnen.[244]

6.4.2 Bescheidenes Angebotssortiment bei der Belieferung Deutschlands mit Agrarprodukten

Der slowakische Agrarexport belieferte Deutschland 1994 - ähnlich wie im Vorjahr - vor allem mit einigen traditionellen Posten seiner Angebotspalette in kleineren Mengen. Agrarexporteuren aus der Slowakei ist es in Deutschland 1994 gelungen, ihren Absatz wertmäßig u.a. bei Ölkuchen knapp zu verdoppeln, bei sonstigen Abfallerzeugnissen zur Viehfütterung sowie Hülsenfrüchten zur Viehfütterung ungefähr zu verdreifachen, bei Ölfrüchten zur Ernährung zu versechsfachen, bei Käse mehr als zu vervierfachen, bei Milch zu verelffachen und bei Honig mehr als zu verdreifachen. Sie erzielten außerdem eine Umsatzsteigerung bei Fleisch und Fleischwaren von 8,7 %, Mais von 24,1 %, Gemüse und sonstigen Küchengewächsen von 16,3 %, Obst (außer Südfrüchten) von 16,1 %, sonstigen pflanzlichen Nahrungsmitteln von 25,4 % und bei Hopfen sogar von 276 %. Auf der anderen Seite ist ihr Absatz u.a. bei Schlachtrindern, Butter, Zuckerwaren ohne Kakaogehalt und Wein mehr oder weniger stark zurückgegangen. Der slowakische Agrarexport betrieb in Deutschland 1993-1994 kein mittelfristig orientiertes, zielgerichtetes Marketing. Er beschränkte sich in dieser Hinsicht vor allem auf die Teilnahme an einigen Fachmessen und -ausstellungen sowie sporadische Einzelwerbeaktionen und suchte auf dem deutschen Nahrungsmittelmarkt seine verfügbaren Überschüsse abzusetzen.

---

244 Hospodárske noviny (Bratislava), 16.3.1995, S. 1-2; Review of Agricultural Policy ..., a.a.O., S. 10, 12 und Tab. 13; Agricultural Situation and Prospects ..., a.a.O., S. 27.

Tabelle 43: Agrareinfuhren aus der Slowakei

	1993		1994	
	t	Mio. DM	t	Mio. DM
Rinder	963,7	2,62	461,0	1,30
Lebende Tiere, insgesamt	-	3,91	-	2,49
Milch	34,7	0,07	332,5	0,77
Butter	35,0	0,07	-	-
Käse	84,7	0,28	273,9	1,2
Rind- und Kalbfleisch	518,6	3,36	365,6	2,82
Fleisch und Fleischwaren, insgesamt	797,0	4,82	767,2	5,24
Honig	120,5	0,4	843,3	1,49
Mais	163,0	0,39	205,1	0,48
Malz	-	-	2 656,3	0,92
Hülsenfrüchte zur Viehfütterung (ausschließlich Erbsen)	8 172,4	2,24	23 491,2	6,36
Gemüse und sonstige Küchengewächse	313,1	0,46	341,3	0,54
Obst, außer Südfrüchten	1 541,7	1,45	1 277,5	1,68
Gemüse-, Obstkonserven, Fruchtsäfte und dgl.	854,6	1,06	932,9	0,95
davon				
Apfelsaft	589,1	0,79	796,9	0,79
Gemüsezubereitungen und Konserven	242,2	0,24	120,5	0,13
Ölfrüchte zur Ernährung	692,1	0,46	6 964,3	3,03
davon				
Raps und Rübsensamen	-	-	5 711,3	2,34
Sonnenblumenkerne	469,9	0,2	1 067,5	0,49
Ölkuchen	12 425,0	2,89	22 848,7	5,05
Sonstige Abfallerzeugnisse zur Viehfütterung	2 965,1	0,55	9 842,2	1,76
Sonstige pflanzliche Nahrungsmittel	827,6	4,02	552,5	5,04
davon				
Zuckerwaren ohne Kakaogehalt	495,3	1,97	364,1	1,86
Zubereitungen zur Fütterung	71,1	1,65	121,7	3,05
Hopfen	115,6	1,04	580,2	3,9
Bier (hl)	1 381,2	0,1	1 503,9	0,09
Wein (hl)	1 979,4	0,17	1 199,5	0,13

Quellen: Angaben des Statistischen Bundesamtes und des BML 216 vom 6.7.1995.

Die Lieferstruktur des slowakischen Agrarexports nach Deutschland wurde 1994 - wie auch ein Jahr zuvor - durch einige wenige Erzeugnisse geprägt. Insgesamt 9 Produkte bzw. Produktgruppen - lebende Tiere, Rind- und Kalbfleisch, Hülsenfrüchte zur Viehfütterung, Obst (außer Südfrüchten), Ölfrüchte zur Ernährung, Ölkuchen, sonstige Abfallerzeugnisse zur Viehfütterung, sonstige pflanzliche Nahrungsmittel und Hopfen - waren daran insgesamt mit 77 % beteiligt.

Tabelle 44: Warenstruktur des deutschen Agrarimports aus der Slowakei (in %)

	1993	1994
Pferde	1,9	1,2
Rinder	10,3	3,1
Lebende Tiere, insgesamt	15,4	6,0
Milch	0,25	1,8
Butter	0,28	-
Käse	1,1	2,8
Rind- und Kalbfleisch	13,3	6,7
Fleisch und Fleischwaren, insgesamt	19,6	12,5
Fisch und Fischzubereitungen	0,8	0,5
Honig	1,6	3,6
Nahrungsmittel tierischen Ursprungs, insg.	23,4	21,3
Hülsenfrüchte zur Viehfütterung (Erbsen)	8,7	15,2
Mais	1,5	1,1
Gemüse und sonstige Küchengewächse	1,8	1,3
Obst, außer Südfrüchten	5,7	4,0
Gemüse-, Obstkonserven, Fruchtsäfte und dgl. (insb. Apfelsaft)	4,2	2,3
Ölfrüchte zur Ernährung	1,8	7,2*
Ölkuchen	11,2	12,1
Sonstige Abfallerzeugnisse zur Viehfütterung	2,1	4,2
Sonstige pflanzliche Nahrungsmittel	15,8	12,0
Nahrungsmittel pflanzlichen Ursprungs, insgesamt	55,7	62,8
Hopfen	4,0	9,3
Bier	0,4	0,2
Wein	0,7	0,3
Genußmittel, insgesamt	5,5	9,9

* davon allein Raps, der 1994 das erste Mal nach Deutschland geliefert wurde, mit 5,6 %.

Quellen: Errechnet nach Angaben des Statistischen Bundesamtes und des BML 216 vom 6.7.1995.

Slowakische Agrarexporteure haben kaum gesicherte Marktanteile in Deutschland. Es kommt hinzu, daß sie wegen der Leistungsschwäche der Agrarproduktion bzw. der Nahrungsmittelindustrie in den einzelnen Kalenderjahren nur die ad-hoc anfallenden Überschüsse ins Ausland liefern können. Aus diesem Grunde ist die Warenstruktur des deutschen Agrarimports aus der Slowakei Jahr für Jahr, weit über die üblichen Schwankungen hinaus, starken Veränderungen unterworfen. Wie aus den Zahlen hervorgeht, wurde die Lieferpalette der Agrareinfuhren aus der Slowakischen Republik 1994, im Vergleich zu 1993, deutlich zugunsten der Nahrungsmittel pflanzlichen Ursprungs bzw. der Genußmittel und zu Lasten der lebenden Tiere bzw. der Nahrungsmittel tierischen Ursprungs verschoben. Zur Wandlung der Warenstruktur, zum Vorteil bzw. zum Nachteil einzelner Produkte bzw. Produktgruppen und zur starken wertmäßigen Steigerung der Lieferungen nach Deutschland hat die Preisentwicklung des deutschen Agrarimportmarktes bei den meisten Posten des slowakischen Angebots erheblich beigetragen. Agrarexporteure aus der Slowakei erzielten in Deutschland 1994, in bezug auf 1993, einen durchschnittlichen Preisanstieg u.a. bei lebenden Rindern von 4,4 %, Milchpulver von 20,7 %, Käse von 34,3 %, Rind- und Kalbfleisch von 19,3 %, Gemüse und sonstigen Küchengewächsen um 7,10 %, Obst (außer Südfrüchten) von 40,2 %, sonstigen pflanzlichen Nahrungsmitteln von 88,0 % und bei Wein von 39,6 %. Ihre durchschnittlichen Preiseinbußen betrugen in demselben Jahr u.a. bei Honig 46,5 %, Mais 1,5 %, Hülsenfrüchten zur Viehfütterung um 1,7 %, Gemüse-, Obstkonserven, Fruchtsäften und dgl. 18,1 %, Ölfrüchten zur Ernährung 34,1 %, Ölkuchen von knapp 4 % und bei Hopfen von 25 %.[245]

Die slowakische Agrarpolitik bleibt erwartungsgemäß noch einige Jahre auf die Umstrukturierung der Produktion der Land- und Ernährungswirtschaft, auf Vollendung des Privatisierungsprozesses, Sicherung der Versorgung des Binnenmarktes mit Grundnahrungsmitteln, Steigerung der bäuerlichen Einkommen und einige andere Ziele, d.h. vor allem inlandsorientiert. Sie verfolgt zwar das Ziel, den Minussaldo der Agraraußenhandelsbilanz sukkzessive zu verringern bzw. in absehbarer Zeit auszugleichen, aber zu einer groß angelegten Exportoffensive fehlen ihr sowohl Subventionsmittel als auch die benötigten Warenmengen. Laut Agrarex-

---

245 Errechnet nach Angaben des Statistischen Bundesamtes und des BML 216 vom 6.7.1995.

perten aus der Slowakei verfügt das Land nur bei Weizen, Mais, Sonnenblumen, evtl. Raps, Milchpulver, Käse, Schlachtrindern, einigen Obst-, bzw. Gemüsesorten, Gemüse-, Obstkonserven, Fruchtsäften und dgl., Zuckerwaren ohne Kakaogehalt und anderen Posten der Sammelproduktgruppe der sonstigen pflanzlichen Nahrungsmittel sowie Hopfen, über in der Regel kleinere Mengen von exportierbaren Überschüssen.[246] Der deutsche Nahrungsmittelmarkt ist durch die EU-Vereinbarungen für viele Erzeugnisse des slowakischen Nahrungsmittelangebots viel weiter geöffnet als der slowakische Agrarexport überhaupt imstande ist zu nutzen. Die ausgeprägte Orientierung des slowakischen Agrarexports auf das Nachbarland Tschechien dürfte - mit einem nachlassenden Anteil - grundsätzlich bis auf weiteres erhalten bleiben. Seine Reorientierung auf die GUS-Länder, insbesondere Rußland, hat bereits 1994 eingesetzt. Destabilisierungseffekte des deutschen Nahrungsmittelmarktes sind von ihm in absehbarer Zukunft nicht zu erwarten. Die Belieferung Deutschlands aus der Slowakischen Republik mit Erzeugnissen der Land- und Ernährungswirtschaft dürfte in den nächsten Jahren - allmählich steigend - die Größenordnung von 50 bis 100 Mio. DM nicht überschreiten.

---

[246] Review of Agricultural Policy ..., a.a.O., S. 25; Agricultural Situation and Prospects ..., a.a.O., S. 34-36.

7 AGRARAUSSENHANDEL MIT TSCHECHIEN

Die Tschechische Republik präsentierte sich im Kalenderjahr 1994, trotz der anhaltenden Unstimmigkeiten in der Vierparteienkoalition der Regierung von Ministerpräsident V. Klaus, als ein politisch stabiles Land. Von den insgesamt 200 Sitzen der Nationalversammlung entfielen 105 auf die Regierungsparteien, davon wiederum 76 auf die Bürgerliche Demokratische Partei.[247] Der wirtschaftliche Erholungsprozeß schritt deutlich voran. Tschechien bestätigte 1994 seinen Vorsprung gegenüber mehreren früheren RGW-Ländern. Das reale Wachstum des BSP betrug im Vergleich zu 1993 2,7 %. Der private Sektor trug bereits 56 % zum BSP bei. Der Staatshaushalt war mehr als ausgeglichen. Sein Überschuß betrug in bezug auf das BSP + 1 % (1993 + 0,1 %). Die inländischen Staatsschulden sind binnen einem Jahr, im Vergleich zum BSP, von 17,2 auf knapp über 15 % zurückgegangen. Das seit der politischen Wende und der Trennung von der Slowakei zum ersten Mal registrierte Wirtschaftswachstum wurde gemeinsam von der politischen Stabilität, der starken nationalen Währung, dem sich dynamisch entwickelnden Privatsektor, der Steigerung der Exporte und der Investitionen aus dem Aus- und Inland sowie von den verbesserten makroökonomischen Rahmenbedingungen getragen.[248]

7.1 Günstige Rahmenbedingungen für dauerhaftes Wirtschaftswachstum

Die Bruttoproduktion der tschechischen Industrie wuchs 1994, im Vergleich zum Vorjahr, um 2,3 %, dabei u.a. in der Papierindustrie um 18,3 %, der Erdölverarbeitung um 8 %, der chemischen und pharmakologischen Industrie um 3,8 %, dem Maschinenbaus um 3,3 %, der Kunststoffindustrie um 1,7 % und bei der Produktion von Energierohstoffen um 1,4 %. Nach einem fortgesetzten Personalabbau um 70 000 Beschäftigte in der Industrie und 2 000 in der Bauwirtschaft stieg die Arbeitsproduktivität entsprechend um 5,2 bzw. 7 %. Sie erreichte damit dennoch im Durch-

---

247 Agricultural Situation and Prospects in the Central and Eastern European Countries, Czech Republic, European Commission, Directorate-General for Agriculture, Working Document, Brussels 1995, S. 11.

248 Ostwirtschaftsreport, 15/1994, S. 284, 1/1995, S. 2 und 14/1995, S. 263; Hospodářské noviny (Praha), 2.3.1995, S. 1.

schnitt nur 50 % des Niveaus der westlichen Industrieländer. Die Inlandsinvestitionen in die Wirtschaft betrugen, laut Angaben des Tschechischen Statistischen Amtes, 295,7 Mrd. Kronen, real 3,4 % mehr als ein Jahr zuvor. Während die Investitionen der Privatwirtschaft dynamisch stiegen, wurde im Staatssektor erheblich weniger angelegt. Im Verkehrs- und Transportbereich wurden insgesamt 50 % mehr, dagegen im Wohnungsbau deutlich weniger investiert, so daß dessen Anteil an den Investitionen der tschechischen Volkswirtschaft von 10 bis 12 % (vor der Systemwende) auf ungefähr 5 % zurückging. Für Umweltschutzinvestitionen (Wasseraufbereitungsanlagen, Luftverbesserungseinrichtungen, Müllentsorgung bzw. -wiederverwertung etc.) wurden 1994 17,2 Mrd. Kronen, etwa 5,8 % der gesamten Investitionssumme verwendet. Die meisten ökologisch ausgerichteten Investitionen registrierte das Statistische Amt in den nordböhmischen und nordmährischen Regionen.[249]

Die Jahresinflationsrate belief sich 1994 auf genau 10 %, das heißt sie ging im Vergleich zum Vorjahr um rund die Hälfte zurück. Mit dieser relativ niedrigen Inflation lag Tschechien 1994 unter den früheren RGW-Ländern an der Spitze. Die Einzelhandelspreise der Nahrungsmittel stiegen 1994 durchschnittlich um 13,9 %, die der Non-Food-Waren um 6,8 % und die der Dienstleistungen um 14 %, davon im Gastgewerbe um 10,9 %. Die Arbeitslosenquote wurde mit 3,3 % beziffert, und war somit für mittel- bzw. osteuropäische Verhältnisse, aber auch im Weltvergleich, erstaunlich niedrig. Das resultierte vor allem aus der unerwartet starken Absorption von Arbeitskräften durch die Privatwirtschaft, der Verzögerung der Privatisierung unrentabler Staatsbetriebe bzw. der Umstrukturierung bereits privatisierter Betriebe, aber auch aus dem mangelnden Interesse der meisten tschechischen Banken an Konkursen ihrer Klienten im Hinblick auf ihre geringen eigenen Reserven. Ende September 1994 waren von 2 000 Konkursanträgen nur 10 % erledigt, weil die Gerichte betont langsam arbeiteten und die Banken wenig Druck machten. Seit der politischen Wende vergaben die tschechischen Banken bereitwillig sogenannte weiche Kredite, so daß 1994 bereits 30 % der Forderungen der fünf größten Bankinstitute des Landes uneinbringlich waren. Die "Banka Bohemia", die "AB-Banka" und die "Kredit- und Industriebank" waren 1994 zusammengebrochen und weitere kleinere Banken gerieten in

---

249 Hospodářské noviny (Praha), 20.2.1995, S. 1, 2.3.1995, S. 7, 12.4.1995, S. 1 und 14.4.1995, S. 2.

Schwierigkeiten. Das hat die Schwächen des tschechischen Bankensektors ins Rampenlicht der Öffentlichkeit gerückt. Firmen aus dem Westen, darunter auch aus Deutschland, waren gut beraten, nur mit den großen Vier unter den tschechischen Banken, der "Investicni", der "Živnostenska", der "Česka Spořitelna" sowie der "Kommercni", zusammenzuarbeiten.[250]

Der durchschnittliche Monatslohn belief sich 1994 auf 6 904 Kronen und stieg damit nominal um 15,7 % gegenüber dem Vorjahr an. Das Reallohnwachstum betrug 4,8 %. Die Kaufkraft der Bevölkerung nahm 1994 das erste Mal seit der Systemwende zu. Das machte sich auch in der Steigerung des Einzelhandelsumsatzes (zu laufenden Preisen) um 14,8 %, bemerkbar.

Die nationale Währung (ČKr) blieb bei einem durchschnittlichen Wechselkurs von 28,8 ČKr = 1 US-$ das ganze Kalenderjahr 1994 hindurch im Grunde genommen stabil. Die Leistungsbilanz war dank steigender Einnahmen im Bereich des Fremdenverkehrs, der Warentransporte und anderer Dienstleistungen sowie Kapitalanlagen aus dem Ausland positiv. Die Erlöse des Fremdenverkehrs beliefen sich 1994 auf rund 2 Mrd. US-$, 18 % mehr als ein Jahr zuvor. Die Tschechische Nationalbank hat 1994 einen IWF-Kredit in Höhe von 1,2 Mrd. US-$ vorzeitig zurückgezahlt. Das ist auf jeden Fall als ein Zeichen der finanziellen Stärke des Landes zu verstehen. Die gesamten Auslandsschulden Tschechiens betrugen Ende 1994 rund 9 Mrd. US-$, während die Devisenreserven mit 8,6 Mrd. US-$ beziffert wurden.[251] Die Nationalbank hat gegen Ende des Jahres signalisiert, die volle Konvertibilität der tschechischen Krone 1996 einführen zu wollen.

Einem Bericht der Nationalbank zufolge, betrug der Zufluß der Kapitalanlagen aus dem Ausland 1994 insgesamt 2,8 Mrd. US-$. Davon entfielen 800 Mio. US-$ auf Direkt- und 900 Mio. US-$ auf Portfolioinvestitionen. Mittels der Emission von Wertpapieren flossen weitere 1,1 Mrd. US-$ ins Land. Aus den ausländischen Direktinvestitionen in die tschechische Wirtschaft waren Anleger aus Deutschland mit 48,4 % beteiligt, gefolgt von

---

250 Hospodářské noviny (Praha), 17.1.1995, S. 7; Lidové noviny, 11.1.1995, S. 7; Ostwirtschaftsreport, 20/1994, S. 387, 1/1995, S. 3 und 15/1994, S. 284.

251 Lidové noviny, 31.1.1995, Beilage, S. 1; Hospodářské Noviny (Praha), 13.2.1995, S. 1; Ostwirtschaftsreport 3/1995, S. 44.

solchen aus Österreich mit 9,2 %, Frankreich mit 8,9 % und den USA mit 4,6 %. Die Portfolioinvestitionen aus dem Ausland wurden binnen einem Jahr verdoppelt. Sie setzten sich zu 45 % aus Aktien, zu 36 % aus Staatsschuldscheinen und zu 19 % aus Betriebsobligationen zusammen. Ende 1994 waren ungefähr 8 % sämtlicher in tschechischen Kronen ausgegebenen Schuldverschreibungen in den Händen von sogenannten Devisenausländern. An Portfolioinvestitionen in Tschechien waren vor allem Anleger aus Großbritannien interessiert. Nach Herkunftsländern geordnet, betrug der Anteil der Investoren aus Großbritannien Ende 1994 61,7 %, aus den USA 16,6 %, aus Deutschland 7,4 %, Österreich 7,2 % und Luxemburg 2,5 %. Zu den bevorzugten Objekten der Portfoliotransaktionen gehörten das Bankwesen (48,6 %), die Energiewirtschaft (33,5 %), die Bauwirtschaft (4,1 %) und der Maschinenbau sowie das Hüttenwesen (insgesamt 3,9 %). Die Nahrungs- und Genußmittelindustrie gehörte 1994 mit ihrem Anteil von 3,3 % nicht zu den von den ausländischen Investoren vorrangig bedachten Wirtschaftszweigen.[252] Tschechien hat Polen, die Slowakei, Ungarn und andere frühere kommunistisch regierte Länder in der Gunst der ausländischen Investoren 1994 deutlich übertroffen. Das ist u.a. auf die auf binnen- und außenwirtschaftliches Gleichgewicht ausgerichtete Wirtschaftspolitik, fundiertes Know-how (vor allem im Maschinenbau) bzw. gut ausgebildete Arbeitskräfte, logistische Vorteile durch die geographische Nähe zu den Märkten der europäischen Industrieländer, die grundsätzliche Ähnlichkeit des Handels- und Unternehmensrechtes mit dem aus Westeuropa bzw. die zunehmende Harmonisierung der tschechischen Wirtschaftsgesetze und -vorschriften mit denen der EU und auf andere Gründe zurückzuführen.[253]

Die Außenhandelsbilanz wies für das Jahr 1994 einen Minussaldo in Höhe von 0,9 Mrd. US-$ aus, nachdem die gesamten Importe 14,9 und die Exporte insgesamt 14 Mrd. US-$ betrugen. Der Außenhandel Tschechiens hat 1994, in bezug auf das Vorjahr, eine Importsteigerung von 13 % und einen Exportzuwachs von rund 7 % verbucht. Der Passivsaldo entstand im Warenaustausch mit westlichen Industrieländern und mit den Mitgliedsstaaten der GUS, während die Außenhandelsbilanz mit den Entwicklungsländern und den europäischen Reformländern (ohne GUS-Länder)

---

[252] Ostwirtschaftsreport 3/1995, S. 44, 9/1995, S. 180; Hospodářské noviny (Praha), 8.3.1995, S. 7.

[253] Ostwirtschaftsreport, 9/1995, S. 180.

aktiv war. Der tschechische Außenhandel stand 1994 im Zeichen der Verringerung des Anteils der Slowakischen Republik am Gesamtumsatz auf ungefähr 15 %, wobei die gegenseitige Belieferung im Vergleich zu 1993 um 14 % zurückging. Der tschechische Export war 1994 zunehmend auf die EU und die früheren europäischen RGW-Länder orientiert. Mit letzteren wurde eine Exportsteigerung um 38,5 % erzielt. Die Exporte profitierten vom wirtschaftlichen Aufschwung im eigenen Land und in der EU, der unterbewerteten nationalen Währung und dem Assoziierungsabkommen mit der EU, das den Marktzugang zu deren Mitgliedsländern erleichterte und von weiteren Handels- und Wirtschaftsabkommen mit den EFTA-, CEFTA- und anderen Ländern.[254]

7.2 Importüberschüsse im tschechischen Agraraußenhandel

Die Tschechoslowakei gehörte zu den Agrarimportländern. Tschechien setzte 1993 und insbesondere 1994 diese Tradition fort, indem der Agraraußenhandel Importüberschüsse von rund 35 bzw. 296 Mio. US-$ erzielte. Der Negativsaldo hat sich somit binnen einem Jahr ungefähr verneunfacht. Das war das Resultat der starken Steigerung der Agrareinfuhren 1994 um 30 % auf 1,352 Mrd. US-$ und einer bescheidener Erhöhung der Agrarausfuhren von nur knapp über 2 %, auf 1,056 Mrd. US-$. Die steigende Nachfrage nach Fleisch und verschiedenen Fleischprodukten, bei nach wie vor rückläufiger Inlandsproduktion, führte zu verstärkten Importen. Es wurden z.B. 7 800 t Rind- und Kalbfleisch - knapp viermal so viel wie im Vorjahr - eingeführt. Der durch den Rückgang der Produktion ausgelöste Nachfrageüberhang bei Obst und Gemüse konnte gleichfalls nur durch Steigerung der Einfuhren verringert werden. Die tschechische Agrarpolitik war 1993-1994 auf den Abbau der unrentablen Produktionen, insbesondere im Fleisch- und Milchsektor ausgerichtet, und die Agrarproduktion war rückläufig. Der Agrarexport wurde bei vielen Produkten und Produktgruppen entsprechend mit Warenmangel konfrontiert. Auf der anderen Seite löste die fortschreitende Liberalisierung der Agrareinfuhren aufgrund zwischenstaatlicher Vereinbarungen einen deutlichen Anstieg der Importlieferungen bei Südfrüchten, Kaffee, Kakaoerzeugnissen, Tee

---

254 Hospodářské noviny, 6.2.1995, S. 1 und 13.2.1995, S. 3; Ostwirtschaftsreport, 3/1995, S. 44.

und vielen anderen Produkten aus, die früher lange Jahre hindurch stark kontingentiert und eingeschränkt waren.[255]

Auf Erzeugnisse der Land- und Ernährungswirtschaft entfielen von den gesamten Aus- und Einfuhren des Landes 1989, 1993 und 1994 5,6 bzw. 8,0 und 7,4 % und entsprechend 8,0, 8,2 bzw. 9,2 %. Der Agraranteil an den Einfuhren ist zwar 1994, in bezug auf 1993, nennenswert gestiegen, aber der Stellenwert des Agraraußenhandels blieb im gesamten Außenhandel mit anderen MOE-Ländern verglichen noch immer erheblich niedriger.

Zu den wichtigsten Produkten bzw. Produktgruppen des tschechischen Agrarexportsortiments gehörten 1993 und 1994 Milch und Milchprodukte mit Anteilen von 20,9 bzw. 17,5 %, alkoholische und alkoholfreie Getränke von 14,1 bzw. 13,9 %, Ölsaaten von 8,1 bzw. 9,6 %, Zucker und Süßwaren von knapp 5 bzw. 5,1 %, lebende Tiere von 7,5 bzw. 5,8 %, Mühlenerzeugnisse, Malz und Stärke von 4,9 bzw. 4,8 %, Gemüse von 2,8 bzw. 3,4 %, Viehfutter von 3,6 bzw. knapp 4 %, Fleisch, Fleischwaren und Meat-by-Produkte von 4,4 bzw. 2,8 % und Getreide von 2,5 bzw. 1,3 %. Obwohl die Produktion von Milch und Milchwaren 1989-1994 deutlich verringert wurde, verfügte der tschechische Agrarexport über große Überschußmengen, die zum großen Teil subventioniert ausgeführt werden sollten. Tschechien ist traditioneller Bierexporteur. Der tschechische Bierexport betrug 1994 2,22 Mio. hl, 14 % mehr als 1993, während die Biereinfuhren um rund 60 % auf 24 205 hl zurückgingen. Die wichtigsten Absatzmärkte für das Bier aus Tschechien sind die GUS- und die EU-Länder. Bier wird außerdem auch auf in den letzten Jahren neu erschlossene Märkte in Australien, Japan, Südafrika, der Türkei, den arabischen Ländern, Afrika und der Mongolei ausgeführt. Tschechien bezieht Bier vor allem aus Österreich (73 %), der Slowakei (18 %), Deutschland (2,8 %), Großbritannien (2,4 %) und Irland (2,1 %).

Tschechien führte 1993 und 1994 u.a. 185 000 bzw. 78 300 t Getreide, 335 000 bzw. 95 500 t Ölsaaten, 15 200 bzw. 30 400 t pflanzliche Öle und Fette, 58 000 bzw. 97 200 t Zucker, 85 000 bzw. knapp 119 000 t Frisch-

---

255 East Europe Agriculture, June 1995, S. 22; Review of Agricultural Policy and Trade Developments in the Czech Republic in 1994 and 1995, OECD-Paris, October 1995, S. 4.

obst, 75 000 bzw. 7,2 t Frischgemüse, 27 500 bzw. 11 200 t Fleisch und Fleischwaren, 28 500 bzw. 19 900 t Butter und 75 000 bzw. 84 000 t Magermilchpulver aus.

Die Länderstruktur des tschechischen Agrarexports hat sich 1994, im Vergleich zum Vorjahr, deutlich zugunsten der EU- und GUS-Länder verändert. In die OECD-Länder wurden 1993 und 1994 wertmäßig 41,8 bzw. 47,5 % des tschechischen Agrarexports abgesetzt, während die EU-Länder davon 32,8 bzw. 37,2, die EFTA-Länder 5,2 bzw. 6,5 %, und die GUS-Länder 10,6 bzw. 14,8 % aufnahmen. Der Anteil der MOE-Länder ist dagegen 1993-1994 von 40,1 auf 32,8 %, darunter der der Slowakei von 29 auf 23 % zurückgefallen. Die Slowakei hat im Verlauf des Jahres 1994 Importabgaben für mehrere Nahrungsmittel eingeführt, zusätzliche Zertifikate vorgeschrieben und außerdem die slowakische Krone in bezug auf den Clearing-ECU im bilateralen Außenhandel mit Tschechien abgewertet. Der tschechische Agrarexport wurde durch diese protektionistischen Maßnahmen erheblich beeinträchtigt und setzte entsprechend rund 16 % weniger in die Slowakei als ein Jahr zuvor ab. Die beiden CEFTA-Länder Polen und Ungarn waren an den Agrarausfuhren Tschechiens 1994 mit insgesamt 6 % beteiligt.[256] Laut Angaben des Landwirtschaftsministeriums der Tschechischen Republik wurden in den letzten Jahren ungefähr 45 bis 48 % der Milch-, 37 bis 39 % der Butter-, 62-63 % der Milchpulver- und Kondensmilch- und 18 % der Käseproduktion des Landes sowie 80 bis 82 % der Hopfen-, 35-36 % der Malz-, 44 % der Spirituosen-, aber nur 8-9 % der Schlachtgeflügel- und 4-5 % der Schlachtschweinproduktion ins Ausland abgesetzt. Bei Süßwasserfisch betrug der Exportanteil 60,5 %.[257]

Die Importe Tschechiens betrugen 1993 und 1994 u.a. bei Getreide 645 500 bzw. 285 800 t, davon Futtergetreide 295 500 bzw. 241 300 t, Kartoffeln 36 000 bzw. 15 100 t, Frischobst 230 000 bzw. 383 700 t, Frischgemüse 130 500 bzw. 184 000 t, Fleisch 7 700 bzw. 19 700 t, davon Schweinefleisch 1 200 bzw. 11 700 t und Geflügelfleisch 1 100 bzw. 4 800 t.

---

[256] Export of agricultural and food Products, Ministry of Agriculture of the Czech Republic, Prague, No. 3/5/1995.

[257] Ebenda.

Die tschechische Agrarimportpalette wurde 1993-1994 durch die Produktgruppe Obst und Obsterzeugnisse angeführt, auf welche 14,4 bzw. 14,1 % der einschlägigen Einfuhren entfielen. Rohtabak und Tabakwaren trugen dazu 7,5 bzw. 9,1 % bei, Gemüse und Gemüseerzeugnisse 6,8 bzw. 7,2 %, Kaffee, Tee und Gewürze 6,3 bzw. 6,9 %, alkoholische und alkoholfreie Getränke 5,5 bzw. knapp 5 %, Kakao und Kakaoerzeugnisse 4,7 bzw. 4,66 %, Viehfutter 11,1 bzw. 8,9 %, Öle und Fette 5,2 bzw. 4,4 % und Getreide 6,1 bzw. 2,9 %. Der Anteil von Viehfutter ist 1991-1994, entsprechend der Verringerung der Tierbestände, rund um die Hälfte zurückgegangen; der von Sojaschrot fiel sogar von 14 auf 5 %. Für die Wandlungen der Struktur der Agrareinfuhren Tschechiens seit der politischen Wende war außerdem der "Vormarsch" der tropischen Erzeugnisse (früher Kolonialwaren) besonders bezeichnend.

Bei der Länderstruktur der tschechischen Agrarimporte gab es 1994 ähnliche Tendenzen wie auch bei den Exporten zu beobachten. Der Anteil der OECD-Länder hat sich in bezug auf das Vorjahr von knapp 52 auf 57,5 %, darunter der der EU-Länder von 40,2 auf 46,7 % und der EFTA-Länder von 7,3 auf 8,0 %, ferner der der GUS-Länder von ungefähr 0,5 auf 1 % erhöht, während der Anteil der MOE-Länder von 28,3 auf 21,2 % zurückfiel. Letzteres ist vor allem darauf zurückzuführen, daß die Slowakei im Verlauf des Jahres 1994 zunehmend Marktanteile einbüßte und schließlich nur noch mit 13 % an der Belieferung Tschechiens mit Erzeugnissen der Land- und Ernährungswirtschaft beteiligt war. Aus den beiden CEFTA-Länder Ungarn und Polen bezog Tschechien insgesamt 6 % seiner Agrareinfuhren.[258]

Das Handelsministerium hat am agraraußenhandelspolitischen Instrumentarium 1994 nur kleine Korrekturen vorgenommen. Es verordnete u.a. kurzfristige, zeitlich befristete Importstops für einige Saisonwaren. Der Importschutz des tschechischen Agrarbinnenmarktes durch Zölle, Abgaben und andere handelspolitischen Instrumente erreichte 1994 ungefähr das Niveau der EU. Der tschechische Agrarexport wurde dagegen wesentlich weniger subventioniert. Der Staatsfonds für Marktregulierung, das für Exportsubventionen zuständige Staatsorgan, hat 1994 eine gesamte Subventionssumme von 1,2 Mrd. ČKr zugewiesen, was 3,9 % des Agrarex-

---

258 Review of Agricultural Policy ..., a.a.O., Tab. 6, 8, 10.; East Europe Agriculture, March 1995, S. 24 und Juni 1995, S. 23.

portumsatzes des Landes entsprach. Davon wurden 1,050 Mrd. ČKr für die Förderung der Ausfuhr von Milch bzw. Milchprodukten, 27 Mio. ČKr (5 ČKr/kg) für die von Schlachtrindern, 44 Mio. ČKr (600 ČKr/t) für die von Gerstenmalz, 106 Mio. ČKr (8 000 ČKr/t) für die von Kartoffelstärke und 10 Mio. ČKr (400 ČKr/t) für die Förderung von Speisekartoffeln verwendet.

Der Assoziierungsvertrag mit der EU, das Freihandelsabkommen mit der EFTA, das Freihandelsabkommen mit den CEFTA-Ländern, das Abkommen über die Zollunion mit der Slowakei sowie eine ganze Reihe von bilateralen Handelsverträgen und Bartervereinbarungen, insbesondere mit den GUS-Ländern, bildeten 1994 nach wie vor den Rahmen für den tschechischen Agraraußenhandel. Entsprechend dem Assoziierungsvertrag mit der EU hat Tschechien seinen Binnenmarkt 1994 für Einfuhren aus EU-Ländern weiter geöffnet, indem es vertragsgemäße Zoll- bzw. Abgabennachlässe u.a. für bestimmte Milcherzeugnisse wie Butter und Käse, Salami, Mais und Rohtabak gewährte.

Die EU hat 1994 ihre vertraglichen Verpflichtungen gegenüber Tschechien erfüllt, die Einfuhrquoten z.B. bei Milchpulver von 993 auf 2 110 t, bei Entenfleisch von 56 auf 260 t, Rindfleisch von 2 330 auf 2 500 t, Gerste von 23 667 auf 25 400 t und auch bei anderen Erzeugnissen erhöht und die Grenzbelastungen gesenkt. Der tschechische Agrarexport hat jedoch im Agrarjahr 1994-1995 die zur Verfügung gestellten Einfuhrquoten nur bei einigen wenigen Produkten bzw. Produktgruppen wie bei Gerste, Malz, Milchpulver, Butter, Entenfleisch und Schlachtrindern voll ausgeschöpft. Der Quotennutzungsgrad betrug vom 1. Juli 1994 bis zum 30. Juni 1995 u.a. bei Weizenmehl, Schweinefleischerzeugnissen und Schaf- bzw. Ziegenfleisch jeweils 0,0 %, Schlachtschafen 0,6 %, Schlachtschweinen 1,3 %, Rindfleisch 12,2 %, Gänsefleisch 19,6 %, Hähnchenfleisch 52,2 %, Hähnchenfleisch, entbeint 5,0 % und Truthahnfleisch 35,9 %. Eine Steigerung des Quotennutzungsgrades konnte im Vergleich zur ersten Jahreshälfte von 1994 nur bei Getreide, Hähnchenfleisch (entbeint), Gänsefleisch und im geringen Umfang bei Schweinefleisch festgestellt werden. Während die Ausschöpfung der Einfuhrquoten der EU bei Butter, Entenfleisch, Schlachtrindern und -schweinen in diesem Zeitraum unverändert blieb, war sie bei Hähnchenfleisch mit Knochen, Schlachtrindern, Hühnereiern, Schlachtschafen und -ziegen bzw. Schaf- und Ziegenfleisch rückläufig. Agrarexperten aus Tschechien nennen für die 1994 unverändert bescheidene Ausschöpfung der Quoten drei Gründe: a) Mangel an den für den Export verfügbaren Warenressourcen im Zusammenhang mit der rückläufigen Agrarproduktion, b) technische Probleme sowie mangelnde Kenntnisse und Erfahrung der tschechischen Produzenten bzw. Exporteure über die praktische Handhabung der Vereinbarungen und Ausschreibungsmodalitäten und c) Sortiments- und Qualitätsprobleme bei der Erfüllung der hohen Ansprüche der Absatzmärkte.

Die EFTA-Vereinbarungen betrafen vor allem einige hochgradig verarbeitete Nahrungsmittel des tschechischen Exportangebots und waren insbesondere bei der Belieferung Österreichs wichtig. Das EFTA-Abkommen hat für Tschechien und alle anderen betroffenen Länder mit dem Beitritt Finnlands, Österreichs und Schwedens zur EU zum 1. Januar 1995 an Bedeutung verloren. Die mit den EFTA-Ländern vereinbarten Marktzutrittserleichterungen wurden zum erheblichen Teil den einschlägigen Quoten und Zoll- bzw. Abschöpfungsermäßigungen der EU hinzugerechnet. Mit den CEFTA-Ländern wurden 1994 langwierige Verhandlungen über das Beitrittsgesuch Sloweniens und die Verringerung der Grenzbelastungen beim gegenseitigen Agrarwarenverkehr der Visegrád-Länder geführt, die jedoch erst im Verlauf des Jahres 1995 zum Erfolg führten. Slowenien wurde als Vollmitglied aufgenommen und die Aufhebung der Agrarzölle in zwei Etappen, zum 1. Januar 1996 zu 50 % und zum 1. Januar 1998 zu 100 % beschlossen.[259]

7.3 Beachtliche Steigerung der deutschen Agrarausfuhren nach Tschechien

Der bilaterale deutsch-tschechische Agrarwarenverkehr entwickelt sich seit der Auflösung der Tschechoslowakei in schnellem Tempo. Der deutsche Export hat im Kalenderjahr 1994 wertmäßig bereits erheblich mehr Agrarprodukte nach Tschechien als zwei Jahre zuvor in die gesamte Tschechoslowakei abgesetzt. Dieser Wachstumstrend hat sich bereits im Vorjahr abgezeichnet und wurde 1994 mit zunehmender Intensität fortgesetzt.

---

259 Angaben zum tschechischen agrarpolitischen Instrumentarium: Review of Agricultural Policy ..., a.a.O., S. 9-10; Agricultural Situation and Prospects ..., .a.a.O., S. 23 und 44.

Tabelle 45: Entwicklung des Agraraußenhandels mit der Tschechoslowakei und Tschechien* (in Mio. DM)

	1985	1990	1991	1992	1993	1994
Import	182,1	231,7	328,8	380,0	301,4	352,5
Export	106,9	104,5	213,0	351,0	338,3	426,3
Umsatz	289,0	336,2	541,0	731,0	639,7	778,8
Saldo	-75,2	-127,2	-115,0	-29,0	+36,9	+73,8

* 1985-1992 Tschechoslowakei, 1993-1994 Tschechien

Quellen: Errechnet nach Angaben des Statistischen Bundesamtes und des BML 216 vom 27.5.1992, 31.8.1994 und 6.7.1995.

Der Agrarhandelsumsatz war mit Tschechien 1993 und 1994 aus deutscher Sicht aktiv. Es wurden Exportüberschüsse von 36,9 bzw. 73,8 Mio. DM erzielt, das heißt der Aktivsaldo der deutsch-tschechischen Agrarhandelsbilanz wurde binnen einem Jahr genau verdoppelt. Von den gesamten deutschen Agrarausfuhren entfielen 1993 und 1994 1,0 bzw. 1,2 % auf die Tschechische Republik, während Erzeugnisse der Land- und Ernährungswirtschaft am gesamten deutschen Export nach Tschechien in den beiden angeführten Kalenderjahren unverändert mit 4,4 % beteiligt waren.[260]

Zur Steigerung der deutschen Agrarausfuhren nach Tschechien um 26 % 1994, im Vergleich zu 1993, trugen vor allem lebende Rinder, Käse, Fleisch und Fleischwaren, Därme, Blasen, Mägen, Fisch und Fischzubereitungen, Gemüse und sonstige Küchengewächse, Obst (außer Südfrüchten), Südfrüchte, Gemüse-, Obstkonserven, Fruchtsäfte und dgl., pflanzliche Öle und Fette zur Ernährung, sonstige pflanzliche Nahrungsmittel, Kakaoerzeugnisse, Hopfen und Tabakerzeugnisse bei. Dabei wurden die Umsätze z.B. bei lebenden Rindern wertmäßig knapp verdreifacht, bei Fleisch und Fleischwaren mehr als verdoppelt, bei pflanzlichen Ölen und

[260] Errechnet nach Angaben des Statistischen Bundesamtes und des BML 216 vom 6.7.1995.

Fetten zur Ernährung verzweiundhalbfacht, bei Gemüse und sonstigen Küchengewächsen ungefähr verdreieinhalbfacht, bei Gemüse-, Obstkonserven, Fruchtsäften und dgl. rund verdoppelt und bei sonstigen pflanzlichen Nahrungsmitteln um 39 % gesteigert. Hingegen haben deutsche Agrarexporteure 1994 bei der Belieferung Tschechiens u.a. mit Roggen, Gerste, Malz, Kartoffeln, Mineralwasser, Limonaden und Kaffee mehr oder weniger empfindliche Umsatzeinbußen in Kauf nehmen müssen.

Die beachtliche Umsatzsteigerung um 26 % war auf Versorgungsengpässe bei mehreren Grundnahrungsmitteln auf dem tschechischen Binnenmarkt, Realeinkommenssteigerung der Bevölkerung, fortschreitende Liberalisierung und damit einhergehend Einfuhrerleichterungen für bestimmte Liefermengen aufgrund des Assoziierungsvertrags mit der EU, intensives und gezieltes Marketing und nicht zuletzt auf das reichliche, auf hohe Produktqualität und Kaufgewohnheiten der Konsumenten orientierte Angebotssortiment des deutschen Agrarexports zurückzuführen. Das spricht für die Konkurrenzfähigkeit vieler Erzeugnisse der deutschen Land- und Ernährungswirtschaft auf dem Nahrungsmittelmarkt der Tschechischen Republik. Der tschechische Durchschnittskonsument war 1994, im Gegensatz zu den Jahren 1990-1993, immer weniger bereit, nennenswerte Qualitätseinbußen für günstigere Preise in Kauf zu nehmen. Das Qualitätsbewußtsein wuchs, dennoch bevorzugten nach regionalen Erhebungen ungefähr nur 5 bis 7 % der Konsumenten regelmäßig das ausländische Nahrungsmittelangebot. Die Verbraucher sind in Tschechien 1993-1994 deutlich preisbewußter geworden und vergleichen zunehmend aufgrund der Preise zwischen Importwaren und einheimischen Produkten gleicher Qualität. Marktforschungsinstitute registrieren einen auflebenden Lokalpatriotismus zugunsten einheimischer Nahrungsmittel, vorausgesetzt, diese unterscheiden sich vom ausländischen Angebot in preislicher Hinsicht und qualitativ nicht nennenswert.[261]

[261] Ostwirtschaftsreport, 1/1995, S. 3.

Tabelle 46: Deutsche Agrarausfuhren nach Tschechien

	1993		1994	
	t	Mio. DM	t	Mio. DM
Lebende Rinder	565,8	1,83	1 137,8	4,66
Lebende Tiere, insgesamt	-	4,02	-	7,34
Milch	742,7	2,07	1 300,3	3,0
Käse	2 009,2	8,81	3 632,8	14,34
Fleisch und Fleischwaren	1 393,8	3,85	3 553,2	9,10
Därme, Blasen, Mägen	1 315,4	5,60	1 282,9	8,18
Fisch und Fischzubereitungen	4 962,2	9,63	6 517,2	13,2
Eier, Eiweiß, Eigelb	779,8	1,0	1 577,4	2,23
Fischmehl und dgl.	23 005,9	15,46	26 335,1	16,67
Weizen	58 148,6	10,28	70 589,9	12,18
Roggen	35 286,5	6,20	11 601,2	2,03
Gerste	194 616,0	24,32	74 833,8	10,32
Nichtölhaltige Sämereien	291,8	7,98	311,9	9,47
Gemüse und sonstige Küchengewächse	2 609,8	2,57	8 605,6	8,14
Obst, außer Südfrüchten	4 143,4	4,82	5 553,5	6,94
Südfrüchte	2 282,9	3,3	3 270,9	5,26
Gemüse-, Obstkonserven, Fruchtsäfte und dgl.	5 460,7	14,19	21 288,9	28,92
Kakaoerzeugnisse	2 969,8	11,99	4 166,3	20,68
Gewürze	420,9	2,70	707,7	3,93
Zucker	5 361,8	4,81	7 596,4	4,12
Pflanzliche Öle und Fette zur Ernährung	6 459,3	6,74	14 878,5	16,71
Margarine und ähnliche Speisefette	9 799,7	13,02	2 835,0	4,04
Ölkuchen	72 328,0	28,0	80 564,8	31,96
Sonstige Abfallerzeugnisse zur Viehfütterung	26 313,7	26,0	31 213,8	25,46
Sonstige pflanzliche Nahrungsmittel	32 628,8	73,42	42 433,0	102,25
Hopfen	321,6	5,73	417,7	8,14
Kaffee	2 603,3	13,04	1 504,9	12,65
Tabakerzeugnisse	587,3	13,76	873,5	19,17
Branntwein (hl, 100 % Alkohol)	7 387,8	5,73	4 516,1	6,64
Wein (hl)	1 482,4	0,55	1 889,0	0,78

Quellen: Angaben des Statistischen Bundesamtes und des BML 216 vom 6.7.1995.

Der Pro-Kopf-Nahrungsmittelverbrauch der tschechischen Bevölkerung hat sich 1994, nach einer langjährigen rückläufigen Entwicklung, zunehmend stabilisiert und zeigte, von einigen wenigen Produkten abgesehen, verhältnismäßig geringe Veränderungen. Der Verbrauch stieg 1994, im Vergleich zu 1993, z.B. bei Gemüse um 3,8 %, Südfrüchten um 9,5 %, Milch und Milcherzeugnissen um 2,2 %, Zucker um 2,8 %, Geflügelfleisch um knapp 1 % und bei anderem Fleisch um 0,7 %, während er u.a. bei Kartoffeln, wegen Vermehrfachung der Marktpreise aufgrund drastischer Ernterückgänge, um 13 %, bei Obst (außer Südfrüchten) um 5,1 %, bei Schweinefleisch um 3 % und bei Rindfleisch um 6,6 % zurückging.[262]

Der tschechische Durchschnittskonsument verwendete 1994 höchstens bis zu einem Drittel seines Haushaltseinkommens für Nahrungs- und Genußmittel. Dieser im Vergleich zu den westlichen Industrieländern noch hohe Anteil dürfte erst im Zuge einer deutlichen Realeinkommenssteigerung der Bevölkerung verringert werden.[263]

In der Grobstruktur des deutschen Agrarexports nach Tschechien gab es 1994, im Vergleich zu 1993, nur geringe Veränderungen. Dabei ist der Anteil der lebenden Tiere um 0,5 Prozentpunkte, der der Nahrungsmittel tierischen Ursprungs um 2,0 Prozentpunkte und der der Genußmittel um 0,5 Prozentpunkte gestiegen, während die Beteiligung der Nahrungsmittel pflanzlichen Ursprungs um 3,0 Prozentpunkte zurückging. Um nur einige Produkte bzw. Produktgruppen hervorzuheben, gehörten 1994 vor allem die sonstigen pflanzlichen Nahrungsmittel (Zuckerwaren ohne Kakaogehalt, Malzextrakt, Back- und ähnliche Waren, Lebensmittelzubereitungen, Mineralwasser, Limonaden und andere), Ölkuchen, Gemüse-, Obstkonserven, Fruchtsäfte und dgl., Tabakerzeugnisse, Kaffee, Kakaoerzeugnisse, Käse, Fisch- und Fleischmehl, Ölkuchen, sonstige Abfallerzeugnisse zur Viehfütterung und Getreide (Weizen und Gerste) zu den tragenden Säulen der deutschen Nahrungsmittellieferungen nach Tschechien.

---

262 East Europe Agriculture, August 1995, S. 27.

263 Review of Agricultural Policy ..., a.a.O., S. 4.

Tabelle 47: Verbrauch einiger Grundnahrungsmittel in Tschechien (kg/Kopf und Jahr)

	1993	1994
Fleisch mit Knochen	84,2	81,8
davon Rindfleisch	19,8	18,5
Kalbfleisch	0,3	0,3
Schweinefleisch	48,1	46,6
Geflügelfleisch	11,7	11,8
Anderes Fleisch	4,3	4,6
Fisch	4,5	4,6
Milch und Milcherzeugnisse (ohne Butter)	190,1	195,0
Hühnereier (Stück)	318,0	308,0
Butter	5,3	5,3
Schweinefett	6,1	5,8
Pflanzliche Öle und Fette	14,5	14,5
Zucker	38,9	40,0
Getreideprodukte ohne Reis	114,3	114,0
Kartoffeln	84,0	73,0
Hülsenfrüchte	1,8	1,8
Gemüse	74,2	77,0
Obst, außer Südfrüchten	48,5	46,0
Südfrüchte	24,2	26,5

Quelle: East Europe Agriculture, August 1995, S. 28.

Tabelle 48: Anteile einzelner Produkte bzw. Produktgruppen an den deutschen Agrarausfuhren in die Tschechoslowakei und nach Tschechien* (in %)

	1989	1990	1991	1992	1993	1994
Lebende Tiere, insgesamt	1,4	3,0	2,9	3,1	1,2	1,7
Pferde	0,3	0,7	0,2	0,2	0,1	0,1
Rindvieh	0,8	1,1	0,4	0,9	0,5	1,1
Schweine	0,0	-	0,1	0,05	0,0	0,0
Sonstige lebende Tiere	0,3	1,1	2,1	1,98	0,6	0,5
Nahrungsmittel tierischen Ursprungs, insgesamt	33,6	33,4	24,3	15,4	14,1	16,1
Milch	0,0	0,1	0,2	0,50	0,6	0,7
Butter	1,1	0,0	0,1	0,05	0,04	0,05
Käse	1,8	1,0	1,1	1,4	2,6	3,4
Fleisch und Fleischwaren	1,0	0,7	0,8	1,03	1,1	2,1
Därme	-	0,5	3,0	2,01	1,6	1,9
Fisch und Fischzubereitungen	6,0	7,4	3,0	2,92	2,8	3,1
Fisch- und Fleischmehl und dgl.	23,6	23,1	1,5	7,4	4,6	3,9
Nahrungsmittel pflanzlichen Ursprungs, insgesamt	60,8	53,4	64,8	68,1	73,2	70,2
Weizen	.	.	.	.	3,0	2,8
Gerste	.	.	.	.	7,2	2,4
Roggen	0,7	1,0	0,5	0,25	1,8	0,5
Mais	1,1	2,1	0,8	0,27	0,06	0,2
Nichtölhaltige Sämereien	0,5	1,7	3,6	4,9	2,3	2,2
Kartoffeln	0,1	1,1	3,3	0,6	0,4	0,3
Südfrüchte	0,2	1,8	1,9	1,3	1,0	1,2
Gemüse- und Obstkonserven, Fruchtsäfte	1,0	0,8	1,7	2,50	4,2	6,8
Kakaoerzeugnisse	2,7	4,4	2,5	4,1	3,5	4,8
Gewürze	0,0	0,4	2,1	1,1	0,8	0,9
Zucker	36,1	17,5	3,3	1,4	1,4	1,0
Ölkuchen	5,3	4,1	10,6	8,1	8,3	7,5
Margarine	.	.	.	.	3,8	0,9

Tabelle 48: Fortsetzung

	1989	1990	1991	1992	1993	1994
Sonstige Abfallerzeugnisse zur Viehfütterung	1,1	1,7	1,6	6,0	7,7	5,6
Sonstige pflanzliche Nahrungsmittel	10,1	13,5	18,4	24,4	21,7	24,0
Backwaren und ähnliche Waren	3,3	5,7	2,0	2,02	1,87	1,9
andere Lebensmittelzubereitungen	1,7	2,5	8,7	13,72	10,41	9,3
Genußmittel, insgesamt	4,2	10,2	8,0	13,4	11,5	12,0
Hopfen	-	0,7	0,8	3,5	1,7	1,9
Kaffee	2,6	5,0	1,2	1,25	3,8	3,0
Tabakerzeugnisse	1,5	3,5	2,8	5,70	4,1	4,5
Bier	0,0	0,1	0,2	0,12	0,05	0,04
Branntwein	0,0	0,7	2,8	2,41	1,7	1,5
Wein	0,3	0,2	0,2	0,16	0,16	0,18

*1989-1992 Tschechoslowakei, 1993-1994 Tschechien

Quellen: Errechnet nach Angaben des Statistischen Bundesamtes Wiesbaden und des BML 216 vom 1.7.1993, 6.9.1994 und 6.7.1995

Der deutsche Agrarexport war 1994 durch die Absatzpreisentwicklung des tschechischen Importmarktes - nach einzelnen Produkten bzw. Produktgruppen stark differenziert - entweder begünstigt oder benachteiligt. Agrarexporteure aus Deutschland erzielten in Tschechien in bezug auf 1993 durchschnittliche Preissteigerungen u.a. bei lebenden Rindern von 26,7 %, Därmen, Blasen, Mägen von knapp 50 %, Fisch und Fischzubereitungen von 4,4 %, Gerste von 14,9 %, Kartoffeln von 190,6 %, Südfrüchten von 11,6 %, Kakaoerzeugnissen von etwa 23 %, pflanzlichen Ölen und Fetten zur Ernährung und Margarine von 7 bis 8 %, sonstigen pflanzlichen Nahrungsmitteln von 7,1 %, Hopfen von 9,2 %, Kaffee von 68 %, Branntwein von 88,4 % und Wein von 12,3 %. Sie hatten auf der anderen Seite mehr oder weniger empfindliche Preiseinbußen u.a. bei Milch um 17,3 %, Butter von 40,8 %, Käse von 10,1 %, Fleisch und Fleischwaren von 7,2 %, Fischmehl und dgl. von 5,5 %, Weizen von 4,2 %, Mais von 55 %, Hülsenfrüchten zur Ernährung von 19,4 %, Gemüse und sonstigen Küchengewächsen von 3,4 %, Gemüse-, Obstkonserven, Fruchtsäften und dgl. von 47,7 %, Zucker von knapp 40 %, Ölfrüchten zur Ernährung von 27,7 %, Tabakerzeugnissen von 6,3 % und bei Bier von 14,3 % in Kauf nehmen müssen.[264]

Mehreren am tschechischem Markt interessierten deutschen Nahrungsmittelexporteuren ist es 1990-1994 vor allem mit ihren Markenartikeln gelungen, in der Tschechischen Republik lukrative Marktsegmente zu erobern und das positive Image eines korrekten und zuverlässigen Nahrungsmittellieferanten aufzubauen. Viele Posten der deutschen Angebotspalette sind auf dem tschechischen Nahrungsmittelmarkt stets präsent, bekannt und gefragt. Es herrscht zunehmende Konkurrenz, und die Konsumenten sind stark umworben. In den letzten fünf Jahren haben sich viele international bekannte Werbeagenturen wie u.a. "BBDO" (USA), "McCan Erickson" (USA), "Young & Rubicam" (USA), "Douwe Egberts" (Niederlande) und andere wie in der Slowakei auch in Tschechien etabliert und bieten, mit zahlreichen nationalen Agenturen konkurrierend, ihre Dienste bei der Werbung bzw. beim Marketing an. Viele deutsche Nahrungsmittelexporteure haben ihre Marketingaktivitäten in Tschechien 1993-1994 intensiviert. Dabei erwies sich das Fernsehen als wichtigster Werbeträger, insbesondere seitdem die beiden Privatsender "Premiera" und der tschechisch-amerikanische "Nova" in Betrieb genommen wurden. Sie stellten 10 bis 15 % ihrer Sendezeit für Werbung bereit und erweiterten das im Lande verfügbare Werbezeitangebot, das bei den beiden staatlichen Fernsehsendern "CT 1" und "CT 2" bewußt knapp (1 bis 2 %, ausschließlich zwischen zwei Sendungen) gehalten wurde, erheblich. Fernsehspots sind jedoch mit Preisen von 2 000 bis 6 000 US-$ pro Minute, je nach Sendung, zur besten Werbezeit (abends zwischen 19 und 21 Uhr) für tschechische Verhältnisse relativ teure Werbeträger.

Angesichts der zusehends steigenden Kosten für Fernsehwerbung und der umkämpften Werbezeiten zur Hauptsendezeit bedienen sich zunehmend mehr Firmen der Außenwerbung. Da die Mauern in diesem Lande in der Regel grau sind, ziehen farbige Plakatwände die Aufmerksamkeit auf sich.

---

264 Errechnet nach Angaben des Statistischen Bundesamtes und des BML 216 vom 6.7.1995.

Allein in Prag ist die Zahl der Plakatwände von 50 (im Jahre 1990) auf 3 500 (1994) gestiegen. Marktforschungsinstitute bestätigen, daß Plakate nach Fernsehspots die meistbeachteten Werbeträger sind. Plakatwände kosteten 1994 7 000 bis 8 000 ČKr (225-260 US-$) pro Monat. In kleineren Städten waren sie noch um 20 bis 30 % billiger. Das bedeutet, daß Firmen in Großstädten für nur 2 500 US-$ pro Monat gleichzeitig auf zehn Plätzen für ihre Produkte werben konnten. In der Darstellung und Gestaltung sind in Tschechien nur wenige Grenzen gesetzt. Werbung für Gewalt, "Faschismus" und Tabak ist verboten, Humor und Erotik sind dagegen nicht nur erlaubt, sondern auch gerne gesehen. Im Zuge der fortschreitenden Renovierungsarbeiten vieler Häuser bzw. ganzer Straßenzüge werden jedoch die verfügbaren Wandflächen für Plakate zunehmend knapp.[265]

Mitte der neunziger Jahre zählt Tschechien ohne Zweifel zu den erfolgreichsten Reformländern Ost-, Mittel- und Südosteuropas. Die Fortschritte bei der makroökonomischen Stabilisierung und der Privatisierung sind beeindruckend. Firmen werden im Geschäftsalltag ungeachtet dessen nach wie vor mit einer Reihe von Problemen, Schwierigkeiten und Relikten aus dem kommunistischen System konfrontiert: Dem Kompetenzwirrwarr bzw. Kompetenzstreitigkeiten zwischen zentralen und regionalen bzw. örtlichen Behörden, Verzögerung der Firmenregistrierung und verschiedener Genehmigungen, staatlichen Lohnvorgaben bzw. Lohnobergrenzen bei Firmen mit mehr als 25 Beschäftigten, widersinnigen, durch die Geschäftspraxis längst überholten Vorschriften, unregelmäßigen Amtszeiten, einer undurchsichtigen Hierarchie und der Scheu vieler Beamter, Entscheidungen zu treffen bzw. Eigenverantwortung zu übernehmen und nicht zuletzt mit zunehmender Korruption und Wirtschaftskriminalität. Um schneller zum Ziel zu kommen, sind gute persönliche Beziehungen besonders wichtig. Aus diesem Grunde ist es empfehlenswert, lokale Geschäftspartner bzw. Mittelsmänner einzuschalten, die über gute Kontakte verfügen und die örtlichen Gepflogenheiten kennen. So dauert z.B. die Bearbeitung eines Firmenregistrierungsantrages gewöhnlich ein Jahr. Mit einer Zuwendung von 500 bis 5 000 - 6 000 US-$ an den zuständigen Sachbearbeiter kann jedoch diese Prozedur auf drei bis vier Wochen verkürzt werden. Ähnliches gilt für die schnelle Herstellung von Telefonanschlüssen, die allerdings erheblich billiger (200 bis 500 US-$) zu haben sind, für die Erteilung von Zulieferer- und Werbeaufträgen, wobei

---

[265] Ostwirtschaftsreport, 9/1994, S. 177-178.

3 bis 5 % des Auftragswertes fällig werden oder auch für eine positive Beurteilung eines bestimmten Produkts in Pressemedien, für welche manche Journalisten 200 bis 300 US-$ als Gegenleistung für ihre Gefälligkeit verlangen. Die Korruption ist in Tschechien keineswegs stärker verbreitet als in anderen Reformländern, aber sie widerspricht dem von der Regierung gerne hervorgehobenem Image eines normalen europäischen Landes, das seinen Nachbarn in "allen Belangen" überlegen sei.[266]

Die Wirtschaftslage der Tschechischen Republik hat sich 1994 deutlich stabilisiert und die Wirtschaft befindet sich Mitte der neunziger Jahre in einer voraussichtlich anhaltenden Wachstumsphase. Der Liberalisierungsprozeß der Ein- und Ausfuhren im Bereich der Erzeugnisse der Land- und Ernährungswirtschaft wird aufgrund des Assoziierungsvertrages mit der EU und des Abkommens mit der WTO weiter vorangetrieben. Der Umsatz des deutschen Agrarexports nach Tschechien wurde 1994 aufsehenerregend erhöht. Die zunehmende Annäherung Tschechiens an die EU, günstige wirtschaftliche und agrar- bzw. agraraußenhandelspolitische Rahmenbedingungen und die geographische Nähe der Nahrungsmittelmärkte in der Tschechischen Republik zugrundegelegt, die im Vergleich zum Agrarexport nach anderen Ländern Transportkostenersparnisse ermöglicht, dürften die Obergrenzen dieses Absatzmarktes mit einem Umsatz von knapp unter 430 Mio. DM, wie im Vorjahr, noch lange nicht erreicht sein.

7.4 Lebhaft steigende Einfuhren

Obwohl der gesamte Umsatz des tschechischen Agrarexports im Kalenderjahr 1994, im Vergleich zu 1993, nur um bescheidene 2 % erhöht wurde, haben Agrarexporteure aus Tschechien die Belieferung Deutschlands wertmäßig um knapp 17 % gesteigert. Das war u.a. auf die Umorientierung der Warenströme des tschechischen Agrarexports auf die EU-Länder, nicht zuletzt auf Deutschland, die zunehmende Anpassung des Angebotssortiments an die aktuelle Marktlage und Käuferwünsche, Erleichterungen des Marktzutritts aufgrund des Assoziierungsvertrages mit der EU, die Bemühungen vieler tschechischer Exporteure, bestimmte Marktsegmente in Deutschland zu erobern bzw. behalten oder zu erwei-

---

[266] Ostwirtschaftsreport, 3/1995, S. 44, 14/1995, S. 262 und 15/1995, S. 285.

tern, auf die bei einigen Produkten und Produktgruppen vorhandene Überschüsse der tschechischen Agrarproduktion (Schlachttiere, einige Milchprodukte, Geflügelfleisch, Fleischwaren, Fisch und Fischerzeugnissen etc.) sowie auf agraraußenhandelspolitische Maßnahmen der tschechischen Regierung zurückzuführen. Die hohe Umsatzsteigerung des tschechischen Agrarexports nach Deutschland 1994 ist um so höher zu bewerten, als die Agrarproduktion im eigenem Lande nach wie vor rückläufig war.

7.4.1 Stabilisierungssignale bei weiter nachlassender Agrarproduktion

Die Bruttoproduktion der Landwirtschaft wurde im bisherigen Verlauf des Transformationsprozesses der tschechischen Wirtschaft (1989-1994) insgesamt um ein Viertel, davon die Pflanzenproduktion um ein Fünftel und die Tierproduktion ungefähr um 30 % verringert. Berücksichtigt man jedoch, daß der Bruttoproduktionsausstoß dieses Wirtschaftszweiges mit der Hälfte der Beschäftigten und nur mit einem Sechstel der Subventionssumme von 1989 erzielt wurde, so hat die tschechische Landwirtschaft eine Gesundschrumpfungskur absolviert und ist in diesen Jahren insgesamt effizienter geworden.[267] Die Gesamtzahl der Beschäftigten ist 1989-1994 von rund 550 000 auf 224 084 gesunken. Allein im Kalenderjahr 1994 verloren 16 648 Vollzeitkräfte (erheblich weniger als in den Vorjahren) ihre Arbeit in der Landwirtschaft. Das wird mit dem fortgesetzten Abbau unrentabler Produktionsrichtungen, dem Abbau der Überbeschäftigung und der Veränderung der Betriebsstruktur dieses Wirtschaftszweiges begründet.[268]

Die Bruttoproduktion der tschechischen Landwirtschaft ist 1994, im Vergleich zu 1993, um 5,6 %, davon die des Pflanzenbaus um 5,9 % und die der Tierhaltung um 5,4 %, zurückgegangen, aber die Agrarinvestitionen, die in den Vorjahren besonders niedrig waren, wurden auf 9 Mrd. ČKr verdoppelt und die Jahresverluste dieses Wirtschaftszweiges, die 1993 noch 9,7 Mrd. ČKr betrugen, auf 4,1 Mrd. ČKr gesenkt. Im Kalenderjahr wirtschafteten 56 % der privaten Bauernbetriebe und 38 % der registrier-

---

267 East Europe Agriculture, February 1995, S. 22; Agricultural Situation and Prospects ..., a.a.O., S. 5.

268 East Europe Agriculture, May 1995, S. 23.

ten Agrargesellschaften rentabel. Alles in allem haben allerdings nur 40 % aller Agrarbetriebe einen Gewinn erzielt, der netto durchschnittlich 514 ČKr/ha betrug. Das ist nicht unerheblich auf die im Verlauf des Jahres registrierte Kehrtwende bei der Entwicklung der Preisrelationen der Landwirtschaft zurückzuführen. Die landwirtschaftlichen Inputpreise sind bis Ende 1993 und 1994, auf das Jahr 1986 bezogen, auf 241,5 bzw. 243 %, die Outputpreise auf 147,7 bzw. 160 % und die Einzelhandelspreise der Nahrungsmittel auf 203,2 bzw. 222,1 % gestiegen. Während jedoch vom ersten Quartal 1994 zum ersten Quartal 1995 die Preise der landwirtschaftlichen Erzeugnisse durchschnittlich um 15 % wuchsen, nahmen die Inputpreise 4,4 % zu. Bei mehreren Produkten bzw. Produktgruppen herrschte in Tschechien 1994 Nachfrageüberhang, der die Preise bei Kartoffeln um astronomische 463,5 %, Obst um 65,7 %, Gemüse um 52,6 % und bei Tierprodukten durchschnittlich um 12 % in die Höhe trieb.[269]

Der Pflanzenbau und die Tierhaltung trugen 1993 und 1994 45,1 bzw. 44,4 % und 54,9 bzw. 55,6 % zur Bruttoproduktion der Landwirtschaft bei. Die Verwendung von Mineraldünger ist 1993-1994 zwar von 80 kg (Reinnährstoff) auf 82 kg/ha LN gestiegen, aber mit den durchschnittlichen Mineraldüngergaben vor der Systemwende verglichen und auf den tatsächlichen Bedarf des Bodens bezogen war sie noch immer inakzeptabel niedrig.[270] Die meisten tschechischen Agrarbetriebe wirtschafteten 1989-1994 zu Lasten ihrer eigenen Substanz. Sie haben nicht einmal ihren vordringlichsten Investitionsbedarf decken können. Die maschinelle Ausstattung der tschechischen Landwirtschaft ist Mitte der neunziger Jahre entsprechend veraltet. So haben Agrarbetriebe im letzten Jahr vor der Systemwende noch 1 500 Mähdrescher, vor allem aus der DDR, bezogen. In den Jahren 1993 und 1994 wurden nur noch 100 bzw. 150 Stück eingekauft, wobei der Preis pro Stück von 700 000 ČKr auf rund 5 Mio. ČKr gestiegen ist. Der tschechische Landmaschinenbau produzierte 1994 keine Mähdrescher. Auf dem Landmaschinenmarkt gibt es zwar seit 1994 leichte Belebungstendenzen zu beobachten, aber die früheren Import- bzw. Einkaufzahlen dürften, laut einhelliger Meinung von Agrarexperten aus Tschechien, kaum mehr erreicht werden. Das gegenwärtig verfügbare Angebot ist erheblich leistungsfähiger und entsprechend teurer als das des

---

269 East Europe Agriculture, July 1995, S. 29; Review of Agricultural Policy ..., a.a.O., Tab. 2.

270 Review of Agricultural Policy ..., a.a.O., Tab. 2.

Jahres 1989. Privatbauern geben dem Leasing bzw. Time-Sharing vor dem teueren Erwerb den Vorzug, bzw. sie schließen sich zusammen und erwerben gemeinsam eine teuere Landmaschine.[271]

Die Landwirtschaft hat in der tschechischen Volkswirtschaft, mit anderen postkommunistischen Staaten verglichen, eine erheblich geringere Bedeutung. Sie trug 1994 nur noch 3,4 % zum BSP des Landes bei und gab 5,6 % von allen Beschäftigten Arbeit. Im Verlauf des Jahres 1994 vermehrten sich die Zeichen, die ein baldiges Ende der ersten Transformations- und Anpassungsphase signalisierten, die mit der Restitution zwangskollektivierter Böden und Liquidation, Umstrukturierung und Privatisierung der Staatsbetriebe und Kollektivwirtschaften sowie sinkender Agrarproduktion einherging.

Die tschechische Landwirtschaft verfügte 1994 über eine gesamte Nutzfläche von 4,281 Mio. ha, davon eine Ackerfläche von 3,158 Mio. ha. In diesem Jahr wurden Getreide auf 1,750 Mio. ha (davon Weizen auf 851 000 ha, Gerste auf 680 000 ha, Roggen auf 80 000 ha und Mais auf 35 000 ha), Ölfrüchte auf 249 000 ha, Zuckerrüben auf 91 000 ha, Kartoffeln auf 82 000 ha, Gemüse auf 36 000 ha und Obst auf 19 000 ha angebaut. Die Ernte und die Hektarerträge betrugen bei Getreide insgesamt 7,210 Mio. t bzw. 41,20 dt, Weizen 3,878 Mio. t bzw. 45,6 dt, Gerste 2,584 Mio. t bzw. 38,0 dt, Roggen 281 000 t bzw. 35,12 dt, Ölfrüchten 512 000 t bzw. 20,6 dt, Zuckerrüben 3,240 Mio. t bzw. 356 dt und Kartoffeln 1,342 Mio. t bzw. 163,7 dt.[272] Während die Gemüseproduktion 1994, mit der vorjährigen verglichen, im großen und ganzen unverändert (- 0,5 %) blieb, wurde bei der Getreideproduktion, vor allem aufgrund der Erweiterung der Saatflächen, eine Steigerung von 4,9 %, bei Hopfen von 3,6 %, Ölsaaten, insbesondere Raps, von 36,7 % und bei Weintrauben von 8 % erzielt. Im Gegensatz dazu ist die Obsternte um 9,4 %, die Kartoffelernte um rund die Hälfte und die Zuckerrübenernte um knapp ein Viertel zurückgegangen. Bei den beiden letztgenannten spielten dabei, über die Verringerung der Saatflächen von 20,4 bzw. 15 % hinaus, ungünstige Witterungsbedingungen die entscheidende Rolle.[273] In der tschechischen Landwirtschaft

---

271 East Europe Agriculture, June 1995, S. 24.

272 Angaben nach bzw. errechnet nach: Review of Agricultural Policy ..., a.a.O., Tab. 3; Agricultural Situation und Prospects ..., a.a.O., S. 33.

273 East Europe Agriculture, April 1995, S. 24.

wird auf ungefähr 55 % der Ackerfläche Getreide, davon wiederum auf etwa 50 % Weizen angebaut. Die zweitwichtigste Nutzpflanze ist Gerste, die zum großen Teil zu Malz weiterverarbeitet wird, wovon in der Regel mehr als ein Drittel in den Export geht. Als direkte Folge deutlich steigender Produzentenpreise und der neu errichteten Kapazitäten der Bioölproduktion wurde die Ölsaatenproduktion 1994 mehr als um ein Drittel gesteigert. Ölsaaten (zu 90 % Raps) wurden bereits auf knapp 10 % der Ackerfläche angebaut.[274]

Die Tierbestände sind auch 1994 noch, wenn auch langsamer, zurückgegangen. Die Rinderbestände wurden 1989-1993 um 28 %, darunter die Kuhbestände um 25 % reduziert und haben 1994, in bezug auf 1993, noch um weitere 14 bzw. 11 % abgenommen. Während die weitere Reduktion der Kuhbestände, aufgrund der Überkapazitäten der Milchproduktion sozusagen vorprogrammiert ist, soll der Rückgang der Schweinebestände, 1994 um etwa 11 %, in erster Linie dem Schweinezyklus zugeschrieben werden. Die Geflügelbestände haben ihren Tiefstand 1994 bereits erreicht, bis überschritten. Die Stabilisierung der Tierbestände ist in Tschechien vom baldmöglichen Abschluß des umfassenden Transformationsprozesses und des Eigentumswechsels sowie von der Ausgestaltung und Festigung der neuen Betriebsstrukturen und nicht zuletzt von der Steigerung der Rentabilität der Tierhaltung abhängig.[275]

Die Tierhaltung produzierte 1994 u.a. 184 000 t Schlachtrinder, 465 000 t Schlachtschweine, 124 000 t Schlachtgeflügel, 2 000 t Schlachtschafe (jeweils im Schlachtgewicht) 3,2 Mrd. Hühnereier, 3,34 Mrd. l Kuhmilch, 75 000 t Butter, 67 000 t Magermilchpulver, 41 000 t Vollmilchpulver und 68 000 t Käse. Der Abbau der Milchkuhbestände ging mit der Steigerung der durchschnittlichen Milchleistung pro Kuh und Jahr einher, die 1992, 1993 und 1994 3 868 bzw. 3 924 bzw. 4 057 kg betrug. Die gesamte Fleischproduktion, die 1994 in Schlachtgewicht berechnet 715 000 t betrug, war in bezug auf 1993 um 14,2 %, davon die Rindfleischproduktion um 10,2 % und die Schweinefleischproduktion um 7,7 % rückläufig. Die Geflügelfleischproduktion nahm dagegen bereits um 1,6 % zu. Im Kalenderjahr 1994 wurden in Tschechien 309 Mio. kg weniger Milch produziert als ein

---

274 Review of Agricultural Policy ..., a.a.O., S. 2.

275 Hospodářské noviny (Praha), 25.7.1994, S. 3.

Jahr zuvor.[276] Insbesondere in der zweiten Jahreshälfte verlagerte sich die Fleischnachfrage zunehmend in Richtung Geflügelfleisch. Das war auf die überdurchschnittliche Preissteigerung bei Schweine- und Rindfleisch zurückzuführen. Nachdem bei Rind- und Schweinefleisch, den Marktbedarf zugrundegelegt, ein Defizit von rund 40 000 t und bei Geflügelfleisch ein Überschuß von 30 000 t berechnet wurde, wies die tschechische Fleischbilanz 1994 ein Gesamtdefizit von ungefähr 10 000 t aus, die jedoch durch Importe mehr als ausgeglichen wurde.[277]

Tabelle 49: Entwicklung der Tierbestände in Tschechien, 1 000 Tiere

	1989	1990	1991	1992	1993	1994
Rinder	3 481	3 506	3 360	2 950	2 512	2 161
davon Kühe	1 248	1 236	1 195	1 036	932	830
Schweine	4 685	4 790	4 569	4 609	4 599	4 071
davon Sauen	312	311	313	326	324	295
Geflügel	32 479	31 981	33 278	30 756	28 220	24 974
davon Legehennen	15 699	15 437	15 215	14 894	13 385	12 556
Schafe	399	430	429	342	254	196
davon Muttertiere	205	216	220	180	120	86

Quelle: Agricultural Situation and Prospects in the Central and Eastern European Countries, Czech Republik, European Commission, Directorate General for Agriculture, Working Document, Brussels 1995, S. 45.

Die Agrarpolitik der tschechischen Regierung stand 1994, entsprechend dem Regierungsprogramm von 1992, im Zeichen der Beschleunigung und Vollendung des Restitutions- und Privatisierungsprozesses, der Verringerung unrentabler und überschüssiger Produktionskapazitäten, der Förderung der Gründung existenzfähiger privater Agrarbetriebe bzw. -gesellschaften, der Umstrukturierung der Agrarproduktion in landwirtschaftlich schwach entwickelten Regionen und bestimmter Ausfuhren. Bis auf

276 Review of Agricultural Policy ..., a.a.O., Tab. 4; Agricultural Situation ..., a.a.O., S. 35-36.

277 Zd. Lukas: Die Landwirtschaft der Oststaaten im Jahr 1994. In: Osteuropa-Wirtschaft, 2/1995, S. 95.

651 Mio. ČKr für die direkte finanzielle Förderung der Wiesen- und Weidenwirtschaft in bestimmten Gebieten und für die Umwidmung unrentabel genutzter Ackerflächen in extensiv genutztes Weideland bzw. für Aufforstung gab es 1994 keine direkte Subventionierung der bäuerlichen Einkommen in Tschechien. Die Beschaffung des Inputbedarfs der Agrarbetriebe wurde ausschließlich durch Präferenzkredite bzw. Zinsstützungen gefördert.

Zum agrarpolitischen Instrumentarium gehörten: Interventionsankäufe bestimmter Produktmengen, Präferenzkredite, Zinsstützungen, Exportprämien und andere direkte und indirekte Subventionen. Das Landwirtschaftsministerium hat 1994 rund 1 Mrd. ČKr für die indirekte Förderung der Landwirtschaft ausgegeben, darunter knapp 620 Mio. ČKr für die Entwicklung des genetischen Potentials der Tierhaltung, 165 Mio. ČKr für das Tiergesundheitswesen, 133 Mio. ČKr für die Entwicklung neuer Pflanzensorten, 50 Mio. ČKr für Informationsprogramme und 18 Mio. ČKr für andere landwirtschaftliche Dienstleistungen. Der Jahresetat des Staatsfonds zur Marktregulierung betrug 1994 3,754 Mrd. ČKr. Davon wurden 2,4 Mrd. ČKr für den Interventionsankauf von 656 385 t Brotweizen und 1,15 Mrd. ČKr für die Förderung des Milchexports ausgegeben. Da die Marktpreise die Interventionspreise übertrafen, brauchte der Staatsfonds ab dem zweiten Quartal 1994 ins Marktgeschehen beim Rindfleischhandel (mit einem Interventionspreis von 28 ČKr/kg) nicht mehr einzugreifen. Der Fonds bezahlte beim Ankauf von Weizen vertragliche Vorankaufspreise von 3 240 ČKr/t und während der Ernteperiode 2 700 ČKr/t.

Die Investitionsförderung lag in den Händen des 1993 gegründeten "Land- und Forstwirtschaftlichen Förder- und Garantiefonds", der 1994 über ein Budget von 1,680 Mrd. ČKr verfügte. Dieser Fonds gewährte in erster Linie Zinsstützungen für kurz- bis mittelfristige Investitionskredite (gewöhnlich auf 4, in Ausnahmefällen sogar 7 bis 9 Jahre), wobei er den marktüblichen Zinssatz (1994 13 bis 15 %) auf 2,7 % pro Jahr heruntersubventionierte. Er gewährte Zinsstützungen nur für solche Projekte, die bereits durch eine Handels- und Kreditbank überprüft und genehmigt wurden. Der Fonds verfolgte das Ziel, die Wettbewerbsfähigkeit der tschechischen Agrarproduktion zu steigern und war nicht bereit, zur Lösung der Probleme unrentabler Agrarproduktionen bzw. von Verlustbetrieben beizutragen. Alles in allem wurden in Tschechien 1994 für die Förderung der

Landwirtschaft insgesamt 6,964 Mrd. ČKr (1992 6,014 und 1994 4,809 Mrd. ČKr) aus dem Staatshaushalt bereitgestellt.[278]

Laut Landwirtschaftsminister J. Lux wurden 1992-1994 landwirtschaftliche Vermögenswerte von 155 Mrd. ČKr privatisiert und die Restitutionsansprüche von 250 000 Personen befriedigt. Ins Privateigentum sind bis Ende 1994 700 000 ha übergegangen und 756 500 ha LN wurden verpachtet. Der staatliche Grund- und Bodenfonds hat 1995-1996 weitere 500 000 ha LN und 100 000 ha Waldfläche für Privatisierung angeboten. Der private Sektor trug 1994 bereits rund 80 % zur Bruttoproduktion bei und verfügte über 90 % (nach anderen Quellen sogar bis zu 97 %) der landwirtschaftlichen Nutzflächen des Landes. Von den insgesamt knapp 4,3 Mio. ha LN des Landes wurden 1994 durch Staatsgüter nur noch 114 000 ha (2,7 %), private Einzelbauernbetriebe 993 000 ha (23,2 %), Agrarkooperative 2,044 Mio. ha (47,7 %) und Agrargesellschaften, wie AG und GmbH, 1,099 Mio. ha (25,7 %) bewirtschaftet. Von den 993 000 ha durch private Einzelbauern bestellten Parzellen waren jedoch nur 40 % Privateigentum, 60 % waren verpachtet. Die Gesamtzahl der registrierten privaten Bauernbetriebe betrug Ende 1994 60 666, mit einer durchschnittlichen Betriebsgröße von 16,4 ha LN. Hierbei ist allerdings zu vermerken, daß mindestens 45 000 dieser Betriebe auf weniger als 10 ha durchschnittlich 2,3 ha, wirtschaften und nur die restlichen ungefähr 15 000 marktorientiert betrieben werden, wobei viele auch weit über 100 ha LN bewirtschaften.[279]

In der tschechischen Landwirtschaft waren 1994 1 429 Agrarkooperative und 1 338 Agrargesellschaften tätig, die 2,044 bzw. 1,099 Mio. ha LN, durchschnittlich rund 1 430 bzw. 821 ha LN pro Betrieb, bewirtschafteten. Die ordnungspolitische, d.h. die erste Phase des Transformations- und Privatisierungsprozesses der früheren landwirtschaftlichen Produktionsgesellschaften war in Tschechien im großen und ganzen bereits Ende 1993 abgeschlossen. In der 1994 eingeleiteten zweiten Phase werden nunmehr das ökonomische Kalkül der Eigentümer, der Wettbewerb, die Entwicklung des Angebots und der Nachfrage und andere Marktfaktoren über

---

278 Review of Agricultural Policy ..., a.a.O., S. 8-9; Agricultural Situation ..., a.a.O., S. 27; East Europe Agriculture, March 1995, S. 24.

279 East Europe Agriculture, February 1995, S. 21-22 und errechnet nach: Review of Agricultural Policy ..., a.a.O., S. 7 und Tab. 12; Agricultural Situation ..., a.a.O., S. 25.

ihre weitere Umstrukturierung entscheiden. Seit 1994 befinden sich etwa ein Viertel der angeführten Agrarkooperative und Agrargesellschaften bereits in dieser zweiten Phase. Bei den Agrarkooperativen, Agrargesellschaften und privaten Bauernbetrieben waren 1994 59 bzw. 25 bzw. 13-14 % der in der Landwirtschaft Beschäftigten tätig. Die Staatsgüter haben nur noch ungefähr 2 % von ihnen regelmäßige Arbeit gegeben.[280]

Die Umstrukturierung und Privatisierung der Staatsgüter wurde zwar 1994 weiter vorangetrieben, aber noch bei weitem nicht vollendet. Ihre Gesamtzahl ist dabei 1993-1994 von 303 auf 229 zurückgegangen, die im Durchschnitt nur noch 498 ha LN bewirtschafteten. Bei der Privatisierung der Staatsgüter gab es 1994 große Probleme. Interessenten aus dem Ausland ist es durch das geltende Grund- und Bodengesetz verboten, landwirtschaftlich nutzbare Parzellen in Tschechien käuflich zu erwerben. Das gilt auch für Joint-ventures mit ausländischer Beteiligung. Nur die Pacht ist gesetzlich zulässig. Obwohl der Staat den Bodenkauf mit zinslosen Darlehen für sogar 30 Jahre mitfinanziert, gibt es angesichts der Kapitalknappheit und der geringen Rentabilität der Agrarproduktion, im Vergleich zu anderen Wirtschaftszweigen, zu wenig inländische Interessenten. Es kommt hinzu, daß mit dem Kauf eines Staatsbetriebes bzw. staatlichen Bodens die darauf lastenden Altschulden miterworben werden, die sich mitunter auf 25 bis 30 % des Kaufpreises belaufen. Während der Boden- bzw. Vermögenfonds bzw. das Finanzministerium Spitzenpreise von 50 000 ČKr pro ha LN verlangen, erreichen Marktpreise höchstens 25 000 ČKr/ha und in den meisten Fällen nicht einmal die Hälfte bzw. ein Drittel davon. Die staatlichen Behörden waren 1995-1996 durch die Bodenmarktlage zunehmend gezwungen, landwirtschaftliche Nutzflächen zu 1 000 bis 15 000 ČKr/ha zu verkaufen.[281] Für die Entwicklung von mittelständigen, privaten Agrarbetrieben standen 1994 auf Antrag aus bewilligten Finanzmitteln der EU mittelfristige Kredite bis höchstens 5 Mio. ČKr pro Antrag zu einem Jahreszinssatz von 14,5 % zur Verfügung, die für verschiedene Investitionsvorhaben, u.a. auch für den Bodenerwerb verwendet werden konnten.[282]

---

280 Agricultural Policy and ..., a.a.O., s. Tab. 12; Agricultural Situation ..., a.a.O., S. 25.

281 East Europe Agriculture, June 1995, S. 24 und July 1995, S. 30.

282 Hospodářské noviny (Praha), 21.7.1994, S. 3.

Die Bruttoproduktion der tschechischen Nahrungsmittelindustrie war 1994, im Vergleich zu 1993, um 5 % rückläufig. Sie trug rund 7 % zum BSP des Landes bei und beschäftigte 115 000 Personen, d.h. knapp 2,7 % aller Arbeitnehmer der tschechischen Volkswirtschaft. Die Privatisierung in den der Agrarproduktion vor- und nachgelagerten Wirtschaftsbereichen wurde 1994 weit vorangetrieben. In den Jahren 1992-1994 wurden zunächst die Restitutionsansprüche früherer Eigentümer bzw. ihrer Nachkommen berücksichtigt. Auf diesem Wege wurde vor allem eine Reihe kleinerer Verarbeitungsbetriebe reprivatisiert. Für die tschechische Nahrungsmittelindustrie der kommunistischen Ära war die großbetriebliche Grundstruktur bezeichnend. Für diesen Bereich galt die Kuponprivatisierung, d.h. die Privatisierung aufgrund von Berechtigungsscheinen der Belegschaften der Betriebe und anderer tschechischer Bürger bzw. juristischer Personen. Das Auslandskapital war in dieser ersten Privatisierungsphase nur in einigen wenigen Branchen wie in der Tabak-, Pflanzenöl- und Konservenindustrie zugelassen. Ende 1994 waren u.a. von den insgesamt registrierten 358 Fleisch- bzw. Geflügelverarbeitungsbetrieben nur noch 25, von den 84 Obst- und Gemüseverarbeitungsbetrieben 13, von 181 Molkereien 18, von 48 Mühlen und Kartoffelverarbeitungsbetrieben 10, von 97 Futtermischanlagen gleichfalls nur 10 und von insgesamt 433 Betrieben der Getränkeindustrie (Spirituosen, Wein, Bier etc.) nur noch 222, in staatlicher bzw. kollektiver Hand.[283]

7.4.2 Zunehmende Anpassung des tschechischen Liefersortiments an den deutschen Marktbedarf

Der tschechische Agrarexport war 1993 und 1994 mit Anteilen von 12,9 bzw. 13,5 % der drittgrößte Lieferant Deutschlands unter den in dieser Studie untersuchten MOE- und GUS-Ländern. Im Gegensatz dazu entfielen von den gesamten deutschen Einfuhren im Bereich der Erzeugnisse der Land- und Ernährungswirtschaft nur 0,5 bzw. 0,6 % auf Tschechien. Der Anteil der Agrarprodukte (im weiteren Sinne) an den Einfuhren Deutschlands aus Tschechien ist 1993-1994 von 4,7 auf 4,1 % zurückgegangen. Der deutsche Nahrungsmittelmarkt wurde aus Tschechien u.a.

---

283 Czech Agriculture - Basic Facts and Figures ..., a.a.O., Nr. 3/1; Agricultural Situation and Prospects ..., a.a.O., S. 26; Review of Agricultural Policy ..., a.a.O., S. 13.

mit den Produkten bzw. Produktgruppen beliefert, die in der folgenden Tabelle zusammengestellt sind.[284]

An der starken Steigerung der Agrareinfuhren aus Tschechien waren insbesondere Schlachtrinder, Fisch und Fischzubereitungen, Gerste, Hülsenfrüchte zur Viehfütterung, Gemüse-, Obstkonserven, Fruchtsäfte und dgl., Ölkuchen, sonstige pflanzliche Nahrungsmittel, Bier und Branntwein beteiligt. Agrarexporteure aus Tschechien mußten im Gegensatz dazu bei Därmen, Blasen, Mägen, Gemüse und sonstigen Küchengewächsen, Ölfrüchten zur Ernährung und lebenden Pflanzen und Erzeugnissen der Ziergärtnerei mehr oder weniger empfindliche Umsatzeinbußen in Kauf nehmen.

Die Grobstruktur des tschechischen Liefersortiments nach Deutschland erwies sich 1994, im Vergleich zu 1993, als relativ stabil. Während die Sammelproduktgruppen der lebenden Tiere und Genußmittel binnen einem Jahr Anteilseinbußen von 0,7 bzw. 1,7 Prozentpunkten verzeichneten, nahm der Anteil der Nahrungsmittel tierischen Ursprungs um 0,2 und der des pflanzlichen Ursprungs um 2,2 Prozentpunkte zu. Bei der Feinstruktur gab es einige interessante Veränderungen, wie dies aus den Zahlen der Tabelle 51, hervorgeht.

---

[284] Errechnet nach Angaben des Statistischen Bundesamtes und des BML 216 vom 6.7.1995.

Tabelle 50: Deutsche Agrareinfuhren aus Tschechien

	1993		1994	
	t	Mio. DM	t	Mio. DM
Lebende Rinder	13 293,4	35,01	14 216,6	41,11
Lebende Tiere, insgesamt	-	43,06	-	48,13
Milch	1 157,5	1,74	1 093,8	2,44
Butter	489,4	1,04	1 109,4	2,25
Käse	388,5	1,24	472,3	1,88
Rind- und Kalbfleisch	228,7	1,70	255,1	1,75
Geflügelfleisch und genießbare Schlachtnebenprodukte	3 260,2	11,76	2 525,4	9,39
Fleisch und Fleischwaren, insgesamt	5 606,9	24,26	5 233,9	23,46
Därme, Blasen, Mägen	565,1	1,6	378,3	1,41
Fisch und Fischzubereitungen	2 977,1	12,53	4 213,4	19,59
Eier, Eiweiß, Eigelb	889,8	3,58	1 368,5	5,19
Honig	4 693,3	4,85	1 863,9	4,47
Gerste	-	-	19 262,2	4,02
Malz	14 917,9	6,14	17 172,0	6,18
Nichtölhaltige Sämereien	2 427,9	4,05	1 618,4	3,28
Hülsenfrüchte zur Viehfütterung	104 318,3	30,99	170 174,5	46,3
Gemüse und sonstige Küchengewächse	1 360,9	1,87	604,1	1,24
Äpfel	37 380,4	5,01	35 417,7	4,66
Obst, außer Südfrüchten, insgesamt	48 197,8	12,97	48 150,7	14,67
Gemüse-, Obstkonserven, Fruchtsäfte und dgl., insgesamt, davon	6 069,1	4,92	16 676,4	11,15
Apfelsaft	4 918,3	3,54	14 675,0	9,19
Kakaoerzeugnisse	276,8	2,81	384,1	3,80
Ölfrüchte zur Ernährung	23 677,3	12,75	18 058,4	10,96
Ölkuchen	144 596,1	32,5	149 845,3	34,12
Sonstige Abfallerzeugnisse zur Viehfütterung	69 284,6	14,69	73 585,3	13,33
Sonstige pflanzliche Nahrungsmittel	14 862,0	6,52	8 946,3	12,21
Lebende Pflanzen und Erzeugnisse der Ziergärtnerei	765,4	1,56	744,2	1,28
Hopfen	3 133,5	34,50	3 461,7	32,0
Bier (hl)	390 802,9	34,2	467 117,7	40,61
Branntwein (hl, 100 % Alkohol)	44 883,9	3,94	39 701,7	4,34

Quellen: Angaben des Statistischen Bundesamtes und des BML 216 vom 6.7.1995.

Tabelle 51: Anteile einzelner Produkte bzw. Produktgruppen an den deutschen Agrareinfuhren aus der Tschechoslowakei und aus Tschechien* (in %)

	1989	1990	1991	1992	1993	1994
Lebende Tiere, insgesamt	2,4	3,8	4,1	8,0	14,4	13,7
Pferde	0,8	1,0	0,6	0,5	0,4	0,2
Rindvieh	0,8	2,0	0,7	6,7	11,7	11,7
Schweine	0,0	0,0	1,0	0,02	.	-
Sonstige lebende Tiere	0,8	0,8	1,8	1,29	2,27	1,8
Nahrungsmittel tierischen Ursprungs, insgesamt	56,3	43,9	24,1	18,0	17,0	17,2
Milch	3,8	0,4	0,2	0,27	0,6	0,7
Butter	.	.	0,2	0,25	0,33	0,6
Käse	0,9	0,8	0,3	0,36	0,4	0,5
Fleisch und Fleischwaren	43,2	34,8	15,5	10,36	8,1	6,6
Därme	0,3	0,5	0,3	0,35	0,6	0,4
Fisch und Fischzubereitungen	3,2	2,9	3,1	3,73	4,2	5,5
Eier, Eiweiß, Eigelb	0,7	0,7	0,8	0,66	1,1	1,5
Honig	3,3	3,8	3,6	1,62	1,7	1,3
Nahrungsmittel pflanzlichen Ursprungs, insgesamt	24,5	29,7	48,5	50,0	44,8	47,0
Malz	0,6	2,4	4,3	1,39	2,0	1,7
Nichtölhaltige Sämereien	1,0	0,8	0,8	0,96	1,3	0,9
Hülsenfrüchte zur Ernährung	0,9	1,3	1,1	1,32	0,3	0,1
Hülsenfrüchte zur Viehfütterung	0,6	2,0	5,3	12,36	10,6	13,1
Gemüse und sonstige Küchengewächse	1,7	1,7	1,3	0,8	0,6	0,3
Obst, außer Südfrüchten	6,6	5,8	11,5	3,75	4,3	4,2
Gemüse-, Obstkonserven, Fruchtsäfte u. dgl.	6,1	5,9	8,3	4,13	1,7	3,2
Kakaoerzeugnisse	0,8	1,2	0,9	1,09	0,1	1,1
Ölfrüchte zur Ernährung	1,3	1,8	1,7	4,30	4,2	3,1
Pflanzliche Öle, Fette zur Ernährung	0,0	0,4	1,4	.	0,0	0,02
Ölkuchen	1,3	0,5	4,9	9,62	10,4	9,7

Tabelle 51: Fortsetzung

	1989	1990	1991	1992	1993	1994
Sonst. Abfallerzeugnisse zur Viehfütterung	1,0	2,8	3,9	5,32	4,7	3,8
Sonst. pflanzliche Nahrungsmittel	1,1	1,3	2,0	3,03	2,4	3,5
Leb. Pflanzen u. Erzeugnisse der Ziergärtnerei	0,3	0,4	0,3	0,29	0,5	0,4
Genußmittel, insgesamt	16,8	22,6	23,3	24,0	23,8	22,1
Hopfen	9,7	14,0	12,2	11,13	11,5	9,1
Bier	6,9	8,3	10,4	10,95	10,95	11,5
Branntwein	0,2	0,3	0,6	1,57	1,3	1,2

* 1989-1992 Tschechoslowakei, 1993-1994 Tschechien

Quellen: Errechnet nach Angaben des Statistischen Bundesamtes Wiesbaden und des BML 216 vom 1.7.1993, 31.8.1994 und 6.7.1994.

Der Umsatz des tschechischen Agrarexports wurde durch die Preisentwicklung in Deutschland - nach einzelnen Produkten bzw. Produktgruppen stark differenziert - begünstigt oder benachteiligt. Lieferanten aus Tschechien erzielten auf dem deutschen Nahrungsmittelimportmarkt 1994, in bezug auf das Vorjahr durchschnittliche Preissteigerungen u.a. bei lebenden Rindern von 9,9 %, Milch von 49 %, Käse von 25 %, Fleisch und Fleischwaren von 3,5 %, Fisch und Fischzubereitungen von 10,4 %, Honig von 133 %, nichtölhaltigen Sämereien von 21,5 %, Gemüse und sonstigen Küchengewächsen von 48,6 %, Obst (außer Südfrüchten) von 12,8 %, Ölfrüchten zur Ernährung von 12,3 %, Ölkuchen von 3,5 % und Branntwein von 24,8 %. Im Gegensatz dazu wurden durchschnittliche Preisrückgänge bei Butter von 5,8 %, Eier, Eiweiß, Eigelb von 5,6 %, Malz von 12,2 %, Hülsenfrüchten zur Viehfütterung von 8,4 %, Frucht- und Gemüsesäften von 19,8 %, Gemüse-, Obstkonserven, Fruchtsäften und dgl. von 17,5 %, Kakaoerzeugnissen von 2,4 %, sonstigen Abfallerzeugnissen zur Viehfütterung von 23,8 % und Hopfen von 16 % verbucht. Die Absatzpreise von Bier blieben 1994, im Vergleich zu 1993, trotz einer mengenmäßigen Umsatzsteigerung von 20 %, nahezu unverändert[285]. Die Absatzpreisentwicklung ist über die Konjunktur- und Konkurrenzlage hinaus von den jeweils angebotenen Mengen, den Qualitäts- und Sortimentsveränderungen, den Lieferfristen, geltenden Reglementierungsmaßnahmen und nicht zuletzt vom Verhandlungsgebaren bzw. -geschick der jeweiligen Vertragspartner abhängig. Sie findet auf jeden Fall ihren Niederschlag in den in einzelnen Kalenderjahren erzielten Umsatzwerten.

Da Tschechien als ein traditionelles Industrieland mit zahlreichen Beschäftigungsmöglichkeiten in der Industrie und im Bereich der Dienstleistungen auf die Produktion unrentabler Nahrungsmittel durchaus verzichten kann und auf Erlöse des Agraraußenhandels erheblich weniger als manche andere Reformländer in Ost-, Mittel- und Südosteuropa angewiesen ist, hat das Landwirtschaftsministerium nicht vor, die Land- und Ernährungswirtschaft zu einem tragenden Exportzweig der tschechischen Wirtschaft zu entwickeln. Die Nahrungsmittelwirtschaft soll vielmehr zunehmend neue, hochgradig verarbeitete Produkte bzw. Produktgruppen sowie ihre traditionellen Erzeugnisse und gelegentliche Überschüsse rentabel ausführen. Der Agrarausschuß der tschechischen Nationalversammlung vertrat bereits 1993 mehrheitlich die Meinung, daß die Agrarproduktion, in Anbetracht ihrer finanziellen Verluste im wesentlichen auf die Deckung des Inlandsbedarfs an einigen in Tschechien rentabel produzierbaren Grundnahrungsmittel eingeschränkt und konzentriert werden sollte. Das Landwirtschaftsministerium bekräftigte im Herbst 1994 offiziell diese Zielvorstellungen. Die tschechische Landwirtschaft soll sich nunmehr, laut geltenden Richtlinien der Agrarpolitik der Regierung, grundsätzlich auf den Binnenmarkt orientieren. Sie hat die vorrangige Aufgabe, zum Gleichgewicht von Angebot und Nachfrage auf dem tschechischen Nahrungsmittelmarkt beizutragen, subventionsbedürftige Ausfuhren einzuschränken bzw. baldmöglichst einzustellen, unrentabel bestellte Ackerflächen in Gründlandflächen umzuwandeln bzw. für außerlandwirtschaftliche Aktivitäten bereitzustellen, letztere insbesondere in landwirtschaftlich schwach entwickelten Regionen des Landes zu fördern und nicht zuletzt, im Hinblick auf die beabsichtigte Vollmitgliedschaft in der EU, im internationalen Maßstab zunehmend konkurrenzfähig zu werden. Der tschechische Agrarexport hat in diesem Sinne in der zweiten Hälfte der neun-

---

285 Agricultural Policy and Trade Development in the Czech Republic in 1993-1994, OECD Paris, September 1994, S. 11-12.

ziger Jahre nicht vor, den deutschen Nahrungsmittelmarkt mit umfangreichen Überschüssen der Agrarproduktion zu "überfluten". Sein Jahresumsatz dürfte in Deutschland in den nächsten Jahren entsprechend 350 bis 400 Mio. DM betragen.

8 AGRARAUSSENHANDEL MIT UNGARN

8.1 Die ungarische Wirtschaft auf Wachstumskurs

Die ungarische Wirtschaft hat die Talsohle ihrer mehrjährigen schweren Krise bereits im Jahre 1993 durchschritten. Sie befand sich im Kalenderjahr 1994 auf Wachstumskurs. Das statistische Zentralamt vermeldete ein BSP von 4,3 Billionen Forint, was eine Erhöhung um 2 % gegenüber 1993 bedeutet. Der private Sektor trug zum BSP bereits mehr als 60 % (in der Landwirtschaft, Bauwirtschaft, im Handel, Transportwesen und einigen anderen Dienstleistungszweigen über 70 %) bei. Das gesamtwirtschaftliche Wachstum war 1994 vor allem auf die Belebung der Investitionen zurückzuführen, die im Vergleich zum Vorjahr um 11 bis 12 % erhöht wurden. Der private Konsum stieg real um 1,3 und die Bruttoproduktion der Industrie nahm binnen einem Jahr um 9,2 % (die der Bauwirtschaft sogar um 19,5 %) zu. Die Expansionsprozesse der Industrie waren 1994 vor allem auf Verarbeitungsindustriezweige konzentriert. Die Produktivität der Industrie wurde 1994 in bezug auf 1993 deutlich um rund 15 % gesteigert. Die an sich günstige Entwicklung der Industrieproduktion war allerdings von einem deutlichen Anstieg der Importe (+ 16,1 %) begleitet. Der Industrieboom hat den Arbeitsmarkt positiv beeinflußt, indem die Zahl der registrierten Arbeitslosen um 130 000 Personen auf 520 000 zurückging. Die durchschnittliche Arbeitslosenquote sank auf 10,8 %.[286]

Die Inflationsrate war 1994, auf das ganze Jahr bezogen, rückläufig. Die Verbraucherpreise stiegen 1994 durchschnittlich um 18,8 % (1991 um 35 %, 1992 um 23 % und 1993 um 22,5 %). Hierbei ist jedoch zu vermerken, daß die Inflationsrate im zweiten Halbjahr, insbesondere in den letzten Monaten des Jahres, deutlich zugenommen hat, wobei drastische Preiserhöhungen für Wohnungsmieten, Haushaltsenergieträgern, Treibstoffen etc. auf die ersten Monate des Jahres 1995 verschoben wurden. Das Existenzminimum eines Vierpersonenhaushaltes von 2 Erwachsenen und zwei Kindern (unter 15 Jahren) betrug im Dezember 58 200 bzw. 14 550 Forint pro Erwachsenen/Kind.[287]

---

[286] Außenministerium Budapest: Fakten über Ungarn 1/1995, S 2; Figyelö, 46/1994, S. 16.

[287] Népszabadság, 17.1.1995, S. 1 und 12 und 30.6.1995, S. 12.

Die Verantwortlichen der ungarischen Wirtschaftspolitik waren sich seit der Systemwende bewußt, daß sie bei der Umstrukturierung, Modernisierung und Eingliederung der ungarischen Wirtschaft in das einheitliche Europa auf die systematische, intensive und zunehmende Beteiligung des Auslandskapitals nicht verzichten können und entsprechend bemüht, günstige Rahmenbedingungen für Kapitalinvestitionen aus dem Ausland zu schaffen. Mitte der neunziger Jahre gehört Ungarn zu den wenigen europäischen Reformländern, das in bezug der Vorschriften für Konkursverfahren, Bankwesen, Buchführung, Finanzierung usw. über eine Gesetzgebung westlicher, insbesondere deutsch/österreichischer Prägung verfügt. Das Finanzministerium hat die Steuern auf reinvestierte Gewinne Ende 1994 von 36 auf 18 % und auf Gewinne, die in der Form von Dividenden ausbezahlt werden, auf 23 % herabgesetzt.[288]

Obwohl die Gründung von Joint-Ventures in Ungarn seit bereits 1972 gesetzlich gestattet war, setzte der Aufschwung der einschlägigen Neugründung erst nach der Systemwende ein. Ende 1994 wurden bereits über 20 000 Joint-Ventures gezählt. Davon wurden 1994 4 431 gegründet. Rund drei Viertel des Gründungskapitals dieser Firmen stammen von ausländischen Investoren. Der Gesamtwert des in Ungarn investierten Auslandskapitals betrug Ende 1994 8,5 Mrd. US-$, 1993 wurden etwa 2,4 und 1994 1,4 Mrd. US-$ direkt angelegt. Die Gesamtzahl der deutsch-ungarischen Joint-Ventures belief sich Ende 1994 auf über 4 000. Knapp 40 % der in den MOE-Ländern durchgeführten deutschen Investitionen wurden 1994 in Ungarn getätigt. Der Anteil deutscher Firmen am aus dem Ausland investierten Gesamtkapital erreichte Mitte 1994 27,2 %, während auf Firmen aus den USA, Österreich, Großbritannien und Frankreich in der angeführten Reihenfolge Anteile von 21,5 bzw. 13,9 bzw. 7,2 und 7,3 % entfielen.[289] Investoren aus dem Ausland disponierten in Ungarn im Verlauf des Jahres 1994 zunehmend vorsichtig und zurückhaltend. In Anbetracht der Tatsache, daß Ungarn mit seinem Lohnkostenniveau hinter Slowenien bereits an zweiter Stelle in Ostmitteleuropa lag, begannen mehrere Firmen vor allem arbeitsintensive Produktionen weiter nach Osten, insbesondere nach Rumänien bzw. in die Ukraine, zu verlagern.[290]

---

288 Figyelö, 1/1995, S. 25; Ostwirtschaftsreport, 1/1995, S. 5.

289 Napi gazdaság, 3.2.1995, S. 1, 25.8.1994, S. 15 und 10.12.1994, S. 1.

290 Ebenda; Ostwirtschaftsreport, 14/1995, S. 266.

Der wirtschaftliche Erholungsprozeß war in Ungarn 1994 durch binnen- und außenwirtschaftliche Ungleichgewichte beeinträchtigt. Das Defizit der Leistungs- und der Außenhandelsbilanz betrug 3,91 bzw. 3,85 Mrd. US-$ (bei einer Gesamteinfuhr von 14,6 und Gesamtausfuhr von 10,75 Mrd. US-$. Der Staatshaushalt schloß mit einem Minussaldo von 322 Mrd. Forint; das entspricht einem Anteil von 7,8 % des BSP.[291] Die Bruttoverschuldung des Landes gegenüber dem Ausland stieg bis Ende 1994 auf 28,5 Mrd. und die Nettoverschuldung auf 18,9 Mrd. US-$. Die Ungarische Nationalbank verfügte zum gleichen Zeitpunkt über Devisenreserven in Höhe von 6,8 bis 7 Mrd. US-$. Die EU war angesichts dieser Lage Ende 1994 nicht bereit, einem Umstrukturierungskredit von 2,5 Mrd. ECU zuzustimmen, und der IWF verweigerte, wegen des hohen Haushaltsdefizites, eine Dreijahresfazilität.[292] Bei der recht hohen, und 1995 weiter steigenden Auslandsverschuldung, die im April bereits 32 Mrd. US-$ übertraf, muß allerdings berücksichtigt werden, daß die Auslandsschulden überwiegend aus langfristigen Verpflichtungen bestehen, und daß die Bedienung des Schuldendienstes bei den weiter oben angeführten Devisenreserven keineswegs gefährdet ist. Ein plötzlicher Rückzug aus Portfolioinvestitionen könnte die internationale Zahlungsfähigkeit des Landes um so weniger gefährden, als das Gros der ausländischen Kapitalanlagen als Direktinvestition getätigt wurde.[293]

Bei steigenden Haushaltsschulden, zunehmender Auslandsverschuldung und ungelösten Struktur- bzw. Privatisierungsproblemen stand die sozialistisch-liberale Horn-Regierung spätestens zur Jahreswende 1994-1995 vor der undankbaren Aufgabe, ein wirtschaftspolitisches Mittel- und Zielsystem zu errichten, das eine weitere Verschlechterung des wirtschaftlichen Gleichgewichts verhindert, den Strukturwandel und die Modernisierung der ungarischen Wirtschaft durch forcierte Privatisierung und Investitionsförderung beschleunigt, die zunehmende Anpassung an die Rahmenbedingungen der EU - entsprechend dem offiziellen Beitrittsantrag Ungarns zur EU, der 1994 gestellt wurde - ermöglicht, dennoch aber das Wirtschaftswachstum zugleich nicht vollständig abwürgt. Die Regierung hat im Januar 1995 ein entsprechendes Stabilisierungs- und Modernisie-

---

291 Napi gazdaság, 23.2.1995, S. 1; Népszabadság, 30.6.1995, S. 12.

292 Népszabadság, 5.1.1995, S. 1 und 5.

293 Ostwirtschaftsreport, 8/1995, S. 158.

rungsprogramm der Wirtschaft für die nächsten drei Jahre, d.h. für 1995-1997, samt den wichtigsten prognostizierten Eckdaten der Wirtschaftsentwicklung verkündet. Dieses Programm verfolgt das Ziel, das gesamtwirtschaftliche Gleichgewicht durch Einschränkung der Staatsausgaben, Verlangsamung des Wirtschaftswachstums und konsequentes Vorantreiben der Privatisierung baldmöglichst wiederherzustellen, um auf dieser Grundlage ab 1998 wieder höhere Wirtschaftswachstumsraten, niedrigere Inflation und Arbeitslosenquoten zu erreichen.[294] Um die Stabilisierungsziele abzusichern, dürfen das Haushaltsdefizit 6 bis 7 % des BSP und der Minussaldo der Zahlungsbilanz 2,5 bis 3 Mrd. US-$ pro Jahr nicht überschreiten. In diesem Sinne sollen der Konsum jährlich um 1 bis 2 % eingeschränkt, die Exporte jedoch um 25 % und die Importe maximal um 15 % pro Jahr erhöht werden.[295]

Ungarn hat die GATT/WTO-Verträge im April 1994 unterschrieben. Diese traten am 1. Januar 1995 in Kraft. Ungarn hat sich mit allen anderen Vertragsunterzeichnern gemeinsam verpflichtet, u.a. die Subventionen, darunter auch die Exportsubventionen, sukzessive zu verringern, die mit dem internationalen Handel verbundenen tier- und pflanzengesundheitlichen Vorschriften zu vereinheitlichen, das System der Importregulierung durch Umwandlung der Einfuhrlizenzen in Zollkontingente und Einbau der Zollabgaben -gebühren und anderen Grenznebenkosten in die Zolltarife grundsätzlich zu verändern und das Importzollniveau in bezug auf das durchschnittliche Zollniveau von 1986-1988 in jährlich gleichbleibenden Prozentsätzen bis zu Jahrtausendwende zu senken.[296]

---

294 Népszabadság, 5.1.1995, S. 1 und 5.

295 Außenministerium Budapest, Fakten ..., a.a.O., S. 4.

296 Élelmezési ipar, 6/1995, S. 171-172.

8.2 Deutliche Umsatzsteigerung im ungarischen Agraraußenhandel

Der Umsatz des ungarischen Agraraußenhandels stieg 1994, im Vergleich zum Vorjahr, um 22 %, davon der Exportumsatz um 17,5 und der Importumsatz sogar um 33,4 %. Nachdem Agrarprodukte und andere Nahrungsmittel im Gesamtwert von 2,314 Mrd. US-$ aus- und im Wert von 1,078 Mrd. US-$ eingeführt wurden, hat die Agraraußenhandelsbilanz das Kalenderjahr 1994 mit einem Exportüberschuß von 1,236 Mrd. US-$ abgeschlossen und somit ihren Aktivsaldo binnen einem Jahr um 75 Mio. US-$ erhöht. Der Agrarsektor war an den gesamten Ausfuhren des Landes mit 20,6 % (die Landwirtschaft mit 5,5 und die Nahrungsmittelindustrie mit 15,1 %) und an den Einfuhren mit 6,8 % (die Landwirtschaft mit 2,1 und die Nahrungsmittelindustrie mit 4,7 %) beteiligt.[297] Während die lebhafte Exportsteigerung vor allem auf günstige Rahmenbedingungen, die Belebung der Konjunktur auf den wichtigsten Absatzmärkten, insbesondere in Deutschland und in der EU, und damit einhergehend auf steigende Absatzpreise für die meisten Artikel der ungarischen Angebotspalette und die wiederbelebte Nachfrage der früheren RGW-, insbesondere die der GUS-Länder nach ungarischen Agrarexportgütern zurückzuführen ist, ist der starke, in den neunziger Jahren bisher prägnanteste Anstieg des Agrarimports als Folge der Leistungsschwäche der ungarischen Agrarproduktion im Jahre 1993, der mit den EU-, EFTA und CEFTA-Ländern vereinbarten Importliberalisierungsmaßnahmen und des zunehmenden Markterfolgs der hochsubventionierten Konkurrenz aus dem Westen zu betrachten. Die mit den EFTA- und CEFTA-Ländern 1992 und 1993 abgeschlossenen Freihandels- und Kooperationsabkommen traten 1994 in Kraft. Mit den CEFTA-Ländern ist es sogar gelungen, die gegenseitigen Agrarimportkonzessionen zu erhöhen. Mit einzelnen GUS-Ländern konnten umfangreiche Bartervereinbarungen getroffen werden.

Entsprechend dem Assoziierungsvertrag mit der EU bzw. den mit diesem Vertrag verbundenen Ergänzungsprotokollen sind zum 1. Juli 1994 für eine ganze Reihe der ungarischen Agrarexportwaren weitere Erleichterungen in bezug auf den Marktzugang zur EU in Kraft getreten. Es wurde u.a. die Einfuhr von Brathähnchen vereinfacht, indem statt der bisherigen vier Einfuhrquoten nur noch zwei vorgeschrieben werden. Hierdurch

---

[297] Die ungarische Landwirtschaft und die Nahrungsmittelindustrie in Zahlen, Landwirtschaftsministerium Budapest 1995, S. 18.

wurde ermöglicht, zu Lasten der bisherigen Ganztierkörperquote, die mangels Nachfrage in den letzten zwei Jahren nicht ausgeschöpft werden konnte, Broilerstückfleisch bis zu einer zusätzlichen Menge von 3 000 t/Jahr in die EU zu liefern, ohne jedoch hierdurch die Gesamtmenge des lieferbaren Hähnchenfleisches überschreiten zu dürfen. Die Einfuhrquote Ungarns für Käse wurde dagegen von 1 200 auf 1 300 t/Jahr erhöht, wobei vier weitere Käsesorten unter Präferenzbedingungen in die EU eingeführt werden dürfen. Der ungarische Agrarexport hat außerdem im Agrarjahr 1994/95 u.a. von der Erhöhung der Abschöpfungsermäßigung von 50 auf 60 % für alle Produkte seines Angebotssortiments, die dem allgemeinen Präferenzsystem (Generalised System of Preferences) untergeordnet sind, Vorteile ziehen können. Das betraf vor allem die jährlichen Liefermengen von 1 820 t Schlachtenten bzw. Entenfleisch, 16 000 t von Schlachtgänsen bzw. Gänsefleisch, 5 600 t Salami und anderen Wurstwaren.

Die EU hat zum 1. November 1994 dem ungarischen Agrarexport weitere Vergünstigungen zugestanden, indem sie sechs neue Fleischkonservensorten und elf neue Käsesorten der ungarischen Angebotspalette auf die Präferenzliste aufnahm. Sie hat ferner zugestimmt, daß Hartweizen auf das EU-Weizeneinfuhrkontingent Ungarns (im Agrarjahr 1994/1995 216 000 t) angerechnet werden darf.[298] Dem ungarischen Agrarexport ist es 1994 das erste Mal gelungen, die Weizeneinfuhrquote auszuschöpfen. Das ungarische Weizenangebot, das durch die vertraglich zugestandene Abschöpfungsermäßigung von 60 % konkurrenzfähig wurde, war laut Pressemeldungen binnen 24 Stunden vergriffen.[299]

Die übrigen Präferenz-Einfuhrquoten der EU konnten 1994 nur bei einigen wenigen Produktgruppen (Schlachtenten, Enten- und Gänsestückfleisch sowie Enten- und Hähnchenbrust, entbeint) voll ausgeschöpft werden. Die Ausschöpfungsquoten betrugen bei Hühnereiern 0 %, Schweinehälften 27 %, Broilern (Ganztierkörpern) 31 %, Rindfleisch 42 %, Schaffleisch 30 %, Käse 83 %, Schlachtschafen 85 % und Wurstwaren 94 %.[300] Die Quotennutzung von 1994 zeigt kein einheitliches Bild. Sie wurde bei

---

298 East Europe Agriculture, May 1994, S. 17 und November 1994, S. 21-22.

299 Ernährungsdient, 9.8.1994, S. 1.

300 Angaben des Instituts für Agrarökonomie Budapest, vom 18. Sept. 1995.

Weizen, Käse, Rindfleisch, Schweinehälften, Gänsefleisch, Truthahnbrust und entbeinter Truthahnbrust mehr oder weniger erhöht, dagegen bei Schaffleisch, Broilern (Ganztierkörpern), Broilerbrust, Hühnereiern und Wurstwaren verringert. Die Nutzung der Einfuhrquoten steht in engem Zusammenhang mit dem verfügbaren Lieferangebot des Agrarexports bzw. dessen Konkurrenzfähigkeit in der EU, dem gültigen Vergabemodus der Einfuhrlizenzen der EU, mit der eingeschränkten Konvertierbarkeit der Importquoten innerhalb ein und derselben Produktgruppe (z.B. Stückfleisch und Ganztierkörper) und nicht zuletzt mit der Untersagung der Übertragung der in einem Quartal nicht genutzten Quoten auf das nächste Quartal.[301]

Das nationale Subventionskontingent des Agrarexports wurde im Verlauf des Jahres 1994 um 11 Mrd. auf insgesamt 35 Mrd. Forint aufgestockt. Seine durchschnittliche Subventionsquote ist 1994, im Vergleich zu 1991-1992, als sie nur rund 10 % betrug, auf 18 % gestiegen. Exportfördernd wirkten sich außerdem die Abwertung des Forints um insgesamt 16,8 % sowie die Gründung der EXIM-Bank und der EBRT aus, die sich mit der Vergabe von Exportkrediten und Exportkreditgarantien bzw. Exportversicherungen beschäftigen. Die Ernteeinbußen der ungarischen Landwirtschaft infolge der Sommerdürre 1994, insbesondere bei Mais, Kartoffeln, Zuckerrüben, Äpfeln und anderen Produkten, die das verfügbare Exportwarenangebot verringerten, hatten hingegen einen negativen Einfluß auf den Exportumsatz.

Ungarn hat seinen Agrarimportmarkt 1994 in Anbetracht der Ernteeinbußen, der Leistungsschwächen der Tierproduktion, vor allem bei Ölfrüchten, Futtermitteln, Schlachttieren, Fleisch etc. und seiner zwischenstaatlichen Vereinbarungen mit den EU-, EFTA- und CEFTA-Ländern weiter geöffnet, indem das Handelsministerium Einfuhrlizenzen vertragsgemäß zubilligte und die produktbezogenen Einfuhrkontingente entsprechend erhöhte. Als Vorgriff auf das Inkrafttreten der GATT-WTO-Vereinbarungen zum Anfang des Jahres 1995 haben das Finanz- und Handelsministerium drastische Zollerhöhungen für über 100 Importnahrungsmittel zum 1. November 1994 verordnet. Diese wurden sodann zum 1. Januar 1995 auf insgesamt 280 Agrarprodukte bzw. Produktgruppen und Erzeugnisse der Nahrungsmittelindustrie erweitert. Das durchschnittliche

---

301 Élelmezési ipar, 6/1994, S. 172.

Agrarimportzollniveau Ungarns stieg durch diese Maßnahme "auf einen Schlag" von 20 auf 50, d.h. um 150 %.[302]

Tabelle 52: Einige ungarische Importzölle vor und seit dem 1. November 1994 (in %)

	vor dem 1.11.1994	seit dem 1.11.1994
Schlachtschweine	15	59
Schlachtschafe und -ziegen	15	50
Schlachtgänse	35	61
Schweinefett	8	57
Geflügelfett	25	147
Wurstwaren, Salami	25	60
Sonnenblumenkerne	0	0
Weizen, Roggen, Mais, Hafer	0	50
Gerste	0	41
Reis	5	99
Teigwaren	20	60
Brot und Backwaren	60	80
Gemüse	12	72
Käse	40	105
Äpfel, Birnen	25	77
Traubenzucker	30	75
Diabetikererzeugnisse	50	80
Geflügelfleisch	20-40	61

Quelle: Angaben des ungarischen Industrie- und Handelsministeriums vom 15.11.1994.

Der Binnenmarktschutz des ungarischen Nahrungsmittelmarktes ist zum 1. November 1994 bzw. zum 1. Januar 1995 ohne Zweifel deutlich erhöht worden. Es ist dabei jedoch festzuhalten, daß die ungarischen Importzölle, die im Vergleich zu den Importgrenzbelastungen der EG bzw. der EU 1990-1994 unverhältnismäßig niedrig waren, bei vielen Produkten bzw.

302 J. Szabó: Agrárkülkereskedelmünk mérlege, in: Gazdaság és gazdálkodas, 4/1995, S. 24-25.

Produktgruppen auch seit dem 1. November 1994 bzw. dem 1. Januar 1995 noch immer erheblich niedriger blieben als die der EU.[303]

Der Überschuß des ungarischen Agrarexports betrug gegenüber der EU 1994 rund 530 Mio. US-$, ungefähr so viel wie ein Jahr zuvor. Dabei ist jedoch zu vermerken, daß die einschlägigen Ausfuhren Ungarns in die EU 1994 um 13 % und seine Einfuhren aus der EU um 34 % stiegen. Unter den mittel- und osteuropäischen Reformländern hat nur Ungarn 1993 und 1994 Überschüsse in der Agraraußenhandelsbilanz mit der EU erzielt. Agrarexporteure aus Ungarn haben 1994 in die EFTA-Länder wertmäßig 6,3, in die früheren RGW-Länder 22 %, darunter in die GUS-Länder sogar 28 % mehr als im Vorjahr geliefert. Von den ungarischen Nahrungsmittelausfuhren entfielen 1994 43 % (1993 44 %) auf die EU (davon mehr als die Hälfte auf Deutschland), 11 % auf die EFTA- und 39 % auf die postkommunistischen Länder (davon 21,5 % auf die GUS- und 6,3 % auf die CEFTA-Länder). Der Anteil der verarbeitenden Nahrungsmittel betrug sowohl am Export als auch am Import 73 %.[304] Ungarischen Agrarexporteuren ist es 1993-1994 gelungen, die Anfang der neunziger Jahre im Zuge der Systemwende und des Zusammenbruchs des RGW verlorenen Positionen in den MOE-, insbesondere den CEFTA- und GUS-Ländern zum Teil zurückzuerobern.

Ungefähr die Hälfte des ungarischen Agrarexports in die EU bestand 1994 aus Schlachttieren, Fleisch und Fleischerzeugnissen. Knapp über 60 % des Fleischexports wurde in die EU geliefert. Zu den wichtigsten Posten des ungarischen Exportangebots gehörten außerdem Gemüse, Obst, Getreide, Ölsaaten, Fleischkonserven, Gemüse-Obstkonserven, Fruchtsäfte und dergleichen, hochprozentige Alkoholika, Wein, Erfrischungsgetränke und andere Produkte.

Der Anteil der EU an dem Agarimport Ungarns erreichte 1994 43 %, der der EFTA-Länder 10 %, der der postkommunistischen Länder 9 % und der der europäischen Länder insgesamt 64 %. Die Länder Lateinamerikas waren an den Einfuhren mit 16, Asiens mit 7, Afrikas mit 6 und Nordamerikas mit 5 % beteiligt. 1994 ist die Einfuhr von Schlachttieren, Fleisch, Fleischprodukten, Saatgut, Ölfrüchten, pflanzlichen Ölen und Fet-

---

303 Figyelö, 35/1994, S. 27.

304 East Europe Agriculture, April 1995, S. 21 und July 1995, S. 3.

ten, Rohtabak, Kaffee und einigen anderen Produkten besonders stark gestiegen. Die Importsteigerungsrate der Primärprodukte der Landwirtschaft betrug binnen einem Jahr 60 %.[305]

8.3 Zweistellige Umsatzsteigerung im deutsch-ungarischen Agraraußenhandel

Der im Jahre 1994 registrierte Anstieg des gesamten Umsatzes im bilateralen deutsch-ungarischen Außenhandel mit Erzeugnissen der Land- und Ernährungswirtschaft um über 18 % resultierte aus einer Exportsteigerung um 22,7 und einer Erhöhung der Einfuhren um über 16 %. Agrarerzeugnisse und andere Nahrungsmittel waren am gesamten deutschen Import aus Ungarn 1992, 1993 und 1994 mit 17,2 bzw. 14,4 und 14,0 und am Export mit 4,2 bzw. 5,1 und 5,0 % beteiligt. Das relative Gewicht dieses Produktbereiches im deutsch-ungarischen Warenaustausch hat sich 1994 im Vergleich zum Vorjahr kaum verändert. Die Bundesrepublik setzte 1992, 1993 und 1994 0,5 bzw. 0,8 und 0,9 % ihrer gesamten Agrarausfuhren nach Ungarn ab und bezog 1,1 bzw. gleichfalls 1,1 und 1,2 % ihrer gesamten Agrareinfuhren aus diesem Land.[306]

Tabelle 53: Entwicklung des Agraraußenhandels mit Ungarn (in Mio. DM)

	1985	1989	1990	1991	1992	1993	1994
Import	540,6	544,3	568,9	844,6	796	651,3	757,7
Export	93,0	109,1	88,9	122,1	196	260,6	319,8
Umsatz	633,6	653,4	657,8	966,7	992	911,9	1 077,5
Saldo	-477,6	-435,2	-480,0	-722,5	-600	-390,7	-437,9

Quellen: Errechnet nach Angaben des Statistischen Bundesamtes und des BML 216 vom 2.7.1993 und 6.7.1995.

305 J. Szabó: Agrárkülkereskedelmünk, ..., a.a.O., S. 24.

306 Angaben des Statistischen Bundesamtes und der BML 216 vom 6.7.1995.

Der Umsatz des deutsch-ungarischen Agraraußenhandels hat 1994 das erste Mal eine Milliarde Deutsche Mark übertroffen. Deutschland war in diesem Jahr unverändert der wichtigste Handelspartner Ungarns im internationalen Warenaustausch der Land- und Ernährungswirtschaft.

8.3.1 Exportboom

Obwohl Ungarn den Schutz seines Binnenmarktes im Bereich der Agrarerzeugnisse und anderer Nahrungsmittel im Verlauf des Jahres 1994 deutlich erhöhte, haben die partielle Leistungsschwäche der ungarischen Land- und Ernährungswirtschaft, überwiegend günstige Absatzpreise, die im Rahmen des Assoziierungsvertrages mit der EU vereinbarten Einfuhrkonzessionen, das intensive Marketing der meisten deutschen Anbieter und andere Faktoren ermöglicht, den Exportumsatz im Vergleich zum Vorjahr um 22,7 % zu steigern. Der bereits 1993 registrierte Agrarexportboom hat sich somit 1994 fortgesetzt.

Die Nachfrage nach Nahrungsmitteln hat sich in Ungarn nach einem mehrjährigen Rückgang bzw. einer Stagnation wiederbelebt. Davon haben deutsche Agrarexporteure kräftig profitiert. Die offiziellen Daten des Nahrungsmittelverbrauchs werden durch das Budapester zentrale statistische Amt neuerdings erst mit einer Verspätung von anderthalb bis zwei Jahren veröffentlicht. Aus diesem Grunde stehen uns gesicherte Verbrauchsdaten nur aus dem Kalenderjahr 1993 zur Verfügung. Der ungarische Durchschnittsverbraucher verzehrte 1993 u.a. 67,9 kg Fleisch, davon 31,9 kg Schweinefleisch, 22,4 kg Geflügelfleisch und 7,9 kg Rind- bzw. Kalbfleisch, 2,9 kg Fisch, 36,6 kg Fette, 92,4 kg Mehl und Mehlprodukte, 59,7 kg Kartoffeln, 36 kg Zucker und 145,1 kg Milch und Milcherzeugnisse pro Jahr.[307] Der Pro-Kopf-Verbrauch ist 1989-1993 bei Fleisch und Fleischerzeugnissen um 10 kg und bei Milch und Milchprodukten sogar um 44 kg zurückgegangen. Die Verringerung des Verbrauchs vollzog sich bei den einzelnen Produkten bzw. Produktgruppen unterschiedlich und im Zeichen starker Strukturveränderungen. So ist z.B. der Frischmilchverbrauch 1989-1993 um 35 %, der Butterverbrauch um 67 % und der Verzehr von Käse um 20 % zurückgefallen, während sich der Joghurtkonsum

---

[307] Die ungarische Landwirtschaft ..., a.a.O., S. 14.

kaum veränderte und der Absatz von haltbarer Milch bzw. ihrer Erzeugnisse rapide stieg. Mit einem Frischmilchverbrauch von 65 l pro Kopf und Jahr liegt Ungarn ungefähr um 50 % unter dem europäischen Durchschnitt und rund um zwei Drittel unter dem Verbrauchsniveau in Irland, Finnland oder Norwegen. Mit einem Joghurtkonsum von 9,7 l pro Kopf und Jahr rangiert Ungarn ungefähr in der Mitte der internationalen Verbrauchswerte, während der Pro-Kopf-Käseverzehr nur ein Drittel des europäischen Durchschnitts beträgt und der Butterverbrauch mit einem Durchschnittswert von rund 2,4 kg/Kopf und Jahr weit unter den europäischen Standards ist.[308] Die durchschnittlichen Verbrauchswerte der EU zugrundegelegt, werden in Ungarn um 25 % weniger Fleisch und Fleischerzeugnisse, darunter um 60 % weniger Rindfleisch, um 30 % weniger Kartoffeln, aber um 5 % mehr Zucker pro Kopf und Jahr verbraucht. Aufgrund des erwarteten Wirtschaftswachstums und der Steigerung des Lebenstandards rechnen Verbrauchsforscher mit einem allmählichen Anstieg des Nahrungsmittelverbrauchs in den Jahren von 1995 bis 2000. Ihrer Ansicht nach dürften die durchschnittlichen Verbrauchswerte aus dem Jahre 1989 zur Jahrtausendwende wieder erreicht werden.[309]

Der 1994 fortgesetzte Agrarexportboom nach Ungarn wurde vor allem durch Fleisch und Fleischwaren, Fischmehl, Fisch und Fischzubereitungen, Käse, Gerste, Kakaoerzeugnisse, sonstige pflanzliche Nahrungsmittel, Hopfen, Rohtabak und andere Produkte getragen, die allesamt besonders guten Absatz fanden. Ungeachtet der beachtlichen Steigerung des Gesamtumsatzes gab es 1994 jedoch mehrere Produkte bzw. Produktgruppen, bei denen der deutsche Agrarexport in Ungarn nennenswerte Absatzeinbußen erlitt.

---

308 East Europe Agriculture, Juni 1994, S. 20.

309 Agrárkamara: Az agrárágazat esélyei in: Magyar mezögazdaság, 26. Juli 1995, S. 6.

Tabelle 54: Deutsche Agrarausfuhren nach Ungarn

	1993		1994	
	t	Mio. DM	t	Mio. DM
Rindvieh	57,0	0,22	61,6	0,32
Lebende Tiere, insgesamt	-	1,03	-	1,81
Milch	2 121,6	4,00	2 092,2	4,09
Käse	510,0	2,48	1 780,4	7,19
Fleisch und Fleischwaren	11 164,4	18,26	23 302,5	38,69
Därme, Blasen, Mägen	844,7	5,12	418,6	4,03
Fisch und Fischzubereitungen	916,8	3,33	1 837,6	6,85
Honig	15 440,9	4,01	16 681,3	4,43
Fischmehl und dgl.	29 533,2	20,86	40 356,5	28,02
Gerste	49 444,2	9,41	125 976,5	25,75
Malz	1 716,4	0,66	12 579,2	4,34
Nichtölhaltige Sämereien	183,3	11,84	336,8	7,56
Gemüse und sonstige Küchengewächse	2 483,2	1,76	737,4	1,26
Obst, außer Südfrüchten	433,1	1,19	731,0	1,31
Südfrüchte	1 358,5	1,81	1 059,9	1,30
Gemüse-, Obstkonsveren, Fruchtsäfte und dgl.	1 629,4	5,64	3 856,5	8,87
Kakaoerzeugnisse	5 150,7	26,27	7 611,1	30,69
Zucker	21 757,8	10,15	10 443,9	5,81
Ölfrüchte zur Ernährung	1 356,6	1,92	910,4	1,60
Pflanzliche Öle und Fette zur Ernährung	1 837,7	2,81	1 602,8	5,07
Margarine und ähnliche Speisefette	2 383,1	3,11	2 552,0	3,5
Ölkuchen	13 575,7	6,17	15 511,6	6,81
Sonstige Abfallerzeugnisse zur Viehfütterung	5 068,4	3,91	1 063,5	2,8
Sonstige pflanzliche Nahrungsmittel	25 471,7	77,07	26 620,1	81,42
Lebende Pflanzen und Erzeugnisse der Ziergärtnerei	336,0	2,16	424,7	2,36
Hopfen	370,5	4,55	385,2	4,36
Kaffee	736,7	4,89	164,1	2,48
Rohtabak	257,6	3,53	1 051,9	7,46
Tabakerzeugnisse	330,9	5,82	167,9	2,92
Bier (hl)	57 833,6	7,10	60 030,9	6,53
Branntwein (hl 100 % Alkohol)	16 424,5	4,16	2 732,1	2,60
Wein (hl)	1 587,5	0,50	2 362,0	0,92

Quellen: Angaben des Statistischen Bundesamtes und des BML 216 vom 6.7.1995.

Der Absatz des deutschen Exportangebots wurde auf den ungarischen Nahrungsmittelmarkt 1994 durch die Preisentwicklung bei vielen Produkten, insbesondere bei Nahrungsmitteln tierischen Ursprungs, begünstigt. Die Preisentwicklung verlief jedoch bei den einzelnen Angebotsposten recht unterschiedlich. Während z.B. bei Fleisch und Fleischwaren, Fisch und Fischzubereitungen, Honig, Malzextrakten und sonstigen pflanzlichen Nahrungsmitteln nur relativ geringe durchschnittliche Preissteigerungen (in der angeführten Reihenfolge 1,22 bzw. 2,71 bzw. 2,23 bzw. 2,81 bzw. 0,94 %) und bei Fischmehl und dgl., Ölkuchen, Zuckerwaren ohne Kakaogehalt und Tabakerzeugnissen gleichfalls geringe durchschnittliche Preisrückgänge (2,20, bzw. 2,45 bzw. 1,12 bzw. 1,27 %) registriert wurden, waren bei einer ganzen Reihe von Waren der deutschen Lieferpalette erheblich deutlichere Preisbewegungen nach oben und unten zu beobachten. Die durchschnittlichen Absatzpreise stiegen 1994 im Vergleich zu 1993 u.a. bei lebenden Rindern um 31,2 %, Därmen, Blasen, Mägen um 58,6 %, Gerste um 7,6 %, Kartoffeln um 10,4 %, Gemüse und sonstigen Küchengewächsen um 141,4 %, Zucker um 18,4 %, Ölfrüchten zur Ernährung um 23,9 %, pflanzlichen Ölen und Fetten zur Ernährung um 106,9 %, Wasser, Limonaden um 6,4 %, Kaffee um 127,4 %, Wein um 21,7 % und Branntwein um 281,4 %. Im Gegensatz dazu haben Lieferanten von Käse durchschnittliche Preiseinbußen von 11,1 %, Eier, Eiweiß, Eigelb von 75 %, Mais von 7,3 %, Malz von 9,3 %, nichtölhaltigen Sämereien von 65,2 %, Obst (außer Südfrüchten) von 34,7 %, Südfrüchten von 7,7 %, Gemüse-, Obstkonserven, Fruchtsäften und dgl. von 33,5 %, Kakaoerzeugnissen von 20,9 %, Back- und ähnlichen Waren von 10,9 %, lebenden Pflanzen und Erzeugnissen der Ziergärtnerei von 13,4 %, Hopfen von 7,8 %, Rohtabak von 48,3 % und Bier von 9,3 % erlitten.[310]

Im deutschen Agrarexport nach Ungarn spielten 1994 (bzw. 1993) vor allem die folgenden Produkte bzw. Produktgruppen eine wichtige Rolle: Sonstige pflanzliche Nahrungsmittel mit einem Anteil von 25,4 % (1993 29,6 %), Fleisch und Fleischwaren 12,1 % (1993 7,0 %), Kakaoerzeugnissen 9,6 % (1993 10,1 %), Fischmehl und dgl. 8,8 % (1993 8,0 %), Gerste 8,0 % (1993 3,6 %), Gemüse-, Obstkonserven, Fruchtsäfte und dgl. 2,8 % (1993 2,1 %), nichtölhaltige Sämereien 2,4 % (1993 4,5 %), Rohtabak 2,3 % (1993 1,3 %), Käse 2,2 % (1993 0,9 %), Fisch und Fischzuberei-

---

310 Errechnet nach Angaben des Statistischen Bundesamtes und des BML 216 vom 6.7.1995.

tungen 2,1 % (1993 1,3 %), Bier 2,0 % (1993 2,7 %), Zucker 1,8 % (1993 3,9 %), pflanzliche Öle und Fette zur Ernährung 1,6 % (1993 1,1 %), Hopfen 1,4 % (1993 1,7 %), Milch 1,3 % (1993 1,5 %) und Därmen, Blasen, Mägen von 1,3 % (1993 2,0 %). Die Ausfuhr von Produktgruppen und Produkten wie Gemüse und sonstigen Küchengewächsen, Obst (außer Südfrüchten), Südfrüchten, Butter, lebenden Tieren, Mais, Wein, Kaffee, Branntwein und Tabakerzeugnissen nach Ungarn hatte dagegen für den Gesamtumsatz erheblich geringere Bedeutung.

Was die Grobstruktur der deutschen Nahrungsmittellieferungen betrifft, so haben die Nahrungsmittel tierischen Ursprungs nach einem mehrjährigen Rückgang bzw. einer Stagnation 1994 gleich um mehr als sieben Prozentpunkte zugelegt. Sie blieben jedoch von ihrem Anteil von 1989 noch immer weit entfernt. Der Anteil der lebenden Tiere ist 1994 im Vergleich zu 1993 geringfügig gestiegen, während die Genußmittel Anteilseinbußen um 3,2 Prozentpunkte, erlitten. Im Bereich der Nahrungsmittel pflanzlichen Ursprungs, auf welche 1994 61 % (1993 65,2 %) der deutschen Agrarlieferungen nach Ungarn entfielen, sind die Sammelprodukte der sonstigen pflanzlichen Nahrungsmittel und Kakaoerzeugnisse hervorzuheben, die in den letzten Jahren durchaus ansehnliche Marktsegmente erobert haben.[311]

Noch vor einigen Jahren war es kaum vorstellbar, Erzeugnisse der Land- und Ernährungswirtschaft aus Deutschland in Höhe von 300 Mio. DM und mehr pro Jahr nach Ungarn auszuführen. Im Kalenderjahr 1994 wurde diese "Grenzmarke" übertroffen. Obwohl Ungarn den Binnenmarktschutz seiner Nahrungsmittelmärkte 1994 deutlich erhöhte und die Auswirkungen der GATT-WTO-Verträge auf die Außenhandelsströme nicht exakt vorkalkulierbar sind, erscheint es nunmehr durchaus nicht unrealistisch, den deutschen Agrarabsatz nach Ungarn in den nächsten Jahren auf 400 bis 500 Mio. DM zu erhöhen. Eine derart große Umsatzsteigerung dürfte jedoch nur im Rahmen der EU- und WTO-Verträge, d.h. aufgrund gegenseitiger Konzessionen und bei einer deutlichen Belebung des Wirtschaftswachstums, der Steigerung des Lebensstandards und der kaufkräftigen Nachfrage nach Qualitätsnahrungsmitteln in Ungarn zu realisieren sein.

---

311 Errechnet nach Angaben des Statistischen Bundesamtes und des BML 216 vom 6.7.1995.

Tabelle 55: Anteile einzelner Produkte bzw. Produktgruppen an den Agrarausfuhren der Bundesrepublik Deutschland nach Ungarn (in %)

	1989	1990	1991	1992	1993	1994
Lebende Tiere, insgesamt	0,5	1,8	1,0	1,4	0,4	0,6
Nahrungsmittel tierischen Ursprungs, insgesamt	60,1	25,3	10,8	22,2	22,6	29,8
Milch	0,0	0,0	0,9	0,9	1,5	1,3
Butter	-	-	0,0	0,0	0,0	0,1
Käse	0,0	0,4	0,9	1,1	0,9	2,2
Fleisch und Fleischwaren	15,6	0,8	0,9	2,9	7,0	12,1
Därme, Blasen, Mägen	0,4	4,3	2,8	2,3	2,0	1,3
Fisch und Fischzubereitungen	1,6	1,7	2,0	1,2	1,3	2,1
Fischmehl und dgl.	42,5	17,8	3,1	13,2	8,0	8,8
Nahrungsmittel pflanzlichen Ursprungs, insgesamt	28,6	55,7	70,9	58,3	65,2	61,0
Gerste	-	3,4	7,3	0,0	3,6	8,0
Mais	2,3	1,2	1,9	0,3	0,6	0,4
Nichtölhaltige Sämereien	3,6	4,6	8,0	5,3	4,5	2,4
Gemüse und sonstige Küchengewächse	1,0	1,0	0,8	0,5	0,7	0,4
Obst, außer Südfrüchten	0,3	0,6	0,9	0,7	0,4	0,4
Südfrüchte	0,5	1,7	4,9	1,9	0,7	0,4
Gemüse-, Obstkonserven, Fruchtsäfte und dgl.	0,7	1,1	1,8	1,6	2,1	2,8
Kakaoerzeugnisse	2,0	3,8	5,5	7,0	10,1	9,6
Zucker	0,2	2,8	2,6	0,7	3,9	1,8
Pflanzliche Öle und Fette zur Ernährung	1,9	5,7	1,0	0,9	1,1	1,6
Margarine und ähnliche Speisefette	0,6	0,6	1,0	1,3	1,2	1,1
Sonst. Abfallerzeugnisse zur Viehfütterung	4,5	6,5	3,0	1,9	1,5	0,9

Tabelle 55: Fortsetzung

	1989	1990	1991	1992	1993	1994
Sonst. pflanzliche Nahrungsmittel	9,0	16,9	28,3	31,7	29,6	25,4
Leb. Pflanzen und Erzeugnisse der Ziergärtnerei	0,5	1,0	1,4	0,7	0,8	0,7
Genußmittel, insgesamt	10,8	17,3	17,3	18,1	11,8	8,6
Hopfen	1,3	1,7	5,6	3,0	1,7	1,4
Kaffee	0,5	2,0	2,3	2,4	1,9	0,8
Rohtabak	1,2	3,0	2,5	1,5	1,3	2,3
Tabakerzeugnisse	4,0	5,6	0,9	5,8	2,2	0,9
Bier	3,3	4,0	4,6	4,4	2,7	2,0
Branntwein	0,2	0,2	0,9	0,7	1,6	0,8
Wein	0,4	0,7	0,3	0,1	0,2	0,3

Quellen: Errechnet nach Angaben des Statistischen Bundesamtes Wiesbaden und des BML 216 vom 2.7.1993, 9.2.1995 und 6.7.1995.

8.3.2 Lebhaft steigende Einfuhren

Ungarn war im Kalenderjahr 1994 unter den MOE- und GUS-Ländern mit einem Anteil von 28,9 % (1993 28,8 %) unverändert der zweitgrößte Agrarlieferant der Bundesrepublik. Ungarischen Agrarexporteuren ist es 1994 gelungen, ihren Absatz nach Deutschland von 651,3 auf 757,7 Mio. DM, d.h. binnen einem Jahr um 16,3 % zu steigern.[312] Das war auf die vertragsgemäße Erleichterung des Marktzugangs seitens der EG, mittels Erhöhung der betreffenden Einfuhrquoten und Verringerung der Abschöpfungen bzw. anderen Grenzbelastungen, auf konjunkturelle Einflüsse auf dem deutschen Nahrungsmittelmarkt, insbesondere auf die Belebung der Nachfrage und steigende Preise für mehrere "tragende Säulen" der ungarischen Angebotspalette, auf die allmähliche Überwindung der Agrarkrise im eigenen Lande und auf andere Gründe sowie nicht zuletzt auf die zunehmende gezielte Exportförderung nach dem Regierungswechsel Mitte des Jahres 1994 zurückzuführen. Der bisherige Exportumsatzre-

[312] Angaben des Statistischen Bundesamtes und des BML 216 vom 6.7.1995.

kord in Deutschland von 1991 (844,6 Mio. DM) wurde zwar noch nicht wiedererreicht, aber die ungarische Agrarbranche hat erneut zur Exportoffensive angesetzt.[313]

8.3.2.1 Die Talsohle der Agrarkrise 1994 durchschritten

Die ungarische Land- und Ernährungswirtschaft befand sich 1990-1993 auf Talfahrt. Die Jahre 1992 und 1993 waren für diesen Wirtschaftszweig schwere Krisenjahre und 1993 außerdem ein "Katastrophenjahr" mit einer langanhaltenden Dürreperiode im Frühjahr/Sommer. Für die Talfahrt der Agrarbranche zeichnen der 1990-1991 eingeleitete umfassende Transformationsprozeß, die Veränderung der Agrarbetriebsstruktur, die fortschreitende Privatisierung in Richtung der Klein- und Kleinstbetriebe, Dürreschäden, Mängel der Produktionstechnologie, die unvertretbar niedrige Verwendung von Mineraldünger (durchschnittlich 37 bis 41 kg Reinnährstoff pro ha/LN) und Pflanzenschutzmitteln, die akute Finanzschwäche vieler Betriebe, steigende Schulden, Rentabilitätsprobleme, die Absatzflaute auf dem Binnenmarkt in engem Zusammenhang mit dem Rückgang der Realeinkommen bzw. des Lebensstandards der Bevölkerung, Exportschwierigkeiten und andere Faktoren verantwortlich.

Die Landwirtschaft trug 1994 6,5 % zum BSP des Landes bei und beschäftigte 6,7 % der Erwerbstätigen. Ihr Bruttoproduktionsausstoß ist 1994, im Vergleich zu 1993, seit langen Jahren zum ersten Mal um 2,4 % gestiegen. Das war das Resultat gegensätzlicher Entwicklungen im Pflanzenbau und in der Tierhaltung. Während die Bruttoproduktion des ersteren binnen einem Jahr um 12,2 % stieg, ist die der zweitgenannten um 8,5 % zurückgegangen. Der Beitrag des Pflanzenbaus und der Tierproduktion zur Bruttoproduktion der Landwirtschaft hat sich 1989-1994 von 50/50 auf 60/40 % zugunsten des erstgenannten verändert. Die Nahrungsmittelindustrie produzierte 1994 real 4 % mehr als ein Jahr zuvor. Ihr Gesamtumsatz wurde zu vergleichbaren Preisen um 4,5 % gesteigert. Das ist vor allem auf die lebhafte private Unternehmerinitiative zurückzuführen. Die Nahrungsmittelindustrie war Ende 1994 bereits zu zwei Dritteln in privater Hand. Die Gesamtzahl der in diesem Sektor registrierten

---

[313] Angaben des Statistischen Bundesamtes und des BML 216 vom 6.7.1995.

Betriebe ist auf 10 468 Einheiten gestiegen. Unter ihnen gab es allerdings knapp 9 100, die weniger als 10 Mitarbeiter beschäftigten. Nur 152 Firmen verfügten über mehr als 300 Mitarbeiter.[314]

Der Anstieg der Agrarproduktion im Jahr 1994 ist ohne Zweifel ein positives Zeichen. Es zeigt, daß die Land- und Ernährungswirtschaft begann, ihre langjährige Krise zu überwinden. Gefördert wurde dieser Prozeß durch die Belebung der in- und ausländischen Nachfrage und durch die für die meisten Nahrungsmittel günstige Preisentwicklung auf den wichtigsten Absatzmärkten. Die Erzeugerpreise der Landwirtschaft stiegen 1994, im Vergleich zu 1993, durchschnittlich um 25 %, die Einzelhandelspreise der Nahrungsmittel um 23 %, während die Preise des industriellen Inputs der Agrarproduktion "nur" um 18,2 % zunahmen.[315] Die Landwirtschaft produzierte 1994 u.a. 11,601 Mio. t (1993 8,277 Mio t) Getreide, davon 4,888 Mio. t Weizen und 4,664 Mio. t Mais, 3,468 Mio. t Zuckerrüben, 664 000 t Sonnenblumenkerne, 786 000 t Kartoffeln und 1,112 Mio t Luzerneheu. Die entsprechenden Hektarerträge betrugen bei Weizen angefangen, in der angeführten Reihenfolge, 46,10 bzw. 38,90 bzw. 326 bzw. 15,90 bzw. 136,40 bzw. 43,60 dt/ha.[316] Die durchschnittliche Mineraldüngerverwendung ist 1994 auf 60 kg Reinnährstoff pro ha LN gestiegen und das Brachland, das 1993 noch 411 354 ha Ackerland betrug, ist 1994 auf 235 554 ha, entsprechend 5,0 % der Ackerfläche des Landes, zurückgegangen.[317]

Die Tierbestände der ungarischen Landwirtschaft wurden 1989-1994 stark dezimiert. Ihre Gesamtzahl ist im Vergleich zur Mitte der achtziger Jahre um 40 bis 50 % zurückgegangen.

---

314 Zd. Lukas: Die Landwirtschaft der Oststaaten im Jahr 1994, in: Osteuropa-Wirtschaft, 2/1995, S. 95; East Europe Agriculture, June 1995, S. 19.

315 Ebenda.

316 Magyar mezögazdaság, 6/1995, S. 5.

317 East Europe Agriculture, August 1995, S. 23.

Tabelle 56: Tierbestände in Ungarn (1 000 zum Jahresende)

	1986-1990 im Jahres-durchschnitt	1991	1992	1993	1994	1995 am 31. März
Rinder	1 650	1 420	1 159	999	910	951
davon						
Kühe	658	559	497	450	415	423
Schweine	8 178	5 993	5 364	5 001	4 356	4 669
davon						
Sauen	658	482	467	401	335	.
Schafe	2 165	1 808	1 752	1 252	947	1 074
Hühner	55 093	35 557	36 419	30 812	33 665	38 317

Quellen: Die ungarische Landwirtschaft und ... a.a.O., S. 9; Magyar Mezögazdaság, 6/1995, S. 2; East Europe Agriculture, July 1995, S. 25.

Die Tierhaltung produzierte 1986-1990 im Jahresdurchschnitt u.a. 2,27 Mio. und 1994 nur noch 1,370 Mio. t Schlachttiere, davon 1,303 Mio. bzw. 715 000 t Schlachtschweine, 282 000 bzw. 163 000 t Schlachtrinder, 40 000 bzw. 22 000 t Schlachtschafe und 601 000 bzw. 429 000 t Schlachtgeflügel, 4,473 bzw. 3,800 Mrd. Hühnereier und 2,748 bzw. 1,850 Mrd. Liter Kuhmilch. Die durchschnittliche Milchleistung belief sich 1994 auf 4 600 l/Kuh und Jahr (1980 4 295 und 1990 4 920 l). Die Jahresproduktion der Nahrungsmittelindustrie betrug zur gleichen Zeit (1986-1990 bzw. 1994) 598 000 bzw. 315 000 t Knochenfleisch, 41 000 bzw. 36 000 t Wurstwaren, 238 000 bzw. 153 000 t Geflügelfleisch, 35 000 bzw. 15 000 t Butter, 54 000 bzw. 49 000 t Käse, 314 000 bzw. 371 000 t Obstkonserven, 367 000 bzw. 196 000 t Gemüsekonserven, 1,223 Mio. bzw. 755 000 t Mehl, 463 000 bzw. 435 000 t Zucker, 64 000 bzw. 110 000 t Speiseöl, 182 bzw. 72 Mio. l Wein und 851 bzw. 608 Mio. l Milch.[318]

Nach der Milchschwemme von 1991-1992 und der darauffolgenden staatlich geförderten Abschlachtung von Milchkühen, wurde Milch 1994, bei allmählich wieder steigender Nachfrage, knapp angeboten. Die durchschnittliche Kapazitätsauslastung der Molkereien betrug zur Jahreswende

318 Die ungarische Landwirtschaft ..., a.a.O., S. 14.

1994/1995 nur 40 %. Die Tierbestände waren 1994 bereits so niedrig, daß die Schlachtungskapazitäten der Fleischindustrie nur noch zu 30 bis 40 % genutzt werden konnten. Sie waren ursprünglich für die Schlachtung von 11 Mio. Schweinen pro Jahr ausgelegt. Aus einheimischen Ressourcen standen 1994 hingegen nur rund 2,8 Mio. zur Verfügung. Viele Betriebe mußten auf Importschlachtschweine zurückgreifen. Bei Schlachtschweinen und Schlachtrindern herrschte 1994 Käufermarkt und die Ankaufspreise sind entsprechend stark (um ungefähr 50 bis 60 %) gestiegen.[319]

Für den katastrophalen Rückgang der Tierbestände zeichneten der Transformatierungsprozeß der Agrarkooperative und Staatsgüter, d.h. der großen Tierhaltungsbetriebe, die ihre Bestände entsprechend ihrer Finanzlage überdurchschnittlich bzw. drastisch reduzierten, die Einstellung der staatlichen Subventionierung der Konsumentenpreise, die Verringerung des Lebensstandards, der sich überdeutlich im Fleisch- und Milchkonsum niederschlug, der Zusammenbruch der traditionellen Exportmärkte der Tierhaltung vor allem in der ehemaligen Sowjetunion 1991-1992, Futtermangel infolge langanhaltender Dürreperioden 1992 und 1993, der Kapitalmangel der meisten Tierhaltungsbetriebe und nicht zuletzt das Ende der jahrelang erfolgreich praktizierten Zusammenarbeit zwischen den Hoflandwirtschaften einerseits und den großen staatlichen bzw. genossenschaftlichen Tierhaltungsbetrieben andererseits verantwortlich.[320]

Laut Pressemeldungen aus Ungarn haben steigende und allgemein günstige Absatzpreise in den letzten Monaten des Jahres 1994 dem weiteren Rückgang der Tierbestände Einhalt geboten. Die Tierhalter begannen ihre Muttertierbestände wieder aufzufüllen. Bei Schweinen und Geflügel, bei Rindern und Schafen ist eine Kehrtwende eingetreten. Auch noch im ersten Halbjahr 1995 bestand ein großer Nachfrageüberhang für Ferkel. Befruchter und Befruchtungsstationen waren voll ausgelastet. Deutlich steigende Absatzpreise, vor allem auf Bauernmärkten, haben bewirkt, daß mitunter seit mehreren Jahren leerstehende Geflügelstallungen und Geflügelhaltungsanlagen mit Legehennen und Geflügelfleischhybridbestän-

---

319 Népszabadság, 14.10.1994, S. 13.

320 Agricultural Situation and Prospects in the Central and Eastern European Countries, Hungary, European Commission Directorate-General for Agriculture, Working Document, Brussels 1995, S. 17.

den wiederbevölkert wurden.[321] Ranghohe Funktionsträger des Budapester Landwirtschaftsministeriums verwiesen im Januar 1995 darauf, daß die ungarische Tierhaltung den Tiefpunkt ihrer langjährigen Krise bereits durchschritten habe. Die neugegründeten Agrarkooperative und transformierten ehemaligen Staatsgüter haben in den letzten Monaten des vergangenen Jahres ihre Tierbestände stabilisiert und die Zahl ihrer Zucht- und Stammbestände sogar deutlich erhöht.[322]

Die Belebungstendenzen der Agrarproduktion im Jahre 1994 können darüber nicht hinwegtäuschen, daß die Bruttoproduktion der Landwirtschaft Mitte der neunziger Jahre nur ungefähr 60 bis 66 % ihres Leistungsstandes von 1988-1989 erreicht. Das ist der Preis des noch immer nicht vollendeten Transformationsprozesses und der agrarpolitischen Fehlentscheidungen der im Frühjahr 1994 abgelösten Antall-Boross-Regierung. Allein durch die enorme Öffnung der Agrarschere erlitt die Landwirtschaft 1990-1993 Preisverluste in Höhe von rund 150 Mrd. Forint, die sie z.B. für Investitionen dringend benötigt hätte. In den Jahren von 1991 bis 1994 sind 176 landwirtschaftliche Produktionsgenossenschaften (LPG) in Konkurs gegangen. Im Frühjahr 1995 war die Existenz von rund 450 Agrarkooperativen unter insgesamt 1 800 finanziell stark gefährdet. Ungefähr die Hälfte der in Ungarn registrierten Agrarkooperative kämpfte mit mehr oder weniger akuten Finanzierungsproblemen.[323]

Die Verwendung von Mineraldünger und Pflanzenschutzmitteln ist in der ungarischen Landwirtschaft 1990-1993 praktisch zusammengebrochen. Während in der zweiten Hälfte der achtziger Jahre die durchschnittlichen Mineraldüngergaben bei den Großbetrieben pro ha LN noch 210 kg und bei den Kleinbetrieben 127 kg (Reinnährstoff) betrugen, beliefen sie sich 1991 auf 37, 1992 auf 38, 1993 auf 41 kg und 1994 auf 60 kg. Die Ergebnisse der Pflanzenproduktion sind in dieser Lage höchstgradig von der jeweiligen Witterung abhängig und entsprechend verwundbar. Die Produktionsanlagen der Landwirtschaft, insbesondere die der Großbetriebe, wurden im Zuge des Transformationsprozesses stark beeinträchtigt. In den Jahren von 1990 bis 1994 haben Agrargroßbetriebe nur noch rund

321 Népszabadság, 14.11.1995, S. 5.

322 East Europe Agriculture, January 1995, S. 23; Népszabadság, 29.6.1995, S. 3.

323 East Europe Agriculture, April 1995, S. 23; Auskunft vom Budapester Institut für Agrarökonomie am 1. Juni 1995.

10 % ihres dringenden Investitionsbedarfs realisiert. Im Budapester Institut für Agrarökonomie wurde errechnet, daß die Investitionsaufwendungen der Landwirtschaft - ausgehend vom Investitionsniveau des Jahres 1994 - verdrei- bis vervierfacht werden müßten, um den technischen Ausstattungsstandard von 1988-1989 bis zur Jahrtausendwende wieder zu erreichen.[324]

Es ist äußerst problematisch, daß der Maschinenbestand der Landwirtschaft stark veraltet ist. Sein Durchschnittsalter beträgt über 10 Jahre, wobei die technischen Geräte und Einrichtungen zu über 70 % abgeschrieben sind. Das Durchschnittsalter der Schlepper beläuft sich auf 10,6 Jahre, was einem Aussortierungszyklus von ungefähr 20 Jahren entspricht. Es kommt hinzu, daß das Gros der Kraftmaschinen noch aus den früheren RGW-Ländern stammt. Sie sind reparaturanfällig, verbrauchen übermäßig viel Kraftstoff, ihre Leistungsqualität ist mangelhaft und sie sind - Umweltschutzkriterien zugrundegelegt - geradezu schädlich. In den letzten vier Jahren waren eigentlich nur die neugegründeten Agrargesellschaften (GmbH und AG) imstande, sich mit mehr oder weniger modernen Landmaschinen auszustatten. Ein Lichtblick ist, daß 1993-1994 auch private Kleinbetriebe zunehmend bemüht waren, moderne technische Einrichtungen zu erwerben. Mitte des Jahres 1994 befanden sich ungefähr 87 % des Maschinenbestandes der Landwirtschaft bei Agrarkooperativen bzw. den Staatsgütern. Private Einzelbauern besaßen nur 5 %. Der Transportmittelbestand bedarf einer dringenden "Generalerneuerung".[325] Die Bewässerungskapazitäten der ungarischen Landwirtschaft betrugen Mitte der achtziger Jahre rund 400 000 ha. Sie sind 1990-1993/94 auf etwa 330 000 bis 350 000 ha zurückgegangen. Das ist eine Fläche, die nur ungefähr 5 bis 6 % der gesamten LN des Landes entspricht. In den letzten Jahren konnten allerdings aus technischen und finanziellen Gründen nur ungefähr zwei Drittel dieser Fläche bewässert werden.

Die im Mai 1994 abgewählte Antall-Boross-Regierung bzw. ihre Agraradministration hatte kein mittel- bis langfristiges agrarpolitisches Konzept, sie regierte vielmehr mit Ad-hoc-Maßnahmen und zeichnet weitgehend für den Niedergang der ungarischen Agrarproduktion in den Jahren 1990-

---

[324] Gy. Varga: Magyarország mezögazdasága és az EU, in: Külgazdaság, 1/1995, S. 52-53.

[325] Figyelö, 25/1994, S. 16; Népszabadság, 4.5.1994, S. 33; East Europe Agriculture, May 1994, S. 18-19.

1993/94, sowie für die gegenwärtig unüberschaubaren Eigentums- und Marktverhältnisse der Agrarwirtschaft verantwortlich. In den Jahren von 1990 bis 1993 wurden funktionsfähige Betriebsstrukturen willkürlich zerschlagen, verfügbare Produktionskapazitäten blieben ungenutzt und - in einem Land in dem akuter Kaptimalmangel herrscht - dem Verfall überlassen; es wurden weiter zahlreiche mehr oder weniger existenzunfähige Kleinbetriebe gegründet, die zudem jahrelang vorrangig gefördert wurden. Die Regierung wollte aus ideologischen Gründen nicht akzeptieren, daß es zur massenhaften Gründung hauptberuflicher Privatbauernbetriebe an Fachkenntnissen, Erfahrung, Kapital und Bereitschaft der Betroffenen mangelte.[326]

Der Landwirtschaftsminister der sozialistisch-liberalen Horn-Regierung, L. Lakos, betonte bereits in seinem ersten Interview, daß die neue Agraradministration, im Gegensatz zu ihrer Vorgängerin, betriebsneutrale Agrarpolitik betreiben und die Entstehung einer vielschichtigen, gemischten Betriebsstruktur fördern werde. Für die Agrarpolitik gilt es nunmehr, die Genossenschaften, die in den letzten Jahren benachteiligt wurden und die mittelständigen Bauernbetriebe (mit 15 bis 50 ha LN) zu stabilisieren und die Gründung von privaten Großfarmen sowie die neben- bzw. zuerwerblichen landwirtschaftlichen Aktivitäten zu unterstützen. Das Landwirtschaftsministerium ist entschlossen, die aus der kommunistischen Ära bekannte "dorforganisatorische Funktion" der Genossenschaften wieder zu beleben. Die aufgrund des privaten Eigentums existierenden Agrarkooperative westlicher Provenienz sollen erneut die kleine, private Agrarproduktion, die neben- und zuerwerblichen landwirtschaftlichen Aktivitäten integrieren, organisieren und sich u.a. zu vertikalen Agrargesellschaften weiterentwickeln sowie durch Gründung bzw. Unterhaltung von Verarbeitungs- bzw. Dienstleistungsbetrieben für mehr Beschäftigungsmöglichkeiten auf dem Lande sorgen.[327] Zu den wichtigsten Zielen des im Juli 1994 veröffentlichten Agrarprogramms der Horn-Regierung gehören:

- die exportfähige Agrarproduktion zu steigern und über die Sicherung der Versorgung der Bevölkerung mit Grundnahrungsmitteln aus ei-

326 E. Antal - G. Raganová: Agrarkrise in Ungarn, in: Osteuropa, 4/1994, S. 400.

327 Magyar mezögazdaság, 28/1994, S. 5.

gener Produktion hinaus baldmöglichst einen Agrarexporterlös von mindestens 3 Mrd. US-$ pro Jahr zu erzielen,

- den ungefähr einer Million Personen, die ihren Unterhalt ausschließlich bzw. überwiegend in der Landwirtschaft erarbeiten sowie weiteren rund 1,5 Mio. Personen, die Landwirtschaft als Neben- bzw. Zuerwerb betreiben, ein regelmäßiges, im voraus kalkulierbares und akzeptables Einkommen zu ermöglichen sowie die akuten Beschäftigungsprobleme der ländlichen Gegenden zu lösen,
- die Landwirtschaft zum Beitritt zur EU vorbereiten,
- die Privatisierung zu beenden und die Entschädungsverfahren abzuschließen,
- die Kapitalknappheit zu beheben bzw. zumindest zu verringern,
- die Agrarinvestitionen zu beleben,
- den Binnenmarkt vor dem unlauteren Wettbewerb aus dem Ausland zunehmend zu schützen und durch Erweiterung der Interventionsmaßnahmen zu stabilisieren,
- die Absatz-(Vermarktungs)-sicherheit der Grundnahrungsmittel durch Produktionsquoten und Garantiepreise zu erhöhen bzw. zu gewährleisten,
- schwach entwickelte Agrarregionen zu fördern,
- die geltende Agrarmarktordnung zu verändern und effizienter zu gestalten,
- die Funktion des Amtes der Agrarmarktordnung und der territorialen bzw. regionalen Landwirtschaftskammer neu zu bestimmen.

Da die Beschäftigungsproblematik auf dem Lande im Agrarprogramm der Regierung von 1994 einen hohen Stellenwert einnimmt, hat die Agraradministration sich vorgenommen, vor allem solche Agrar- und Verarbeitungsbetriebe auf dem Wege des Schuldenerlasses bzw. der Schuldenreduzierung zu sanieren, die als Arbeitgeber in einer bestimmten Ortschaft bzw. Region eine besonders wichtige Rolle spielen. Im Agrarprogramm ist festgeschrieben, daß das Landwirtschaftsministerium die Wiedererrichtung der in den letzten Jahren willkürlich aufgelösten bzw. auseinandergefallenen Produktionssysteme (neuerdings Integrationssysteme genannt), d.h. die Integration von Produzenten, Verarbeitungs- und Dienstleistungsbetrieben fördern will.[328]

---

[328] Magyar mezögazdaság, 30/1994, S. 4-6; Népszabadság, 19.7.1994, S. 4.

Das Amt für Agrarmarktordnung war im Herbst-Winter 1994/1995 dabei, die Interventionsmechanismen der EU, unter Berücksichtigung der GATT-WTO-Vereinbarungen, auf die Möglichkeit der Adaptation zu überprüfen und das ungarische Interventionssystem im Rahmen der Grenzen des Agrarbudgets dem der EU weitgehend anzupassen. Da es rein kalkulatorisch den Staat in der Regel weniger kostet, die freiwillige Einschränkung bestimmter Produktionen zu prämiieren als Überschüsse aufzukaufen und zu lagern, wird das Amt für Agrarmarktordnung bei Bedarf Stillegungen in bestimmten Agrarbereichen fördern. Während die im Frühjahr 1994 abgewählte Regierung die indirekten Mittel der Förderung der Landwirtschaft favorisierte, gesteht die Agraradministration der Horn-Regierung direkten Subventionen eine zunehmende Bedeutung zu. Das geschieht im Sinne der GATT-WTO-Vereinbarungen. Die Landwirtschaft wurde aus dem Staatshaushalt 1992, 1993 und 1994 mit 47,3, 59,5 und 71,3 Mrd. Forint subventioniert und dürfte 1995 knapp über 86 Mrd. Forint als Förderung erhalten haben.[329]

Während Staatsgüter, Agrarkooperative und private Landwirte vor der Wende in der angeführten Reihenfolge 14 zw. 80 bzw. nur 6 % der LN des Landes bewirtschafteten, entfielen auf sie Mitte 1995 7 bzw. 55 bzw. 38 %. Im Juni 1995 wurden in der ungarischen Landwirtschaft 1 800 LPG, 500 Agrargesellschaften (GmbH, AG etc.) und 50 000 hauptberufliche Privatbauern (vor der Wende rund 20 000 und 1991 36 000) gezählt. Die Betriebe der Vollerwerbsbauern sind überwiegend bis ausschließlich auf der eigenen Arbeitskraft aufgebaut. Sie beschäftigten 1994 insgesamt nur 12 000 Landarbeiter als Vollzeitkräfte und 23 000 Teilzeitkräfte. In Ungarn verrichteten 1994 rund 3 Mio. Personen, d.h. ungefähr 30 % der Gesamtbevölkerung, in irgendeiner Form (neben-, bzw. zuerwerblich, hobbyweise etc.) landwirtschaftliche Arbeiten. Unter ihnen betrieben etwa eine halbe Million Landwirte Marktproduktion, der Rest produzierte nur für den Eigenbedarf.[330]

Der Transformationsprozeß der LPG in neue, marktkonforme Wirtschaftseinheiten wurde 1993-1994 praktisch vollendet und der der Staatsgüter weit vorangetrieben. Bei den bis Anfang Juli 1995 veranstalteten

---

329 Agricultural Situation and Prospects ..., a.a.O., S. 40.

330 Magyar mezögazdaság, 29/1995, S. 24; Auskunft vom Budapester Institut für Agrarökonomie am 1. Juni 1995.

21 407 Bodenversteigerungen erwarben insgesamt 550 155 Interessenten ungefähr 2,1 Mio. ha LN (inklusive 195 000 ha Waldflächen). Berücksichtigt man jedoch, daß die LPG und die Staatsgüter ihren Mitgliedern, Mitarbeitern, Rentnern und anderen Berechtigten schon vor dem Beginn der Bodenversteigerungen im großen Umfang landwirtschaftliche Parzellen zukommen ließen bzw. ihren Mitgliedern zurückerstatteten, so werden als Resultat der Entschädigungsverfahren und Privatisierungsmaßnahmen im Endeffekt 2 bis 2,5 Mio. Personen landwirtschaftlich nutzbaren Boden zurück- bzw. neuerworben haben.[331]

Die Privatisierung der Staatsgüter ist erst im Mai 1994 in ihre entscheidende Phase getreten. Bis Ende April 1995 waren bereits drei Viertel der Staatsgüter privatisiert. Sie haben insgesamt rund 800 000 ha LN für Entschädigungszwecke bereitgestellt. Davon wurde 1994 ungefähr die Hälfte versteigert. Insgesamt 24 Staatsgüter verbleiben mehrheitlich bzw. zum Teil im Staatsbesitz. Die restlichen 96 ehemaligen Staatsgüter wurden bzw. werden noch privatisiert.[332]

Laut Auskunft vom Institut für Agrarökonomie Budapest war der eingetragene Buchwert der ungarischen Nahrungsmittelindustrie Mitte 1995 zu etwa 47-48 % in ausländischer Hand. Bei Joint-Ventures betrug der Anteil des Auslandskapitals rund 75 %. Es kontrolliert die Süßwaren-, Tabak-, Erfrischungsgetränke- und Pflanzenölindustrie fast vollständig, die Brauereien und die Alkoholindustrie mehrheitlich. Sein Anteil ist außerdem in der Zucker-, Milch- und Geflügelfleischindustrie bedeutend. Ausländische Investoren zeigten bisher relativ wenig Interesse für die Fleisch- und Mühlenindustrie. Sie bevorzugten bisher Industrieobjekte, mit welchen sie schon seit mehreren Jahren rege Geschäftskontakte unterhielten. In den Jahren 1990 bis 1993 wurden insgesamt 82 Mrd. Forint investiert, davon gelangten allein 1993 26,4 Mrd. Forint in die ungarische Nahrungsmittelindustrie. Rund drei Viertel dieser Summe diente der Erneuerung bzw. Erweiterung der technischen Ausstattung der Betriebe, der Modernisierung der Produktions-, Lagerungs- und Transporttechnologien. Die Investoren haben jedoch auch Bereiche wie den Aufbau eines Informationssystems, der Marketingorganisation des Zulieferer- und Vertriebs-

---

331 Magyar mezögazdaság, 29/1995, S. 24.

332 Auskunft vom Budapester Institut für Agrarökonomie am 1. Juni 1995.

netzes und anderes nicht vernachlässigt.[333] Seit den zahlreichen Privatisierungen mit aktiver Beteiligung des Auslandskapitals in den letzten zwei bis drei Jahren profitieren nunmehr die Unternehmen von den Investitionen, Modernisierungsmaßnahmen und den neuen Managements- sowie Marketingsmethoden. So wurde z.B. der frühere staatliche Tiefkühlproduzent "Zalaegerszegi Hütöipar" von Sunfrost (Israel) übernommen und in "Goldsun" umbenannt; er befindet sich auf Expansionskurs. Ähnliches gilt auch für die Konservenfabrik "Bonduelle" in Nagykörös, die zu 100 % in französischer Hand ist und ihre Produkte vor allem nach Deutschland, Skandinavien, Polen und Rußland exportiert. Rund drei Viertel ihres Umsatzes von 10 Mio. US-$ wurden 1994 im Export erlöst.[334]

8.3.2.2 Die Grobstruktur der Einfuhren 1994 kaum verändert

Die nennenswerte Erhöhung der Agrareinfuhren aus Ungarn 1994 zeugt davon, daß die meisten ungarischen Agrarexporteure ihre Marktanteile in Deutschland, trotz der scharfen Konkurrenz, behaupten konnten.

Ungarische Agrarexporteure konnten ihren Absatz nach Deutschland 1994, im Vergleich zu 1993, u.a. bei Käse, Wurst und Wurstwaren, Geflügelfleisch und genießbaren Schlachtnebenprodukten, Fleisch und Fleischwaren insgesamt, Fisch und Fischzubereitungen, Weizen, Gerste, nichtölhaltigen Sämereien, Gemüse und sonstigen Küchengewächsen, Obst (außer Südfrüchten), Gemüse- und Obstkonserven, Fruchsäften und dgl., Ölfrüchten zur Ernährung, sonstigen pflanzlichen Nahrungsmitteln und Tabakerzeugnissen stark steigern. Im Gegensatz dazu ist der Absatz bei sonstigen lebenden Tieren, Zubereitungen und Konserven von Geflügel, Därmen, Blasen, Mägen, Honig, Mais, Hülsenfrüchten zur Viehfütterung, getrocknetem Gemüse, Kakaoerzeugnissen, Zuckerwaren ohne Kakaogehalt, Malzextrakten, Hopfen, Rohtabak, Branntwein und Wein sowohl real als auch nominal mehr oder weniger deutlich zurückgegangen.

---

333 Figyelö, 34/1994, S. 15.

334 Ostwirtschaftsreport, 10/1995, S. 186.

Tabelle 57: Agrareinfuhren aus Ungarn

	1993		1994	
	t	Mio. DM	t	Mio. DM
Rindvieh	3 302,4	10,05	3 344,1	10,64
Lebende Tiere, insgesamt	-	13,47	-	12,76
Käse	188,6	0,73	284,6	1,17
Rind- und Kalbfleisch	992,5	5,22	852,4	4,80
Schweinefleisch	2 130,1	14,85	1 982,2	11,79
Wurst und Wurstwaren	4 115,8	59,25	4 649,8	67,40
Zubereitungen und Konserven aus Rindfleisch	5 334,7	18,54	6 612,2	21,99
Geflügelfleisch und genießbare Schlachtnebenprodukte	26 677,2	151,20	31 779,7	186,5
Zubereitungen und Konserven von Geflügel	3 591,5	16,08	2 773,1	13,40
Fleisch und Fleischwaren, insgesamt	46 241,3	282,50	51 302,9	321,17
Därme, Blasen, Mägen	815,2	5,14	611,1	4,13
Fisch und Fischzubereitungen	509,5	4,11	1 101,6	10,69
Honig	4 161,6	8,00	3 823,0	7,65
Weizen	21,5	0,003	79 117,1	14,68
Gerste	-	-	15 275,0	2,98
Mais	9 710,4	22,49	7 727,4	19,36
Nichtölhaltige Sämereien	1 698,3	4,29	1 890,6	6,16
Hülsenfrüchte zur Viehfütterung	17 173,0	5,25	7 715,8	2,25
Gemüse und sonstige Küchengewächse, insgesamt	39 651,0	52,83	52 223,5	63,39
davon				
Gemüse, frisch oder gekühlt	24 460,4	28,54	36 371,0	37,72
Gemüsepaprika	13 078,7	14,18	13 298,2	15,29

Tabelle 57: Fortsetzung

	1993		1994	
	t	Mio. DM	t	Mio. DM
Obst, außer Südfrüchten, insgesamt	31 044,3	33,93	47 025,2	50,97
davon				
Kirschen, frisch	6 151,0	5,28	16 409,4	15,73
Früchte, gekocht, gefroren	8 993,1	16,91	9 358,0	17,64
Gemüse-, Obstkonserven, Fruchtsäfte und dgl.	43 225,0	53,70	47 663,1	65,07
davon				
Apfelsaft	10 171,1	12,36	13 576,3	18,0
Kakaoerzeugnisse	949,6	5,40	389,7	2,47
Gewürze	3 807,7	15,41	4 219,6	14,34
Ölfrüchte zur Ernährung	138 742,3	65,16	158 176,6	79,49
davon				
Sonnenblumenkerne	124 721,7	52,14	132 348,9	64,32
Sonstige Abfallerzeugnisse zur Viehfütterung	15 840,7	4,07	7 562,7	2,10
Sonstige pflanzliche Nahrungsmittel	17 233,0	30,73	21 275,4	39,96
Lebende Pflanzen und Erzeugnisse der Ziergärtnerei	920,6	2,09	964,7	2,31
Rohtabak	377,7	4,75	137,1	1,01
Tabakerzeugnisse	2,2	0,03	105,8	2,95
Branntwein (hl, 100 % Alkohol)	2 227,4	1,99	936,6	1,04
Wein (insgesamt, hl)	186 065,4	28,00	170 765,7	22,07
davon				
Verarbeitungswein (hl)	89 209,3	8,90	104 941,8	10,56

Quellen: Angaben des Statistischen Bundesamtes und des BML 216 vom 6.7.1995.

Die Grobstruktur der ungarischen Nahrungsmittellieferungen nach Deutschland erwies sich 1994 - wie schon seit mehreren Jahren - als relativ stabil. Unter den vier großen Sammelproduktgruppen gab es nur geringe Anteilszuwächse bzw. -verluste zu registrieren. Dabei haben die lebenden Tiere binnen einem Jahr 0,3, die Nahrungsmittel tierischen Ursprungs 0,2 und die Genußmittel 1,5 Prozentpunkte eingebüßt und die Nahrungsmittel pflanzlichen Ursprungs 2,0 Prozentpunkte hinzugewonnen. Zu den wichtigsten Posten des ungarischen Agrarexports nach Deutschland gehörten 1994 Geflügelfleisch und genießbare Schlachtnebenprodukte mit einem Anteil von 24,6 %, Ölfrüchte zur Ernährung von 10,5 %, Wurst und Wurstwaren von 8,9 %, Gemüse-, Obstkonserven, Fruchtsäfte und dgl. von 8,6 %, Gemüse und sonstige Küchengewächse von 8,4 %, Obst, außer Südfrüchten von 6,7 %, sonstige pflanzliche Nahrungsmittel von 5,3 %, Wein von 2,9 %, Mais von 2,5 %, Zubereitungen und Konserven aus Rindfleisch von 2,9 % und Gewürze von 1,9 %.[335]

[335] Errechnet nach Angaben des Statistischen Bundesamtes und des BML 216 vom 6.7.1995.

Tabelle 58: Anteile einzelner Produkte bzw. Produktgruppen an den Agrareinfuhren der Bundesrepublik Deutschland aus Ungarn (in %)

	1989	1990	1991	1992	1993	1994
Lebende Tiere, insgesamt	2,1	1,2	2,2	2,0	2,0	1,7
Rindvieh	0,0	0,0	1,1	1,5	1,5	1,4
Sonst. lebende Tiere	1,9	1,1	1,0	0,4	0,4	0,2
Nahrungsmittel tierischen Ursprungs, insgesamt	45,9	47,4	42,4	43,3	45,9	45,7
Milch	0,0	0,0	0,0	-	-	0,0
Butter	-	-	0,0	-	-	-
Käse	0,1	0,1	0,1	0,0	0,1	0,15
Fleisch und Fleischwaren	41,3	44,2	40,0	40,7	42,8	42,4
Schweinefleisch, frisch, gekühlt, gefroren	6,3	3,6	-	5,3	2,37	1,55
Wurst und Wurstwaren	5,8	9,8	7,4	7,9	9,27	8,9
Zubereitungen u. Konserven aus Rindfleisch	3,1	5,1	4,5	4,6	2,77	2,9
Zubereitungen u. Konserven aus Schweinefleisch	0,4	0,5	0,3	0,2	0,23	0,15
Fleisch u. Zuber. von Wild u. anderen Tieren	2,5	3,6	1,6	.	1,87	1,5
Geflügelfleisch u. genießbare Nebenprodukte	.	17,5	15,8	16,1	22,51	24,6
Hühner und Hähnchen	1,1	0,2	0,7	.	.	.
Enten	2,0	1,5	2,2	.	.	.
Gänse	3,2	3,3	3,8	.	.	.
Truthühner	0,3	0,2	0,0	.	.	.
Geflügelteile	11,1	11,0	9,0	.	.	.
Geflügelleber	0,4	0,2	0,1	0,1	0,06	0,07
Zubereitungen und Konserven aus Geflügel	4,0	4,3	4,7	3,0	2,46	1,8
Därme, Blasen, Mägen	0,4	0,6	0,5	1,0	0,80	0,5
Fisch und Fischzubereitungen	0,7	0,4	0,4	0,6	0,6	1,4
Honig	2,7	1,6	0,9	0,7	1,3	1,0
Nahrungsmittel pflanzlichen Ursprungs, insgesamt	48,2	47,9	52,6	50,6	47,0	49,0
Gerste	0,8	0,0	-	-	-	0,4
Mais	3,0	2,6	3,9	3,3	4,1	2,5
Nichtölhaltige Sämereien	1,5	1,7	0,9	1,3	0,7	0,8
Hülsenfrüchte zur Ernährung	3,3	0,8	0,6	1,6	0,1	0,08

Tabelle 58: Fortsetzung

	1989	1990	1991	1992	1993	1994
Hülsenfrüchte zur Viehfütterung	0,3	1,3	1,5	1,3	1,0	0,3
Gemüse und sonstige Küchengewächse, insgesamt	9,8	10,1	7,5	8,1	8,0	8,4
Zwiebeln, frisch	1,9	0,5	0,2	.	0,26	0,7
Wurzelgemüse, frisch	0,6	0,7	0,4	0,6	.	.
Gurken, frisch	0,6	1,1	1,0	0,7	0,58	0,8
Pilze, frisch	0,2	0,3	0,5	0,6	0,65	0,6
Gemüsepaprika, frisch	1,5	2,5	1,8	2,1	2,03	2,0
Gemüse, getrocknet	2,1	2,3	1,9	2,0	1,96	1,6
Gemüse, gekocht, gefroren	2,5	2,4	1,5	1,8	1,68	1,5
Obst, außer Südfrüchten, insgesamt	7,5	7,9	12,1	7,2	5,1	6,7
Melone, frisch	0,0	0,3	0,0	0,2	0,08	0,4
Mostäpfel	0,6	0,1	1,7	0,0	0,06	0,0
Kirschen, frisch	2,1	2,6	3,5	2,4	0,75	2,1
Pflaumen, frisch	0,2	0,6	1,1	0,1	0,51	0,9
Früchte, gefroren	1,7	2,6	2,2	2,7	2,62	2,3
Trockenfrüchte	0,6	0,8	0,5	0,4	0,37	0,4
Gemüse, Obstkonserven, Fruchtsäfte u. dgl.	8,5	10,0	14,7	13,9	8,6	8,6
Gemüsekonserven	3,8	4,2	6,6	7,9	3,94	3,6
Obstkonserven	3,6	4,5	4,5	3,4	2,68	2,4
Frucht- und Gemüsesäfte	1,0	1,4	3,5	2,7	1,99	2,6
Kakaoerzeugnisse	0,2	0,3	0,6	0,6	0,8	0,3
Gewürze	2,1	2,6	2,0	2,4	2,4	1,9
Paprika und Pfeffer	1,9	2,3	1,8	2,2	2,27	1,6
Ölfrüchte zur Ernährung	5,0	4,3	3,3	4,0	10,0	10,5
Raps und Rübsensamen	2,1	0,4	0,3	0,4	0,16	1,0
Sonnenblumenkerne	2,9	1,4	1,2	1,3	7,85	8,5
Pflanzl. Öle und Fette zur Ernährung	0,3	0,5	0,1	0,0	0,1	0,06
Ölkuchen	0,0	-	0,3	0,3	0,0	0,0
Sonst. Abfallerzeugnisse zur Viehfütterung	1,8	1,3	1,0	0,8	0,6	0,3
Sonst. pflanzliche Nahrungsmittel	2,2	3,4	3,7	4,6	4,8	5,3
Zuckerwaren ohne Kakaogehalt	1,9	1,7	0,5	0,6	0,52	0,15

Tabelle 58: Fortsetzung

	1989	1990	1991	1992	1993	1994
andere Lebensmittel-zubereitungen	1,5	1,8	1,9	2,5	2,79	3,8
Lebende Pflanzen und Erzeugnisse der Ziergärtnerei	0,4	0,4	0,4	0,2	0,3	0,30
Genußmittel, insgesamt	3,8	3,5	2,8	4,0	5,1	3,6
Rohtabak	0,4	0,6	0,5	0,5	0,7	0,13
Branntwein	0,4	0,3	0,2	0,1	0,3	0,13
Wein	2,7	2,3	2,0	3,1	4,0	2,9
Weißwein	1,5	1,5	1,3	1,9	1,64	0,74
Rotwein	1,1	0,7	0,7	1,0	1,02	0,76

Quellen: Errechnet nach Angaben des Statistischen Bundesamtes Wiesbaden und des BML 216 vom 6.7.1995.

Die Absatzpreise gestalteten sich in Deutschland 1994 für die einzelnen Posten des ungarischen Lieferangebots zwar unterschiedlich, jedoch überwiegend günstig. Sie sind im Vergleich zu 1993 z.B. bei lebenden Rindern durchschnittlich um 4,6 %, Käse um 7 %, Geflügelfleisch und genießbaren Schlachtnebenprodukten um 3,5 %, Geflügelleber um 18 %, Fisch und Fischzubereitungen um 20 %, Därmen, Blasen, Mägen um 7,2 %, Honig um 4,2 %, Weizen um 32,5 %, Mais um knapp 8 %, nichtölhaltigen Sämereien um 28,8 %, Gemüsepaprika um 6,4 %, Gemüse, vorläufig haltbar gemacht um 66 %, Kirschen um 11,8 %, Gemüsezubereitungen und -konserven um 14,1 %, Apfelsaft um 8,7 %, Gemüse-, Obstkonserven, Fruchtsäften und dgl. um 10,1 %, Kakaoerzeugnissen um 11,2 %, Sonnenblumenkernen um 15,7 %, sonstigen Abfallerzeugnissen zur Viehfütterung um 7 %, Malzextrakten um 16 %, Back- und ähnlichen Waren um 9,9 %, lebenden Pflanzen und Erzeugnissen der Ziergärtnerei um 5,4 %, Tabakerzeugnissen um 91,6 % und bei Branntwein um 23,6 % gestiegen. Wie in den vergangenen Jahren, so gab es auch 1994 eine ganze Reihe von Agrarprodukten und anderen Nahrungsmitteln, bei welchen der ungarische Agrarexport auf dem deutschen Markt 1994 mehr oder weniger empfindliche Preiseinbußen in Kauf nehmen mußte. So z.B. bei lebenden Pflanzen durchschnittlich 3,6 %, Schweinefleisch 14,6 %, Hülsenfrüchte zur Viehfütterung 2,9 %, Gurken und Cornichons 19,3 %, Gemüse, frisch oder gekühlt 11,4 %, Gemüse, getrocknet 2,1 %, Gewürzen 16,1 %, Raps- oder Rübsensamen 33,8 %, Hopfen 25,4 %, Rohtabak 41,5 % und bei Wein 13,9 %.[336]

Die Agraradministration der Horn-Regierung hat in ihrem Wirtschaftsprogramm von 1994 eine Agrarexportoffensive für die nächsten Jahre angekündigt. Sie ist entschlossen, den Agrarexport im Rahmen der Möglichkeiten des Staatshaushaltes und der Verpflichtungen der GATT/WTO-Vereinbarungen vorrangig zu fördern und das Agrarexportmarketing auf den wichtigsten Absatzmärkten, d.h. vor allem in Deutschland, zu intensivieren. Im ungarischen Landwirtschaftsministerium wurde dementsprechend im Juli 1994 eine Unterabteilung für Agromarketing errichtet. Sie hat die dringende Aufgabe, umfassende Marketingstrategien für die Förderung der Agrarexporte und des Absatzes der Produkte der einheimischen Land- und Ernährungswirtschaft auf dem Binnenmarkt auszuarbeiten und entsprechende organisatorische Maßnahmen zu treffen. Umfassende Marketing- und Promotionsmaßnahmen wurden in Ungarn zuletzt bei dem durch die Weltbank geförderten Entwicklungsprogramm der Fleischproduktion und außerdem noch für einige andere Erzeugnisse in den Jahren von 1986-1990 ergriffen. Das organisatorische Gefüge dieser zentralen Marketingmaßnahmen ist im Zuge des Wandels des politischen Machtsystems alsbald zerfallen. Die im Jahr 1992 gegründete "Agromarketing GmbH" war über einzelne gelungene Werbeaktionen hinaus nicht imstande - und es gehörte auch nicht zu ihrem eigentlichen Aufgabenbereich - wirksames und umfassendes Exportmarketing für das Angebot der ungarischen Land- und Ernährungswirtschaft zu betreiben. Das Landwirtschaftsministerium hat nunmehr vor, eine zentrale Organisation für gemeinschaftliches Marketing der ganzen Agrarbranche nach deutschem, französischem bzw. niederländischem Beispiel zu errichten. Man denkt hierbei vor allem an die Einführung des CMA-Systems, wobei Produzenten, Verarbeiter, Händler und andere ein paar Promille ihres Umsatzes in einen zentralen Topf einzahlen, aus dessen Mitteln sodann Gemeinschaftsmarketing betrieben wird. Hierbei gehört es nicht zu den Aufgaben einer solchen zentralen Marketingorganisation, für die Produkte eines einzelnen Betriebs zu werben, sondern vielmehr den Absatz der ganzen Branche bzw. bestimmter Produktgruppen wie z.B. unter dem Motto "Trinkt Ungarnweine" zu fördern. Es gibt in der Landwirtschaft eine ganze

---

336 Errechnet nach Angaben des Statistischen Bundesamtes und des BML 216 vom 6.7.1995.

Reihe von mehr oder weniger homogenen Massengütern, die keiner Einzel- sondern vielmehr einer wirksamen Sammel- (Gemeinschafts)-werbung bedürfen. Das Landwirtschaftsministerium und die Agrarkammer haben im Einvernehmen mit den zuständigen Verbänden vor, diese Produkte nach einheitlichen Beurteilungskriterien z.B. mit dem Zeichen "Qualitätsgut aus Ungarn" zu versehen, wobei die Einführung des Qualifizierungssystems der Deutschen Landwirtschaftsgesellschaft als sehr empfehlenswert erscheint. Aufgrund einheitlicher Qualifizierungs- und Qualitätskriterien und strenger, regelmäßiger Kontrollen sollen sodann Schutzmarkenzeichen für einzelne Produkte bzw. ganze Produktgruppen eingeführt werden.[337]

Zur Jahreswende 1994/95 bzw. im ersten Halbjahr 1995 machten sich bereits die ersten Anzeichen einer Intensivierung des Agrarexportmarketings bemerkbar. So profitierten z.B. mehrere Ungarnweine von der strengeren Qualitätskontrolle und den besser durchdachten und eingesetzten Marketingtechniken. Für bekannte ungarische Marken wie den Magenbitter "Unicum" oder "Herz" bzw. "Pick"-Salami und andere Produkte machte sich die energische Marketingkampagne in Deutschland bezahlt.[338]

Der ungarische Agrarexport hat bereits 1991 Erzeugnisse der Land- und Ernährungswirtschaft im Wert von über 840 Mio. DM nach Deutschland geliefert. Die bessere Ausnutzung der verfügbaren Einfuhrquoten, die weitere Erleichterung des Marktzugangs entsprechend den EU- und WTO-Verträgen, günstige Absatzpreise, steigende Nachfrage in Deutschland einerseits und die Steigerung der Agrarproduktion, der Exportförderung und der Qualität des Exportangebots sowie die marktgerechte Veränderung des Liefersortiments etc. in Ungarn andererseits vorausgesetzt, erscheint es für die zweite Hälfte der neunziger Jahre überhaupt nicht mehr illusorisch, von einem Agrarexportumsatz Ungarns in Deutschland in Höhe von 900 Mio. bis eine Milliarde DM zu sprechen.

---

337 Népszabadság, 29.7.1994, S. 13.

338 Ostwirtschaftsreport, 10/1995, S. 186.

9 ZUSAMMENFASSUNG

Der einhergehend mit der Systemwende in den RGW-Ländern eingesetzte Agrarexport aus Deutschland nach Osteuropa hielt in den letzten Jahren unverändert an. Exporteure setzten Agrarprodukte und andere Nahrungsmittel 1993 und 1994 in dieser Großregion für 4,543 bzw. 4,948 Mrd. DM ab. Deutschland wurde zur gleichen Zeit mit Nahrungsmitteln aus den in der vorliegenden Schrift erfaßten 20 Ländern bzw. Ländergruppen aus Ost- Mittel- und Südosteuropa* für 2,311 bzw. 2,617 Mrd. DM beliefert. Die Ausfuhren stiegen somit binnen einem Jahr um 8,9 % und die Einfuhren sogar um 13,2 %. Auf das Systemwendejahr 1989 bezogen, beträgt die Steigerungsrate der Exporte bis einschließlich 1994 128,5 %, der Importe 26,7 % und die der gesamten Umsätze 78,8 %. Der Saldo des Handelsverkehrs mit Osteuropa im Bereich der Erzeugnisse der Land- und Ernährungswirtschaft war aus deutscher Sicht seit 1989 ununterbrochen positiv. Der Exportüberschuß belief sich 1989 auf 99,2 Mio. DM, 1993 auf 2,233 Mrd. und 1994 auf knapp 2,331 Mrd. DM.

Der deutsche Ostagrarexport, der 1989-1992 stark durch Hilfslieferungen geprägt wurde, ist bereits 1993 und erst recht 1994 überwiegend selbsttragend geworden. Dank intensiver und gezielter Marketingmaßnahmen im Rahmen mittel- bis langfristig angesetzter Absatzstrategien sind insbesondere Markenartikel des deutschen Nahrungsmittelangebots vom polnischen, ungarischen und slowenischen Binnenmarkt nicht mehr wegzudenken. Sie haben sich bereits ansehnliche und weiter ausbaufähige Marktsegmente in diesen Ländern erobert.

Die Zeiten der siebziger und achtziger Jahre, als der deutsche Agrarexport nach Osteuropa noch als relativ unbedeutend eingestuft werden mußte, sind Mitte der neunziger Jahre vorbei. Der Anteil der behandelten 20 ost-, mittel- und südosteuropäischen Länder bzw. Ländergruppen am gesamten deutschen Agrarexport ist 1989-1994 von 6,6 auf 13,3 % (1993 13,1 %) gestiegen. Der größte Abnehmer der Lieferungen der deutschen Land- und Ernährungswirtschaft nach Osteuropa war 1994 Rußland, das

---

* Albanien, Bosnien-Herzegowina, Bulgarien, Kroatien, Mazedonien, Polen, Rumänien, Serbien-Montenegro, Slowakei, Slowenien, Tschechien, Ungarn und die früheren Mitgliedsstaaten der Sowjetunion: Estland, Lettland, Litauen, Kasachstan, Rußland, Ukraine, Weißrußland im einzelnen und die anderen früheren Sowjetrepubliken insgesamt.

diese Position 1992-1993 von der ehemaligen Sowjetunion übernahm. Sein Anteil erreichte an den gesamten deutschen Agrarausfuhren 1994 5,3 % (1993 5,5 %) und an der Ostagrarausfuhr 38,9 % (1993 42,3 %). Die zweit- und drittwichtigsten Partner im deutschen Ostagrarexport, Polen und Tschechien, nahmen 1994 2,1 bzw. 1,2 % der gesamten und 15,7 bzw. 8,7 % der mit Osteuropa getätigten Umsätze auf.

Im Angebotssortiment des deutschen Agrarexports nach Osteuropa waren in den letzten Jahren mehr oder weniger bedeutende Veränderungen zu beobachten. Zu den "Fahnenträgern" des deutschen Agrarexports nach Osteuropa gehörten 1994 die Sammelproduktgruppe der sonstigen pflanzlichen Nahrungsmittel mit einem Anteil von 16,5 % (1989 5,8 %), Kakaoerzeugnisse mit 11,2 %, Fleisch und Fleischerzeugnisse mit 8,7 %, Tabak bzw. Tabakwaren mit 7 % und Getreide mit 5,1 %.

Deutschland bezog 1989, 1993 und 1994 insgesamt nur 3,6 % bzw. 3,8 % bzw. 4,2 % seiner gesamten Agrareinfuhren aus Ost-, Mittel- und Südosteuropa. Somit waren die Länder dieser Großregion als Agrarlieferanten für Deutschland erheblich weniger bedeutend als Absatzmärkte. Aus Polen, Ungarn und Teschechien stammten 1994 im Weltmaßstab gesehen nur jeweils 1,3 bzw. 1,2 bzw. 0,6 % der einschlägigen deutschen Einfuhren. Polen war an der Belieferung Deutschlands mit Agrarerzeugnissen aus der hier untersuchten Ländergruppe 1993 und 1994 mit 32,8 bzw. 30,6 %, Ungarn mit 28,8 bzw. 28,9 % und Tschechien mit 12,9 bzw. 13,5 % beteiligt. Die postkommunistischen Länder haben Deutschland in den letzten Jahren u.a. mit Fleisch und Fleischwaren, Obst (außer Südfrüchten), Gemüse-, Obstkonserven, Fruchtsäften und dergleichen, Fisch und Fischzubereitungen, Gemüse und sonstigen Küchengewächsen und Ölfrüchten zur Ernährung beliefert, auf die 1994 in der angeführten Reihenfolge 20,3 % bzw. 13 % bzw. 10,9 % bzw. 10,8 % bzw. 7,5 % und 5,5 % vom einschlägigen Importumsatz entfielen. Während die meisten mittel- und osteuropäischen Länder (MOE-Länder) auch Mitte der neunziger Jahre noch überwiegend ihre gelegentlich verfügbaren Nahrungsmittelüberschüsse abzusetzen suchen, sind zumindest Polen, Tschechien und Ungarn dabei, vor allem mit ihren verarbeiteten Produkten vielversprechende Marktsegmente zu erobern bzw. geschäftsträchtige Marktlücken auszufüllen.

Die Agrarkrise war in Osteuropa 1994 noch bei weitem nicht überwunden. Bei der in den letzten Jahren viel diskutierten Frage der Ausschöpfung der durch die EU bereitgestellten Einfuhrpräferenzen gab es keinen durchschlagenen Erfolg. Obwohl der Ausschöpfungsgrad der vertraglich vereinbarten Einfuhrquoten bei mehreren Erzeugnissen der polnischen, tschechischen und ungarischen Lieferpalette 1993, insbesondere aber 1994 nennenswert gestiegen ist, waren die Exporteure dieser Länder weit davon entfernt, die meisten Quoten voll zu nutzen. Anbieter aus anderen ost-, mittel- und südosteuropäischen Ländern haben ihre Präferenzkontingente nach einzelnen Erzeugnissen sehr unterschiedlich, jedoch generell nur in geringem Umfang bzw. nur ansatzweise oder überhaupt nicht in Anspruch genommen.

In der Entwicklung des Ostagrarhandels der Bundesrepublik ist mit dem Ausklang des Kalenderjahres 1994 eine fünfjährige Periode seit der politischen Wende zu Ende gegangen. Mehrere EFTA-Länder - Finnland, Österreich und Schweden - haben zum 1. Januar 1995 die Vollmitgliedschaft in der EU erworben und die GATT-WTO-Verträge sind in einigen Ländern bereits gleichfalls zum 1. Januar und in anderen im Verlauf des Jahres 1995 in Kraft getreten. Durch diese Fakten werden nicht nur für den Ost-West-Handel bzw. den Ost-West-Agrarhandel, sondern auch für den Warenaustausch Deutschlands mit Osteuropa im Bereich der Erzeugnisse der Land- und Ernährungswirtschaft neue Rahmenbedingungen geschaffen, deren Konsequenzen ansatzweise bereits 1995 sichtbar werden.

10 SUMMARY

The agricultural export form Germany to Eastern Europe which began with the change of power in the Comecon Countries has continued unabated. In this region exporters sold agricultural and other food products worth DM 4.543 billion in 1993 and DM 4.984 billion in 1994. In the same period food products valuing DM 2.311 and DM 2.617 billion were imported to Germany from the 20 countries or groups of countries considered in this book. Within one year exports rose by 8.9 % and imports even by 13.2 %. From 1989, the year of the change of system, to 1994 exports have increased by 128.5 %, imports by 26.7 % and the total turnover by 78.8 %. From the German point of view the trade balance for agricultural products and foodstuffs with Eastern Europe was continuously positive. 1989 the export surplus amounted to DM 99.2 million, 1993 to DM 2.33 billion, and 1994 to nearly DM 2.331 billion.

German agricultural export to Eastern Europe, which in the years 1989-1992 was strongly characterised by aid deliveries, became profitable in 1993 and even more so in 1994. Thanks to intensive and specifically targeted marketing measures within the scope of a middle to long term marketing strategy it has become hard to imagine the Polish, Hungarian or Slovenian market without German products, in particular the brand names. They have already conquered considerable segments of the market, with the prospect of further expansion.

During the seventies and eighties German agricultural export to Eastern Europe was insignificant. This has changed in the middle of the nineties. The proportion of the total German agricultural export to the countries considered here rose from 6.6 % in 1989 to 13.3 % in 1994 (13.1 % 1993). In 1994 the biggest customer from Eastern Europe was Russia, which inherited this position 1992/93 from the former Soviet Union. In 1994 its share of total German agricultural export reached 5.3 % (1993 5.5 %) and 38.9 % of all the agricultural export to Eastern Europe (1993 42.3 %). Poland and the Czech Republic, the second and third important partners in German agricultural export to Eastern Europe, had a share of the total turnover of 2.1 % respectivly 1.2 % and of 15.7 % respectivly 8.7 % of the total turnover in Eastern Europe.

Considering the range of supply rather important changes can be observed. In 1994 leading German agricultural export to Eastern Europe was the group of other plant foodstuffs with 16.5 % (1989 5.8 %), cocoa based products with 11.2 %, meat and meat products with 8.7 %, tobacco and its derivates with 7 %, and cereals with 5.1 %.

Of Germany's total agricultural import 1989, 1993 and 1994 only 3.6 % respectivly 3.8 % and 4.2 % originated from Eastern, Central and Southeast Europe. From the German point of view the countries of this region are conciderably less important as suppliers of agriultural goods than as markets. In 1994 of all the German agricultural imports only 1.3 % originated from Poland, 1.2 % from Hungary and 0.6 % from the Czech Republic. Of all the agricultural imports to Germany from the here analysed countries 1994 30.6 % came from Poland (1993 32.8 %), 28.9 % from Hungary (1993 28.8 %) and 13.5 % from the Czech Republic (1993 12.9 %). In recent years the post communist countries have supplied Germany amongst other things with meat and meat products (1994 20.3 % of total import turnover), fruit excluding citrus (1994 13 %), preserved vegetables and fruit (1994 10.9 %), fish and fish products (1994 10.8 %), vegetables and herbes (1994 7.5 %) and edible oil seeds (1994 5.5 %).
Whereas in the nineties most CEEC's effort to sell their occasionaly available surplus of food stuffs, Poland, Hungary and the Czech Republic have occupied promising segments or are filling in lucrative gaps in the market. In 1994 the crisis in agriculture in Eastern Europe has not yet come under control.
The much discussed program of the EU for preferential treatment has not yet met with success. The degree to which the import quotas for several Polish, Hungarian and Czech products were utilised rose significantly in 1993 and even more so in 1994, still the exporters from these countries are far from making full use of most quotas. Sellers from other Central, East and Southeast European countries, with preferential quotas varying from country to country and product to product, have in general hardly made any use of their preferential quotas.

With the end of 1994 a five year period in the developement of German agricultural trade with Eastern Europe has come to an end. Beginning with the 1.1.1995 several EFTA countries -Finland, Austria and Sweden- have become full members of the EU and in several contries the GATT-WTO agreements were enforced beginning 1.1.1995 or during the year of

1995. These facts will not only create new conditions for East-West trade in general, but also for the trade with agricultural goods and foodstuffs between Germany and Eastern Europe. The first consequences of this will be visible in 1995 and they will become more obvious in the following years.

11 LITERATURVERZEICHNIS

Az agrárágazat esélyei. *Magyar mezögazdaság*, 26. Juli 1995, S. 6.

Die Agrarvereinbarungen der Uruguay-Runde im GATT. *Ernährungsdienst*, 15.1.1993, Beilage, S. 1.

Agricultural Situation and Prospects in the Central and Eastern European Countries, Bulgaria. European Commission, Directorate-General for Agriculture. Working Document, Brussels 1995, S. 60, 64.

Agricultural Situation and Prospects in the Central and Eastern European Countries, Czech Republic. European Commission, Directorate-General for Agriculture. Working Document, Brussels 1995, S. 5, 11-12, 23, 25-27, 33, 35-36, 44.

Agricultural Situation and Prospects in the Central and Eastern European Countries, Hungary. European Commission, Directorate-General for Agriculture. Working Document, Brussels 1995, S. 17.

Agricultural Situation and Prospects in the Central and Eastern European Countries, Poland. European Commission, Directorate-General for Agriculture. Working Document, Brussels 1995, S. 47.

Agricultural Situation and Prospects in the Central and Eastern European Countries, Romania. European Commission, Directorate-General for Agriculture. Working Document, Brussels 1995, S. 12-13, 18, 21-22, 25-27, 28-29.

Agricultural Situation and Prospects in the Central and Eastern European Countries, Slovak Republic. European Commission, Directorate-General for Agriculture. Working Document, Brussels 1995, S. 7, 26-27, 28-30, 34-36, 41, 44.

Agricultural Situation and Prospects in the Central and Eastern European Countries. Summary Report. European Commission, Directorate-General for Agriculture. Working Document, Brussels 1995, S. 5-9.

ANTAL, E., G. RAGANOVA (1994): Agrarkrise in Ungarn. *Osteuropa*, 4/1994, S. 400.

Basic Facts and Figures. Ministry of Agriculture of the Czech Republic. *Czech Agriculture*, 3/1.1995.

Export of agricultural and food products. Ministry of Agriculture of the Czech Republic. *Czech Agriculture,* 3/5.1995.

Fakten über Ungarn. Außenministerium Budapest. 1/1995, S. 2, 4.

LUKAS, Z. (1995): Die Landwirtschaft der Oststaaten im Jahr 1994. *Osteuropa-Wirtschaft*, 2/1995, S. 91-98.

NOGAL, W. (1995): Prywatyzacja: za wolno, za drogo, za mało dla rolników. *Plon*, 21/1995, S. 14.

Ostmitteleuropa entdeckt die Qualität als Wettbewerbsfaktor. *Ostwirtschaftsreport*, 24/1994, S. 461-462.

PLUCINSKI, E. (1995): Ausgewählte Aspekte der gegenwärtigen deutsch-polnischen Wirtschaftsbeziehungen. *Osteuropa-Wirtschaft*, 2/1995, S. 128.

Review of Agricultural Policy and Trade Developments in Bulgaria in 1995. OECD Paris, September 1995, S. 5, 25, 32, 33.

Review of Agricultural Policy and Trade Developments in the Czech Republic in 1994 and 1995, OECD Paris, October 1995, S. 2, 4, 7-10, 11-14, 15, 17, 19, 21, 23.

Review of Agricultural Policy and Trade Developments in Romania in 1995. OECD Paris, September 1995, S. 66-75.

Review of Agricultural Policy and Trade Developments in Russia in 1995. OECD Paris, September 1995, S. 25-27.

Review of Agricultural Policy and Trade Developments in the Slovak Republic in 1995. OECD Paris, September 1995, S. 3, 7-8, 10, 12, 16-22, 25, 26-27, 31-32, 34, 38.

Rocznik statystyczny. Warszawa (verschiedene Jahrgänge).

SCHNEIDER, M. (1994): West-Ost-Agrarhandel in Diskussion. WIFO-Österreichisches Institut für Wirtschaftsforschung. *Monatsberichte*, 10/1994, S. 571.

SMOLAREK, R. (1995): Handel zagraniczny towarami rolno-spożywczymi - szanse i zagrożenia. *Plon*, 8/1995, S. 4.

Statistická ročenka České Republiki. Praha (verschiedene Jahrgänge).

Statistická ročenka Slovenskej Republiki. Bratislava (verschiedene Jahrgänge).

Statisztikai évkönyv. Budapest (verschiedene Jahrgänge).

SZABÓ, J. (1995): Agrárkülkereskedelmünk mérlege. *Gazdaság és gazdálkodás*, 4/1995, S. 24-25.

Die ungarische Landwirtschaft und die Nahrungsmittelindustrie in Zahlen. Landwirtschaftsministerium Budapest. 1995, S. 18.

VARGA, Gy. (1995): Magyarország mezögazdasága és az EU. *Külgazdaság*, 1/1995, S. 52,53.

ZEITUNGEN UND ZEITSCHRIFTEN

Adevarul Economic. Bucuresti
Allgemeine Deutsche Zeitung. Bucuresti
Bulgarian Economic Outlook. Sofia
Bulgarien-Informationsbulletin. Sofia
Czech Agriculture. Prague
Duma. Sofia
East Europe Agriculture. London
Élelmezési ipar. Budapest
Ernährungsdienst. Hannover
Figyelö. Budapest
Frankfurter Allgemeine Zeitung. Frankfurt/Main
Gazdaság és gazdálkodás. Budapest
Gazeta wyborcza. Warszawa
Handelsblatt. Düsseldorf
Hospodárske noviny. Bratislava
Hospodářské noviny. Praha
Izvestija. Moskva
Kommersant. Moskva
Krest'janskie vedomosti. Moskva
Külgazdaság. Budapest
Lidové noviny. Praha
Magyar mezögazdaság. Budapest
Moscow News. Moscow
Napi gazdaság. Budapest
Népszabadság. Budapest
Osteuropa-Wirtschaft. Stuttgart
Ostwirtschaftsreport. Düsseldorf
Plon. Warszawa
Presseschau Ostwirtschaft. Wien
Rol'nícke noviny. Bratislava
Rossijskaja gazeta. Moskva
Rossijskij fermer. Moskva
Rzeczpospolita. Warszawa
Sel'skaja žizn'. Moskva
Wprost. Poznań
Zemlja i ljudi. Moskva
Życie gospodarcze. Warszawa

ANHANG

Tabelle I: Der Agraraußenhandel der Bundesrepublik Deutschland mit Albanien (in Mio. DM)

	1985	1988	1989	1990	1991	1992	1993	1994
Einfuhr								
Gesamteinfuhr	38,7	53,8	61,5	38,0	35,8	24,0	19,0	23,0
davon:								
Güter der Land- und Ernährungswirtschaft	4,1	5,2	4,5	4,1	2,9	3,0	2,9	3,3
darunter:								
Gemüse u. sonst. Küchengewächse	3,6	3,34	2,9	2,8	1,4	0,7	0,42	0,16
Obst, außer Südfrüchten	0,4	1,28	1,1	0,6	0,7	1,6	1,42	0,50
Gewürze	0,0	0,36	0,39	0,65	0,63	0,36	0,05	0,42
Hülsenfrüchte zur Ernährung	0,02	0,11	-	-	-	-	-	-
Sonst. pflanzl. Nahrungsmittel	-	0,15	0,08	0,01	0,10	0,15	0,08	0,17
Nahrungsmittel pflanzlichen Ursprungs, insg.	.	.	.	4,1	2,9	2,82	2,10	1,30
Rohtabak	.	.	.	.	.	0,13	0,89	2,03
Genußmittel, insg.	-	-	-	-	-	0,13	0,89	2,03
Ausfuhr								
Gesamtausfuhr	46,4	37,8	78,3	59,0	82,0	49,0	70,0	61,0
davon:								
Güter der Land- und Ernährungswirtschaft	0,4	3,8	9,1	3,9	28,5	8,0	17,1	6,7

Tabelle I: Fortsetzung

	1985	1988	1989	1990	1991	1992	1993	1994
darunter:								
Fleisch- und Fleischwaren	-	1,02	1,1	1,1	0,9	0,004	0,18	0,54
Zucker	0,09	2,63	6,5	0,0	9,6	0,22	0,28	2,08
Pflanzliche Öle und Fette zur Ernährung	0,04	0,04	0,06	0,005	0,02	0,03	0,03	0,06
Tabakerzeugnisse	0,06	0,07	-	-	-	0,21	0,32	0,42
Weizen	-	-	-	2,33	6,42	-	9,44	1,53
Malz	.	.	.	.	.	-	0,70	0,82
Müllereierzeugnisse	-	-	-	-	-	0,66	1,46	-
Lebende Rinder	-	-	0,89	0,28	-	-	-	-
Milch	-	-	-	-	5,41	2,88	0,04	0,02
Käse	-	-	-	-	5,7	3,29	3,86	0,19
Nahrungsmittel tierischen Ursprungs, insg.	.	.	.	1,12	12,13	6,18	4,15	0,98
Nahrungsmittel pflanzlichen Ursprungs, insg.	.	.	.	.	16,3	1,27	12,46	4,74
Einfuhr- (-) bzw. Ausfuhr- (+) Überschuß								
Insgesamt	+7,9	-16,0	+16,8	+21,0	+46,2	+25,0	+51,0	+38,0
Land- und Ernährungswirtschaft	-3,7	-1,4	+4,6	-0,2	+25,6	+5,0	+14,2	+3,4

Tabelle I: Fortsetzung

	1985	1988	1989	1990	1991	1992	1993	1994
Anteil Albaniens am Agraraußenhandel der Bundesrepublik Deutschland, %								
Einfuhr	0,0	0,0	0,0	0,0	0,0	0,0	0,0	0,0
Ausfuhr	0,0	0,0	0,0	0,0	0,1	0,0	0,0	0,0
Anteil des Agraraußenhandels am Gesamthandel mit Albanien, %								
Einfuhr	10,5	9,7	6,6	10,5	8,1	12,6	15,5	14,7
Ausfuhr	0,8	10,0	11,5	6,8	34,8	15,8	24,6	11,1

Quellen: Statistisches Bundesamt Wiesbaden und BML 216 vom 5. Juli 1993, 9.2.1995 und 6.7.1995.

Tabelle II: Der Agraraußenhandel der Bundesrepublik Deutschland mit Bulgarien (in Mio. DM)

	1985	1988	1989	1990	1991	1992	1993	1994
Einfuhr								
Gesamteinfuhr	463,9	321,7	327,0	395,7	537,0	605,0	573,0	743,0
davon:								
Güter der Land- und Ernährungswirtschaft	100,2	60,9	70,8	81,2	116,8	104,0	79,8	85,4
darunter:								
Käse	16,2	11,97	11,4	12,0	14,7	7,7	3,6	2,6
Gemüse u. sonst. Küchengewächse	10,7	3,38	2,4	4,6	13,8	12,0	3,4	6,4
Obst, außer Südfrüchten	5,0	4,88	3,4	6,6	13,7	5,7	5,4	6,9
Gemüse, Obstkonserven, Fruchtsäfte, u. dgl.	12,7	8,9	12,9	11,7	17,6	19,3	13,8	13,6
Ölfrüchte zur Ernährung	14,9	5,37	7,7	6,2	7,5	6,8	2,9	6,2
Sonst. pflanzl. Nahrungsmittel	5,8	8,28	8,6	9,0	10,3	6,3	4,6	4,8
Rohtabak	17,4	6,68	10,6	14,3	15,4	18,8	18,7	18,1
Wein	7,6	4,92	6,0	10,4	16,6	18,9	22,0	20,9
Honig	1,6	3,26	1,68	0,60	0,06	0,26	0,3	0,2
Fleisch und Fleischwaren	4,9	0,66	0,62	0,90	2,0	2,02	1,4	0,8
Gewürze	.	0,85	1,92	3,23	2,0	1,79	2,6	2,4
Fisch und Fischzubereitungen	.	0,76	0,89	0,17	0,90	0,47	0,1	0,2
Nahrungsmittel pflanzlichen Ursprungs, insg.	.	.	.	42,4	66,6	55,0	33,6	41,9
Genußmittel, insg.	.	.	.	24,9	32,1	38,5	40,8	39,5

Tabelle II: Fortsetzung

	1985	1988	1989	1990	1991	1992	1993	1994
Ausfuhr								
Gesamtausfuhr	1641,0	1565,1	1471,2	788,4	793,4	873,0	905,0	1072,0
davon:								
Güter der Land- und Ernährungswirtschaft	38,0	113,9	73,7	49,1	68,1	51,0	78,7	74,9
darunter:								
Rindvieh	3,4	0,63	0,82	2,96	4,77	0,20	0,04	-
Milch	8,1	66,25	5,5	3,0	20,7	1,58	2,1	2,1
Butter	-	0,1	9,5	12,3	5,7	1,99	1,2	0,15
Käse	-	0,0	7,0	3,3	0,05	0,33	4,9	0,9
Fleisch und Fleischwaren	1,2	12,33	27,6	4,2	0,3	0,48	9,9	4,9
Fischmehl u. dgl.	5,2	12,19	13,6	1,9	0,5	1,0	0,4	0,3
Sonst. pflanzliche Nahrungsmittel	5,3	3,02	3,1	9,0	3,5	5,41	10,2	9,1
Kaffee	1,9	1,74	0,8	1,9	1,7	0,64	2,4	1,7
Kakaoerzeugnisse	1,7	1,61	1,93	2,76	7,40	9,16	17,0	26,5
Ölkuchen	0,0	5,71	-	0,09	0,05	-	-	0,02
Sonstige Abfallerzeugnisse zur Viehfütterung	-	2,27	0,8	0,07	0,43	0,12	0,4	0,2
Tabakerzeugnisse	0,9	0,95	0,34	1,44	1,49	6,17	14,8	12,9
Bier	.	0,28	0,30	0,61	0,59	1,03	1,0	0,8
Zucker	.	0,32	0,12	1,21	9,23	16,8	6,6	4,8
Margarine u.ähnliche Speisefette	.	0,07	0,03	0,003	2,22	2,69	1,6	3,6
Branntwein	.	0,09	0,14	0,71	1,67	0,84	0,7	2,4

Tabelle II: Fortsetzung

	1985	1988	1989	1990	1991	1992	1993	1994
Nahrungsmittel pflanzlichen Ursprungs, insg.	.	.	.	16,74	25,65	36,06	37,6	46,1
Nahrungsmittel tier. Ursprungs, insg.	.	.	.	24,77	27,26	6,31	20,4	9,6
Genußmittel, insgesamt	.	.	.	4,64	5,76	8,73	20,6	19,0
Einfuhr- (-) bzw. Ausfuhr- (+) Überschuß								
Insgesamt	+1177,1	+1243,4	+1144,0	+392,7	+256,4	+268,0	+332,0	+329,0
Land- und Ernährungswirtschaft	-62,2	+53,0	+23,9	-32,1	-48,7	-53,0	-1,1	-10,5
Anteil Bulgariens am Agraraußenhandel der Bundesrepublik Deutschland, %								
Einfuhr	0,2	0,11	0,1	0,1	0,2	0,1	0,1	0,1
Ausfuhr	0,1	0,4	0,2	0,2	0,2	0,1	0,2	0,2
Anteil des Agraraußenhandels am Gesamthandel mit Bulgarien, %								
Einfuhr	21,6	18,9	21,7	20,5	21,7	17,2	13,9	11,5
Ausfuhr	2,3	7,3	5,0	6,2	8,6	5,9	8,7	7,0

Quellen: Statistisches Bundesamt Wiesbaden und BML 216 vom 2. Juli 1993, 9.2.1995 und 6.7.1995.

Tabelle III: Der Agraraußenhandel der Bundesrepublik Deutschland mit Polen (in Mio. DM)

	1985	1988	1989	1990	1991	1992	1993	1994
Einfuhr								
Gesamteinfuhr	3080,4	2911,8	3580,0	5163,6	7250,4	8287,0	8639,0	10121,0
davon:								
Güter der Land- und Ernährungswirtschaft	669,8	582,8	742,1	871,0	955,6	895,0	760,82	800,3
darunter:								
Pferde	.	3,1	7,5	6,0	7,98	11,48	7,1	4,8
Rindvieh	4,9	22,8	37,2	47,0	8,7	12,43	15,9	24,4
Sonst. lebende Tiere	31,2	19,2	20,2	21,0	14,6	15,51	8,9	2,8
Milch	.	.	.	.	.	0,0	1,6	8,6
Käse	.	.	.	.	.	0,0	1,1	3,7
Fleisch und Fleischwaren	192,0	152,4	160,4	181,6	191,2	193,1	147,0	148,1
Fisch u. Fischzubereitungen	34,3	80,1	84,5	128,8	145,9	153,7	124,5	158,0
Nahrungsmittel tier. Ursprungs, insgesamt	.	.	.	.	.	357,6	284,6	329,9
Gemüse u. sonst. Küchengewächse	68,8	67,5	63,6	121,8	120,9	82,5	69,0	73,9
Obst, außer Südfrüchten	58,0	62,8	80,8	110,5	179,9	156,7	158,1	158,0
Gemüse-, Obstkonserven, Fruchtsäfte u. dgl.	70,3	67,7	91,3	94,9	133,0	154,38	133,4	118,7
Ölfrüchte zur Ernährung	69,4	25,3	92,6	48,7	33,5	9,1	6,1	2,0

Tabelle III: Fortsetzung

	1985	1988	1989	1990	1991	1992	1993	1994
Pflanzl. Öle und Fette zur Ernährung	55,4	21,2	27,3	23,4	12,7	10,96	1,4	1,2
Honig	8,3	2,8	5,2	6,3	4,2	3,22	1,9	1,7
Ölkuchen	10,8	9,9	9,6	14,0	13,1	8,87	7,7	6,3
Sonst. Abfallerzeugnisse zur Viehfütterung	14,3	6,3	6,6	7,5	11,5	5,36	3,7	6,0
Branntwein	3,9	3,5	3,6	6,5	6,7	18,73	16,8	10,3
Nichtölhaltige Sämereien	.	11,4	13,3	15,5	9,8	10,25	7,4	3,7
Därme, Blasen, Mägen	.	2,2	3,3	2,8	4,1	6,87	8,1	8,2
Hülsenfrüchte z. Ernährung	.	4,4	0,44	1,31	10,1	2,2	1,5	0,76
Hülsenfrüchte z. Viehfütterung	.	5,3	16,1	8,2	6,7	5,46	7,6	12,6
Hopfen	.	.	.	.	.	10,1	7,4	9,6
Rohtabak	.	0,04	0,19	1,23	5,75	0,9	1,0	1,5
Lebende Pflanzen u. Erzeugnisse der Ziergärtnerei	.	.	.	.	.	5,6	7,3	10,4
Nahrungsmittel pflanzl. Ursprungs, insg.	.	.	.	461,06	556,72	467,54	417,63	415,02

Tabelle III: Fortsetzung

	1985	1988	1989	1990	1991	1992	1993	1994
Ausfuhr								
Gesamtausfuhr	2834,4	2888,3	4470,4	4690,7	8475,4	8233,0	9702,0	10353,0
davon:								
Güter der Land- und Ernährungswirtschaft	346,5	279,9	897,6	617,5	893,1	799,0	958,03	774,3
darunter:								
Fleisch und Fleischwaren	13,3	41,9	196,2	23,3	146,9	25,86	25,9	24,4
Schmalz, Talg u.a. tier. Öle und Fette zur Ernährung	20,3	4,6	3,2	1,5	0,02	0,72	1,7	1,5
Weizen	96,1	29,3	331,1	263,7	0,08	49,58	67,5	17,1
Gerste	18,3	28,1	47,3	23,3	0,06	2,71	91,3	3,6
Pflanzl. Öle und Fette zur Ernährung	24,8	3,4	8,0	5,2	14,9	25,61	30,7	67,1
Ölkuchen	61,7	25,9	18,2	1,1	7,3	64,55	72,9	76,6
Sonst. pflanzl. Nahrungsmittel	57,5	42,0	64,9	84,5	260,7	205,51	170,4	132,2
Müllereierzeugnisse	.	.	.	.	.	8,2	19,0	9,4
Nichtölhaltige Sämereien	.	.	.	.	.	6,1	6,7	8,4
Hopfen	.	.	.	.	.	3,1	5,4	4,2
Kaffee	12,5	7,6	21,4	17,3	28,0	36,72	63,0	63,1
Milch	1,2	4,3	2,3	1,9	2,9	5,8	1,6	2,1
Butter	0,006	18,6	19,5	1,3	10,1	0,53	0,1	0,06

Tabelle III: Fortsetzung

	1985	1988	1989	1990	1991	1992	1993	1994
Käse	0,7	12,1	13,3	1,7	45,0	44,07	47,3	27,7
Kakaoerzeugnisse	10,3	10,5	20,6	24,5	44,0	48,26	37,3	34,9
Zucker	0,6	5,4	18,3	0,7	0,9	17,88	11,9	1,0
Margarine u. ähnl. Speisefette	4,7	8,4	9,8	5,7	17,6	30,54	27,2	30,5
Bier	2,3	3,6	6,9	15,1	24,5	11,58	6,0	2,2
Wein	0,2	1,4	24,8	10,4	4,5	0,42	1,0	1,5
Branntwein	0,2	0,6	29,0	13,9	0,9	1,66	1,1	1,4
Tabakerzeugnisse	.	4,3	7,5	18,1	45,5	48,36	11,6	9,2
Rindvieh	.	1,2	0,78	0,97	27,2	5,71	0,8	0,3
Schweine	.	-	0,02	1,6	7,8	0,16	0,05	0,1
Därme	.	0,08	0,14	4,4	10,45	17,48	21,5	19,5
Fisch und Fischzubereitungen	.	0,87	1,16	10,15	51,9	35,4	33,9	32,8
Fischmehl	.	9,54	12,9	3,3	8,98	20,73	27,8	64,3
Südfrüchte	.	2,8	6,3	38,45	27,63	11,07	13,4	20,4
Gemüse-, Obstkonserven, Fruchtsäfte, u. dgl.	.	3,9	3,5	13,1	36,76	23,42	26,2	22,7
Lebende Tiere, insg.	.	.	.	2,89	38,01	9,6	4,8	7,9
Nahrungsmittel tier. Ursprungs, insg.	.	.	.	50,44	282,32	151,23	162,2	175,8
Nahrungsmittel pflanzl. Ursprungs, insg.	.	.	.	481,28	457,26	534,53	691,9	489,7
Genußmittel, insg.	.	.	.	82,88	115,54	103,59	99,2	100,9

Tabelle III: Fortsetzung

	1985	1988	1989	1990	1991	1992	1993	1994
Einfuhr- (-) bzw. Ausfuhr- (+) Überschuß								
Insgesamt	-246,0	-22,7	+890,4	-472,9	+1225,0	-54,0	+1063,0	+232,0
Land- und Ernährungswirtschaft	-323,3	-303,7	+155,5	-253,5	-62,5	-96,0	+164,0	-26,0
Anteil Polens am Agraraußenhandel der Bundesrepublik Deutschland, %								
Einfuhr	1,2	1,1	1,3	1,5	1,4	1,3	1,3	1,3
Ausfuhr	1,2	0,96	2,8	2,0	2,5	2,2	2,8	2,1
Anteil des Agraraußenhandels am Gesamthandel mit Polen, %								
Einfuhr	21,7	20,0	20,7	16,9	13,2	10,8	8,8	7,9
Ausfuhr	12,2	9,7	20,1	13,2	10,5	9,7	9,9	7,5

Quellen: Statistisches Bundesamt Wiesbaden und BML 216 vom 1. Juli 1993, 9.2.1995 und 6.7.1995.

Tabelle IV: Der Agraraußenhandel der Bundesrepublik Deutschland mit Rumänien (in Mio. DM)

	1985	1988	1989	1990	1991	1992	1993	1994
Einfuhr								
Gesamteinfuhr	1593,8	1388,8	1538,8	1116,4	1212,8	1254,0	1370,0	1826,0
davon:								
Güter der Land- und Ernährungswirtschaft	130,4	85,8	83,9	34,9	76,6	80,0	66,1	67,1
darunter:								
Fleisch und Fleischwaren	54,9	38,0	37,0	5,0	26,2	27,42	19,1	19,4
Mais	9,6	4,5	3,1	3,5	4,7	7,55	2,6	2,2
Gemüse u. sonst. Küchengewächse	21,1	10,7	11,9	3,8	5,3	8,26	7,0	10,9
Obst, außer Südfrüchten	12,3	6,8	6,8	7,3	18,4	7,54	10,2	7,8
Gemüse-, Obstkonserven, Fruchtsäfte u. dgl.	3,7	2,2	1,9	0,2	2,1	7,53	5,3	6,2
Wein	11,9	10,3	9,5	9,6	9,5	12,12	13,4	12,2
Fisch u. Fischzubereitungen	2,5	1,7	1,2	0,61	0,94	1,18	0,06	0,5
Honig	4,5	3,7	2,3	0,88	1,23	1,27	1,2	1,8

Tabelle IV: Fortsetzung

	1985	1988	1989	1990	1991	1992	1993	1994
Sonstige pflanzliche Nahrungsmittel	.	.	.	.	.	1,76	1,1	1,2
Lebende Pflanzen und Erzeugnisse der Ziergärtnerei	1,06	1,44	2,7	0,06	0,46	1,23	0,9	0,5
Därme, Blasen, Mägen	.	1,48	2,2	2,25	2,56	1,75	0,7	1,1
Nahrungsmittel pflanzl. Ursprungs, insg.	.	.	.	16,32	36,01	34,96	29,0	31,0
Nahrungsmittel tier. Ursprungs, insg.	.	.	.	.	30,90	31,62	21,1	22,9
Genußmittel, insgesamt	.	.	.	.	.	13,7	13,4	12,2
Ausfuhr								
Gesamtausfuhr	915,5	572,3	583,8	1114,0	1215,1	1326,0	1806,0	2007,0
davon:								
Güter der Land- und Ernährungswirtschaft	28,6	35,8	59,0	239,3	120,6	95,0	70,3	82,5
darunter:								
Fleisch und Fleischwaren	2,4	0,05	53,1	158,4	9,7	7,59	1,4	2,4
Fischmehl u. dgl.	4,8	0,0	2,1	13,5	8,8	0,03	3,3	7,4
Pflanzl. Öle und Fette zur Ernährung	2,4	0,03	0,22	0,1	0,44	1,32	2,4	2,2
Sonst. pflanzl. Nahrungsmittel	7,0	1,03	0,9	23,6	10,5	11,99	15,3	20,2

Tabelle IV: Fortsetzung

	1985	1988	1989	1990	1991	1992	1993	1994
Kaffee	6,0	0,035	0,12	1,2	1,9	1,64	1,5	4,7
Milch	1,32	30,59	0,1	0,8	11,1	9,45	1,6	2,0
Kakaoerzeugnisse	0,19	2,3	0,2	8,9	2,6	3,91	5,7	8,6
Mais	0,08	0,16	0,01	0,54	0,05	0,12	0,09	0,1
Zucker	0,91	0,22	0,03	0,49	0,44	10,70	3,9	8,1
Butter	.	-	-	16,4	19,95	0,98	0,9	1,6
Käse	.	.	.	.	.	0,50	1,6	2,1
Weizen	-	-	-	0,02	10,99	0,05	-	-
Roggen	-	-	-	0,46	10,54	0,004	-	-
Gerste	-	-	-	1,39	7,07	-	6,4	-
Kartoffeln	-	-	-	0,03	8,05	1,46	0,3	-
Nichtölhaltige Sämereien	.	.	.	.	.	0,11	1,6	1,1
Gemüse-, Obstkonserven, Fruchtsäfte und dgl.	.	.	.	.	.	1,50	1,8	1,2
Sonstige Abfallerzeugnisse zur Viehfütterung	.	.	.	.	.	2,25	3,9	4,1
Tabakerzeugnisse	.	0,1	0,03	2,15	7,83	29,19	8,8	2,5
Bier	.	0,1	0,17	1,69	2,66	3,66	2,8	3,2
Branntwein	.	0,005	0,005	0,56	2,91	3,31	1,5	2,0
Nahrungsmittel tier. Ursprungs, insg.	.	.	.	192,06	50,16	19,16	9,2	17,7

Tabelle IV: Fortsetzung

	1985	1988	1989	1990	1991	1992	1993	1994
Nahrungsmittel pflanzl. Ursprungs, insg.	.	.	.	41,47	54,94	37,80	44,3	49,0
Genußmittel, insg.	.	.	.	5,77	15,44	38,26	16,5	15,2
Einfuhr- (-) bzw. Ausfuhr- (+) Überschuß								
Insgesamt	-678,3	-816,6	-955,0	-2,4	+2,3	+72,0	+436,0	+181,0
Land- und Ernährungswirtschaft	-101,8	-50,0	-24,9	+204,4	+44,0	+15,0	+6,2	+15,4
Anteil Rumäniens am Agraraußenhandel der Bundesrepublik								
Deutschland, %								
Einfuhr	0,2	0,16	0,1	0,1	0,1	0,1	0,1	0,1
Ausfuhr	0,1	0,12	0,1	0,8	0,3	0,3	0,2	0,2
Anteil des Agraraußenhandels am Gesamthandel mit Rumänien, %								
Einfuhr	8,2	6,17	5,5	3,1	6,3	6,4	4,7	3,7
Ausfuhr	3,1	6,25	10,1	21,5	9,9	7,2	3,9	4,1

Quellen: Statistisches Bundesamt Wiesbaden und BML 216 vom 2.7.1993, 9.2.1995 und 6.7.1995.

Tabelle V: Der Agraraußenhandel der Bundesrepublik Deutschland mit der Sowjetunion (in Mio. DM) (1985 - 1991)

	1985	1986	1987	1988	1989	1990	1991
Einfuhr							
Gesamteinfuhr	13628,5	9298,5	7260,6	6878,9	8556,1	9116,9	14152,4
davon: Güter der Land- und Ernährungswirtschaft	105,0	81,0	74,4	90,5	101,8	105,8	171,1
darunter:							
Fisch u. Fischzubereitungen	18,7	18,5	12,4	11,63	17,6	20,3	43,0
Honig	23,1	10,4	9,2	9,6	11,4	10,6	8,9
Gemüse u. sonst. Küchengewächse	3,9	4,1	1,5	2,55	3,11	7,54	11,3
Obst, außer Südfrüchten	6,3	3,6	3,8	5,39	4,57	4,69	8,47
Gemüse-, Obstkonserven, Fruchtsäfte u. dgl.	1,5	2,1	5,7	11,6	6,1	9,9	39,7
Branntwein	12,3	13,1	14,6	15,8	16,6	17,0	17,6
Wein	19,4	18,7	18,6	16,92	20,0	18,4	14,6
Därme	2,2	1,7	2,7	3,38	6,05	5,91	3,93
Pflanzliche Öle und Fette zur Ernährung	10,5	0,9	1,1	0,76	4,05	0,09	2,29

Tabelle V: Fortsetzung

	1985	1986	1987	1988	1989	1990	1991
Sonst. pflanzl. Nahrungsmittel	1,9	3,1	1,5	3,19	7,02	1,84	2,33
Hopfen	-	-	-	6,39	0,99	0,33	3,90
Nichtölhaltige Sämereien	.	.	0,51	0,8	0,63	4,67	6,13
Pferde	.	.	.	0,86	1,04	1,59	1,16
Sonstige Abfallerzeugnisse zur Viehfütterung	.	.	.	0,05	-	0,001	2,72
Nahrungsmittel pflanzl. Ursprungs, insg.	.	.	.	.	.	30,22	75,66
Ausfuhr							
Gesamtausfuhr	10527,2	9373,5	7845,6	9423,8	11525,4	10360,9	17683,9
davon: Güter der Land- und Ernährungswirtschaft	353,8	514,4	467,9	443,7	698,9	884,2	1818,0
dar.:							
Rindvieh	13,6	11,3	11,6	10,82	15,5	10,3	10,9
Butter	0,0	84,2	81,0	110,6	151,3	58,2	237,1
Fleisch und Fleischwaren	19,7	50,6	0,1	34,8	50,0	502,2	825,8
Weizen	33,0	297,4	139,4	214,7	259,6	2,2	3,4
Gerste	124,1	14,0	24,0	11,62	68,4	135,7	4,4

Tabelle V: Fortsetzung

	1985	1986	1987	1988	1989	1990	1991
Müllereierzeugnisse	0,0	-	-	0,0	0,04	3,08	51,24
Zucker	0,0	3,6	-	22,03	16,5	1,4	25,5
Pflanzliche Öle u. Fette zur Ernährung	20,8	7,7	10,1	7,4	23,1	13,2	0,4
Margarine u. ähnl. Speisefette	0,0	29,8	1,0	3,11	6,8	9,4	1,2
Ölkuchen	97,2	6,0	169,5	-	-	30,5	4,2
Sonst. pflanzl. Nahrungsmittel	6,9	2,1	8,5	10,9	18,9	34,3	87,4
Milch	0,0	-	6,6	9,50	66,5	22,8	119,59
Kakaoerzeugnisse	0,0	0,0	1,7	2,63	4,35	2,94	5,09
Ölfrüchte zur Ernährung	0,0	0,0	3,95	-	0,001	0,002	0,316
Bier	0,8	1,1	0,7	1,46	2,10	3,2	16,88
Tabakerzeugnisse	.	.	1,79	0,85	1,18	20,63	101,92
Hopfen	.	.	-	-	3,4	6,64	22,08
Kaffee	.	.	0,49	0,77	2,55	2,60	1,29
Wein	.	.	.	0,05	0,133	0,273	1,63
Käse	.	.	.	0,06	2,373	15,917	5,62
Fisch und Fischzubereitungen	.	.	.	0,01	0,104	0,220	23,47
Eier, Eigelb, Eiweiß	.	.	.	0,178	0,195	0,040	12,93

Tabelle V: Fortsetzung

	1985	1986	1987	1988	1989	1990	1991
Fischmehl u. dgl.	.	.	.	-	-	-	0,64
Reis	.	.	.	0,072	0,067	0,055	18,77
Kartoffeln	.	.	.	0,027	0,010	-	124,99
Nahrungsmittel tier. Ursprungs, insg.	.	.	.	.	-	237,0	430,4
Einfuhr- (-) bzw. Ausfuhr- (+) Überschuß							
Insgesamt	-3101,3	+75,0	+585,0	+2546,1	+2969,3	+1244,0	+3531,5
Land- und Ernährungswirtschaft	+248,8	+433,4	+393,5	+353,2	+597,1	+778,4	+1646,9
Anteil der Sowjetunion am Agraraußenhandel der Bundesrepublik Deutschland, %							
Einfuhr	0,2	0,1	0,1	0,2	0,2	0,2	0,3
Ausfuhr	1,3	1,9	1,7	1,53	2,2	2,8	5,1
Anteil des Agraraußenhandels am Gesamthandel mit der Sowjetunion, %							
Einfuhr	0,8	0,9	1,0	1,31	1,2	1,2	1,2
Ausfuhr	3,4	5,5	6,0	4,70	6,1	8,5	10,3

Quellen: Statistisches Bundesamt Wiesbaden und BML 216 vom 27. Mai 1992.

Tabelle VI: Der Agraraußenhandel der Bundesrepublik Deutschland mit Rußland (in Mio. DM)

	1992	1993 (Mai - Dezember)	1994
Einfuhr			
Gesamteinfuhr	7573,0	10720,0	13155,0
davon:			
Güter der Land- und Ernährungswirtschaft	75,2	124,7	153,1
darunter:			
Pferde	0,47	0,6	0,6
Sonstige lebende Tiere	0,14	0,08	0,08
Lebende Tiere, insg.	0,61	0,6	0,6
Milchpulver	0,29	0,8	2,0
Därme, Blasen, Mägen	0,63	0,3	1,0
Fisch und Fischzubereitungen	44,25	77,7	75,8
Honig	2,69	1,2	0,9
Fischmehl u. dgl.	0,97	0,4	0,05
Nahrungsmittel tierischen Ursprungs, insg.	48,90	80,8	79,8
Gemüse und sonstige Küchengewächse	1,54	4,1	7,5
Obst, außer Südfrüchten	1,71	1,1	1,5
Gemüse-, Obstkonserven, Fruchtsäfte u. dgl.	6,27	14,9	11,7
Ölfrüchte zur Ernährung	1,19	2,0	33,4
Sonstige pflanzliche Nahrungsmittel	1,69	4,6	2,4
Nahrungsmittel pflanzlichen Ursprungs, insg.	13,61	28,6	59,0
Branntwein (100 % Alkohol)	11,07	13,7	12,9
Wein	0,99	0,96	0,83
Genußmittel, insg.	12,11	14,7	13,8

Tabelle VI: Fortsetzung

	1992	1993 (Mai - Dezember)	1994
Ausfuhr			
Gesamtausfuhr	6354,0	11393,0	10754,0
davon:			
Güter der Land- und Ernährungswirtschaft	963,4	1910,4	1924,1
darunter:			
Rindvieh	1,25	1,3	2,5
Sonstige lebende Tiere	1,57	1,6	0,6
Lebende Tiere, insg.	2,82	2,96	3,26
Milch	33,11	83,0	8,2
Butter	25,12	65,9	10,8
Käse	29,85	48,1	108,6
Fleisch und Fleischwaren	170,67	431,9	255,3
Därme, Blasen, Mägen	0,9	0,7	2,9
Fisch und Fischzubereitungen	1,33	6,7	17,3
Fischmehl und dgl.	0,30	0,03	19,6
Nahrungsmittel tierischen Ursprungs, insg.	260,775	637,9	424,7
Weizen	49,5	59,4	15,9
Roggen	57,16	60,2	-
Gerste	51,42	4,2	0,02
Müllereierzeugnisse	62,91	5,5	2,0
Nichtölhaltige Sämereien	4,21	6,4	6,5
Kartoffeln	2,59	1,0	0,4
Gemüse und sonstige Küchengewächse	0,32	1,2	7,4
Obst, außer Südfrüchten	0,18	1,2	16,9
Südfrüchte	1,03	2,6	8,7
Gemüse-, Obstkonserven, Fruchsäfte und dgl.	6,25	57,0	86,9
Kakaoerzeugnisse	54,6	143,8	356,7
Zucker	69,86	205,6	46,0
Pflanzliche Öle und Fette zur Ernährung	6,76	15,3	13,5

Tabelle VI: Fortsetzung

	1992	1993 (Mai - Dezember)	1994
Margarine und ähnliche Speisefette	25,29	41,7	17,0
Sonstige pflanzliche Nahrungsmittel	71,21	199,5	294,7
Nahrungsmittel pflanzlichen Ursprungs, insg.	464,63	810,6	877,7
Kaffee	11,19	14,3	14,8
Tee	1,3	5,1	8,9
Tabakerzeugnisse	86,41	127,1	125,7
Bier	48,53	36,6	93,7
Branntwein (100 % Alkohol)	81,14	228,5	281,8
Wein	6,6	42,7	90,5
Genußmittel, insg.	235,19	459,0	618,5
Einfuhr- (-) bzw. Ausfuhr- (+) Überschuß			
Insgesamt	-1219,0	+673,0	-2401,0
Land- und Ernährungswirtschaft	+888,0	+1786,0	+1771,0
Anteil Rußlands am Agraraußenhandel der Bundesrepublik Deutschland, %			
Einfuhr	0,2	0,2	0,2
Ausfuhr	4,0	5,5	5,3
Anteil des Agraraußenhandels am Gesamthandel mit Rußland, %			
Einfuhr	1,0	1,2	1,2
Ausfuhr	15,2	16,8	17,9

Quellen: Statistisches Bundesamt Wiesbaden und BML 216 vom 6. Juli 1993, 7.2.1995 und 6.7.1995.

Tabelle VII: Der Agraraußenhandel der Bundesrepublik Deutschland mit der Ukraine (in Mio. DM)

	1992	1993 (Mai - Dezember)	1994
Einfuhr			
Gesamteinfuhr	321,0	414,0	504,0
davon:			
Güter der Land- und Ernährungswirtschaft	20,1	30,5	38,0
darunter:			
Pferde	0,118	0,28	0,15
Lebende Tiere, insg.	0,119	0,28	0,16
Milchpulver	-	0,01	2,78
Därme, Blasen, Mägen	0,181	0,08	0,13
Eier, Eiweiß, Eigelb	0,178	1,03	0,53
Nahrungsmittel tierischen Ursprungs, insg.	0,361	1,12	3,5
Hülsenfrüchte zur Viehfütterung	0,189	1,0	4,57
Gemüse und sonstige Küchengewächse	0,024	0,27	0,33
Obst, außer Südfrüchten	0,158	0,1	0,09
Gemüse-, Obstkonserven, Fruchtsäfte und dgl.	5,124	9,38	9,79
Ölfrüchte zur Ernährung	0,389	2,11	3,73
Sonstige pflanzliche Nahrungsmittel	0,027	0,02	0,11
Nahrungsmittel pflanzlichen Ursprungs, insg.	6,027	13,22	19,91
Hopfen	1,813	2,26	0,10
Branntwein (100 % Alkohol)	0,288	0,22	0,24
Wein	11,513	13,36	14,09
Genußmittel, insg.	13,614	15,84	14,43

Tabelle VII: Fortsetzung

	1992	1993 (Mai - Dezember)	1994
Ausfuhr			
Gesamtausfuhr	959,0	1541,0	1773,0
davon:			
Güter der Land- und Ernährungswirtschaft	103,3	93,2	100,5
darunter:			
Rindvieh	0,085	0,29	3,07
Schweine	0,022	-	0,04
Lebende Tiere, insg.	0,107	0,29	3,33
Milch	0,024	0,81	0,37
Käse	0,343	0,56	1,22
Fleisch und Fleischwaren	0,428	3,00	4,83
Fisch und Fischzubereitungen	0,026	0,44	0,85
Nahrungsmittel tierischen Ursprungs, insg.	0,865	4,84	7,50
Weizen	71,505	29,63	0,02
Roggen	-	1,72	-
Nichtölhaltige Sämereien	1,738	12,60	3,39
Südfrüchte	0,155	0,37	0,39
Gemüse-, Obstkonserven, Fruchtsäfte und dgl.	0,248	1,51	4,52
Kakaoerzeugnisse	8,822	4,33	7,73
Zucker	3,852	0,34	0,01
Margarine und ähnliche Speisefette	0,124	0,23	0,51
Sonstige pflanzliche Nahrungsmittel	4,902	7,15	21,97
Nahrungsmittel pflanzlichen Ursprungs, insg.	91,490	60,88	40,18
Kaffee	1,631	1,73	0,72
Tabakerzeugnisse	3,467	10,10	27,66
Bier	1,416	2,67	5,30
Branntwein (100 % Alkohol)	4,096	9,33	9,39
Wein	0,202	2,90	4,39
Genußmittel, insg.	10,848	27,19	49,46

Tabelle VII: Fortsetzung

	1992	1993 (Mai - Dezember)	1994
Einfuhr- (-) bzw.			
Ausfuhr- (+) Überschuß			
Insgesamt	+638,0	+1127,0	+1269,0
Land- und Ernährungswirtschaft	+83,2	+62,7	+62,5
Anteil der Ukraine am Agraraußenhandel			
der Bundesrepublik Deutschland, %			
Einfuhr	0,0	0,1	0,1
Ausfuhr	0,3	0,3	0,3
Anteil des Agraraußenhandels			
am Gesamthandel mit der Ukraine, %			
Einfuhr	6,3	7,4	7,5
Ausfuhr	10,8	6,0	5,7

Quellen: Statistisches Bundesamt Wiesbaden und BML 216 vom 5. Juli 1993, 7.2.1995 und 6.7.1995.

Tabelle VIII: Der Agraraußenhandel der Bundesrepublik Deutschland mit der Tschechoslowakei (in Mio. DM) (1985 - 1992)

	1985	1986	1987	1988	1989	1990	1991	1992
Einfuhr								
Gesamteinfuhr	2505,4	2197,2	2108,1	2198,9	2493,1	2703,5	5098,7	7281,0
davon:								
Güter der Land- und Ernährungswirtschaft	182,1	168,6	169,4	188,4	243,2	231,7	328,0	380,0
darunter:								
Fleisch und Fleischwaren	76,0	78,1	82,4	79,2	107,0	80,5	50,8	39,41
Fisch u. Fischzubereitungen	6,3	7,9	6,1	6,5	7,7	6,7	10,33	14,21
Milch	.	.	.	0,0	9,24	0,84	0,70	1,06
Eier, Eiweiß, Eigelb	7,6	6,4	4,1	0,70	1,8	1,74	2,47	2,55
Malz	10,0	6,8	4,2	2,32	1,4	5,5	14,0	5,29
Gemüse u. sonst. Küchengewächse	6,5	3,7	4,1	4,3	4,1	3,8	4,4	3,11
Obst, außer Südfrüchten	14,6	11,7	10,4	13,2	15,9	13,5	37,7	14,3
Gemüse-, Obstkonserven, Fruchtsäfte u. dgl.	12,1	7,3	8,6	12,7	14,7	13,6	27,2	15,70
Hopfen	11,7	10,7	15,1	23,8	23,6	32,4	40,1	42,32
Bier	11,4	11,6	12,1	14,3	16,9	19,2	34,3	41,64
Pferde	1,1	1,3	1,2	1,4	1,9	2,2	1,90	1,94
Rinder	2,3	1,76	1,9	2,4	1,9	4,6	2,20	25,67
Sonstige lebende Tiere	0,71	1,19	1,49	1,51	1,9	1,8	5,83	4,91

Tabelle VIII: Fortsetzung

	1985	1986	1987	1988	1989	1990	1991	1992
Honig	6,08	3,44	4,49	8,13	8,05	8,85	11,90	6,17
Kakaoerzeugnisse	2,14	2,08	2,096	1,97	1,95	2,79	3,03	4,15
Ölfrüchte zur Ernährung	-	0,53	0,94	1,36	3,14	4,06	5,58	16,35
Sonst. pflanzl. Nahrungsmittel	2,67	2,62	1,78	2,03	2,58	3,11	6,72	11,54
Sonstige Abfallerzeugnisse zur Viehfütterung	.	.	0,45	0,94	2,55	6,38	12,67	20,23
Butter	.	.	.	-	0,254	0,102	0,623	0,988
Käse	.	.	.	0,309	2,308	1,768	0,933	1,399
Hülsenfrüchte zur Ernährung	.	.	.	2,861	2,264	2,994	3,710	5,02
Hülsenfrüchte zur Viehfütterung	.	.	.	1,381	1,439	4,763	17,442	46,99
Ölfrüchte zur Ernährung	.	.	.	1,360	3,143	4,058	5,585	16,35
Ölkuchen	.	.	.	-	3,103	1,144	15,966	36,60
Nichtölhaltige Sämereien	.	.	.	.	.	1,85	2,46	3,68
Lebende Tiere	.	.	.	.	.	8,78	13,33	32,60
Nahrungsmittel tier. Ursprungs, insg.	.	.	.	.	.	101,68	79,08	67,15
Nahrungsmittel pflanzl. Ursprungs, insg.	.	.	.	.	.	68,76	159,21	190,05
Genußmittel, insg.	.	.	.	.	.	52,50	76,44	90,31

Tabelle VIII: Fortsetzung

	1985	1986	1987	1988	1989	1990	1991	1992
Ausfuhr								
Gesamtausfuhr	2324,9	2293,6	2434,8	2438,6	2734,4	3080,1	4966,1	8241,0
davon:								
Güter der Land- und Ernährungswirtschaft	106,9	79,8	83,9	116,0	147,1	104,5	213,0	351,0
dar.:								
Käse	3,3	3,0	2,2	2,0	2,6	1,04	2,36	4,89
Fleisch und Fleischwaren	2,2	2,0	2,3	2,2	1,5	0,71	1,75	3,64
Fisch u. Fischzubereitungen	20,7	11,5	12,4	13,6	8,8	7,8	7,9	10,27
Fischmehl u. dgl.	43,8	30,7	27,2	42,9	34,7	24,1	32,4	25,85
Kakaoerzeugnisse	4,2	4,1	4,8	4,81	4,0	4,62	5,39	14,39
Zucker	0,5	1,1	0,4	0,6	53,1	18,3	7,0	4,81
Pflanzliche Öle u. Fette zur Ernährung	1,7	1,0	0,9	2,2	0,99	0,75	12,78	11,26
Sonst. pflanzl. Nahrungsmittel	13,6	14,1	12,4	11,2	14,8	14,1	39,27	85,57
Kaffee	5,4	3,2	3,1	3,77	3,84	5,25	2,59	4,41
Rinder	2,7	1,4	1,4	0,68	1,14	1,2	0,89	3,15
Sonstige lebende Tiere	0,108	0,182	0,174	1,38	0,46	1,1	4,46	6,98
Butter	-	-	-	2,91	1,62	0,009	0,114	0,176
Weizen	-	-	-	3,98	-	-	-	-
Gerste	0,07	0,03	0,16	2,03	0,04	0,005	0,094	0,020

Tabelle VIII: Fortsetzung

	1985	1986	1987	1988	1989	1990	1991	1992
Roggen	0,58	1,0	4,57	0,97	1,07	1,10	1,16	-
Ölkuchen	-	0,34	4,82	12,29	7,8	4,2	22,6	28,47
Tabakerzeugnisse	1,60	1,16	2,16	2,05	2,22	3,63	5,98	20,03
Därme	.	.	.	0,015	-	0,471	6,49	7,06
Gewürze	.	.	.	0,041	0,053	0,428	4,57	3,75
Branntwein	.	.	.	0,016	0,034	0,709	5,49	8,48
Wein	.	.	.	0,056	0,053	0,233	0,413	0,572
Nichtölhaltige Sämereien	.	.	.	.	.	1,76	7,58	17,21
Gemüse- und sonst. Küchengewächse	.	.	.	.	.	0,3	2,04	4,28
Gemüse-, Obstkonserven, Fruchtsäfte u. dgl.	.	.	.	.	.	0,80	3,59	4,44
Hopfen	.	.	.	.	.	0,77	1,71	12,28
Lebende Tiere, insg.	.	.	.	.	.	3,07	6,02	11,01
Nahrungsmittel tier. Ursprungs, insg.	.	.	.	.	.	34,90	51,77	54,21
Nahrungsmittel pflanzl. Ursprungs, insg.	.	.	.	.	.	55,81	138,04	239,08
Genußmittel, insg.	.	.	.	.	.	10,67	17,16	46,81

Tabelle VIII: Fortsetzung

	1985	1986	1987	1988	1989	1990	1991	1992
Einfuhr- (-) bzw. Ausfuhr- (+) Überschuß								
Insgesamt	-180,5	+96,4	+326,7	+238,2	+241,3	+376,6	-132,6	+960,0
Land- und Ernährungswirtschaft	-75,2	-88,8	-85,5	-72,5	-96,1	-127,2	-115,0	-29,0
Anteil der Tschechoslowakei am Agraraußenhandel der Bundesrepublik Deutschland, %								
Einfuhr	0,3	0,3	0,3	0,4	0,4	0,4	0,5	0,5
Ausfuhr	0,4	0,3	0,3	0,2	0,5	0,3	0,6	0,9
Anteil des Agraraußenhandels am Gesamthandel mit der Tschechoslowakei, %								
Einfuhr	7,3	7,7	8,8	8,6	9,8	8,6	6,4	5,2
Ausfuhr	4,6	3,5	3,4	4,8	5,4	3,4	4,3	4,3

Quellen: Statistisches Bundesamt Wiesbaden und BML 216 vom 27.5.1992 und 1.7.1993.

Tabelle IX: Der Agraraußenhandel der Bundesrepublik Deutschland mit der Slowakei (in Mio. DM)

	1993	1994
Einfuhr		
Gesamteinfuhr	1491,0	2193,0
davon:		
Güter der Land- und Ernährungswirtschaft	25,3	41,8
darunter:		
Pferde	0,44	0,5
Rindvieh	2,62	1,3
Sonstige lebende Tiere	0,85	0,7
Lebende Tiere, insg.	3,91	2,5
Milchpulver	0,07	0,8
Käse	0,28	1,2
Fleisch und Fleischwaren	4,82	5,2
Fisch und Fischzubereitungen	0,20	0,2
Honig	0,40	1,5
Nahrungsmittel tier. Ursprungs, insg.	5,90	8,9
Mais	0,39	0,5
Hülsenfrüchte zur Viehfütterung	2,24	6,4
Gemüse und sonstige Küchengewächse	0,46	0,5
Obst, außer Südfrüchten	1,45	1,7
Gemüse-, Obstkonserven, Fruchtsäfte und dgl.	1,06	0,9
Ölfrüchte zur Ernährung	0,46	3,0
Ölkuchen	2,89	5,0
Sonstige Abfallerzeugnisse zur Viehfütterung	0,55	1,8
Sonstige pflanzliche Nahrungsmittel	4,02	5,0
Nahrungsmittel pflanzlichen Ursprungs, insg.	14,11	26,3
Hopfen	1,04	3,9
Genußmittel, insg.	1,39	4,2

Tabelle IX: Fortsetzung

	1993	1994
Ausfuhr		
Gesamtausfuhr	1403,0	2034,0
davon:		
Güter der Land- und		
Ernährungswirtschaft	90,9	95,9
darunter:		
Rindvieh	0,39	0,9
Sonstige lebende Tiere	0,13	0,1
Lebende Tiere, insg.	0,55	1,2
Milch	0,84	1,1
Käse	1,57	3,3
Fleisch und Fleischwaren	1,03	3,8
Därme, Blasen, Mägen	0,85	1,3
Fisch und Fischzubereitungen	3,56	5,6
Fischmehl und dgl.	3,54	7,6
Nahrungsmittel tierischen Ursprungs, insg.	11,58	22,8
Weizen	12,26	1,3
Roggen	1,10	-
Gerste	2,45	3,7
Mais	0,88	0,6
Nichtölhaltige Sämereien	1,49	0,7
Kartoffeln	0,45	1,1
Gemüse u. sonstige Küchengewächse	0,31	1,2
Südfrüchte	0,44	0,8
Ölfrüchte zur Ernährung	0,27	1,3
Gemüse-, Obstkonserven, Fruchsäfte und dgl.	2,89	3,7
Kakaoerzeugnisse	3,86	6,7
Zucker	6,30	6,7
Pflanzliche Öle und Fette zur Ernährung	1,15	0,5
Margarine und ähnliche Speisefette	0,64	0,3
Ölkuchen	7,23	4,1
Sonstige Abfallerzeugnisse zur Viehfütterung	2,09	5,4
Sonstige pflanzliche Nahrungsmittel	22,86	22,6
Nahrungsmittel pflanzlichen Ursprungs, insg.	68,16	62,5

Tabelle IX: Fortsetzung

	1993	1994
Hopfen	2,03	2,4
Kaffee	1,65	1,9
Tabakerzeugnisse	5,12	2,9
Branntwein	1,58	0,8
Genußmittel, insg.	10,60	9,3
Einfuhr- (-) bzw.		
Ausfuhr- (+) Überschuß		
Insgesamt	-88,0	-159,0
Land- und Ernährungswirtschaft	+65,6	+54,1
Anteil der Slowakei am Agraraußenhandel		
der Bundesrepublik Deutschland, %		
Einfuhr	0,0	0,1
Ausfuhr	0,2	0,3
Anteil des Agraraußenhandels		
am Gesamthandel mit der Slowakei, %		
Einfuhr	1,7	1,9
Ausfuhr	6,5	4,7

Quellen: Statistisches Bundesamt Wiesbaden und BML 216 vom 9.2.1995 und 6.7.1995.

Tabelle X: Der Agraraußenhandel der Bundesrepublik Deutschland mit Tschechien (in Mio. DM)

	1993	1994
Einfuhr		
Gesamteinfuhr	6436,0	8494,0
davon:		
Güter der Land- und		
Ernährungswirtschaft	301,4	352,5
darunter:		
Pferde	1,27	0,7
Rindvieh	35,0	41,1
Sonstige lebende Tiere	6,79	6,3
Lebende Tiere, insg.	43,06	48,1
Milch	1,74	2,4
Butter	1,04	2,3
Käse	1,24	1,9
Fleisch und Fleischwaren	24,26	23,5
Därme, Blasen, Mägen	1,60	1,4
Fisch und Fischzubereitungen	12,53	19,6
Eier, Eiweiß, Eigelb	3,58	5,2
Honig	4,85	4,5
Nahrungsmittel tierischen Ursprungs, insg.	50,88	60,7
Gerste	-	4,0
Malz	6,14	6,2
Nichtölhaltige Sämereien	4,05	3,3
Hülsenfrüchte zur Ernährung	0,67	0,2
Hülsenfrüchte zur Viehfütterung	30,99	46,3
Gemüse und sonstige Küchengewächse	1,87	1,2
Obst, außer Südfrüchten	12,97	14,7
Gemüse-, Obstkonserven, Fruchtsäfte u. dgl.	4,92	11,1
Kakaoerzeugnisse	2,81	3,8
Ölfrüchte zur Ernährung	12,75	10,96
Ölkuchen	32,50	34,1
Sonstige Abfallerzeugnisse zur Viehfütterung	14,69	13,3
Sonstige pflanzliche Nahrungsmittel	6,52	12,2

Tabelle X: Fortsetzung

	1993	1994
Lebende Pflanzen und Erzeugnisse der Ziergärtnerei	1,55	1,3
Nahrungsmittel pflanzlichen Ursprungs, insg.	134,56	165,8
Hopfen	34,50	32,0
Bier	34,20	40,6
Branntwein	3,94	4,3
Genußmittel, insg.	72,88	77,8
Ausfuhr		
Gesamtausfuhr	7654,0	9650,0
davon:		
Güter der Land- und Ernährungswirtschaft	338,2	426,3
darunter:		
Pferde	0,35	0,6
Rindvieh	1,83	4,7
Sonstige lebende Tiere	1,84	2,0
Lebende Tiere, insg.	4,02	7,3
Milch	2,07	3,0
Butter	0,15	0,2
Käse	8,81	14,3
Fleisch und Fleischwaren	3,85	9,1
Därme, Blasen, Mägen	5,60	8,2
Fisch und Fischzubereitungen	9,63	13,2
Schmalz, Talg und andere tierische Öle und Fette zur Ernährung	1,03	1,7
Eier, Eiweiß, Eigelb	1,00	2,2
Fischmehl und dgl.	15,46	16,7
Nahrungsmittel tierischen Ursprungs, insg.	47,65	68,7
Weizen	10,28	12,2
Mais	0,20	0,96
Roggen	6,20	2,0
Gerste	24,32	10,3
Malz	1,59	0,07
Nichtölhaltige Sämereien	7,98	9,5

Tabelle X: Fortsetzung

	1993	1994
Kartoffeln	1,55	1,16
Gemüse und sonstige Küchengewächse	2,57	8,1
Obst, außer Südfrüchten	4,82	6,9
Südfrüchte	3,30	5,26
Gemüse-, Obstkonserven, Fruchsäfte und dgl.	14,19	28,9
Kakaoerzeugnisse	11,99	20,7
Gewürze	2,70	3,9
Zucker	4,81	4,1
Ölfrüchte zur Ernährung	1,31	1,9
Pflanzliche Öle und Fette zur Ernährung	6,74	16,7
Margarine und ähnliche Speisefette	13,02	4,0
Ölkuchen	28,00	31,96
Sonstige Abfallerzeugnisse zur Viehfütterung	26,05	25,5
Sonstige pflanzliche Nahrungsmittel	73,42	102,25
Lebende Pflanzen und Erzeugnisse der Ziergärtnerei	1,68	1,75
Nahrungsmittel pflanzlichen Ursprungs, insg.	247,47	299,1
Hopfen	5,73	8,1
Kaffee	13,04	12,65
Tabakerzeugnisse	13,76	19,2
Bier	0,17	0,2
Branntwein	5,73	6,6
Wein	0,55	0,8
Genußmittel, insg.	39,09	51,2
Einfuhr- (-) bzw. Ausfuhr- (+) Überschuß		
Insgesamt	+1218,0	+1156,0
Land- und Ernährungswirtschaft	+36,8	+73,8
Anteil Tschechiens am Agraraußenhandel der Bundesrepublik Deutschland, %		
Einfuhr	0,5	0,6
Ausfuhr	1,0	1,2

Tabelle X: Fortsetzung

	1993	1994
Anteil des Agraraußenhandels am Gesamthandel mit Tschechien, %		
Einfuhr	4,7	4,1
Ausfuhr	4,4	4,4

Quellen: Statistisches Bundesamt Wiesbaden und BML 216 vom 9.2.1995 und 6.7.1995.

Tabelle XI: Der Agraraußenhandel der Bundesrepublik Deutschland mit Ungarn (in Mio. DM)

	1985	1988	1989	1990	1991	1992	1993	1994
Einfuhr								
Gesamteinfuhr	2241,2	2262,6	2676,6	3254,1	4277,0	4623,0	4526,0	5408,0
davon:								
Güter der Land- und Ernährungswirtschaft	540,6	439,0	544,3	568,9	844,6	796,0	651,3	757,7
darunter:								
Rindvieh	.	.	0,4	0,3	9,7	11,8	10,05	10,6
Sonstige lebende Tiere	9,1	16,9	10,6	6,2	8,1	3,38	2,87	1,6
Fleisch und Fleischwaren	266,4	160,9	224,9	251,6	337,9	322,03	282,5	321,2
Honig	9,0	9,8	14,5	9,3	7,8	5,93	8,0	7,6
Weizen	.	.	.	.	.	0,02	0,00	14,7
Mais	20,5	18,1	16,3	14,7	32,5	26,53	22,49	19,4
Gemüse u. sonst. Küchengewächse	42,4	55,62	53,3	57,3	63,1	64,73	52,83	63,4
Obst, außer Südfrüchten	26,1	28,1	40,7	44,7	102,0	57,73	33,93	50,97
Gemüse-, Obstkonserven, Fruchtsäfte u. dgl.	21,1	36,0	46,0	57,1	124,2	111,03	53,70	65,1
Ölfrüchte zur Ernährung	58,7	24,5	27,1	24,7	27,6	31,59	65,15	79,5
Sonst. pflanzl. Nahrungsmittel	11,4	8,5	12,2	19,2	31,4	37,02	30,73	39,96
Wein	28,8	16,8	14,5	12,9	17,1	24,99	28,00	22,1
Fisch u. Fischzubereitungen	3,2	2,9	3,1	2,24	3,57	5,14	4,11	10,7
Hülsenfrüchte zur Ernährung	6,2	10,2	17,9	4,8	4,8	12,74	0,94	0,6

Tabelle XI: Fortsetzung

	1985	1988	1989	1990	1991	1992	1993	1994
Gewürze	7,3	10,3	11,5	14,7	16,61	18,85	15,41	14,3
Sonstige Abfallerzeugnisse zur Viehfütterung	3,0	6,6	9,6	7,3	8,03	6,59	4,07	2,1
Pflanzliche Öle u. Fette zur Ernährung	.	5,5	1,7	2,9	0,77	0,38	0,48	0,49
Pferde	.	0,501	0,448	0,365	0,96	1,02	0,55	0,53
Käse	.	0,882	0,840	0,757	0,61	0,27	0,73	1,2
Därme, Blasen, Mägen	.	2,151	2,089	3,666	4,62	8,34	5,14	4,1
Schmalz, Talg u.a. tier. Öle und Fette zur Ernährung	.	0,896	1,232	1,224	2,64	1,9	1,85	1,5
Nichtölhaltige Sämereien	.	6,986	7,980	9,616	7,31	10,18	4,29	6,2
Hülsenfrüchte z. Viehfütterung	.	1,907	1,758	7,193	12,73	10,63	5,25	2,2
Ölkuchen	.	-	0,019	-	2,21	2,46	0,25	0,17
Rohtabak	.	1,310	2,420	3,227	4,46	3,93	4,75	1,0
Tabakerzeugnisse	.	.	.	.	.	0,00	0,3	2,9
Branntwein	.	1,060	2,075	1,788	1,3	1,10	1,99	1,0
Hopfen	.	.	.	1,86	0,49	2,19	0,52	0,4
Lebende Tiere, insg.	.	.	.	6,86	18,95	16,25	13,47	12,8
Nahrungsmittel tier. Ursprungs, insg.	.	.	.	269,55	357,84	344,81	302,77	346,6

Tabelle XI: Fortsetzung

	1985	1988	1989	1990	1991	1992	1993	1994
Nahrungsmittel pflanzl. Ursprungs, insg.	.	.	.	272,68	444,37	402,4	299,70	370,9
Genußmittel, insg.	.	.	.	19,78	23,42	32,29	35,35	27,5
Gesamtausfuhr	3062,6	2759,3	3651,2	3364,6	4220,0	4687,0	5158,0	6376,0
davon:								
Güter der Land- und Ernährungswirtschaft	93,0	85,2	109,1	88,9	122,1	196,0	260,6	319,8
darunter:								
Rindvieh	.	.	.	.	.	0,16	0,22	0,32
Sonstige lebende Tiere	.	.	.	0,46	0,56	2,19	0,33	1,1
Fleisch und Fleischwaren	5,1	7,3	17,0	0,7	1,1	5,65	18,26	38,7
Honig	.	.	.	.	.	0,00	4,01	4,4
Gerste	0,1	0,81	-	3,0	8,9	0,002	9,41	25,75
Mais	0,6	0,79	2,5	1,05	2,33	0,53	1,51	1,4
Fischmehl u. dgl.	42,0	39,7	46,4	15,8	3,8	25,88	20,86	28,0
Nichtölhaltige Sämereien	11,3	6,4	4,0	4,1	9,79	10,36	11,84	7,6
Sonst. pflanzl. Nahrungsmittel	13,2	10,2	9,9	15,0	34,5	62,07	77,07	81,4
Hopfen	3,7	0,78	1,40	1,49	6,87	5,88	4,55	4,36
Tabakerzeugnisse	1,7	2,27	4,33	4,94	1,14	11,44	5,82	2,9
Fisch u. Fischzubereitungen	1,3	0,95	1,72	1,53	2,41	2,35	3,33	6,8
Kakaoerzeugnisse	4,1	2,1	2,2	3,39	6,69	13,79	26,27	30,7

Tabelle XI: Fortsetzung

	1985	1988	1989	1990	1991	1992	1993	1994
Sonstige Abfallerzeugnisse zur Viehfütterung	.	5,97	4,86	5,74	3,66	3,84	3,91	2,8
Bier	0,87	1,04	3,56	3,62	5,61	8,72	7,10	6,5
Pflanzliche Öle und Fette zur Ernährung	.	0,25	2,03	4,86	1,21	1,85	2,81	5,1
Margarine und ähnliche Speisefette	.	.	.	.	.	2,53	3,11	3,5
Därme, Blasen, Mägen	.	0,58	0,42	3,84	3,44	4,6	5,12	4,0
Milch	.	0,812	0,005	0,013	1,15	1,82	4,00	4,1
Käse	.	0,053	0,078	0,395	1,1	2,16	2,48	7,2
Gemüse u. sonstige Küchengewächse	.	0,167	1,128	0,965	0,92	0,91	1,76	1,26
Obst, außer Südfrüchten	.	0,061	0,300	0,516	1,05	1,4	1,19	1,3
Südfrüchte	.	0,577	0,554	1,511	5,93	3,65	1,81	1,3
Gemüse-,Obstkonserven, Fruchtsäfte u.dgl.	.	0,420	0,775	1,003	2,23	3,11	5,64	8,9
Zucker	.	0,004	0,197	2,513	3,11	1,32	10,15	5,8
Ölkuchen	.	0,001	-	2,850	0,46	5,20	6,17	6,8
Lebende Pflanzen u. Erzeugnisse der Ziergärtnerei	.	0,335	0,589	0,935	1,72	1,3	2,16	2,4
Kaffee	.	0,110	0,573	1,797	2,79	4,71	4,89	2,5
Rohtabak	.	0,415	1,354	2,722	3,1	2,92	3,53	7,5
Branntwein	.	0,116	0,189	0,164	1,11	1,36	4,16	2,6
Wein	.	.	.	.	.	0,29	0,50	0,9

Tabelle XI: Fortsetzung

	1985	1988	1989	1990	1991	1992	1993	1994
Lebende Tiere, insg.	.	.	.	1,58	1,23	2,81	1,03	1,8
Nahrungsmittel tier. Ursprungs, insg.	.	.	.	22,45	13,19	43,45	59,03	95,4
Nahrungsmittel pflanzl. Ursprungs, insg.	.	.	.	49,52	86,59	114,24	169,87	195,2
Genußmittel, insg.	.	.	.	15,41	21,06	35,4	30,65	27,4
Einfuhr- (-) bzw. Ausfuhr- (+) Überschuß								
Insgesamt	+821,4	+496,9	+974,6	+110,5	-57,0	+64,0	+632,0	+968,0
Land- und Ernährungswirtschaft	-447,6	-353,8	-435,2	-480,0	-722,5	-600,0	-390,7	-437,9
Anteil Ungarns am Agraraußenhandel der Bundesrepublik Deutschland, %								
Einfuhr	0,9	0,8	1,0	1,0	1,2	1,1	1,1	1,2
Ausfuhr	0,3	0,3	0,3	0,3	0,3	0,5	0,8	0,9
Anteil des Agraraußenhandels am Gesamthandel mit Ungarn, %								
Einfuhr	24,1	19,4	20,3	17,5	19,7	17,2	14,4	14,0
Ausfuhr	3,9	3,1	3,0	2,6	2,9	4,2	5,1	5,0

Quellen: Statistisches Bundesamt Wiesbaden und BML 216 vom 2. Juli 1993, 9.2.1995 und 6.7.1995.

Abbildung I: Länderstruktur des Ostagrarhandels der Bundesrepublik Deutschland 1994
- Umsatz in % -

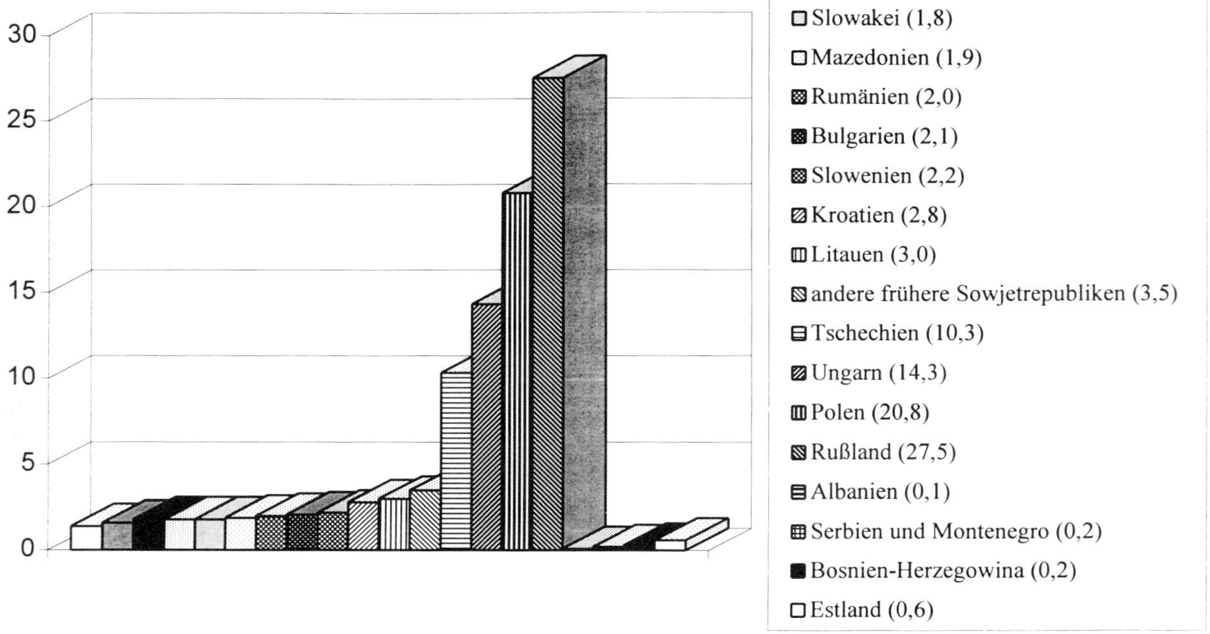

Abbildung II: Länderstruktur des Ostagrarhandels der Bundesrepublik Deutschland 1994 - Einfuhr in %

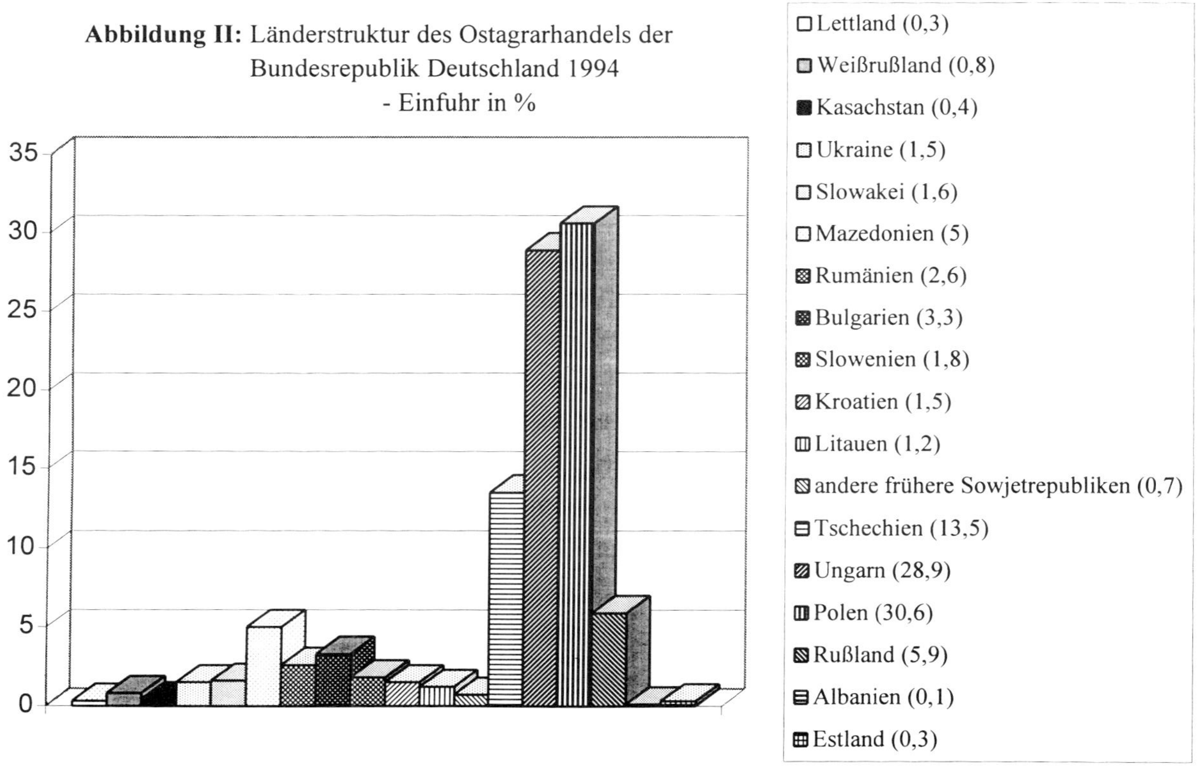

Abbildung III: Länderstruktur des Ostagrarhandels der Bundesrepublik Deutschland 1994
- Ausfuhr in % -

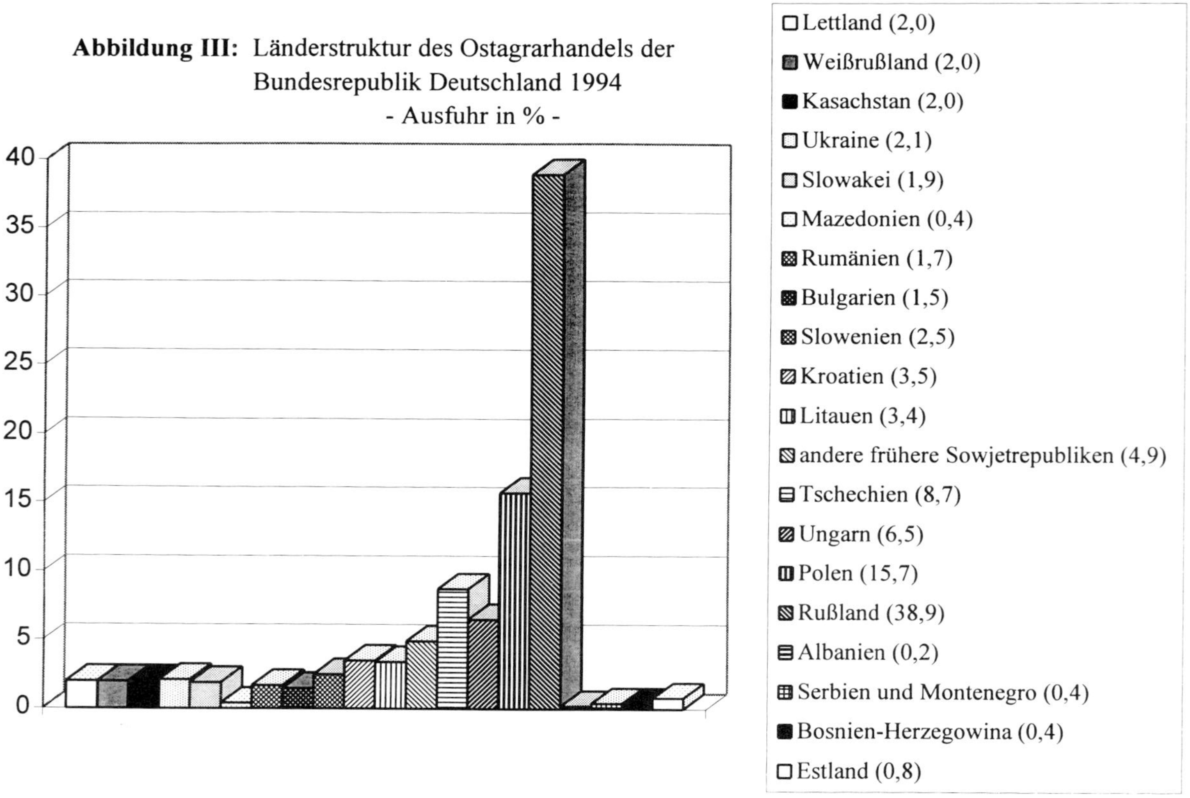

Bisher erschienene Bände dieser Reihe

1* ROLAND HAJENSKI: Versuch einer genetischen Gliederung der Böden Polens
1957. 107 Seiten, 2 Klimakarten, 1 einfarbige und 1 mehrfarbige Bodenkarte

2* PETER JANITZKY: Salz- und Alkaliböden und Wege zu ihrer Verbesserung. Ein Vergleich russischer und amerikanischer Forschungsergebnisse
1957. 196 Seiten, 2 einfarbige und 1 mehrfarbige Bodenkarte und 48 Abbildungen

3* Aus Natur und Geschichte Mittel- und Osteuropas. Festgabe zum 350jährigen Jubiläum der Justus-Liebig-Universität Gießen. Die Autoren: E. von BOGUSLAWSKI, E. von DALWIG-NOLDA, P. JANITZKY, H. KURON, G. POSPELOWA, M. GREINER, H. GRÜNERT, H. LUDAT, B. SCHIER und K. ZERNACK
1957. 182 Seiten mit zahlreichen Karten, Fotos und Tabellen

4* ERIK AMBURGER: Die Familie Marselis. Studien zur russischen Wirtschaftsgeschichte
1957. 224 Seiten und 2 Karten

5* JOSEF BREBURDA: Die genetische Gliederung der Böden der Tschechoslowakei und ihre Bedeutung für deren Bewertung und Nutzung
1958. 153 Seiten und 11 Karten

6* GÜNTER HEDTKAMP: Instrumente und Probleme westlicher und sowjetischer Wirtschaftslenkung. Nationalbudget und Nationalplan
1958. 187 Seiten und zahlreiche Tabellen

7* KLAUS ZERNACK: Studien zu den schwedisch-russischen Beziehungen in der 2. Hälfte des 17. Jahrhunderts, Teil I: Die diplomatischen Beziehungen zwischen Schweden und Moskau von 1675 bis 1689
1958. 183 Seiten und 4 Tafeln

8* GALINA POSPELOWA: Der Einfluß des Standraumes bei der Sonnenblume unter verschiedenen ökologischen Bedingungen
1959. 95 Seiten mit Abbildungen, zahlreichen Tabellen und 1 Übersichtskarte

9 HERBERT LUDAT: Das Lebuser Stiftsregister von 1405 - Studien zu den Sozial- und Wirtschaftsverhältnissen im mittleren Oderraum zu Beginn des 15. Jahrhunderts - Teil I
1965. XXXIX, 120 Seiten sowie Personen-, Sach- und Ortsregister, 5 Karten und 2 Tafeln

10* EBERHARD von DALWIG-NOLDA: Die Tierzucht Polens - Entwicklung und Stand der Pferde-, Rinder-, Schweine- und Schafzucht
1959. 264 Seiten, 136 Tabellen im Anhang und 4 Übersichtskarten

11* WILLI WAPENHANS: Agrarpolitik in der Zentralverwaltungswirtschaft Mitteldeutschlands und in der Marktwirtschaft der Bundesrepublik Deutschland
Anhang: Materialien aus der Gesetzgebung der beiden Teile Deutschlands
1959. 134 Seiten

12* SELMAN USLU: Untersuchungen zum anthropogenen Charakter der zentralanatolischen Steppe
1960. 71 Seiten mit 70 Abbildungen und 6 Karten

13* GEORG FARKASDI: Aufbau und Leistungen der ungarischen Agrarforschung seit 1945
1960. 136 Seiten, zahlreiche Tabellen und 8 einfarbige Übersichtskarten

14* ERIK AMBURGER: Beiträge zur Geschichte der deutsch-russischen kulturellen Beziehungen
1961. 251 Seiten Text, umfangreiches Personenregister

15* WILLI WAPENHANS: Griechenland - Untersuchungen über die Wirtschaft eines kontinentaleuropäischen Entwicklungslandes
1960. 162 Seiten mit vielen Tabellen und Diagrammen, Summary

16* WOLFGANG LA BAUME: Frühgeschichte der europäischen Kulturpflanzen
1961. 56 Seiten, 2 Tabellen im Anhang und 4 Tafeln

17* ARNOLD BUCHHOLZ: Die Göttinger Rußlandsammlungen Georgs von Asch - Ein Museum der russischen Wirtschaftsgeschichte des 18. Jahrhunderts
1961. 114 Seiten, 5 Abbildungen

18* KLAUS-DETLEV GROTHUSEN: Die historische Rechtsschule Rußlands - Ein Beitrag zur russischen Geistesgeschichte in der zweiten Hälfte des 19. Jahrhunderts
1962. 263 Seiten

19* EBERHARD SCHINKE: Die Kostenrechnung in der sowjetischen Landwirtschaft - Kritische Untersuchung der Methoden der landwirtschaftlichen Betriebsabrechnung und Selbstkostenrechnung
1962. 132 Seiten

20* MARTIN GOLLING: Der Pflanzenbau in Pommern - Grundlagen, Entwicklung und Bedeutung
KURT HOLDER-EGGER: Der Gartenbau in Pommern
1963. 314 Seiten, 9 Abbildungen, 62 Tabelle

21* ZLATKO GRAČANIN: Verbreitung und Wirkung der Bodenerosion in Kroatien
1962. 335 Seiten, 16 Karten und 120 Abbildungen

22* GEORG BARCZYK: Die Organisation der landwirtschaftlichen Betriebe in Polen und den deutschen Ostgebieten, ihre Umgestaltung nach 1956 und die Auswirkung auf die Produktion
1962. 111 Seiten

23* KÁLMÁN NÉMETH: Die genetische Gliederung der Böden Ungarns
1962. 96 Seiten, 6 Karten und 16 Abbildungen

24* TAMÁS HARRACH: Bodenerhaltung und Bodenmelioration in Ungarn
1963. 80 Seiten, 26 Tabellen, 23 Abbildungen, 2 Karten

25* ERWIN und GERT BUCHHOLZ: Rußlands Tierwelt und Jagd im Wandel der Zeit
1963. 218 Seiten, 13 Abbildungen und Kunstdruck, 8 Abbildungen und 10 Karten im Text, broschiert

26* JOSEF BREBURDA: Bodenphysikalische Methoden in den osteuropäischen Ländern - Eine kritische Auswertung ihrer Ergebnisse
1963. 93 Seiten, 20 Abbildungen, 19 Tabellen

27* HERBERT FÜRBETH: Vergleichende Untersuchungen über die Anbaumöglichkeiten von Sorgum-Varietäten im kontinentalen und gemäßigten Klima
1963. 77 Seiten mit zahlreichen Tabellen und Abbildungen, 8 Abbildungen auf Kunstdruck

28* BERNHARD WEINMANN: Die Böden der Insel Kefallinia (mit einer Bodentypenkarte)
1964. 213 Seiten mit zahlreichen Tabellen und Abbildungen sowie einer Mehrfarbenkarte

29* GEORG BARCZYK und EBERHARD SCHINKE: Die Diskussion um Intensität und Betriebssystematik in der polnischen Agrarwissenschaft
1963. 57 Seiten, 3 Abbildungen, 13 Tabellen

30* HELLA HASSELBACH: Mais in der Sowjetunion
1964. 137 Seiten, 37 Tabellen, 16 Abbildungen und 1 fünffarbige Übersichtskarte

31 PETER SCHLEY: Sowjetische bioklimatische Forschungsarbeiten auf dem Gebiete der Tierzucht und Tierhaltung von 1945-1963
1965. 172 Seiten mit 47 Abbildungen und 45 Tabellen

32 Agrar-, Wirtschafts- und Sozialprobleme Mittel- und Osteuropas in Geschichte und Gegenwart - 23 Beiträge aus den Fachgebieten Bodenkunde, Pflanzenbau, Tierzucht, Veterinärmedizin, Wirtschaftswissenschaft, Landwirtschaftliche Betriebslehre und Geschichte
In Verbindung mit E. von BOGUSLAWSKI, V. HORN, W. KRAUS, L. KRÜGER, P. MEIMBERG und E. SCHÖNHALS herausgegeben von H. LUDAT
1965. 498 Seiten mit zahlreichen Tabellen, Abbildungen und Karten

33* KLAUS ZERNACK: Die burgstädtischen Volksversammlungen bei den Ost- und Westslaven - Studien zur verfassungsgeschichtlichen Bedeutung des Vece
1967. VI, 318 Seiten, Summary

34* JOSEF BREBURDA: Bedeutung der Bodenerosion für die Auswirkung der landwirtschaftlichen Nutzung von Böden im osteuropäischen und zentralasiatischen Raum der Sowjetunion
1966. VI, 132 Seiten mit 12 Karten, davon 1 Ausklapptafel

35 HORST GÜNTHER: Die Verstädterung in Jugoslawien
1966. 224 Seiten mit 2 Karten und zahlreichen Tabellen

36* BERNHARD WEINMANN: Die Böden der Kykladeninsel Amorgos (Griechenland) und ihre landwirtschaftliche Nutzung
1967. 142 Seiten, 1 sechsfarbige Faltkarte und 12 Seiten Abbildungen, mit Zusammenfassungen in Griechisch, Französisch und Englisch

37* KLAUS-DETLEV GROTHUSEN: Entstehung und Geschichte Zagrebs bis zum Ausgang des 14. Jahrhunderts - Ein Beitrag zum Städtewesen Südosteuropas im Mittelalter
1967. 326 Seiten und 8 Tafeln, davon 6 Ausklapptafeln, Summary

38* EBERHARD SCHINKE: Die Mechanisierung landwirtschaftlicher Arbeiten in der Sowjetunion
1967. X, 106 Seiten, Summary

39 MANFRED RAUTH: Raumgliederung, Raumordnung und Regionalplanung in der Sowjetunion aus landwirtschaftlicher Sicht
1967. 280 Seiten mit 45 Karten, 21 Tabellen und 2 Ausklapptafeln, Summary

40 ZDENĚK FIALA: Die Anfänge Prags - Eine Quellenanalyse zur Ortsterminologie bis zum Jahre 1235
1967. 36 Seiten, 4 Abbildungen, 1 Faltkarte, Summary

41 GÜNTER JAEHNE: Landwirtschaft und landwirtschaftliche Zusammenarbeit im Rat für Gegenseitige Wirtschaftshilfe (COMECON)
1968. 328 Seiten mit zahlreichen Tabellen, Summary

42* ERIK AMBURGER: Die Anwerbung ausländischer Fachkräfte für die Wirtschaft Rußlands vom 15. bis ins 19. Jahrhundert
1968. 200 Seiten

43 PHILIPP KELLNER: Die Rinderzucht in der Sowjetunion - Probleme der Organisation des Züchtungswesens und der Kreuzungszucht bei ihrer Entwicklung und Leistungssteigerung
1968. 326 Seiten mit zahlreichen Tabellen und Abbildungen, Summary

44 PETER SCHLEY: Der Yak und seine Kreuzung mit dem Rind in der Sowjetunion
1967. 132 Seiten mit Tabellen und Abbildungen

45 IVAN LONČAREVIĆ: Die landwirtschaftlichen Betriebsgrößen in der Sowjetunion in Statistik und Theorie
1969. 184 Seiten mit 4 Karten, 10 Darstellungen und 55 Tabellen, Summary

46* HANS SCHENK: Nürnberg und Prag - Ein Beitrag zur Geschichte der Handelsbeziehungen im 14. und 15. Jahrhundert
1969. 190 Seiten

47* KARL-EUGEN WÄDEKIN: Die sowjetischen Staatsgüter - Expansion und Wandlungen des Sovchozsektors im Verhältnis zum Kolchozsektor von Stalins Tod bis heute
1969. 132 Seiten, Summary

48 GALINA POSPELOWA: Die cytoplasmatische Pollensterilität in der Maiszüchtung der Sowjetunion
1969. 116 Seiten, Summary, Resume

49 EDUARD von BOGUSLAWSKI und HILDEGARD FLIESS: Zuckerrübenanbau in Polen - Voraussetzungen und Produktion
1970. 192 Seiten mit 9 Karten, zahlreichen Tabellen, Summary, ISBN 3-447-01279-X

50 ADELHEID SIMSCH: Die Handelsbeziehungen zwischen Nürnberg und Posen im europäischen Wirtschaftsverkehr des 15. und 16. Jahrhunderts
1970. 224 Seiten mit zahlreichen Tabellen, Summary

51 EBERHARD MATTER und PETER SCHLEY: Schrifttum über das Karakulschaf - Publikationen der Jahre 1960 bis 1969
1970. 166 Seiten, 1 Karte, mehrere Abbildungen, zahlreiche Tabellen, Zusammenfassungen in mehreren Sprachen, ISBN 3-447-00788-5

52 ENDRE ANTAL: Die Funktionen der Werbung im System der zentralen Wirtschaftslenkung
1970. 172 Seiten, Summary, ISBN 3-447-00004-X

53 THEODOR BERTHOLD: Die Agrarpreispolitik der DDR - Ziele, Mittel, Wirkungen
1972. 296 Seiten mit zahlreichen Tabellen, ISBN 3-428-02813-9

54* KARL-EUGEN WÄDEKIN: Die Bezahlung der Arbeit in der sowjetischen Landwirtschaft
1972. 384 Seiten mit zahlreichen Tabellen, Summary, ISBN 3-428-02681-0

55 Beiträge zur Stadt- und Regionalgeschichte Ost- und Nordeuropas - Herbert Ludat zum 60. Geburtstag, hrsg. v. KLAUS ZERNACK
1971. 220 Seiten mit einigen Karten und Abbildungen, ISBN 3-447-01315-X

56 Landwirtschaftliche Probleme der Ukraine - Herbert Ludat zum 60. Geburtstag, hrsg. v. JOSEF BREBURDA
1971. 236 Seiten mit Karten und zahlreichen Tabellen, ISBN 3-447-01352-5

57 DIETHARD ZYLKA: Die Verwendung von Wildarten der Gattung Prunus in der Sortenzüchtung und als Unterlage (auf Grund vorwiegend russischer Forschungsergebnisse)
1970. 224 Seiten, 46 Tabellen, 6 Karten, Sachverzeichnis, Zusammenfassung in Deutsch, Englisch und Russisch, ISBN 3-447-01281-1

58 GEORGETA MAVROCORDAT: Die Böden Rumäniens
1971. 156 Seiten, 22 Abbildungen, 20 Tabellen und 26 farbige Bodenprofile auf 18 Farbtafeln, ISBN 3-428-02622-5

59 Archivalische Fundstücke zu den russisch-deutschen Beziehungen - Erik Amburger zum 65. Geburtstag, hrsg. v. H.-J. KRÜGER
1973. 200 Seiten mit einigen Abbildungen, ISBN 3-428-03056-7

60 ANDRÁS KUBINYI: Die Anfänge Ofens
1972. 112 Seiten mit Karten und Abbildungen, Summary, ISBN 3-428-02746-9

61* GÜNTER HEDTKAMP unter Mitarbeit von NORBERT PENKAITIS: Das sowjetische Finanzsystem
1974. 220 Seiten mit zahlreichen Tabellen und Diagrammen, Summary, ISBN 3-428-03057-5

62 IVAN LONČAREVIĆ: Die Kooperation zwischen den privaten Landwirtschaftsbetrieben und den gesellschaftlichen Wirtschaftsorganisationen in der Landwirtschaft Jugoslawiens
1974. 204 Seiten mit zahlreichen Tabellen und zwei Darstellungen, Summary, ISBN 3-428-03058-3

63 KARL-EUGEN WÄDEKIN: Sozialistische Agrarpolitik in Osteuropa. I. Von Marx bis zur Vollkollektivierung
1974. 238 Seiten, Summary, ISBN 3-428-03227-6

64 ANDREAS KURJO: Agrarproduktion in den Mitgliedsländern des Rates für Gegenseitige Wirtschaftshilfe (RGW)
1975. 216 Seiten mit 93 Tabellen, Summary, ISBN 3-428-03391-4

65 NIKOLAUS THIEL: Das Q-Fieber und seine geographische Verbreitung mit besonderer Berücksichtigung der Länder Ost- und Südosteuropas
1974. 166 Seiten mit 5 Abbildungen, 7 Tabellen und 2 Faltkarten, Summary, ISBN 3-428-03163-6

66 ZDENĚK HUŇÁČEK: Rechtliche Aspekte der Kooperation in der tschechoslowakischen Landwirtschaft - Ein Beitrag zum sozialistischen Agrarrecht
1974. 166 Seiten mit Register und Summary, ISBN 3-428-03268-3

67 KARL-EUGEN WÄDEKIN: Sozialistische Agrarpolitik in Osteuropa. II. Entwicklung und Probleme 1960-1976
1978. 338 Seiten mit 40 Tabellen, Summary, ISBN 3-428-04149-6

68 FRIEDRICH LEHNARDT: Ein Beitrag zur Genese und Systematik polnischer Lößböden (Lubliner Hügelland)
1975. 154 Seiten mit 20 Tabellen und 41 Bildern und Abbildungen, Summary, ISBN 3-428-03392-2

69 VLADISLAV BAJAJA: Theoretische Grundlagen und praktische Entwicklung landwirtschaftlicher Betriebsgrößen in der Tschechoslowakei
1975. 326 Seiten mit 83 Tabellen, Summary, ISBN 3-428-03491-0

70 IVAN LONČAREVIĆ: Schlachttier- und Fleischproduktion in Osteuropa - Jugoslawien
1975. 116 Seiten mit 30 Tabellen, Summary, ISBN 3-428-03545-3

71 EBERHARD von DALWIG-NOLDA: Schlachttier- und Fleischproduktion in Osteuropa - Polen
1976. 86 Seiten mit 39 Tabellen und 4 Darstellungen, Summary, ISBN 3-428-03656-5

72 STANISLAWA HEGENBARTH: Landwirtschaftliche Zirkel und landwirtschaftliche Produktionsgenossenschaften in Polen
1976. 194 Seiten mit Karten, Tabellen und Darstellungen, Summary
ISBN 3-428-03640-9

73 HILTRUD BESCH: Stand und Aussichten der Weizenzüchtung in der Sowjetunion
1976. 200 Seiten mit Tabellen und Abbildungen, Summary, DM, ISBN 3-428-03605-0

74 RAIMUND ERNST: Die Nordwestslaven und das fränkische Reich - Beobachtungen zur Geschichte ihrer Nachbarschaft und zur Elbe als nordöstlicher Reichsgrenze bis in die Zeit Karls des Großen
1976. 244 Seiten, Summary, ISBN 3-428-03565-8

75 NIKOLAUS THIEL und ENDRE ANTAL: Schlachttier- und Fleischproduktion in Osteuropa - Ungarn
1975. 114 Seiten mit 53 Tabellen, Summary, ISBN 3-428-03566-6

76 GERHARD ZABEL: Die Fernerkundung durch Satelliten und ihre Anwendung in der Landwirtschaft. Eine Bestandsaufnahme amerikanischer Forschungsarbeiten
1975. 88 Seiten mit 6 Farbbildern, 9 Abbildungen, 2 Tabellen, Summary, ISBN 3-428-03567-4

77 BERND SPINDLER: Investitionsplanung in der Landwirtschaft der Sowjetunion
1976. 202 Seiten, 33 Tabellen, 6 Schemata, 1 Karte, Summary, ISBN 3-428-03657-3

78 Sowjet-Landwirtschaft heute (mit Beiträgen von J. BREBURDA, H. FLIESS, G. JAEHNE, PH. KELLNER, G. POSPELOWA, B. SPINDLER, E. SCHINKE und K.-E. WÄDEKIN)
1976. 222 Seiten mit Karten und zahlreichen Tabellen, Summary,
ISBN 3-428-03691-3

79 EBERHARD SCHINKE: Schlachttier- und Fleischproduktion in Osteuropa - Rumänien
1976. 48 Seiten mit Tabellen und Abbildungen, Summary, DM, ISBN 3-428-03746-4

80 JOSEF BREBURDA: Schlachttier- und Fleischproduktion in Osteuropa - Tschechoslowakei
1976. 58 Seiten mit Tabellen und Darstellungen, Summary
ISBN 3-428-03776-6

81 HANS-JOBST KRAUTHEIM: Öffentliche Meinung und imperiale Politik - Das britische Rußlandbild 1815-1854
1977. 412 Seiten, Register, Summary, ISBN 3-428-03842-8

82 GÜNTER JAEHNE und PHILIPP KELLNER: Schlachttier- und Fleischproduktion in Osteuropa - Sowjetunion
1978. 178 Seiten mit 56 Tabellen und 3 Darstellungen, Summary, ISBN 3-428-03843-6

83 ZDENĚK HUŇÁČEK: Rechtliche Aspekte der Kooperation in der Landwirtschaft der ČSSR und der DDR - Ein komparativer Beitrag zum sozialistischen Agrarrecht
1977. 136 Seiten, Summary, ISBN 3-428-03915-7

84 ULRICH HEWER: Zentrale Planung und technischer Fortschritt - Probleme seiner Organisation und Durchsetzung am Beispiel der sowjetischen Industrie
1977. 226 Seiten, Summary, ISBN 3-428-03916-5

85 JENÖ F. BANGO: Besonderheiten der Agrarverfassung im ungarischen Alföld - Eine agrarsoziologische Studie
1977. 72 Seiten, Summary, ISBN 3-428-03965-3

86* MANFRED HOFFMANN: Instrumente zur Lenkung der landwirtschaftlichen Bodennutzung in der DDR
1977. 162 Seiten, Summary, ISBN 3-428-03981-5

87 STEPHEN P. und ETHEL DUNN: Kulturwandel im sowjetischen Dorf
1977. 200 Seiten, Summary, ISBN 3-428-04044-9

88 GALINA POSPELOWA und DAVID LEHMANN: Mineraldüngung zu Getreide in der Sowjetunion - Voraussetzungen, Forschungsergebnisse und Anwendung
1977. 148 Seiten, Summary, ISBN 3-428-04045-7

89 NORBERT PENKAITIS: Der Finanzausgleich in der Sowjetunion und seine Bedeutung für die Wirtschaftsentwicklung der Unionsrepubliken
1977. 208 Seiten mit 35 Tabellen, Summary, ISBN 3-428-04100-3

90 STANISLAWA HEGENBARTH: Kooperationsformen in der polnischen Landwirtschaft
1977. 98 Seiten, Summary, ISBN 3-428-04093-7

91 BERND KNABE: Bevölkerungsentwicklung und Binnenwanderungen in der UdSSR 1967-1974, dargestellt an ausgewählten Territorien und unter besonderer Berücksichtigung interregionaler Migrationen
1978. 114 Seiten mit zahlreichen Tabellen, Summary, ISBN 3-428-04184-4

92 VLADISLAV BAJAJA: Organisation und Führung landwirtschaftlicher Großunternehmen in der DDR
1978. 226 Seiten mit 12 Tabellen und 22 Darstellungen, davon 5 Klapptafeln, Summary, ISBN 3-428-04230-1

93 ENDRE ANTAL: Grundlagen und reformpolitische Einordnung des ungarischen Wirtschaftssystems
1978. 170 Seiten mit zahlreichen Tabellen, Summary, ISBN 3-428-04316-2

94 GERLINDE SCHARF: Fruchtbarkeit, Milchleistung sowie Pelz- und Wolleigenschaften sowjetischer Grobwollschafrassen
1979. 154 Seiten mit zahlreichen Tabellen und Abbildungen, Summary, ISBN 3-428-04382-0

95 EBERHARD SCHINKE: Schlachttier- und Fleischproduktion in Osteuropa - DDR
1979. 80 Seiten mit 32 Tabellen und 4 Darstellungen, Summary, ISBN 3-428-04400-2

96 EHRENFRIED SCHÜTTE: Die Versicherung der landwirtschaftlichen Betriebe in der Sowjetunion - mit Berücksichtigung anderer kommunistischer Staaten Osteuropas
1979. 203 Seiten, Summary, ISBN 3-428-04470-3

97 ENDRE ANTAL: Die Beteiligung der RGW-Länder am Welthandel - unter besonderer Berücksichtigung ihres Agraraußenhandels
1979. 240 Seiten mit 86 Tabellen und 2 Abbildungen, Summary, ISBN 3-428-04498-3

98* PETER ROSTANKOWSKI: Agrarraum und Getreideanbau in der Sowjetunion 1948-1985 - Eine agrargeographische Studie
1979. 130 Seiten mit Karten, Abbildungen und Tabellen, Summary, ISBN 3-428-04533-5

99 Modernisierung und nationale Gesellschaft im ausgehenden 18. und im 19. Jahrhundert - Referate einer deutsch-polnischen Historikerkonferenz, hrsg. v. WERNER CONZE, GOTTFRIED SCHRAMM und KLAUS ZERNACK
1979. 280 Seiten, Summary, ISBN 3-428-04534-3

100 Europa slavica - Europa orientalis - Festschrift für Herbert Ludat zum 70. Geburtstag, hrsg. v. KLAUS-DETLEV GROTHUSEN und KLAUS ZERNACK
1980. XII,569 Seiten mit Karten und Abbildungen, ISBN 3-428-04601-3

101 MATIJA KOVAČIČ: Sozialistische landwirtschaftliche Kooperation in Slowenien
1980. 118 Seiten mit 43 Tabellen und 4 Abbildungen, Summary, ISBN 3-428-04636-6

102 NORBERT PENKAITIS: Fiskalische Instrumente der sowjetischen Agrarpolitik
1980. 132 Seiten mit 34 Tabellen, Summary, ISBN 3-428-04643-9

103 Sowjetische Landwirtschaft und Embargo - hrsg. v. GÜNTER JAEHNE
1980. 116 Seiten mit Tabellen, Summary, ISBN 3-428-04690-0

104 HILTRUD BESCH: Die Züchtung von Qualitätsgerste für Fütterung und Ernährung in der Sowjetunion
1980. 114 Seiten mit 13 Tabellen und 4 Abbildungen, Summary, ISBN 3-428-04691-9

105 PHILIPP KELLNER: Fischereiwirtschaft und Fischproduktion der Sowjetunion
1980. 114 Seiten mit 41 Tabellen und 2 Abbildungen, Summary, ISBN 3-428-04692-7

106 ZDENĚK HUŇÁČEK: Rechtliche Aspekte der Kooperation in der Landwirtschaft der Sowjetunion (unter Berücksichtigung der Entwicklung in der DDR und ČSSR)
1980. 84 Seiten mit 7 Tabellen, Summary, ISBN 3-428-04721-4

107 JÖRG LEUSCHNER: Novgorod - Untersuchungen zu einigen Fragen seiner Verfassungs- und Bevölkerungsstruktur
1981. 288 Seiten mit 43 Tabellen und 6 Abbildungen, Summary, ISBN 3-428-04722-2

108 LOTHAR DRALLE: Slaven an Havel und Spree - Studien zur Geschichte des hevellisch-wilzischen Fürstentums (6. bis 10. Jahrhundert)
1981. 336 Seiten, Tabellen, Abbildungen und Karten, Summary, ISBN 3-428-04723-0

109 Gesamtwirtschaftliche Investitionssysteme - hrsg. v. ARMIN BOHNET
1981. 194 Seiten mit zahlreichen Tabellen und Abbildungen, ISBN 3-428-04839-3

110 Sowjet-Landwirtschaft 1981 - hrsg. v. GÜNTER JAEHNE
1981. 85 Seiten, Tabellen, Summary, ISBN 3-428-04840-7

111 AXEL SIEGER: Über das Vorkommen von Tierseuchen sowie über Art und Stand der Tierseuchenbekämpfung in den europäischen RGW-Ländern und Jugoslawien
1981. 137 Seiten mit Tabellen und Abbildungen, Summary, ISBN 3-428-04943-8

112 GALINA POSPELOWA und HILDEGARD FLIESS: Schlachttier- und Fleischproduktion in Osteuropa - Bulgarien
1981. 144 Seiten, 56 Tabellen und 5 Abbildungen, Summary, ISBN 3-428-04944-6

113 Current Trends in the Soviet and East European Food Economy, Osteuropas Nahrungswirtschaft - Gestern und Morgen - hrsg. v./edited by KARL-EUGEN WÄDEKIN
1982. 368 Seiten, Tabellen und Abbildungen, ISBN 3-428-05051-7

114 Agricultura Sinica - hrsg. v. ERWIN M. REISCH
1982. 192 Seiten, ISBN 3-428-05052-5

115 Pedogenetische Untersuchungen an Tschernosemen und Parabraunerden der Donau-Ebene Rumäniens und des nördlichen Oberrheintieflands (Vorderpfälzer Tiefland) hrsg. v. ERNST SCHÖNHALS u.a.
1982. 157 Seiten, Tabellen und Abbildungen, ISBN 3-428-05166-1

116 Erzeugung und Verbrauch von Futtermitteln und Tierprodukten in Polen - hrsg. v. EBERHARD SCHINKE
1982. 115 Seiten und 35 Tabellen, ISBN 3-428-05168-8

117 PETER ROSTANKOWSKI: Die Entwicklung osteuropäischer ländlicher Siedlungen und speziell der Chutor-Siedlungen
1982. 142 Seiten mit Abbildungen und Karten, Summary, ISBN 3-428-05207-2

118 MICHAEL NORTH: Die Amtswirtschaften von Osterode und Soldau - Vergleichende Untersuchungen zur Wirtschaft im frühmodernen Staat am Beispiel des Herzogtums Preußen in der zweiten Hälfte des 16. und der ersten Hälfte des 17. Jahrhunderts
1982. 340 Seiten mit Karten und Tabellen, ISBN 3-428-05289-7

119 Körnermais - Erzeugung und Verwertung - hrsg. v. EBERHARD SCHINKE und MARTIN ZOSCHKE
1982. 140 Seiten mit Tabellen und Abbildungen, ISBN 3-428-05292-7

120 JÖRG STADELBAUER: Landwirtschaftliche Integration in den Subtropen der Sowjetunion. Überbetriebliche Zusammenarbeit im transkaukasischen Agrarraum
1983. 416 Seiten mit 36 Abbildungen und 26 Tabellen, Summary,
ISBN 3-428-05321-4

121 JÖRG STADELBAUER: Studien zur Agrargeographie Transkaukasiens. Subtropische Landwirtschaft im gesamtsowjetischen Rahmen
1983. 348 Seiten mit 38 Abbildungen und 31 Tabellen, Summary,
ISBN 3-428-05322-2

122 MANFRED HOFFMANN: Flächennutzung in einer sozialistischen Gesellschaftsordnung, dargestellt am Beispiel der Deutschen Demokratischen Republik
1983. 258 Seiten mit 49 Tabellen, ISBN 3-428-05389-3

123 WOLFGANG JÄHNIG: Die Siedlungsplanung im ländlichen Raum der Sowjetunion mit besonderer Berücksichtigung des Konzepts der "Agrostadt"
1983. 141 Seiten mit 26 Abbildungen, 10 Tabellen und 3 Übersichten, Summary,
ISBN 3-428-05464-4

124 Preise im Sozialismus - Kontinuität im Wandel, Teil 1: Agrarpreissysteme in RGW-Ländern - hrsg. v. ARMIN BOHNET und EBERHARD SCHINKE
1983. 135 Seiten, ISBN 3-428-05479-2

125 Preise im Sozialismus - Kontinuität im Wandel, Teil 2: Zur Theorie und Praxis gesamtwirtschaftlicher Preissysteme - hrsg. v. ARMIN BOHNET
1984. 246 Seiten mit Tabellen, Summary, ISBN 3-428-05480-6

126 MICHAEL LUDWIG: Besteuerung und Verpfändung königlicher Städte im spätmittelalterlichen Polen
1984. 376 Seiten mit 2 Tabellen, ISBN 3-428-05481-4

127 EBERHARD SCHINKE unter Mitarbeit von ZDENĚK HUŇÁČEK: Der Anteil der privaten Landwirtschaft an der Agrarproduktion in den RGW-Ländern
1983. 78 Seiten mit 40 Tabellen, ISBN 3-428-05482-2

128 MICHAEL LUDWIG: Tendenzen und Erträge der modernen polnischen Spätmittelalterforschung unter besonderer Berücksichtigung der Stadtgeschichte
1983. 157 Seiten, ISBN 3-428-05498-9

129 CHRISTIAN KREBS: Die weltanschaulichen und wirtschaftstheoretischen Grundlagen der Agrartheorie im Marxismus - Leninismus
1983. 529 Seiten mit Tabellen, ISBN 3-428-05538-1

130 CHRISTIAN LÜBKE: Novgorod in der russischen Literatur (bis zu den Dekabristen)
1984. 250 Seiten, ISBN 3-428-05609-4

131 CHRISTIAN LÜBKE: Regesten zur Geschichte der Slaven an Elbe und Oder (vom Jahr 900 an), Teil I: Verzeichnis der Literatur und der Quellensigel. Mit einem Vorwort von HERBERT LUDAT
1984. 303 Seiten, ISBN 3-428-05697-3

132 ENDRE ANTAL und EBERHARD SCHINKE: Ziele und Möglichkeiten des ungarischen Exports von Nahrungsgütern
1985. 200 Seiten mit Tabellen, ISBN 3-428-05741-4

133 CHRISTIAN LÜBKE: Regesten zur Geschichte der Slaven an Elbe und Oder (vom Jahr 900 an), Teil II: Regesten 900-983
1985. 315 Seiten, ISBN 3-428-05742-2

134 CHRISTIAN LÜBKE: Regesten zur Geschichte der Slaven an Elbe und Oder (vom Jahr 900 an), Teil III, Regesten 983-1013
1986. 317 Seiten, ISBN 3-428-05844-5

135 IVAN LONČAREVIĆ: Agrarmarktgestaltung in Jugoslawien
1985. 104 Seiten mit Tabellen, Summary, ISBN 3-428-05838-0

136 Agriculture in Inter-System Comparison: Communist and Non-Communist Cases, edited by KARL-EUGEN WÄDEKIN
1985. 443 Seiten, ISBN 3-428-05885-2

137 BERNHARD FRIEDMANN: Untersuchungen zur Geschichte des abodritischen Fürstentums bis zum Ende des 10. Jahrhunderts
1986. 336 Seiten, ISBN 3-428-05886-0

138 GALINA POSPELOWA und NORBERT PENKAITIS unter Mitarbeit von HILDEGARD FLIESS: Zuckerrübenanbau und Zuckerproduktion in der Sowjetunion - hrsg. v. EBERHARD SCHINKE
1985. 120 Seiten mit Tabellen, Summary, ISBN 3-428-05929-8

139 JANA FILIP, PHILIPP KELLNER und EBERHARD SCHINKE: Milchmarkt der DDR
1985. 115 Seiten mit Tabellen, Summary, ISBN 3-428-05930-1

140 Ergebnisse Deutsch-Rumänischer Agrarforschung - hrsg. im Auftrag des Partnerschaftskollegiums von MARTIN ZOSCHKE
1986. 193 Seiten mit Tabellen, ISBN 3-428-06030-X

141 MARIA WEITZ: Entwicklungen in der chinesischen Agrarpolitik
1986. 110 Seiten mit Tabellen, Summary, ISBN 3-428-06036-9

142 ENDRE ANTAL: Futterversorgung und Futterverwertung in der ungarischen Landwirtschaft
1986. 224 Seiten, 64 Tabellen, Summary, ISBN 3-428-06039-3

143 BARBARA KELEMEN: Beschaffung landwirtschaftlicher Produktionsmittel im ungarischen Wirtschaftssystem
1986. 188 Seiten, Summary, ISBN 3-428-06081-4

144 NORBERT PENKAITIS: Volkswirtschaftliche Aspekte der sowjetischen Umsatzsteuer
1986. 121 Seiten mit zahlreichen Tabellen und Schaubildern, Summary,
ISBN 3-428-06108-X

145 KLAUS STERN: Die Umleitung eines Teils des Abflusses nördlicher europäischer und sibirischer Flüsse in der Sowjetunion und mögliche Auswirkungen auf die Umwelt - hrsg. v. JOSEF BREBURDA
1986. 151 Seiten mit zahlreichen Tabellen und Abbildungen, ISBN 3-428-06109-8

146 GÜNTER JAEHNE und NORBERT PENKAITIS: Getreidevermarktung in der Sowjetunion - Handel, Transport, Lagerung und Verarbeitung
1987. 171 Seiten, 2 Übersichten, 13 Schaubilder, ISBN 3-428-06153-5

147 GALINA POSPELOWA unter Mitarbeit von HILDEGARD FLIESS: Biologischer Pflanzenschutz in der Sowjetunion - hrsg. v. EDUARD von BOGUSLAWSKI
1987. 218 Seiten mit zahlreichen Tabellen und Abbildungen, ISBN 3-428-06154-3

148 JOSEF BREBURDA: Bodengeographie der borealen und kontinentalen Gebiete Eurasiens
1987. 176 Seiten mit zahlreichen Abbildungen, ISBN 3-428-06161-6

149 RICHARD GERHOLD: Staatsgüter in der Volksrepublik China - Funktion, Betriebsführung und wirtschaftliche Reform
1987. 307 Seiten, 32 Zahlen-Übersichten, 4 Schaubilder, ISBN 3-428-06262-0

150 WOLFGANG QUAISSER: Agrarpreispolitik und bäuerliche Landwirtschaft in Polen
1987. 143 Seiten, Summary, Tabellenanhang A und B, ISBN 3-428-06266-3

151 NORBERT PENKAITIS unter Mitarbeit von LUIS URIBE OSSES, hrsg. von EBERHARD SCHINKE: Neuausrichtung der sowjetischen Agrarpolitik unter Gorbatschow - Eine Übersicht über die Maßnahmen im Agrarbereich -
1987. 92 Seiten, Zusammenfassung, ISBN 3-428-06296-5

152 CHRISTIAN LÜBKE: Regesten zur Geschichte der Slaven an Elbe und Oder (vom Jahr 900 an), Teil IV, Regesten 1013-1057
1987. 303 Seiten, ISBN 3-428-06309-0

153 GALINA POSPELOWA und EBERHARD SCHINKE, unter Mitarbeit von HILDEGARD FLIESS: Organisation der Pflanzenzüchtung und Saatguterzeugung in der Sowjetunion
1988. 154 Seiten mit Tabellen und Abbildungen, Summary, ISBN 3-428-06355-4

154 ILSE GROSSER: Private Landwirtschaft in Bulgarien
1988. 106 Seiten, Tabellen, Summary, ISBN 3-428-06356-2

155 PHILIPP KELLNER: Futterversorgung und Futterverwertung in der sowjetischen Landwirtschaft
1988. 103 Seiten, 25 Tabellen, Summary, ISBN 3-428-06357-0

156 STANISLAW KLIMEK und MARTIN ZOSCHKE: Neuere Ergebnisse der Ackerbohnenforschung in Polen
1988. 117 Seiten, 47 Tabellen, Summary, ISBN 3-428-06358-9

157 CHRISTIAN LÜBKE: Regesten zur Geschichte der Slaven an Elbe und Oder (vom Jahr 900 an), Teil V, Index der Teile II-IV
1988. 110 Seiten, ISBN 3-428-06399-6

158 Lohnfindung in Industrieunternehmungen der Bundesrepublik Deutschland und der Volksrepublik Polen, hrsg. v. DIETGER HAHN und LESLAW MARTAN
1988. 282 Seiten, ISBN 3-428-06471-2

159 ENDRE ANTAL: Probleme und Möglichkeiten bilateraler Unternehmenskooperation mit Polen im Agrar- und Ernährungsbereich, hrsg. von KARL-EUGEN WÄDEKIN
1988. 196 Seiten, 9 Tabellen, Summary, ISBN 3-428-06496-8

160 GÜNTER KUHNT: Bodenerosion und ihre Beziehungen zur Bodenfruchtbarkeit im subtropischen Bereich der VR China
1988. 138 Seiten, 21 Tabellen, 24 Abbildungen, Summary, ISBN 3-428-06497-6

161 NORBERT PENKAITIS: Tschernobyl und die Folgen für die sowjetische Landwirtschaft
1988. 140 Seiten, 21 Tabellen, 6 Abbildungen, Summary, ISBN 3-428-06498-4

162 JOHANNES MARX: Die Erodierbarkeit charakteristischer Böden im Südosten der VR China
1988. 156 Seiten, 41 Abbildungen, 17 Tabellen, Summary, ISBN 3-428-06565-4

163 WLADYSLAW W. JERMAKOWICZ und JANE THOMPSON FOLLIS: Reform Cycles in Eastern Europe, 1944-1987. A comparative analysis from a sample of Czechoslovakia, Poland, and the Soviet Union
1988. 216 Seiten mit zahlreichen Tabellen und Abbildungen, ISBN 3-428-06593-X

164 LARISA URIBE OSSES: Lößböden der VR China und Sowjet-Zentralasiens und ihre Genese
1989. 177 Seiten mit zahlreichen Tabellen und Abbildungen. Summary, ISBN 3-428-06594-8

165 KRISTINE PFAHLER-JUNG: Die globale Verbreitung der Tularämie
1989. 243 Seiten, Summary, ISBN 3-428-06595-6

166 NORBERT PENKAITIS: Verbrauchs- und Nachfragepotential der Sowjetunion bei Getreide, Milch und Fleisch
1989. 122 Seiten mit zahlreichen Tabellen, Summary, ISBN 3-428-06724-X

167 TAOLIN ZHANG: Vergleichende Untersuchungen an deutschen und chinesischen Steppenböden
1989. 174 Seiten mit zahlreichen Tabellen und Abbildungen, Summary, ISBN 3-428-06744-4

168 XUEZHENG SHI: Vergleichende Untersuchungen an Böden aus Basalt in Süd-, Ost- und Nordostchina sowie in der Bundesrepublik Deutschland
1989. 115 Seiten, 12 Abbildungen, 14 Tabellen, Summary, ISBN 3-428-06745-2

169 STANISLAW KLIMEK: Flachsanbau in Polen
1989. 91 Seiten, 39 Tabellen, Summary, ISBN 3-428-06752-5

170 BERNHARD POLTEN, NIKOLAUS THIEL, THEODOR SCHLIESSER: Vorkommen und Bekämpfung der Aujeszkyschen Krankheit in den RGW-Ländern
1989. 165 Seiten, Summary, ISBN 3-428-06760-6

171 EDDA RESCHKE, PETER SCHLEY: Kleintierzucht in der DDR
1989. 91 Seiten, Summary, ISBN 3-428-06786-X

172 GALINA POSPELOWA, EBERHARD SCHINKE, HILDEGARD FLIESS: Flachsanbau in der Sowjetunion
1989. 198 Seiten mit zahlreichen Tabellen und Abbildungen, Summary, ISBN 3-428-06787-8

173 STEPHAN MERL: Sozialer Aufstieg im sowjetischen Kolchossystem der 30er Jahre? Über das Schicksal der bäuerlichen Parteimitglieder, Dorfsowjetvorsitzenden, Posteninhaber in Kolchosen, Mechanisatoren und Stachanowleute
1990. 276 Seiten, 25 Tabellen, Summary, ISBN 3-428-06788-6

174 KLAUS STERN: Wirkung der großflächigen Landbewirtschaftung in der DDR auf Flora, Fauna und Boden
1990. 248 Seiten, Anhang, zahlreiche Tabellen und Abbildungen, Summary, ISBN 3-428-06902-1

175 STEPHAN MERL: Bauern unter Stalin. Die Formierung des sowjetischen Kolchossystems
1990. 512 Seiten mit zahlreichen Tabellen, Summary, ISBN 3-428-06903-X

176 NORBERT PENKAITIS: Investitionen in der sowjetischen Landwirtschaft
1990. 111 Seiten mit zahlreichen Tabellen, Summary, ISBN 3-428-06987-0

177 STANISLAW KLIMEK, HILDEGARD FLIESS: Neue Ergebnisse der Lupinenforschung in Polen, hrsg. von MARTIN ZOSCHKE
1990. 164 Seiten, Summary, ISBN 3-428-06988-9

178 Agrarwirtschaft und Agrarpolitik in der ehemaligen DDR im Umbruch - hrsg. von STEPHAN MERL und EBERHARD SCHINKE
1991. 301 Seiten mit zahlreichen Tabellen und Abbildungen, ISBN 3-428-07049-6

179 BRIGITTE WAVRA: Salzburg und Hamburg: Erzbistumsgründung und Missionspolitik in karolingischer Zeit
1991. 420 Seiten, Summary, ISBN 3-428-07061-5

180 GÜNTER JAEHNE: Land- und Ernährungswirtschaft in Albanien
1991. 118 Seiten, Summary, ISBN 3-428-07155-7

181 JANA FILIP: Anbau und Verarbeitung von Ölpflanzen in der Tschechoslowakei
1991. 145 Seiten, Summary, ISBN 3-428-07234-0

182 ENDRE ANTAL: Beteiligung der RWG-Länder am Weltagrarhandel in den achtziger Jahren
1992. 417 Seiten, Summary, ISBN 3-428-07307-X

183 NORBERT PENKAITIS: Investitionen im Verarbeitungsbereich der sowjetischen Agrarwirtschaft
1992. 124 Seiten, Summary, ISBN 3-428-07335-1

184 HANS-HENRY WIECZOREK: Umweltschäden in der DDR - Dargestellt an einer Analyse von Bekämpfungsaktionen gegen den Forstschädling Nonne (*Lymantria monacha* L.) in den Jahren 1980 bis 1984
1992. 236, LIV Seiten mit zahlreichen Tabellen und Abbildungen, Summary, ISBN 3-428-07336-3

185 Improvement of Living Conditions in Rural Ningxia, edited by CHANGJIANG SHEN, JÖRG STEINBACH and PHILIPP KELLNER
1993. 238 Seiten, zahlreiche Tabellen und Abbildungen, ISBN 3-428-07337-1

186 WEI YIMIN: Wachstumsbiologische Untersuchungen an deutschen und chinesischen Weizensorten, hrsg. von MARTIN ZOSCHKE
1992. 91 Seiten, Summary, ISBN 3-428-07338-X

187 XIUKAI JIANG: Agrarpreispolitik und Agrarpreisentwicklung in der Volksrepublik China seit 1979
1992, 198 Seiten, zahlreiche Tabellen und Abbildungen, Summary, ISBN 3-428-07339-8

188 RENÉ DEISSLER: Ländliche Strukturen in der VR China - Partizipation und Perspektiven von Bauern in Ningxia
1992. 165 Seiten mit zahlreichen Tabellen, Graphiken, Summary, ISBN 3-428-07517-X

189 CHRISTIANE WILLEKE-WETSTEIN: Ökologische und ökonomische Analyse der Agrarproduktion kleinbäuerlicher Betriebe in Ningxia (Nordwest-China)
1992. 330 Seiten mit zahlreichen Tabellen und Abbildungen, Summary, ISBN 3-428-07641-9

190 Social Problems in Rural Areas under Conditions of Change Contributions to the International Symposium in Vologda, September 1991, edited by A. ANDREAS BODENSTEDT, STEPHAN MERL and VLADIMIR A. NUTRIKHIN
1993. 246 Seiten, zahlreiche Tabellen und Abbildungen, ISBN 3-428-07692-3

191 Sowjetmacht und Bauern - Dokumente zur Agrarpolitik und zur Entwicklung der Landwirtschaft während des "Kriegskommunismus" und der Neuen Ökonomischen Politik, hrsg. v. STEPHAN MERL
1993. 511 Seiten, mit zahlreichen Tabellen, ISBN 3-428-07693-1

192 JANA FILIP: Anbau und Verarbeitung von Ölpflanzen in Polen, hrsg. von EBERHARD SCHINKE
1993. 136 Seiten, zahlreiche Tabellen, Summary, ISBN 3-428-07694-X

193 STANISLAW KLIMEK: Stand der Triticale-Forschung in Polen, hrsg. von MARTIN ZOSCHKE
1994. 139 Seiten, zahlreiche Tabellen, Summary, ISBN 3-428-07695-8

194 GALINA POSPELOWA und MARTIN ZOSCHKE unter Mitarbeit von HILDEGARD FLIESS: Stand der Triticale-Forschung in Rußland
1994. 238 Seiten, zahlreiche Tabellen, Summary, ISBN 3-428-07696-6

195 KLAUS HELLER: Die Normannen in Osteuropa
1993. 101 Seiten, 1 Faltkarte, Summary, ISBN 3-428-07697-4

196 JANA FILIP, unter Mitarbeit von ENDRE ANTAL: Anbau und Verarbeitung von Ölpflanzen in Ungarn, hrsg. von EBERHARD SCHINKE
1993. 116 Seiten, zahlreiche Tabellen, Summary, ISBN 3-428-07870-5

197 NORBERT PENKAITIS: Agrarentwicklung in Litauen 1918-1992
1994. 228 Seiten, zahlreiche Tabellen, Summary, ISBN 3-428-07887-X

198 LOTHAR DRALLE: Von der Sowjetunion lernen, ... Zur Geschichte der Gesellschaft für Deutsch-Sowjetische Freundschaft
1993. 509 Seiten, zahlreiche Tabellen, Summary, ISBN 3-428-07949-3

199 JANA FILIP: Entwicklungstendenzen der Agrarstrukturen in der Tschechischen und der Slowakischen Republik
1994. 153 Seiten, zahlreiche Tabellen, Summary, ISBN 3-428-08005-X

200 SILKE MITRO: Zum Vorkommen wichtiger Infektionskrankheiten bei Tieren in der ehemaligen ČSSR und in Polen während der letzten 20 Jahre
1994. 158 Seiten, zahlreiche Tabellen, Summary, ISBN 3-428-08006-8

201 NORBERT PENKAITIS: Entwicklungstendenzen der Agrarstrukturen in der Ukraine
1994. 92 Seiten, zahlreiche Tabellen, Summary, ISBN 3-428-08140-4

202 Statistikat e Bujqësisë dhe Ushqimit të Shqipërisë - Agriculture and Food Statistics of Albania - Statistisches Jahrbuch für Landwirtschaft und Ernährung Albanien 1993, hrsg. v. GÜNTER JAEHNE und EBERHARD SCHINKE
1994. XXII, 64 Seiten, 1 Faltkarte, ISBN 3-428-08177-3

203 JANA FILIP: Dokumentation zur Agrargesetzgebung in der ehemaligen Tschechoslowakei und der Tschechischen Republik, hrsg. von EBERHARD SCHINKE
1994. 96 Seiten, Summary, ISBN 3-428-08178-1

204 SILKE MITRO: Zoonosen in den Nachfolgestaaten der Sowjetunion
1994. 134 Seiten, zahlreiche Tabellen, Summary, ISBN 3-428-08179-X

205 Der Yak (*Bos grunniens*) in Zentralasien, hrsg. von JÜRGEN LENSCH, PETER SCHLEY und RONG-CHANG ZHANG
1996. 269 Seiten, Tabellen und Abbildungen, ISBN 3-428-08443-8

206 Rußlands Zukunft - Vorträge eines gemeinsamen Seminars mit der Hessischen Landeszentrale für politische Bildung, hrsg. von BERND HEIDENREICH, KLAUS HELLER und EBERHARD SCHINKE
1994. 260 Seiten, ISBN 3-428-08237-0

207 Professionen im modernen Osteuropa - Professions in Modern Eastern Europe, hrsg./ed. CHARLES McCLELLAND, STEPHAN MERL, HANNES SIEGRIST
1995. 504 Seiten, zahlreiche Tabellen, ISBN 3-428-08444-6

208 GALINA POSPELOWA, unter Mitarbeit von HILDEGARD FLIESS: Anbau und Verarbeitung von Ölpflanzen in der Ukraine, hrsg. von MARTIN ZOSCHKE
1995. 200 Seiten, zahlreiche Tabellen, Summary, ISBN 3-428-08445-4

210 PATRICIA FLOR: Die Sowjetunion im Zeichen der Weltwirtschaftskrise. Außenhandel, Wirtschaftsbeziehungen und Industrialisierung 1928-1933
1995. 417 Seiten, zahlreiche Tabellen, ISBN 3-428-08447-0

211 Republik Tatarstan - Wirtschaftliche Probleme einer Region in der Russischen Föderation, hrsg. von GÜNTER JAEHNE
1995. 169 Seiten, ISBN 3-428-08448-9

212 ZHONG HONG: Die Umgestaltung des öffentlichen Finanzsystems der Volksrepublik China im Reformprozeß. Ein Beitrag zur Theorie der Transformation von Wirtschaftsordnungen
1995. 334 Seiten, zahlreiche Tabellen, Summary, ISBN 3-428-08449-7

213 NORBERT PENKAITIS: Entwicklungstendenzen der Agrarstrukturen in Rußland, hrsg. von EBERHARD SCHINKE
1995. 146 Seiten, zahlreiche Tabellen, Summary, ISBN 3-428-08525-6

214 DIETHELM GABLER: Entwicklungsabschnitte der Landwirtschaft in der ehemaligen DDR
1995. 474 Seiten, zahlreiche Tabellen, ISBN 3-428-08526-4

215 JANA FILIP: Entwicklung der Nahrungsmittelnachfrage privater Haushalte in der Tschechischen Republik, hrsg. von EBERHARD SCHINKE
1995. 154 Seiten, zahlreiche Tabellen, Summary, ISBN 3-428-08528-0

216 SILKE MITRO: Humanpathogene Mikroorganismen und Rückstände in tierischen Erzeugnissen Osteuropas
1996. 154 Seiten, zahlreiche Tabellen, Summary, ISBN 3-428-08800-X

217 NORBERT PENKAITIS: Die Agrarwirtschaft der baltischen Staaten auf dem Weg in die Marktwirtschaft
1996. 159 Seiten, zahlreiche Tabellen, Summary, ISBN 3-428-08951-0

219 Rußlands unternehmerische Vergangenheit: ein Wegweiser in die Zukunft? Vorträge eines gemeinsamen Seminars mit der Hessischen Landeszentrale für politische Bildung, hrsg. von BERND HEIDENREICH, KLAUS HELLER, MARTIN HOFFMANN
1996. 141 Seiten, ISBN 3-428-09050-0

220 Ordnungsreform und Entwicklung der chinesischen Wirtschaft in den 90er Jahren. Festschrift für Armin Bohnet zum 60. Geburtstag, hrsg. von EBERHARD SCHINKE und ZHONG HONG
1996. 402 Seiten, zahlreiche Tabellen, ISBN 3-428-09062-4

Die Bände 1-8, 10-30, 54, 61, 86 und 98 sind vergriffen.
*Die Bände 33, 34, 36, 37, 38, 42, 46 und 47 sind zu beziehen durch den Verlag Otto Harrassowitz Wiesbaden.